여러분의 합격을 위한
해커스공무원의 특별 혜택

FREE 이중석 선생님의 한국사 강좌

해커스공무원(gosi.Hackers.com) 접속 후 로그인 ▶ 상단의 [선생님] 클릭 ▶
[한국사-이중석 선생님] 클릭 ▶ [무료강좌] 클릭 후 이용

폰 안에 쏙! 기출 OX+블랭크노트 정답(PDF)

해커스공무원(gosi.Hackers.com) 접속 후 로그인 ▶
상단의 [교재·서점 → 무료 학습 자료] 클릭 ▶ 본 교재의 [자료받기] 클릭

해커스공무원 온라인 단과강의 20% 할인쿠폰

2D42ADE939C33EFD

해커스공무원(gosi.Hackers.com) 접속 후 로그인 ▶ 상단의 [나의 강의실] 클릭 ▶
좌측의 [쿠폰등록] 클릭 ▶ 쿠폰번호 입력 후 이용

* 등록 후 7일간 사용 가능(ID당 1회에 한해 등록 가능)

쿠폰 이용 관련 문의 **1588-4055**

단기 합격을 위한 해커스공무원 커리큘럼

탄탄한 기본기와 핵심 개념 완성!
누구나 이해하기 쉬운 개념 설명과 풍부한 예시로 부담없이 쌩기초 다지기
TIP 베이스가 있다면 **기본 단계**부터!

필수 개념 학습으로 이론 완성!
반드시 알아야 할 기본 개념과 문제풀이 전략을 학습하고
심화 개념 학습으로 고득점을 위한 응용력 다지기

문제풀이로 집중 학습하고 실력 업그레이드!
기출문제의 유형과 출제 의도를 이해하고 최신 출제 경향을 반영한
예상문제를 풀어보며 본인의 취약영역을 파악 및 보완하기

동형모의고사로 실전력 강화!
실제 시험과 같은 형태의 실전모의고사를 풀어보며 실전감각 극대화

시험 직전 실전 시뮬레이션!
각 과목별 시험에 출제되는 내용들을 최종 점검하며 실전 완성

* 커리큘럼 및 세부 일정은 상이할 수 있으며, 자세한 사항은 해커스공무원 사이트에서 확인하세요.

단계별 교재 확인 및 수강신청은 여기서!
gosi.Hackers.com

해커스공무원 이중석 맵핑 한국사 기출 OX + 블랭크노트

이 책의 구성과 활용법

1 기출 OX를 체크하며 실력 점검하기

- 매 페이지 왼쪽에서 기출 선택지로 구성된 OX 문제를 풀어보세요!
- OX 문제를 풀면서, 자주 출제되는 개념을 파악하고 동시에 문제 풀이 적용 연습을 할 수 있어요.

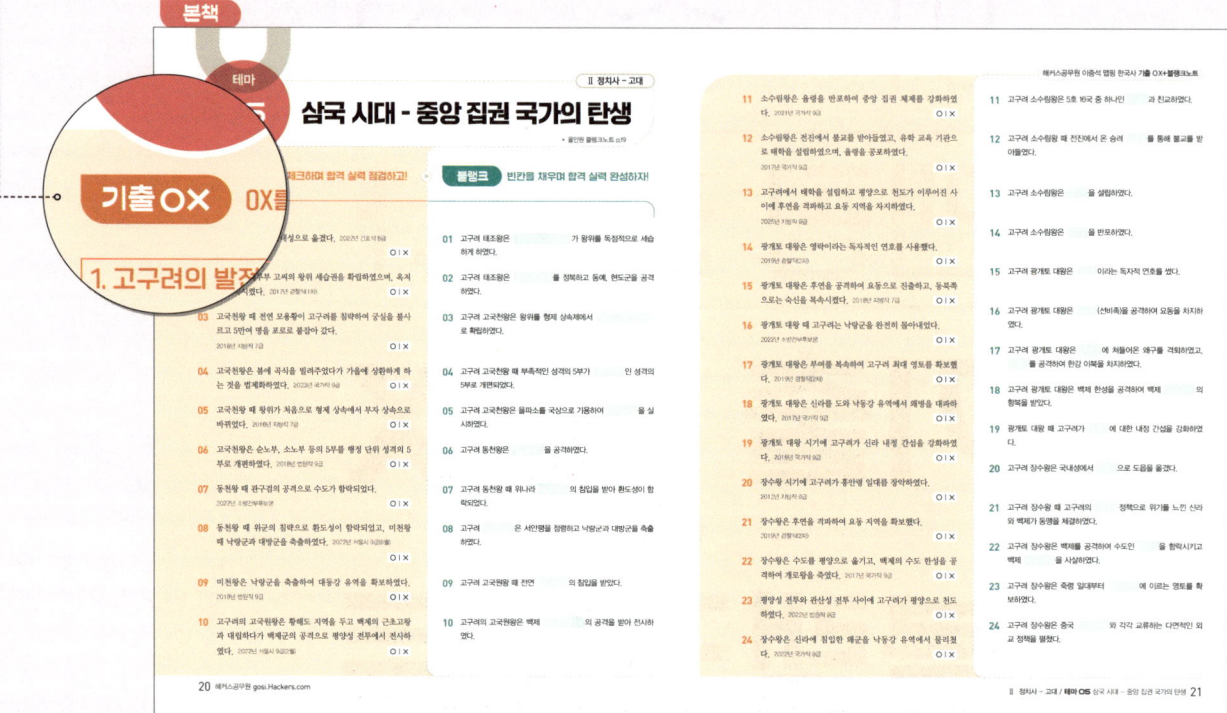

2 기출 OX 정답 확인하며 약점 보완하기

- [OX·블랭크 정답집]을 통해 기출 OX 정답을 확인해보세요!
- 정답을 확인하며 실력을 점검하고, 틀린 문제는 해설을 보며 무엇이 헷갈려서 틀린 것인지 꼼꼼히 정리해보세요.

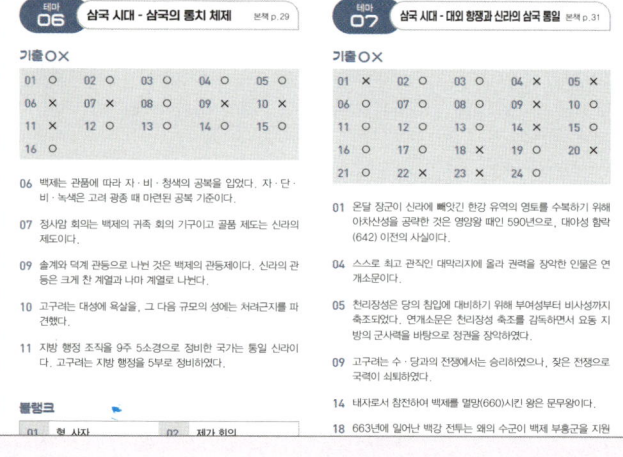

3 블랭크를 채우며 완벽 암기하기

- 매 페이지 오른쪽에서 문장을 읽고 블랭크를 채워보세요!
- 핵심 키워드로 구성된 빈칸을 채우며 자연스럽게 반복 학습을 할 수 있어요.
- 빈칸을 채우며 여전히 헷갈리는 문제는 체크해두세요.

4 블랭크 정답 확인하며 실력 완성하기

- [OX·블랭크 정답집]을 통해 블랭크 정답을 확인해보세요!
- 놓쳤던 개념들을 다시 한 번 점검하고, 헷갈려서 체크해둔 문제나 틀린 문제는 본책에 표시된 〈이중석 맵핑 한국사 올인원 블랭크노트〉 페이지를 참고하여 연계 학습을 할 수 있어요.

OX·블랭크 정답집

블랭크

01	계루부 고씨	02	(동)옥저
03	부자 상속제	04	행정적
05	진대법	06	서안평
07	관구검	08	미천왕
09	모용황	10	근초고왕
11	전진	12	순도
13	태학	14	율령
15	영락	16	후연
17	신라, 백제	18	아신왕
19	신라	20	평양
21	남8지(남진)	22	한성, 개로왕
23	남양만	24	남북조
25	광개토 대왕릉비	26	충주(중원) 고구려비
27	형제 상속제	28	율령, 6좌평
29	자색, 비색, 청색	30	부자 상속제
31	마한	32	산동
33	고구려	34	고국원왕
35	아직기	36	서기
37	불교	38	마라난타
61	동시전	62	우산국(울릉도)
63	아시촌	64	군주
65	병부	66	상대등
67	율령	68	이차돈, 공인
69	금관가야	70	건원
71	대창	72	품주
73	화랑도	74	국사
75	황룡사	76	대가야
77	황룡사 9층 목탑	78	첨성대
79	의자왕	80	비담
81	나·당 동맹	82	영휘
83	태평송	84	변한
85	김해	86	철, 낙랑
87	덩이쇠	88	금관가야, 대가야
89	광개토 대왕	90	고령
91	백제	92	결혼 동맹
93	연맹 왕국	94	법흥왕
95	구해왕	96	관산성 전투
97	진흥왕	98	대성동
99	지산동	100	우륵

이 책의 차례

PART 1 전근대사

I 선사 시대

- 테마 01 역사의 의미 — 08
- 테마 02 선사 시대 - 기록 이전의 시대 — 09
- 테마 03 고조선 — 15
- 테마 04 초기 국가 - 철기 시대 여러 나라 — 17

II 정치사

- 테마 05 삼국 시대 - 중앙 집권 국가의 탄생 — 20
- 테마 06 삼국 시대 - 삼국의 통치 체제 — 29
- 테마 07 삼국 시대 - 대외 항쟁과 신라의 삼국 통일 — 31
- 테마 08 남북국 시대 - 통일 신라의 발전 — 33
- 테마 09 남북국 시대 - 발해의 발전 — 36
- 테마 10 남북국의 통치 체제 — 38
- 테마 11 고려의 건국과 후삼국 통일 — 40
- 테마 12 고려의 통치 조직 — 42
- 테마 13 고려의 관리 선발 제도 — 45
- 테마 14 고려 초기 왕의 업적 — 46
- 테마 15 고려 중기 문벌 귀족 사회 — 49
- 테마 16 무신 정권의 성립과 동요 — 51
- 테마 17 고려의 대외 관계 — 53
- 테마 18 고려 말 원의 내정 간섭과 개혁 정치 — 55
- 테마 19 조선의 통치 체제 — 57
- 테마 20 조선의 관리 선발 제도 — 60
- 테마 21 조선 전기 왕의 업적 — 62
- 테마 22 훈구 · 사림의 등장과 사화 — 66
- 테마 23 조선의 대외 관계 — 69
- 테마 24 붕당 정치의 전개 — 73
- 테마 25 조선 후기 탕평 정치 — 76
- 테마 26 세도 정치와 사회 변혁의 움직임 — 79
- 테마 27 조선 후기 대외 관계 — 83

III 경제·사회·문화사

- 테마 28 고대의 경제 — 84
- 테마 29 고려의 경제 — 87
- 테마 30 조선의 경제 — 91
- 테마 31 고대의 사회 — 100
- 테마 32 고려의 사회 — 102
- 테마 33 조선의 사회 — 106
- 테마 34 고대의 문화 — 111
- 테마 35 고려의 문화 — 120
- 테마 36 조선의 문화 — 128

PART 2 근현대사

IV 근대

테마 37	근대사의 시작	144
테마 38	개항과 위정척사 운동	146
테마 39	임오군란과 갑신정변	148
테마 40	근대적 조약	151
테마 41	동학사	153
테마 42	갑오·을미개혁의 내용 분석	155
테마 43	독립 협회와 대한 제국	157
테마 44	국권 피탈 과정 ↔ 의병과 애국 계몽 운동	160
테마 45	근대 경제사 - 열강의 경제 침탈과 경제적 구국 운동	165
테마 46	근대 문화사	167

V 일제 강점기

테마 47	일제 강점기 시기별 통치 방식의 변화	172
테마 48	1910년대 민족 독립운동	177
테마 49	3·1 운동과 대한민국 임시 정부	179
테마 50	1920~30년대 국외 민족 독립운동	182
테마 51	1920~30년대 국내 민족 독립운동	187
테마 52	민족 유일당 운동	189
테마 53	국내외 동포의 생활 모습	192
테마 54	일제의 교육 정책과 민족 문화 수호 운동	193

III 현대

테마 55	해방 전후사	198
테마 56	대한민국 수립	200
테마 57	제헌 국회의 활동	202
테마 58	6·25 전쟁	204
테마 59	민주주의의 시련과 발전	205
테마 60	통일로! 통일로!	211
테마 61	시기별 경제 정책	213
테마 62	시기별 교육 정책과 언론의 발전	216

OX·블랭크 정답집 [책 속의 책]

해커스공무원 **gosi.Hackers.com**

PART 1

전근대사

I 선사 시대
II 정치사
III 경제·사회·문화사

테마 01 역사의 의미

I 선사 시대

* 올인원 블랭크노트 p.06

기출 OX — OX를 체크하며 합격 실력 점검하고!

01 카(E.H. Carr)의 저술서 『역사란 무엇이가?』에 따르면 역사는 사실과 기록이라는 두 가지 측면으로 구성된다. 2019년 경찰 1차   O | X

02 랑케는 역사의 사실주의를 바탕으로 한 실증주의적 역사를 강조하였다. 2019년 경찰 1차   O | X

03 "고려 건국 초에 향리의 자제를 뽑아 서울에 머물게 하여 출신지의 일을 자문하였는데, 이를 기인이라고 한다."는 사실로서의 역사 서술에 해당한다. 2011년 지방직 9급   O | X

04 '기록으로서의 역사'에는 역사가의 주관이 개입되면 안 된다. 2010년 지방직 9급   O | X

05 사료를 탐구할 때 동일한 사건 또는 같은 시대를 다루고 있는 여러 다른 사료와 비교·검토해야 한다. 2016년 국가직 9급   O | X

06 사료는 '과거에 있었던 사실'이므로 그대로 '사실로서의 역사'라고 판단한다. 2016년 국가직 9급   O | X

07 사료를 이해하기 위해서는 그 사료가 기록된 당시의 전반적인 시대 상황을 살펴보아야 한다. 2016년 지방직 9급   O | X

08 한국사의 보편성과 특수성의 문제는 세계사 안에서 한국사를 올바르게 보는 관점을 제공한다. 2014년 사회복지직 9급   O | X

블랭크 — 빈칸을 채우며 합격 실력 완성하자!

01 '사실로서의 역사'란 과거에 있었던 사실 자체를 역사로 인식하는 시각이고 _____적 의미의 역사이다.

02 '기록으로의 역사'란 조사되어 기록된 역사이고, _____적 의미의 역사이다.

03 '기록으로의 역사'는 과거의 _____을 토대로 _____가 이를 주관적으로 재구성한 것이다.

04 사료를 비판할 때 사료의 _____을 판단하는 것은 외적 비판에 해당한다.

05 사료를 비판할 때 사료의 _____을 판단하는 것은 내적 비판에 해당한다.

06 신라 촌락 문서가 통일 신라 시기에 작성된 것인지 여부를 조사하는 것은 _____ 비판에 해당한다.

07 전근대 사회에서 신분제 사회가 형성된 것은 우리 역사의 _____을 보여준다.

08 고대 사회의 현세 구복적이고 호국적인 성향의 불교는 우리 역사의 _____을 보여준다.

테마 02 선사 시대 - 기록 이전의 시대

I 선사 시대

* 올인원 블랭크노트 p.08

기출 OX OX를 체크하며 합격 실력 점검하고!

1. 구석기 시대

01 구석기 시대에는 사냥이나 물고기잡이 등을 통해 식량을 얻었다. 2020년 국가직 9급 O | X

02 구석기 시대에는 동굴이나 바위 그늘, 강가의 막집 등에서 살았다. 2023년 지방직 9급 O | X

03 구석기 시대에는 영혼 숭배 사상이 있어 사람이 죽으면 흙 그릇 안에 매장하였다. 2020년 국가직 9급 O | X

04 구석기 시대에는 쐐기 같은 것을 대고 형태가 같은 여러 개의 돌날 격지를 제작하여 사용하였다. 2013년 경찰직(2차) O | X

05 구석기 시대에는 주먹 도끼, 가로날 도끼, 민무늬 토기 등의 도구를 사용했다. 2018년 서울시 9급 O | X

06 전기 구석기 시대에는 찍개 같은 자갈돌 석기를 주로 만들었고 주먹 도끼도 일부 제작했다. 2019년 경찰직(1차) O | X

07 중기 구석기 시대에는 몸돌에서 떼어 낸 돌조각인 격지를 잔손질하여 석기를 만들었다. 2020년 경찰직(1차) O | X

08 후기 구석기 시대에 슴베찌르개가 등장하였는데 이는 주로 창의 기능을 하였다. 2011년 지방직 7급 O | X

09 연천 전곡리 유적에서 아슐리안 계통의 주먹 도끼가 다량으로 출토되었다. 2023년 지방직 9급 O | X

10 구석기 시대 단양 수양개, 연천 전곡리, 공주 석장리 등 강가에 살던 사람들은 주로 고기잡이와 밭농사를 하였다. 2018년 서울시 9급 O | X

11 공주 석장리, 웅기 굴포리 유적은 대표적인 구석기 시대 유적이다. 2014년 국가직 9급 O | X

블랭크 빈칸을 채우며 합격 실력 완성하자!

01 구석기 시대 사람들은 사냥, 채집, 어로를 하기 위해 무리를 지어 ____ 생활을 했다.

02 구석기 시대 사람들은 주로 ____ 이나 바위 그늘에 살면서 사냥과 채집을 하였다.

03 구석기 시대에는 주먹 도끼, 찍개 등의 ____ 를 제작하였다.

04 구석기 시대 사람들은 ____ 이 없는 평등한 공동체 생활을 하였다.

05 전기 구석기 시대에는 큰 석기 한 개를 ____ 용도로 사용했다.

06 중기 구석기 시대에는 하나의 석기를 ____ 의 용도로 사용했다.

07 후기 구석기 시대의 대표 석기는 나무에 돌을 끼워 만든 ____ 찌르개이다.

08 구석기 시대에서 신석기 시대로 나아가는 과도기를 ____ 시대라고 한다.

09 전기 구석기 유적지로는 아슐리안형 주먹 도끼가 발굴된 ____ 유적지가 있다.

10 경기 연천 전곡리에서 아슐리안형 주먹 도끼가 출토되면서 ____ 학설이 폐기되었다.

11 ____ 는 남한에서 최초로 발견된 구석기 유적지로, 전기~후기 구석기의 특징을 모두 지녔다.

12 구석기 시대 유적인 평안남도 상원 검은모루 동굴에서는 주먹 도끼와 외날찍개가 출토되었다. 2017년 경찰직(2차) O | X

13 우리나라 구석기 시대의 대표적인 유적으로는 평남 상원 검은모루 동굴, 경기도 연천 전곡리, 서울 암사동, 충남 공주 석장리 등이 있다. 2012년 경찰간부후보생 O | X

14 구석기 시대 유적 중 동굴 유적지로는 덕천 승리산, 제천 점말, 청원 두루봉이 있다. 2014년 국가직 7급 O | X

15 구석기 시대 유적인 덕천 승리산 동굴에서 화석 인골이 발견되었다. 2015년 국가직 7급 O | X

16 구석기 시대 유적인 강원도 양구 상무룡리에서 흑요석이 출토되었다. 2018년 경찰간부후보생 O | X

17 구석기 시대 유적인 부산 동삼동에서 출토된 조개 가면은 국자 가리비에 사람의 눈과 입 모양으로 구멍을 뚫은 형상으로, 집단의 공동체 의식에 사용되었을 가능성이 크다. 2017년 경찰직(2차) O | X

12 _____ 동굴 유적에서는 한반도 내에서 처음으로 구석기 시대의 인골 화석이 출토되었다.

13 덕천 승리산 유적은 한반도내에서 처음으로 _____ 인으로 불리는 인골 화석이 발견되었다.

14 충북 _____ 유적에서는 남한 최초의 인골 화석이 발견되었다.

15 청원 두루봉 동굴 유적은 _____ 구석기 시대의 유적으로, 이곳에서 어린아이의 인골 화석인 _____ 가 발견되었다.

16 후기 구석기의 대표적인 유적지로는 구석기 유물이 최초로 발견된 _____ 유적이 있다.

17 인골 화석이 발견된 구석기 유적지로는 충북 청원 두루봉 동굴(흥수 아이), _____ 동굴(만달인) 등이 있다.

2. 신석기 시대

18 신석기 시대에는 갈돌과 갈판을 사용하여 곡물이나 열매를 갈았다. 2025년 지방직 9급 O | X

19 신석기 시대에 일부 지역에서는 농경이 시작되어 조, 피, 수수 등을 재배하였다. 2024년 지방직 9급 O | X

20 신석기 시대에 군장이 죽으면 그의 권력을 상징하는 고인돌을 만들었다. 2024년 지방직 9급 O | X

21 신석기 시대에는 다른 씨족과의 혼인을 통해 부족 사회를 형성하였다. 2022년 국회직 9급 O | X

22 신석기 시대에 빈부의 격차가 나타나고 계급이 발생하였다. 2016년 지방직 9급 O | X

23 신석기 시대는 아직 지배와 피지배의 관계가 발생하지 않았고, 연장자나 경험이 많은 자가 자기 부족을 이끌어 나가는 평등 사회였다. 2017년 경찰직(1차) O | X

18 신석기 시대에는 농경과 _____ 을 시작하여 식량을 생산하였다.

19 신석기 시대는 농경의 시작으로 _____ 을 하기 시작했고 원시 신앙이 발생하였다.

20 신석기 시대에 농경이 시작되어 식량을 생산하였으나 여전히 _____ 과 고기잡이는 지속되었다.

21 신석기 시대에는 혈연을 바탕으로 한 _____ 가 형성되었다.

22 신석기 시대는 연장자나 경험이 많은 자가 자기 부족을 이끌어 나가는 _____ 사회였다.

23 신석기 시대 사람들은 강가 또는 바닷가 근처에 _____ 을 지어 생활하였다.

24 신석기 시대에는 구릉에 마을을 형성하고 그 주변에 도랑을 파고 목책을 둘렀다. 2023년 지방직 9급 O | X

25 신석기 시대에는 조개류를 많이 먹었으며, 때로는 장식으로 이용하기도 하였다. 2017년 지방직 9급 O | X

26 신석기 시대에는 영혼이나 하늘을 인간과 연결시켜 주는 존재인 무당과 그 주술을 믿는 샤머니즘도 있었다. 2015년 경찰직(2차) O | X

27 이른 민무늬 토기, 덧무늬 토기, 눌러찍기무늬 토기, 빗살무늬 토기는 신석기 시대의 유물이다. 2020년 서울시 9급 O | X

28 신석기 시대에는 민무늬 토기 이외에 입술 단면에 원형, 방형, 삼각형의 덧띠를 붙인 덧띠 토기, 검은 간 토기 등도 사용되었다. 2017년 경찰직(1차) O | X

29 신석기 시대 농기구는 주로 석기로 만들어졌는데, 반달 돌칼, 바퀴날 도끼, 홈자귀 등이 대표적이다. 2016년 경찰직(2차) O | X

30 신석기 시대에는 가락바퀴와 뼈바늘을 이용하여 옷이나 그물을 만들어 사용하였다. 2018년 지방직 9급 O | X

31 신석기 시대에는 명도전, 반량전 등의 화폐를 사용하였다. 2019년 지방직 7급 O | X

32 양양 오산리 유적, 덧무늬 토기와 서울 암사동 유적, 빗살무늬 토기는 모두 신석기 시대 유적과 유물이다. 2021년 국가직 9급 O | X

33 신석기 시대의 유적으로는 고령 지산동 유적, 양양 오산리 유적, 봉산 지탑리 유적, 부산 동삼동 유적이 있다. 2015년 서울시 7급 O | X

34 신석기 시대에는 제주 고산리나 양양 오산리 등에서 목책, 환호 등의 시설이 만들어졌다. 2020년 경찰직(1차) O | X

35 신석기 시대 사람들은 조개무지(패총)를 많이 남겼다. 2018년 서울시 9급 O | X

24 신석기 시대의 움집은 바닥이 _____이나 방형으로 반지하식 형태이다.

25 신석기 시대에 움집의 _____에는 불씨를 보관하거나 취사와 난방을 위한 _____이 위치하였다.

26 신석기 시대에는 _____, 토테미즘, 샤머니즘, 영혼·조상 숭배 등 원시 신앙이 발생하였다.

27 신석기 시대에는 짐승의 뼈나 이빨로 만든 장신구, 조가비로 만든 _____ 등 예술품이 만들어졌다.

28 신석기 시대에는 갈돌과 갈판 등 돌을 갈아서 만든 _____를 사용하였고, 음식물을 조리하고 저장하는 도구로 _____가 처음 등장하였다.

29 신석기 시대에는 이른 민무늬·덧무늬·눌러찍기무늬·_____ 토기가 제작되었다.

30 방추차라고도 불리는 _____는 신석기 시대의 유물로, 실을 뽑는 도구이다.

31 가락바퀴와 _____을 통해 신석기 시대의 직조를 통한 원시 수공업의 시작을 알 수 있다.

32 _____ 유적은 한반도에서 가장 오래된 신석기 시대의 유적지이다.

33 신석기 시대의 대표적인 주거 생활 유적으로는 _____, 봉산 지탑리, 온천 궁산리, 양양 지경리 등이 있다.

34 신석기 시대의 _____ 패총에서는 조가비 가면이 출토되어 제의를 행할 때 주술과 관련된 의기로 사용되었을 것으로 추정된다.

35 신석기 시대의 유적지인 부산 동삼동(패총) 유적에서는 일본과의 교류 사실을 보여주는 일본산 _____이 출토되었다.

3. 청동기 시대와 철기 시대

36 청동기 시대에는 보리, 밀, 팥, 콩, 조, 기장 등이 재배되었으나, 아직 벼농사는 이루어지지 않았다. 2018년 경찰직(1차)
O | X

37 청동기 시대에는 농경이 더욱 발달하여 조, 기장, 수수 등 다양한 잡곡이 재배되었고 한반도 남부 지역에는 벼농사도 보급되었으며, 슴베찌르개를 주로 사용하였다.
2022년 서울시 9급(6월) O | X

38 청동기 시대에는 반달 돌칼을 사용하여 농작물을 수확하였다. 2025년 지방직 9급
O | X

39 청동기 시대에는 생산력이 발전하면서 사유 재산제와 계급이 발생하였다. 2023년 서울시 9급
O | X

40 청동기 시대에는 잉여 생산물이 발생하고 정복 전쟁이 시작되면서 지배 계급이 등장하였다. 2014년 서울시 9급
O | X

41 청동기 시대에는 무리 가운데 경험이 많은 사람이 지도자가 되었으나 정치 권력을 갖지는 못하였다. 2012년 지방직 9급
O | X

42 청동기 시대 당시 사람들은 사냥 및 고기잡이의 성공과 풍요를 기원하기 위해 바위그림을 그렸다. 2015년 경찰직(3차)
O | X

43 청동기 시대에는 마을 주변에 방어 및 의례 목적으로 환호(도랑)를 두르기도 하였다. 2015년 국가직 9급
O | X

44 청동기 시대에 움집 중앙에 있던 화덕은 한쪽 벽으로 옮겨지고, 저장 구덩도 따로 설치하였다. 2011년 국가직 9급 O | X

45 청동기 시대의 집자리는 주거용 외에 창고와 작업장, 집회소, 공공 의식 장소 등도 확인되었다. 2015년 국가직 9급
O | X

46 초기 철기 시대에는 철제 농기구의 사용이 보편화되었다.
2014년 법원직 9급 O | X

---

36 청동기 시대에 일부 저습지에서 _____가 시작되면서 농경이 더욱 발달하였다.

37 청동기 시대에는 _____가 농경의 중심이었으나 일부 저습지에서는 벼농사가 시작되었다.

38 청동기 시대에는 농업 생산력의 증가로 발생한 _____을 힘이 강한 자가 소유하게 되었다.

39 청동기 시대에는 농경의 발달에 따라 토지와 생산물에 대한 _____ 개념이 발생하여 빈부의 격차가 생기고 _____이 분화되었다.

40 청동기 시대에는 정복 활동 과정에서 우세한 부족이 스스로 하늘의 자손이라고 믿는 _____을 내세워 주변 부족을 통합하였다.

41 청동기 시대에는 계급이 형성되었고, 많은 인력을 동원하여 지배층의 무덤으로 _____을 축조하였다.

42 청동기 시대 사람들은 야산과 _____ 지대에 취락을 이루며 생활하였다.

43 청동기 시대 사람들은 활발한 정복 전쟁으로 인해 취락 주변에 수로를 이용한 방어 시설인 _____를 설치하였다.

44 청동기 시대에는 야산이나 구릉 지대에 _____ 취락이 형성되었다.

45 청동기 시대에 집터의 형태는 대체로 _____의 움집이며, 점차 _____ 가옥으로 바뀌어 갔다.

46 청동기 시대에는 움집 중앙에 있던 _____이 한쪽 벽으로 옮겨지고, 저장 구덩이도 따로 설치하였다.

47 철기 시대에는 철제 무기와 공구를 청동기와 함께 사용하였다. 2021년 국회직 9급 O | X

48 철기 시대에는 중국과 활발하게 교류하였다. 2014년 법원직 9급 O | X

49 철기 시대에는 출입구 시설이 붙은 '여(呂)'자형 주거가 등장하였다. 2011년 지방직 9급 O | X

50 청동기 시대의 전형적인 유물로는 비파형동검, 붉은 간 토기, 홈자귀 등이 있다. 2017년 지방직 9급 O | X

51 청동기 시대에는 주먹 도끼, 찍개 등 돌로 된 사냥 도구를 만들었다. 2016년 국가직 7급 O | X

52 청동기 시대에는 추수용 도구로 반달 돌칼을 사용하였다. 2012년 지방직 9급 O | X

53 청동기 시대에는 수공업 생산과 관련된 가락바퀴가 처음으로 사용되었다. 2013년 서울시 9급 O | X

54 청동기 시대에는 미송리식 토기, 팽이형 토기, 민무늬 토기, 붉은 간 토기 등이 제작되었다. 2018년 경찰직(1차) O | X

55 청동기 시대에는 목을 길게 단 미송리식 토기가 사용되었다. 2017년 국가직 9급 O | X

56 청동기 시대의 토기로는 미송리식 토기, 이른 민무늬 토기, 덧무늬 토기가 대표적이다. 2016년 경찰직(1차) O | X

57 청동기 시대의 대표적 유물인 비파형동검은 한반도 안에서 독자적인 발전을 이룬 청동기 형태이다. 2011년 법원직 9급 O | X

58 청동기 시대의 대표적 유물인 비파형동검은 만주로부터 한반도에 이르는 넓은 지역에서 출토되어, 이 지역이 같은 문화권에 속하였음을 보여준다. 2011년 지방직 7급 O | X

59 청동기 시대에는 청동기 문화가 독자적 발전을 이룩하면서 잔무늬 거울은 거친무늬 거울로 그 형태가 변하여갔다. 2015년 경찰직(1차) O | X

47 철기 시대에는 정착 생활의 규모가 확대되었으며, _____과의 교역도 활발했다.

48 철기 시대에는 _____의 사용으로 농업 기술이 크게 발전하여 농업 생산력이 증대되었다.

49 철기 시대에는 _____가 축조되면서 벼농사 지역이 확대되었다.

50 철기 시대 주거 난방은 화덕 대신 _____이 설치되었다.

51 청동기 시대에 청동은 장신구 등으로 사용되었으나 _____로는 사용되지 않았다.

52 청동기 시대에는 _____을 사용하여 이삭을 수확하였다.

53 청동기 시대 대표적인 토기로는 덧띠새김무늬, 민무늬, 미송리식, 송국리식, _____토기가 있다.

54 청동기 시대의 _____토기는 주로 청천강 이북, 랴오닝성, 지린성 일대에 분포하며 고인돌, 비파형동검과 함께 고조선의 특징적인 유물로 간주된다.

55 청동기 시대에는 고인돌, 돌널무덤, _____무덤 등이 만들어졌다.

56 철기 시대 대표적인 토기의 종류로는 덧띠 토기, _____토기가 있다.

57 철기 시대로 넘어가면서 _____이 세형동검으로 우리나라 체형에 맞게 독자적으로 변화·발전하였다.

58 철기 시대로 넘어가면서 공예 기술의 세련화로 인해 거친무늬 거울이 _____거울로 변했다.

59 철기 시대에는 한국식 동검이라 일컫는 _____을 사용하였다.

60 청동기 시대에 고인돌, 돌널무덤, 돌무지무덤 등이 나타나게 되었다. 2015년 경찰직(1차) O | X

61 철기 시대에는 한자의 전래로 붓이 사용되었다. 2014년 지방직 9급 O | X

62 철기 시대에는 오수전 등의 화폐가 사용되었다. 2023년 국가직 9급 O | X

63 청동기 시대 유적인 강화 부근리에서는 탁자식 고인돌이 발견되었다. 2019년 국가직 9급 O | X

64 청동기 시대 유적인 여주 흔암리 유적에서는 오수전이 발견되었다. 2014년 경찰직(1차) O | X

65 청동기 시대 유적지 중 불에 탄 쌀이 여주 흔암리, 부여 송국리 유적에서 발견되었다. 2013년 서울시 9급 O | X

66 청동기 시대 유적은 한반도 지역에 국한하여 주로 분포되어 있다. 2013년 서울시 9급 O | X

67 철기 시대의 유적 중 붓이 출토되어 문자를 사용한 사실이 있음을 알려주는 유적지는 창원 다호리이다. 2014년 국가직 7급 O | X

60 철기 시대에 철제 무기와 철제 연모를 사용하면서 _____는 의식용 도구로 변하였다.

61 철기 시대에는 중국으로부터 철기와 함께 _____, 오수전, 반량전 등이 유입되었다.

62 철기 시대에 중국과의 교역이 있었음을 보여주는 유물로는 명도전, 반량전, 오수전, 창원 _____ 등이 있다.

63 철기 시대의 대표적인 무덤 양식으로는 _____, 독무덤이 있다.

64 철기 시대에는 화덕을 집 밖으로 빼내어 부엌 안에 _____을 설치하였다.

65 청동기 시대 유적지로는 평북 의주 미송리 동굴, 충남 부여 송국리, 경기 여주 흔암리, _____가 있다.

66 경기 _____와 충남 _____에서는 탄화미가 발견되었는데, 이를 통해 청동기 시대에 벼농사가 시작되었음을 알 수 있다.

67 철기 시대에 붓이 출토되어 문자를 사용한 사실이 있음을 알려주는 유적지는 _____ 유적이다.

테마 03 고조선

I 선사 시대

* 올인원 블랭크노트 p.12

기출 OX — OX를 체크하며 합격 실력 점검하고!

1. 고조선의 사회 모습과 고조선 관련 기록

01 고조선은 단군왕검을 통해 정치적 지배자와 제사장이 일치된 사회였음을 알 수 있다. 2021년 법원직 9급 O | X

02 고조선의 사회상은 현재 전하는 8조 법금 법조문 전체로 파악이 가능하다. 2013년 서울시 9급 O | X

03 고조선은 사람의 생명과 노동력을 중시하였다. 2020년 소방직 O | X

04 고조선의 8조법을 통해서 노동력을 중시하는 농경 사회였음을 알 수 있다. 2018년 국가직 7급 O | X

05 8조법을 가지고 있던 국가는 '동맹'이라는 제천 행사를 거행하였다. 2024년 지방직 9급 O | X

06 『삼국유사』의 단군 신화를 통해서 토테미즘이 존재했음을 알 수 있다. 2018년 국가직 7급 O | X

07 중국의 사서(史書) 『관자』에는 고조선이 중국 제(齊) 나라와 교역하였음이 기록되어 있다. 2018년 지방직 7급 O | X

08 고려 충렬왕 때에 저술한 『제왕운기』에는 고조선 관련 기록이 있다. 2017년 서울시 9급 O | X

09 『삼국사기』의 기록에 따르면 단군왕검이 고조선을 건국하였다. 2012년 서울시 9급 O | X

블랭크 — 빈칸을 채우며 합격 실력 완성하자!

01 단군왕검은 _____의 지배자로 제사장과 정치적 군장을 함께 수행했다.

02 단군신화에 따르면 자신의 부족을 곰과 호랑이와 연결시킨 토테미즘이 나타나며 '널리 인간을 이롭게 한다'는 _____의 통치 이념을 확인할 수 있다.

03 단군 신화에 따르면 _____이 풍백·우사·운사를 거느리고 세상을 다스렸다고 한다.

04 고조선의 _____은 『한서(漢書)』 「지리지」에 3개 조목의 내용만 전해진다.

05 고조선의 8조법 중 '사람을 죽인 자는 사형에 처한다'를 통해 사람의 _____을 중시한 사회였음을 알 수 있다.

06 고조선의 8조법 중 '상처를 입힌 자는 곡물로 보상한다'를 통해 노동력을 중시하는 _____ 사회였음을 알 수 있다.

07 고조선의 8조법 중 '남의 물건을 훔친 자는 _____로 삼는다'를 통해 계급이 있던 사회였음을 알 수 있다.

08 고조선 사회는 여성의 정절을 중시하는 _____ 사회였다.

09 중국 측의 고조선 관련 기록으로는 『관자』, 『_____』 등이 있다.

2. 고조선의 성립과 발전

10 고조선은 계루부 출신의 왕이 5부의 대가들과 함께 통치하였다. 2022년 법원직 9급   O | X

11 고조선은 전연의 공격을 받아 심한 타격을 받았다. 2018년 국가직 7급   O | X

12 고조선은 중국 연(燕)의 침입으로 서쪽 땅(요동)을 잃었다. 2016년 법원직 9급   O | X

13 고조선은 상, 대부, 장군 등의 관직을 두었다. 2022년 법원직 9급   O | X

14 기원전 194년 위만은 우거왕을 몰아내고 스스로 왕이 되었다. 2014년 경찰직(1차)   O | X

15 위만 집권 이전에 고조선 지역에 한(漢)의 창해군이 설치되었다. 2016년 국가직 9급   O | X

16 위만 조선은 중국의 한과 한반도 남부의 진국 사이에서 중계 무역을 하였다. 2016년 법원직 9급   O | X

17 위만 왕조의 고조선은 철기 문화를 본격적으로 수용해 상업과 무역도 발달하게 되었다. 2013년 서울시 9급   O | X

18 위만 조선은 성장 과정에서 주변의 진번, 임둔 등을 복속시켰다. 2016년 경찰간부후보생   O | X

19 위만 조선 시기에는 기존에 8조에 불과하던 법 조항이 60여 조로 늘어났다. 2016년 법원직 9급   O | X

20 고조선은 한 무제가 보낸 군대의 침공으로 멸망하였다. 2023년 법원직 9급   O | X

10 단군왕검이 기원전 2333년에 [ ] 문화를 바탕으로 고조선을 건국하였다.

11 B.C. 4C경 고조선은 랴오시(요서)를 경계로 [ ] 와 대립할 만큼 강성했다.

12 B.C. 3C 초 고조선은 연나라 장수 [ ] 의 침입으로 서쪽 영토(요동)를 상실했다.

13 B.C. 3C경 고조선의 국력과 왕권이 강화되어 [ ], 준왕 등이 일시적으로 왕위 세습을 하였다.

14 B.C. 3C경 고조선은 왕 아래에 상, 경, [ ], 대신, 장군 등의 관직을 두었다.

15 B.C. 2C 초 진·한 교체기에 [ ] 이 1천여 명의 식솔과 함께 고조선으로 망명하였다.

16 위만이 [ ] 의 신임을 받아 서쪽 변경을 수비하는 임무를 맡았다.

17 B.C. 194년 위만이 준왕을 축출한 뒤 왕위에 올랐고, 이로써 [ ] 이 성립되었다.

18 위만 집권 직후 고조선은 [ ] 문화를 본격적으로 수용하였고, 농업, 상업 및 무역이 발달하였다.

19 위만 조선은 중국의 [ ] 과 한반도 남부 진국 사이의 [ ] 으로 이익을 독점하였다.

20 고조선 멸망 후 고조선 지역에 [ ] 이 설치되었다.

테마 04 초기 국가 - 철기 시대 여러 나라

I 선사 시대

* 올인원 블랭크노트 p.16

기출 OX OX를 체크하며 합격 실력 점검하고!

1. 부여

01 부여는 쑹화강 유역의 평야 지대에서 성장하였다. 2016년 서울시 9급 O | X

02 부여는 신지, 읍차라고 불리는 지배자들이 다스렸다. 2020년 법원직 9급 O | X

03 부여는 왕 아래 가축의 이름을 딴 여러 가(加)들이 있었다. 2016년 서울시 9급 O | X

04 부여의 풍속에는 곡식이 익지 않으면 왕을 바꾸거나 죽이기도 하였다. 2025년 지방직 9급 O | X

05 부여는 전쟁이 일어났을 때 소를 죽여 그 굽으로 점을 치는 풍습이 있었다. 2014년 서울시 9급 O | X

06 부여는 은나라 달력으로 정월이 되면 하늘에 제사를 지냈다. 2023년 계리직 9급 O | X

07 부여에서는 도둑질한 자는 12배로 배상하게 하였다. 2022년 소방간부후보생 O | X

08 부여에는 다른 읍락 영역을 침범하면 배상금을 내는 책화 제도가 있었다. 2021년 국회직 9급 O | X

09 부여에는 서옥제라는 혼인 풍습이 있었다. 2022년 소방직 O | X

10 부여는 국력이 쇠퇴하여 광개토 대왕 때 고구려에 완전 병합되었다. 2016년 서울시 9급 O | X

블랭크 빈칸을 채우며 합격 실력 완성하자!

01 부여는 만주 _____ 유역의 넓은 평야 지대를 중심으로 성장하였다.

02 부여는 _____ 연맹 국가로, _____, 우가, 저가, 구가라는 가(加)들이 존재하였다.

03 부여에서는 여러 가들이 각기 _____ 라는 별도의 행정 구역을 주관하였다.

04 부여의 가들은 수해나 한해를 입어 오곡이 잘 익지 않으면 그 책임을 _____ 에게 묻기도 하였다.

05 부여의 특산물로는 말, _____, 모피 등이 유명하였다.

06 부여에서는 12월에 _____ 라는 제천 행사를 거행하여 겨울철 사냥을 기원하였다.

07 부여는 장례 풍습으로 왕이나 귀족이 죽으면 신하나 노비를 껴묻거리와 함께 묻는 _____ 이 있었다.

08 부여에서는 재산의 외부 유출을 막기 위한 혼인 풍습으로 _____ 이 있었다.

09 부여에는 남의 물건을 훔치면 물건 값의 12배를 배상하게 하는 _____ 이 있었다.

10 부여는 5세기 말 고구려 _____ 때 고구려에 편입되었다.

2. 고구려

11 고구려에는 소노부, 절노부, 순노부, 관노부, 계루부의 다섯 부족이 있었다. 2022년 소방직 O | X

12 고구려는 소노부에서 왕이 나왔으나 시간이 흐르며 계루부에서 왕위를 차지하였으며, 절노부는 대대로 왕실과 혼인을 맺고 고추가(古鄒加)의 칭호를 받았다. 2022년 법원직 9급 O | X

13 고구려는 영고라고 하는 제천 행사를 개최하였다. 2022년 법원직 9급 O | X

14 고구려는 철이 많이 생산되어 낙랑과 왜에 수출하였다. 2019년 지방직 9급 O | X

15 고구려에는 집집마다 부경이라는 작은 창고가 있었다. 2017년 법원직 9급 O | X

16 고구려는 남의 물건을 훔치면 물건 값의 12배를 배상하게 하였다. 2019년 경찰직(2차) O | X

17 고구려에서는 가족이 죽으면 시체를 가매장하였다가 나중에 그 뼈를 추려서 가족 공동 무덤인 커다란 목곽에 안치하였다. 2022년 국가직 9급 O | X

11 고구려는 왕 아래에 상가, _____ 등의 대가들이 있었고, 이들은 사자, 조의, _____ 등의 관리를 거느렸다.

12 고구려는 상가, 고추가 등이 _____ 회의를 열어 국가 대사를 결정하였다.

13 고구려는 _____ 이라는 창고를 두어 곡식을 저장하였다.

14 고구려의 사회 풍습은 _____ 의 영향을 받아 형사취수혼의 혼인 풍습과 1책 12법 등의 엄격한 법률이 존재하였다.

15 고구려에는 일종의 데릴사위제인 _____ 라는 혼인 풍습이 있었다.

16 고구려는 10월에 _____ 이라는 제천 행사를 성대하게 치르고, 왕과 신하들이 _____ 에 모여 함께 제사를 지냈다.

17 고구려는 _____ 국가로 발전하였다.

3. 옥저

18 옥저는 10월에 제천 행사를 성대하게 치르고, 국동대혈에 모여 제사를 지냈다. 2020년 지방직 7급 O | X

19 옥저는 토지가 비옥하고 해산물이 풍부하여 농경, 어로 등 경제 생활이 윤택하였고, 매년 10월에는 무천이라는 제천 행사를 열었다. 2015년 경찰직(3차) O | X

20 옥저는 해산물이 풍부하고 농사가 잘 되었으며, 민며느리제와 가족 공동묘제의 풍속이 있었다. 2016년 경찰직(2차) O | X

21 옥저에는 민며느리제라는 혼인 풍습이 있었다. 2022년 국가직 9급 O | X

18 옥저는 대군장이 없고, _____ 단계로 성장하지 못했다.

19 옥저는 어물과 소금 등 해산물이 풍부하였으나 _____ 에 공납으로 바쳤다.

20 옥저에는 일종의 매매혼인 _____ 라는 혼인 풍습이 있었다.

21 옥저에서는 장래에 혼인할 것을 정하면, _____ 가 어렸을 때에 _____ 집에 가서 성장한 후에 _____ 가 예물을 치르고 혼인을 하였다.

22 옥저는 남녀가 간음하거나 부인이 투기가 심하면 사형에 처하였다. 2023년 계리직 9급　O	X	22 옥저에서는 가족이 죽으면 시체를 가매장하였다가 나중에 그 뼈를 추려서 _____ 인 커다란 목곽에 안치하였다.
23 옥저에서는 대가들이 제가 회의라는 부족장 회의를 운영하였다. 2013년 국가직 9급　O	X	23 옥저는 _____ 단계에서 고구려에 복속되었다.

4. 동예

24 동예는 후·읍군·삼로 등이 하호를 통치하였다. 2017년 국가직 9급　O	X	24 옥저와 동예는 군장 국가로서 ____, 삼로, 후라는 군장이 통치하였다.
25 동예에는 다른 읍락을 함부로 침범하면 노비, 소 등으로 변상하는 책화가 있었다. 2022년 서울시 9급(2월)　O	X	25 동예의 특산물로는 단궁(활), _____(조랑말), _____(바다표범의 가죽)가 유명하였다.
26 동예의 특산물로 단궁, 과하마, 반어피가 유명하였다. 2020년 법원직 9급　O	X	26 동예는 매년 10월에 _____ 이라는 제천 행사를 열었다.
27 동예는 무천이라는 제천 행사를 지냈으며, 호랑이를 신으로 여겨 숭배하였다. 2022년 서울시 9급(2월)　O	X	27 동예는 다른 부족의 생활권을 침범하면 _____ 라 하여 노비와 소, 말로 변상하게 하였다.
28 동예에는 국읍마다 천신에 대한 제사를 주관하는 천군이 있었다. 2017년 국가직 9급　O	X	28 동예에서는 씨족 사회의 전통을 보여주는 풍습으로 _____ 과 책화가 있었다.
29 동예는 사람이 죽으면 살던 집을 버리고 다시 새집을 지었다. 2025년 지방직 9급　O	X	29 동예 지역에서는 ____ 자형, 여자형 집터가 발견되었다.

5. 삼한

30 삼한은 신지, 읍차 등으로 불리는 지배자들이 다스렸다. 2022년 간호직 8급　O	X	30 마한 목지국의 지배자가 마한왕 또는 _____ 으로 추대되어 삼한 전체의 주도 세력이 되었다.
31 삼한에는 천군이 있어 소도라 불리는 신성한 지역을 다스렸다. 2022년 간호직 8급　O	X	31 삼한의 지배자 중에서 세력이 큰 군장은 신지·견지, 작은 군장은 _____·부례 등으로 불렀다.
32 삼한의 천군과 소도는 제정 일치 사회임을 알려준다. 2022년 국회직 9급　O	X	32 삼한 중 _____ 에서는 철이 많이 생산되어 낙랑, 왜 등에 수출하였고, 교역에서 철을 _____ 처럼 사용하였다.
33 삼한에는 아이가 출생하면 돌로 머리를 눌러 납작하게 하는 풍습이 있었다. 2017년 국가직 9급　O	X	33 삼한에는 정치적 지배자 외에 제사장인 _____ 이 존재하였고, 신성 지역인 _____ 가 있었다.
34 삼한에서는 저수지가 축조되고 벼농사가 발달하였다. 2012년 국가직 9급　O	X	34 삼한은 해마다 씨를 뿌리고 난 뒤인 5월에 _____, 가을 곡식을 거두어들이는 10월에 _____ 를 열어 하늘에 제사를 지냈다.

테마 05 삼국 시대 - 중앙 집권 국가의 탄생

II 정치사 - 고대

* 올인원 블랭크노트 p.19

기출 OX — OX를 체크하며 합격 실력 점검하고!

1. 고구려의 발전

01 태조왕은 도읍을 국내성으로 옮겼다. 2022년 간호직 8급 O | X

02 태조왕은 계루부 고씨의 왕위 세습권을 확립하였으며, 옥저를 복속시켰다. 2017년 경찰직(1차) O | X

03 고국천왕 때 전연 모용황이 고구려를 침략하여 궁실을 불사르고 5만여 명을 포로로 붙잡아 갔다. 2018년 지방직 7급 O | X

04 고국천왕은 봄에 곡식을 빌려주었다가 가을에 상환하게 하는 것을 법제화하였다. 2023년 국가직 9급 O | X

05 고국천왕 때 왕위가 처음으로 형제 상속에서 부자 상속으로 바뀌었다. 2016년 지방직 7급 O | X

06 고국천왕은 순노부, 소노부 등의 5부를 행정 단위 성격의 5부로 개편하였다. 2018년 법원직 9급 O | X

07 동천왕 때 관구검의 공격으로 수도가 함락되었다. 2022년 소방간부후보생 O | X

08 동천왕 때 위군의 침략으로 환도성이 함락되었고, 미천왕 때 낙랑군과 대방군을 축출하였다. 2022년 서울시 9급(6월) O | X

09 미천왕은 낙랑군을 축출하여 대동강 유역을 확보하였다. 2018년 법원직 9급 O | X

10 고구려의 고국원왕은 황해도 지역을 두고 백제의 근초고왕과 대립하다가 백제군의 공격으로 평양성 전투에서 전사하였다. 2022년 서울시 9급(2월) O | X

블랭크 — 빈칸을 채우며 합격 실력 완성하자!

01 고구려 태조왕은 _____가 왕위를 독점적으로 세습하게 하였다.

02 고구려 태조왕은 _____를 정복하고 동예, 현도군을 공격하였다.

03 고구려 고국천왕은 왕위를 형제 상속제에서 _____로 확립하였다.

04 고구려 고국천왕 때 부족적인 성격의 5부가 _____인 성격의 5부로 개편되었다.

05 고구려 고국천왕은 을파소를 국상으로 기용하여 _____을 실시하였다.

06 고구려 동천왕은 _____을 공격하였다.

07 고구려 동천왕 때 위나라 _____의 침입을 받아 환도성이 함락되었다.

08 고구려 _____은 서안평을 점령하고 낙랑군과 대방군을 축출하였다.

09 고구려 고국원왕 때 전연 _____의 침입을 받았다.

10 고구려의 고국원왕은 백제 _____의 공격을 받아 전사하였다.

11 소수림왕은 율령을 반포하여 중앙 집권 체제를 강화하였다. 2021년 국가직 9급 O | X

12 소수림왕은 전진에서 불교를 받아들였고, 유학 교육 기관으로 태학을 설립하였으며, 율령을 공포하였다. 2017년 국가직 9급 O | X

13 고구려에서 태학을 설립하고 평양으로 천도가 이루어진 사이에 후연을 격파하고 요동 지역을 차지하였다. 2025년 지방직 9급 O | X

14 광개토 대왕은 영락이라는 독자적인 연호를 사용했다. 2019년 경찰직(2차) O | X

15 광개토 대왕은 후연을 공격하여 요동으로 진출하고, 동북쪽으로는 숙신을 복속시켰다. 2018년 지방직 7급 O | X

16 광개토 대왕 때 고구려는 낙랑군을 완전히 몰아내었다. 2022년 소방간부후보생 O | X

17 광개토 대왕은 부여를 복속하여 고구려 최대 영토를 확보했다. 2019년 경찰직(2차) O | X

18 광개토 대왕은 신라를 도와 낙동강 유역에서 왜병을 대파하였다. 2017년 국가직 9급 O | X

19 광개토 대왕 시기에 고구려가 신라 내정 간섭을 강화하였다. 2018년 국가직 9급 O | X

20 장수왕 시기에 고구려가 흥안령 일대를 장악하였다. 2012년 지방직 9급 O | X

21 장수왕은 후연을 격파하여 요동 지역을 확보했다. 2019년 경찰직(2차) O | X

22 장수왕은 수도를 평양으로 옮기고, 백제의 수도 한성을 공격하여 개로왕을 죽였다. 2017년 국가직 9급 O | X

23 평양성 전투와 관산성 전투 사이에 고구려가 평양으로 천도하였다. 2022년 법원직 9급 O | X

24 장수왕은 신라에 침입한 왜군을 낙동강 유역에서 물리쳤다. 2022년 국가직 9급 O | X

11 고구려 소수림왕은 5호 16국 중 하나인 ____과 친교하였다.

12 고구려 소수림왕 때 전진에서 온 승려 ____를 통해 불교를 받아들였다.

13 고구려 소수림왕은 ____을 설립하였다.

14 고구려 소수림왕은 ____을 반포하였다.

15 고구려 광개토 대왕은 ____이라는 독자적 연호를 썼다.

16 고구려 광개토 대왕은 ____(선비족)을 공격하여 요동을 차지하였다.

17 고구려 광개토 대왕은 ____에 쳐들어온 왜구를 격퇴하였고, ____를 공격하여 한강 이북을 차지하였다.

18 고구려 광개토 대왕은 백제 한성을 공격하여 백제 ____의 항복을 받았다.

19 광개토 대왕 때 고구려가 ____에 대한 내정 간섭을 강화하였다.

20 고구려 장수왕은 국내성에서 ____으로 도읍을 옮겼다.

21 고구려 장수왕 때 고구려의 ____ 정책으로 위기를 느낀 신라와 백제가 동맹을 체결하였다.

22 고구려 장수왕은 백제를 공격하여 수도인 ____을 함락시키고 백제 ____을 사살하였다.

23 고구려 장수왕은 죽령 일대부터 ____에 이르는 영토를 확보하였다.

24 고구려 장수왕은 중국 ____와 각각 교류하는 다면적인 외교 정책을 펼쳤다.

25 장수왕 시기에 천리장성을 축조하였다. 2017년 국가직 9급
O | X

26 장수왕은 이문진에게 명하여 『유기』를 『신집』 5권으로 개수하였다. 2018년 서울시 7급
O | X

25 고구려 장수왕 때 아버지의 업적을 기리기 위해 _____를 건립하였다.

26 고구려가 한반도의 중부 지역까지 영토를 넓힌 사실은 _____를 통해 알 수 있다.

2. 백제의 발전

27 고이왕 때 백제는 관등제를 도입하고 관리의 복색을 정하였다. 2022년 소방간부후보생
O | X

28 고이왕은 동진과 국교를 맺고 요서 지방에 진출하였다. 2018년 기상직 9급
O | X

29 백제의 고이왕은 목지국을 병합하여 마한의 중심 세력이 되었다. 2013년 서울시 7급
O | X

30 근초고왕 때 백제가 마한의 잔여 세력을 복속하였다. 2022년 소방직
O | X

31 근초고왕은 북쪽으로 고구려의 평양성까지 쳐들어가 고국천왕을 전사시켰다. 2014년 서울시 9급
O | X

32 근초고왕은 중국 요서 지방까지 진출하였고, 이어서 산둥 지방과 일본 규슈 지방에까지 진출하였다. 2015년 경찰직(3차)
O | X

33 근초고왕은 중국의 동진, 일본과 무역 활동을 전개하였다. 2014년 서울시 9급
O | X

34 근초고왕은 중국 남조와 활발하게 교류하고 일본에 불교를 전하였다. 2016년 지방직 7급
O | X

35 근초고왕은 고구려의 남하 정책에 대항하여 신라의 눌지왕과 동맹을 체결하였다. 2020년 경찰직(1차)
O | X

36 근초고왕은 동진으로부터 불교를 받아들여 공인하였다. 2023년 지방직 9급
O | X

37 근초고왕 때 박사 고흥이 『서기』를 편찬하였다. 2022년 서울시 9급(2월)
O | X

27 백제 고이왕 때 왕위를 _____로 확립하였다.

28 백제 고이왕은 삼국 중 가장 먼저 _____을 반포하였고, _____·16관등제·관복제를 정비하였다.

29 백제 고이왕은 품계에 따라 옷의 색을 _____·_____·_____으로 구별하여 입도록 하였다.

30 백제 근초고왕은 왕위를 형제 상속제에서 _____로 확립하였다.

31 백제 근초고왕은 _____을 정복하여 전라도 남해안 유역까지 진출하였다.

32 4C 근초고왕 때 백제는 중국의 요서, _____ 지방과 일본의 규슈 지방까지 진출했다.

33 백제 근초고왕 때 황해도 지역을 놓고 _____와 대결하였다.

34 백제 근초고왕은 고구려 평양성을 공격하여 고구려의 왕인 _____을 전사시켰다.

35 백제 근초고왕 때 일본에 _____를 보내 한자를 전하였다.

36 백제 근초고왕은 고흥에게 『_____』를 편찬하게 하였다.

37 백제 침류왕 때 _____를 수용·공인하여 중앙 집권 체제를 사상적으로 뒷받침하였다.

38	침류왕 때 동진에서 온 마라난타를 통해 불교가 전래되었다. 2016년 경찰직(2차) ○ │ ×
39	5세기에 개로왕은 중국 북조의 위(魏)에 사신을 보내 군사 원조를 청하였다. 2016년 서울시 7급 ○ │ ×
40	개로왕은 고구려로부터 한강 유역을 되찾았다. 2011년 서울시 9급 ○ │ ×
41	5세기 고구려의 공격으로 한강 유역을 상실하면서 옮긴 수도에 미륵사지 석탑을 건립하였다. 2025년 국가직 9급 ○ │ ×
42	동성왕은 신라와 결혼 동맹을 맺어 이벌찬 비지의 딸을 왕비로 맞이하였다. 2019년 서울시 7급 ○ │ ×
43	무령왕은 양나라에 사신을 보내 여러 차례 고구려를 격파했다는 서신을 전했다. 2019년 서울시 7급 ○ │ ×
44	무령왕은 활발한 대외 정복 전쟁으로 한강 유역을 차지하고 가야를 완전히 정복하였다. 2016년 지방직 9급 ○ │ ×
45	무령왕은 중앙에는 22부 관청을 두고 지방에는 5방을 설치하였다. 2016년 지방직 9급 ○ │ ×
46	무령왕 때 백제가 22담로에 왕족을 파견하였다. 2022년 소방직 ○ │ ×
47	무령왕은 신라와 동맹을 맺고 일본에 불교를 전해주었다. 2014년 경찰직(2차) ○ │ ×
48	성왕은 국호를 남부여로 바꾸었다. 2020년 경찰직(2차) ○ │ ×
49	성왕 때 대외 진출이 쉬운 웅진으로 천도하고, 국호를 남부여로 고치며 중흥을 꾀하였다. 2016년 경찰직(2차) ○ │ ×
50	성왕은 신라와 연합하여 한강 유역 일부 지역을 수복하였으나 얼마 후 신라에게 빼앗겼다. 2016년 국가직 9급 ○ │ ×
51	성왕은 중앙 관서를 22부로 정비하고 수도를 5부로 편제하였다. 2022년 계리직 9급 ○ │ ×
52	성왕은 나·제 동맹을 체결하였다. 2020년 법원직 9급 ○ │ ×

---

38 백제 침류왕 때 동진에서 온 승려 _____ 를 통해 불교를 수용하였다.

39 백제의 비유왕은 신라의 눌지 마립간과 _____ 을 체결하였다.

40 백제 개로왕은 _____ 에 국서를 보내 군사 원조를 요청하였다.

41 고구려 장수왕의 침입을 받아 한성이 함락되고 백제 _____ 이 전사하였다.

42 백제 문주왕은 한성이 함락되자 _____ 으로 천도하였다.

43 백제 동성왕은 신라의 소지 마립간과 _____ 을 체결하였다.

44 백제 _____ 때 탐라국을 복속하였다.

45 백제 무령왕은 지방에 _____ 를 설치하고 왕족을 파견하였다.

46 백제 무령왕은 중국 남조의 _____ 와 수교하였다.

47 백제 무령왕은 5경박사 _____ 와 _____ 를 일본에 보내 학문을 가르치게 하였다.

48 백제 _____ 은 수도를 사비(부여)로 옮겼다.

49 백제 성왕 때 국호를 _____ 로 변경하였다.

50 백제 성왕은 중앙 관청을 _____ 로 정비하고, 수도를 5부, 지방을 _____ 으로 정비하였다.

51 백제 성왕 때 _____ 가 일본에 불교를 전파하였다.

52 백제 성왕 때 신라와 연합하여 일시적으로 한강 하류 지역을 수복하였으나, _____ 의 배신으로 상실하였다.

53 무왕 때 백제가 익산 지역으로 천도를 추진하였다.
2022년 소방간부후보생 O | X

53 백제 성왕은 신라와의 _____ 에서 전사하였다.

3. 신라의 발전

54 이사금은 연장자의 의미로, 당시 박·석·김 3부족이 연맹하여 교대로 왕을 선출하였다. 2014년 경찰직(1차) O | X

55 내물왕 시기에 3성의 교대가 끝나고 김씨가 세습적인 왕권을 확립하고 군장의 칭호도 이사금에서 마립간으로 바꾸었다. 2018년 경찰직(1차) O | X

56 소지 마립간은 백제 동성왕과 혼인 동맹을 맺었다.
2015년 지방직 9급 O | X

57 소지 마립간은 처음으로 수도에 시장을 열어 사방의 물자를 유통시켰다. 2022년 계리직 9급 O | X

58 지증왕은 국호를 사로국에서 '신라'로, 왕호를 마립간에서 '왕'으로 고쳤다. 2019년 서울시 9급 O | X

59 지증왕은 개국(開國), 대창(大昌), 홍제(鴻濟)라는 연호를 사용하였다. 2017년 경찰직(2차) O | X

60 지증왕은 우산국을 정복하였으며, 국호를 '신라'로 확정하였다. 2022년 지방직 9급 O | X

61 지증왕은 시장 감독 관청인 동시전을 설치하였다.
2012년 법원직 9급 O | X

62 지증왕은 관료전을 지급하고 녹읍을 폐지하였다.
2022년 지방직 9급 O | X

63 지증왕은 인재를 양성하기 위하여 화랑도를 국가적 조직으로 개편하였다. 2022년 서울시 9급(6월) O | X

64 법흥왕은 '건원'이란 연호를 사용하였다. 2013년 국가직 9급 O | X

65 고구려의 거란 정벌과 한성 함락 사이에 신라에 병부가 설치되었다. 2023년 법원직 9급 O | X

54 신라 _____ 때 김씨에 의한 왕위 세습이 확립되었다.

55 신라 눌지 마립간 때 왕위를 _____ 로 확립하였다.

56 신라 눌지 마립간은 백제 _____ 과 나·제 동맹을 체결하였다.

57 신라 소지 마립간 때 _____ 이 설치되고 경주에 시사가 개설되었다.

58 신라 지증왕은 국호를 _____ 로 변경하였다.

59 신라 지증왕 때 왕의 칭호를 _____ 에서 중국식 왕호인 _____ 으로 변경하였다.

60 신라 지증왕은 노동력을 확보하고자 _____ 을 금지하고, 농업 생산력을 높이기 위해 _____ 을 장려·실시하였다.

61 신라 지증왕 때 시장을 감독하는 관청인 _____ 이 설치되었다.

62 신라 지증왕은 이사부를 파견하여 _____ 을 복속하였다.

63 신라 지증왕 때 _____ 에 최초의 소경을 설치하였다.

64 신라 지증왕은 주와 군을 정비하고 주에 _____ 를 파견하였다.

65 신라 법흥왕은 군사권을 장악하기 위해 _____ 를 설치하였다.

66 법흥왕 때 김해 지역의 금관가야를 정복하여 낙동강으로 진출하는 길을 열었다. 2022년 서울시 9급(6월) O | X

67 법흥왕 때 상대등을 설치하여 정치 조직을 강화하였다. 2022년 법원직 9급 O | X

68 법흥왕은 백관의 공복을 제정하여 귀족을 관료로 등급화시켰다. 2022년 서울시 9급(6월) O | X

69 법흥왕 재위 3년에 순장을 금지하는 명령을 내렸다. 2018년 경찰직(2차) O | X

70 이차돈의 순교 당시의 국왕은 병부를 설치하고 금관가야를 병합하였다. 2025년 지방직 9급 O | X

71 진흥왕 대에 건원(建元)이라는 독자적인 연호를 만들었다. 2020년 서울시 9급 O | X

72 진흥왕은 백제 성왕과 동맹하여 고구려가 장악했던 한강 유역을 차지했다. 2022년 서울시 9급(6월) O | X

73 진흥왕은 황초령 순수비를 세웠다. 2021년 국가직 9급 O | X

74 진흥왕은 북한산 순수비를 건립하였다. 2020년 지방직 9급 O | X

75 진흥왕은 대가야를 정복하여 가야 연맹을 해체시켰다. 2022년 법원직 9급 O | X

76 진흥왕은 자장의 건의를 받아들여 황룡사 9층 목탑을 건립하였다. 2022년 서울시 9급(6월) O | X

77 진흥왕 대에 거칠부가 『국사』를 편찬하였다. 2021년 국가직 9급 O | X

78 선덕 여왕은 고구려 부흥 운동을 지원하였다. 2020년 법원직 9급 O | X

79 선덕 여왕 시기에 첨성대를 건립하여 천체를 관측하였다. 2015년 경찰간부후보생 O | X

66 신라 법흥왕은 화백 회의의 주관자이자 귀족들의 대표인 ___을 설치하였다.

67 신라 법흥왕은 ___을 반포하고 공복을 제정하였다.

68 신라 법흥왕 때 ___의 순교를 계기로 불교를 ___하였다.

69 신라 법흥왕은 김해 지역의 ___를 정복하고 낙동강까지 영토를 확장하였다.

70 신라 법흥왕은 독자적인 연호인 ___을 사용하였다.

71 신라 진흥왕은 개국, ___, 홍제 등 연호를 사용하였다.

72 신라 진흥왕은 관리 감찰을 담당하는 경과 국가 재정을 담당하는 ___를 설치하였다.

73 신라 진흥왕은 ___를 정비하여 국가적인 조직으로 개편하였다.

74 신라 진흥왕 때 거칠부로 하여금 『___』를 편찬하게 하였다.

75 신라 진흥왕 때 불교 진흥을 위해 ___와 흥륜사가 건립되었다.

76 신라 진흥왕은 ___를 정복하였다.

77 신라 선덕 여왕은 자장의 건의로 ___을 건립하였다.

78 신라 선덕 여왕 때 ___를 건립하여 천체를 관측하였다.

79 신라 선덕 여왕 때 백제 ___의 공격으로 대야성이 함락되었다.

80 선덕 여왕 때에 향가를 모아 『삼대목』을 편찬하였다. 2015년 국가직 7급 O | X

81 신라 선덕 여왕 대에 오언태평송(五言太平頌)을 지어 당에 보냈다. 2015년 국가직 9급 O | X

82 진덕 여왕 때 대야성 상실로 신라가 위기를 맞이하였다. 2021년 국회직 9급 O | X

83 진덕 여왕은 독자적인 연호를 폐지하고 당 고종의 연호를 사용하였다. 2020년 경찰직(1차) O | X

80 신라 선덕 여왕 때 ___과 염종 등 귀족 세력이 반란을 일으켰다.

81 신라 진덕 여왕 때 김춘추를 보내 ___을 체결하였다.

82 신라 진덕 여왕은 중국식 의관과 중국식 연호인 ___를 사용하였다.

83 신라 진덕 여왕은 당에 ___을 지어 보냈다.

4. 가야 연맹

84 가야는 재상을 뽑을 때 정사암에 후보 이름을 써서 넣은 상자를 봉해두었다. 2019년 서울시 9급 O | X

85 가야는 중앙 집권 국가로 발전하지 못하였다. 2015년 기상직 9급 O | X

86 금관가야에서는 철이 많이 생산되어 왜, 낙랑 등에 수출하였다. 2022년 서울시 9급(2월) O | X

87 가야는 철기를 만들 때 사용하는 덩이쇠를 화폐와 같은 교환 수단으로 이용하기도 하였다. 2019년 서울시 9급 O | X

88 금관가야는 전기 가야 연맹의 중심이었다. 2018년 경찰직(3차) O | X

89 금관가야는 낙동강 동쪽의 진한 지역에서 독자적 세력으로 성장하였다. 2019년 경찰직(1차) O | X

90 금관가야는 낙동강 하류에 도읍하고 해상 교역을 중계하였다. 2017년 지방직 7급 O | X

91 금관가야는 신라를 도와 낙동강 유역에 진출한 왜를 격파하였다. 2020년 소방직 O | X

92 금관가야는 5세기 초 고구려와 신라 연합군의 공격을 받고 타격을 입었다. 2018년 경찰직(3차) O | X

84 가야는 낙동강 하류 ___ 지역에서 성장하였다.

85 금관가야는 시조 김수로가 ___ 지역에서 건국하였다.

86 금관가야는 풍부한 ___ 생산과 해상 교통을 이용해 ___과 왜의 규슈 지방을 연결하는 중계 무역이 발달하였다.

87 가야는 ___를 화폐처럼 사용하였다.

88 전기 가야 연맹은 ___ 중심으로 형성되었고, 후기 가야 연맹은 ___ 중심으로 형성되었다.

89 전기 가야 연맹은 고구려 ___의 공격으로 쇠퇴하기 시작하였다.

90 가야 연맹은 5세기 후반 ___의 대가야를 중심으로 재편되었다.

91 대가야는 6세기 초 전라북도 일부 지역까지 진출하는 등 ___. 신라와 세력을 다툴 만큼 성장하였다.

92 대가야는 국제적 고립에서 벗어나고자 신라와 ___을 체결하였다.

93 금관가야는 5세기에 한강 유역을 차지하여 전성기를 이룩하였다. 2015년 기상직 9급　O | X

94 전기 가야 연맹 시기에는 신라와 거의 비슷한 돌무지덧널무덤이 유행하였다. 2011년 지방직 7급　O | X

95 대가야는 5세기 후반부터 급성장해 가야의 주도 세력이 되었다. 2017년 국가직 7급　O | X

96 대가야는 호남 동부 지역까지 세력을 확장하였다. 2020년 지방직 9급　O | X

97 대가야는 광개토 대왕의 공격으로 큰 타격을 받았다. 2020년 경찰간부후보생　O | X

98 6세기 초에 고령의 대가야는 백제, 신라와 대등하게 세력을 다투게 되었고, 신라와 결혼 동맹을 맺기도 하였다. 2011년 지방직 9급　O | X

99 금관가야는 신라 법흥왕 때, 대가야는 신라 진흥왕 때 멸망하였다. 2024년 지방직 9급　O | X

100 대가야는 고령의 지산동 고분군을 대표적 문화유산으로 남겼다. 2017년 국가직 7급　O | X

93 가야는 _____ 단계에서 멸망하였다.

94 금관가야는 신라 _____ 에 의해 멸망하였다.

95 금관가야의 _____ 이 항복하자 신라 법흥왕이 본국인 금관가야 지역을 식읍으로 주었다.

96 대가야는 백제를 도와 _____ 에 참전하였다.

97 대가야는 신라 _____ 이 보낸 장군 이사부에 의해 멸망하였다.

98 금관가야의 대표적인 유적으로는 김해 _____ 고분군이 있다.

99 대가야의 대표적인 유적으로는 고령 _____ 고분군이 있다.

100 대가야 출신의 _____ 에 의해 가야금이 신라에 전파되었다.

5. 고대의 비석

101 광개토 대왕릉비는 고구려의 건국 신화에 대한 내용을 담고 있다. 2015년 경찰간부후보생　O | X

102 광개토 대왕릉비는 국내에 남아있는 유일한 고구려 비석이다. 2015년 경찰간부후보생　O | X

103 충주(중원) 고구려비에는 고구려의 군대가 신라 영토에 주둔했던 것으로 이해할 수 있는 기록이 보인다. 2014년 국가직 9급　O | X

104 충주(중원) 고구려비를 통해 신라가 고구려에게 자신을 '동이(東夷)'라고 낮추어 표현하였음을 알 수 있다. 2014년 지방직 9급　O | X

101 광개토 대왕릉비문에는 고구려 _____ 와 동명성왕~대무신왕의 계보가 정리되어 있다.

102 광개토 대왕릉비문에는 광개토 대왕의 _____ 성과가 기록되어 있다.

103 광개토 대왕릉비는 고구려 _____ 때 건립되었다.

104 국내에 남아 있는 유일한 고구려 비석은 _____ 이다.

105 장수왕의 남진 정책으로 고구려의 영토는 남한강 유역까지 확대되었다. 이러한 사실은 충주(중원) 고구려비를 통해 알 수 있다. 2012년 서울시 9급 O | X

106 충주(중원) 고구려비에는 스스로를 천하의 중심으로 자부하는 고구려인의 천하관이 반영되어 있다. 2011년 지방직 7급 O | X

107 사택지적비를 통해 백제가 영산강 유역까지 영역을 확장하였음을 알 수 있다. 2023년 지방직 9급 O | X

108 울진 봉평리 신라비를 통해 신라가 동해안의 북쪽 방면으로 세력을 확장하였음을 알 수 있다. 2014년 지방직 9급 O | X

109 진흥왕은 단양 적성비를 세웠다. 2020년 법원직 9급 O | X

110 진흥왕은 북한산을 순행하고 순수비를 세웠다. 2014년 경찰직(1차) O | X

105 충주 고구려비문의 '_____'라는 기록을 통해 고구려군이 당시 신라 영토 내에 주둔하고 있었다는 사실을 알 수 있다.

106 충주 고구려비문에서 고구려가 신라를 '_____'라 낮추어 지칭하였다.

107 충주 고구려비는 당시 고구려 국력의 강대함과 독자적 _____을 보여 준다.

108 신라 법흥왕 때 건립된 비석으로는 _____, 영천 청제비가 있다.

109 진흥왕 순수비는 왕이 직접 개척한 영토를 순행하고 이를 기념하기 위해 건립된 것으로 _____, 창녕비, 황초령비, 마운령비가 있다.

110 신라 진평왕 때 경주 남산에 신성(新城)을 축조하고 _____를 건립하였다.

테마 06 삼국 시대 - 삼국의 통치 체제

II 정치사 - 고대

* 올인원 블랭크노트 p.32

기출 OX — OX를 체크하며 합격 실력 점검하고!

블랭크 — 빈칸을 채우며 합격 실력 완성하자!

1. 삼국의 중앙 관제

01 삼국의 관등제와 관직 제도 운영은 신분제에 의하여 제약을 받았다. 2018년 지방직 9급 O | X

02 고구려의 중앙 정치는 대대로를 비롯하여 10여 등급의 관리들이 나누어 맡았다. 2017년 지방직 9급 O | X

03 국상, 대대로, 막리지 등은 고구려에서 재상의 직위를 지칭한다. 2017년 사회복지직 9급 O | X

04 고구려는 제5관등 이상의 귀족들이 모여 주요 국사를 처리하였다. 2023년 서울시 9급 O | X

05 백제는 재상을 뽑을 때 후보 서너 명의 이름을 써서 상자에 넣고 봉해 호암사에 있는 바위에 둔 뒤, 이를 열어보고 이름 위에 도장이 찍혀 있는 사람을 재상으로 삼았다. 2023년 서울시 9급 O | X

06 백제는 관품 구별에 따라 자·단·비·녹색의 공복을 입었다. 2017년 사회복지직 9급 O | X

07 정사암 회의를 진행했던 국가는 골품에 따라 관등이나 승진에 제한이 있었다. 2024년 지방직 9급 O | X

08 신라에는 상대등을 의장으로 하는 만장일치 합의체인 화백 회의가 있었다. 2013년 경찰직(2차) O | X

09 신라의 관등은 크게 솔계 관등과 덕계 관등으로 나뉜다. 2010년 국가직 7급 O | X

01 고구려 관등은 크게 ____ 계열과 ____ 계열로 나뉘었다.

02 고구려는 3년마다 _____에서 대대로를 선출하였다.

03 백제는 왕 밑에 좌평을 비롯한 관리들이 있었으며, 그중에서 ____이 최고 책임자였다.

04 백제 관등은 크게 ____ 계 관등과 덕계 관등으로 나뉘었다.

05 백제는 ____ 관등제를 시행하고 품계에 따라 옷의 색을 구별하여 입도록 하였다.

06 백제는 _____에서 상좌평을 선출하였다.

07 백제 ____ 때 마련된 6좌평의 체계는 ____ 때 22부로 확대되었다.

08 신라에는 ____ 관등 제도가 있었다.

09 신라에는 상대등을 의장으로 하는 만장일치 합의체인 ____ 가 있었다.

2. 삼국의 지방 행정 조직 및 군사 조직

10 고구려는 대성(大城)에는 처려근지, 그다음 규모의 성에는 욕살을 파견하였다. 2018년 지방직 9급 O | X

11 고구려는 지방 행정 조직을 9주 5소경 체제로 정비하였다. 2017년 지방직 9급 O | X

12 고구려의 지방은 5부로 나뉘어 있었다. 2013년 경찰직(2차) O | X

13 백제는 도성에 5부, 지방에 방(方)-군(郡) 행정 제도를 시행하였다. 2018년 지방직 9급 O | X

14 백제는 22담로에 왕족을 파견하였다. 2018년 소방직 O | X

15 백제는 전국을 5방으로 나누고 그 책임자를 방령이라고 불렀다. 2023년 서울시 9급 O | X

16 신라 각 지방의 군주는 주 단위로 설치한 부대인 정을 거느렸다. 2014년 경찰직(2차) O | X

10 삼국은 지방 행정 조직과 군사 조직이 _____ 되어 있었다.

11 고구려는 수도를 _____, 지방을 5부로 정비하였다.

12 고구려는 대성에 _____, 성에는 처려근지를 파견하여 지방의 행정과 군사 활동을 관장하게 하였다.

13 백제는 수도는 5부, 지방은 _____으로 정비하였다.

14 백제는 무령왕 때 _____에 왕족을 파견하였다.

15 백제의 _____은 각 방의 행정 책임자인 동시에 군사 지휘관이기도 하여 700~1,200명의 군사를 지휘하였다.

16 신라에는 주 단위로 설치한 부대인 정이 있었는데, 주의 장관인 _____가 정을 거느렸다.

테마 07 삼국 시대 - 대외 항쟁과 신라의 삼국 통일

II 정치사 - 고대

* 올인원 블랭크노트 p.34

기출 OX | OX를 체크하며 합격 실력 점검하고!

블랭크 | 빈칸을 채우며 합격 실력 완성하자!

1. 여·수 전쟁

01 대야성 함락과 평양성 함락 사이에 온달 장군이 아차산성을 공략하였다. 2022년 소방간부후보생 O | X

02 고구려 영양왕이 요서 지방을 선제공격하였다. 2020년 국가직 9급 O | X

03 대가야 정벌과 황산벌 전투 사이에 고구려가 수나라 군대를 살수에서 격퇴하였다. 2023년 법원직 9급 O | X

04 을지문덕은 스스로 최고 관직인 대막리지에 올라 권력을 장악하였다. 2019년 서울시 7급 O | X

01 고구려가 수나라의 ____ 지방을 선제공격하였다.

02 고구려 영양왕 때 수____의 30만 대군이 고구려에 침입했지만 태풍으로 실패하였다.

03 612년 고구려 ____이 살수(청천강)에서 수나라 군대를 크게 격파하였다.

04 수는 총 ____ 차례에 걸쳐 고구려를 침략하였으나 실패하였고 거듭된 전쟁으로 인한 국력 소모와 내란으로 멸망하였다.

2. 연개소문의 정변과 여·당 전쟁

05 고구려는 수 양제의 침략에 대비하기 위해 천리장성을 축조하였다. 2019년 서울시 9급 O | X

06 연개소문은 천리장성을 쌓고 방어 체제를 강화하는 등 당의 침략에 대비하였다. 2016년 지방직 7급 O | X

07 연개소문은 정변을 일으켜 권력을 장악하였다. 2015년 법원직 9급 O | X

08 고구려가 당 태종이 이끄는 대군을 안시성에서 격퇴하였다. 2022년 소방직 O | X

09 고구려는 수·당과의 거듭된 전쟁에서 승리함으로써 국력을 키울 수 있었으며, 이를 바탕으로 신라를 압박하였다. 2013년 서울시 7급 O | X

05 고구려는 당 침입 대비 목적으로 부여성부터 비사성까지 연결되는 ____을 축조했다.

06 ____은 요동 지역 군사력을 장악하고 쿠데타를 일으켜 정권을 잡았다.

07 연개소문은 정변을 일으켜 ____을 옹립하였다.

08 연개소문은 정권을 장악한 후 ____을 펼쳐 당을 자극하였다.

09 당나라 ____이 이끄는 대군이 고구려에 침입하였다.

3. 신라의 삼국 통일 과정

10 김유신은 김춘추의 신라 왕위 계승을 지원하였다.
2022년 지방직 9급 　　　　　　　　　　　　　　O | X

11 신라는 황산벌 전투에서 백제군을 무찔렀다.
2018년 지방직 9급 　　　　　　　　　　　　　　O | X

12 계백의 저항에도 불구하고 사비성이 함락되었다.
2017년 서울시 9급 　　　　　　　　　　　　　　O | X

13 나·당 연합군의 공격으로 사비성이 함락되자 웅진에 있던 의자왕이 항복하였다. 2016년 사회복지직 9급　　O | X

14 신라 무열왕은 태자로서 참전하여 백제를 멸망시켰다.
2018년 국가직 9급 　　　　　　　　　　　　　　O | X

15 백제 멸망 이후 복신과 도침은 주류성에서, 흑치상지는 임존성에서 군사를 일으켜 저항하였다.
2017년 경찰간부후보생 　　　　　　　　　　　　O | X

16 문무왕은 백제 부흥 운동을 주도한 복신을 공격하였다. 2018년 국가직 9급 　　　　　　　　　　　　O | X

17 왜의 지원군이 백강 전투에서 패하였다.
2022년 소방간부후보생 　　　　　　　　　　　　O | X

18 왜와 백제가 고구려를 구원하기 위해 백강 전투에 참전하였다. 2016년 기상직 9급 　　　　　　　　　O | X

19 백제가 멸망한 후 당나라는 신라를 계림 대도독부로 삼았다. 2018년 지방직 9급 　　　　　　　　　　　O | X

20 무열왕은 당나라 군대와 함께 고구려를 멸망시켰다.
2018년 국가직 9급 　　　　　　　　　　　　　　O | X

21 이근행이 대군을 이끌고 매소성에 머무르자, 신라 군사가 공격하여 달아나게 하였다. 2023년 국가직 9급　　O | X

22 매소성 전투 이후 웅진 도독부가 설치되었다.
2023년 국가직 9급 　　　　　　　　　　　　　　O | X

23 매소성 전투 이후 복신과 도침이 부여풍과 함께 백제 부흥 운동을 일으켰다. 2023년 국가직 9급　　　　　O | X

24 신라는 금강 하구의 기벌포에서 당의 수군을 섬멸하였다. 2014년 기상직 9급 　　　　　　　　　　　O | X

10 신라는 　　　　를 당에 보내 동맹을 제의하였고, 당이 이를 수용하면서 나·당 동맹이 체결되었다.

11 신라 김유신의 군대가 황산벌에서 　　　　의 결사대를 격파하였다.

12 백제 멸망 이후 당나라는 백제 영토에 　　　　　　를 설치하였다.

13 　　　　에서 도침, 복신이 왕자 부여풍을 왕으로 추대하며 백제 부흥 운동을 전개하였다.

14 　　　　에서 흑치상지가 백제 부흥 운동을 전개하였다.

15 왜는 백제 부흥군을 도와 　　　　에서 전투를 벌였으나 나·당 연합군에게 패배했다.

16 당은 신라까지 당의 지배하에 두고자 경주에 　　　　를 설치하였다.

17 나·당 연합군의 공격으로 고구려의 　　　　이 함락되면서 고구려는 멸망하였다.

18 고구려 멸망 이후 당나라는 고구려 영토에 　　　　　　를 설치하였다.

19 　　　　은 한성(황해도 재령)에서 　　　　을 왕으로 추대하여 한때 평양성을 탈환하였다.

20 　　　　는 오골성에서 고구려 부흥 운동을 전개하였으나 실패하였다.

21 신라 문무왕은 고구려 유민을 금마저(익산)에 안치시키고 안승을 　　　　의 왕으로 책봉하였다.

22 당이 한반도 지배 야욕을 드러냄에 따라 　　　　는 백제·고구려 유민과 연합하여 당과 전쟁을 벌였다.

23 신라는 당의 이근행이 이끄는 20만 대군을 　　　　에서 격파하면서 전쟁의 주도권을 장악하였다.

24 신라는 당나라 설인귀의 해군을 　　　　에서 격파하면서 대동강에서 　　　　을 경계로 삼국 통일을 달성하였다.

OX·블랭크 정답집 p.09

테마 08 남북국 시대 - 통일 신라의 발전

II 정치사 - 고대

* 올인원 블랭크노트 p.37

기출 OX — OX를 체크하며 합격 실력 점검하고!

1. 통일 신라의 왕의 업적 – 중대: 통일 신라 "전성기"

01 무열왕 대에 집사부 장관인 시중의 권한이 강화되었다. 2014년 법원직 9급 O | X

02 무열왕 대에 비담과 염종 등 귀족 세력의 반란이 일어났다. 2020년 경찰직(1차) O | X

03 문무왕 때 중앙에서 지방을 견제하기 위해 외사정을 파견하였다. 2019년 경찰직(2차) O | X

04 신문왕 시기에 김헌창의 난이 발생하였다. 2017년 법원직 9급 O | X

05 신문왕은 김흠돌의 반란을 진압하고 왕권을 강화하였다. 2016년 법원직 9급 O | X

06 신문왕은 유교 교육을 진흥시키기 위해 국학을 설치하였다. 2022년 계리직 9급 O | X

07 신문왕 시기에 완도에 청해진이 설치되었다. 2017년 법원직 9급 O | X

08 신문왕은 전국을 9주 5소경 체제로 정비하였다. 2018년 소방직 O | X

09 신문왕은 정전을 지급하였다. 2020년 서울시 9급 O | X

10 신문왕 대에 관료에게 관료전을 주고 녹읍을 폐지하는 대신 세조(歲租)를 차등 지급하였다. 2014년 국가직 7급 O | X

11 신문왕은 수도를 달구벌로 천도하려 하였으나 귀족들의 반발로 실패하였다. 2016년 경찰간부후보생 O | X

블랭크 — 빈칸을 채우며 합격 실력 완성하자!

01 무열왕은 최초의 _____ 출신의 왕이다.

02 무열왕 때 중시(시중)의 기능이 강화되고 _____ 의 기능은 약화되었다.

03 문무왕 때 지방관 감찰을 위해 _____ 을 파견하였다.

04 신문왕은 _____ 을 계기로 귀족 세력을 숙청하였다.

05 신문왕 때 중앙 관제가 집사부 이하 _____ 체제로 정비되었다.

06 신문왕은 지방 행정 조직으로 _____ 을 완비하였다.

07 신문왕 때 군사 조직을 정비하여 중앙군은 _____ 으로 편성하였다.

08 신문왕 때 군사 조직을 정비하여 지방군은 _____ 으로 편성하였다.

09 신문왕은 _____ 을 지급하고 녹읍을 폐지하였다.

10 신문왕은 유교 정치 이념의 확립을 위하여 유학 교육 기관인 _____ 을 설립하였다.

11 신문왕은 _____ 로의 천도를 시도하였다.

12 신문왕은 수도에 서시와 남시를 설치하였다. 2018년 국가직 9급 O | X

13 신문왕은 사방에 우역을 설치하였다. 2018년 국가직 9급 O | X

14 성덕왕 때 국학에 공자와 10철 등의 화상을 안치하여 유교 교육을 강화하였다. 2022년 서울시 9급(2월) O | X

15 성덕왕 대에 처음으로 정전이 지급되었다. 2019년 지방직 7급 O | X

16 경덕왕은 관직과 주현의 이름을 중국식 한자로 바꾸었다. 2018년 서울시 9급 O | X

17 경덕왕 대에 관료에게 지급하는 녹읍이 부활하였다. 2018년 국가직 9급 O | X

18 신라 중대는 혜공왕까지이고, 하대는 선덕왕부터이다. 2013년 경찰직(2차) O | X

12 신문왕은 용으로부터 얻은 영험한 대(竹)로 피리를 만들어 나라를 다스렸다는 내용의 _____ 설화와 관련이 있다.

13 성덕왕은 백성들에게 _____을 지급하였다.

14 성덕왕은 관리들이 지켜야 할 계율 덕목인 「_____」을 제시하였다.

15 성덕왕 때 현존하는 우리나라의 가장 오래된 동종인 _____이 주조되었다.

16 경덕왕은 _____을 시행하여 지명과 관직명을 중국식 명칭으로 바꾸었다.

17 경덕왕 때 _____을 부활시켰다.

18 혜공왕 때 _____이 김지정의 난을 진압하였으나, 그 과정에서 혜공왕이 피살되었다.

2. 통일 신라의 왕의 업적 - 하대: 통일 신라 "쇠퇴기"

19 신라 하대에는 진골과 6두품 세력 사이에 왕위 쟁탈전이 벌어졌다. 2014년 법원직 9급 O | X

20 8세기 후반 혜공왕이 피살된 이후 150여 년 동안 20여 명의 왕이 교체되는 등 진골 귀족의 왕위 쟁탈전이 심화되었다. 2018년 경찰직(1차) O | X

21 신라 하대에 지방에서는 호족 세력이 성장하였다. 2016년 지방직 9급 O | X

22 신라 하대 호족은 스스로를 성주 또는 장군이라고 칭하였다. 2015년 경찰직(2차) O | X

23 신라 하대에 호족은 대부분 지방 향리의 자제들로 과거를 통하여 중앙 관리로 진출하였다. 2015년 경찰직(2차) O | X

24 신라 말기에 6두품과 선종 승려들은 호족과 연계하였다. 2011년 서울시 9급 O | X

19 신라 하대에 중앙 귀족들이 _____을 치열하게 벌이면서 지방에 대한 통제가 약화되었다.

20 신라 하대에는 지방 통제력이 약화되면서 _____ 세력이 성장하였다.

21 신라 하대 _____은 골품제에 불만을 품고, 지방 호족 세력과 연계하여 사회 개혁을 추구하였다.

22 신라 하대에 원성왕(_____)이 김주원(무열왕계)을 몰아내고 즉위하였다.

23 신라 원성왕 때 관리 선발 제도인 _____를 실시하였다.

24 신라 헌덕왕 때 아버지 김주원이 왕위를 계승하지 못한 데에 불만을 품은 웅천주 도독 _____이 난을 일으켰다.

25 김헌창의 난은 아버지가 왕이 되지 못한 것에 불만을 품고 일어난 난으로 국호를 '장안', 연호를 '경운'이라 하였다. 2024년 국가직 9급 O | X

26 원성왕 때 국학의 학생을 대상으로 『춘추좌씨전』, 『논어』, 『효경』 등 유교 경전의 이해 수준을 시험하여 이를 관리 임용에 참고한 독서삼품과를 시행하였다. 2022년 소방직 O | X

27 통일 신라 하대 헌덕왕 대에 김헌창의 난이 일어난 곳은 공주이다. 2021년 경찰직(2차) O | X

28 신라 하대에는 장보고의 도움을 받아 신무왕이 즉위하였다. 2018년 법원직 9급 O | X

29 진성 여왕 대에 군현에 사자를 보내어 조세를 독촉하자 원종과 애노가 상주에 웅거하여 반란을 일으켰다. 2014년 법원직 9급 O | X

30 진성 여왕 대에 최치원이 시무책 10여 조를 건의하였다. 2020년 국가직 9급 O | X

31 진성 여왕은 해적을 소탕하기 위해 청해진을 세웠다. 2018년 서울시 9급 O | X

32 진성 여왕은 봄에 곡식을 빌려주었다가 가을에 추수한 것으로 갚게 하는 진대법을 실시하였다. 2016년 지방직 9급 O | X

33 진성 여왕은 귀족과 관리에게 주던 녹읍을 폐지하였다. 2018년 서울시 9급 O | X

---

25 신라 헌덕왕 때 김헌창이 공주를 근거지로 반란을 일으켜 국호를 '_____'이라고 하였다.

26 신라 헌덕왕 때 _____이 고달산(여주)에서 난을 일으켜 북한산주를 공격하였다.

27 신라 흥덕왕 때 장보고에 의해 완도에 _____이 설치되었다.

28 신라 흥덕왕은 집사부를 _____으로 개칭하고 사치 금지령을 반포하였다.

29 신라 진성 여왕 때 _____이 시무책을 제시하였지만 수용되지는 않았다.

30 신라 진성 여왕 때 _____의 난, 적고적의 난이 발생하였다.

31 신라 진성 여왕 때 각간 위홍과 대구 화상이 향가를 모아 『_____』을 편찬하였다.

32 신라 경애왕은 후백제 _____에게 피살되었다.

33 신라 경순왕은 고려 _____에게 항복하였다.

테마 09 남북국 시대 - 발해의 발전

Ⅱ 정치사 - 고대

기출 OX

1. 발해의 건국과 발전

01 대조영은 동모산에 나라를 세웠다. 2018년 서울시 9급 O | X

02 대조영은 당으로부터 '발해 군왕'에서 '발해 국왕'으로 봉해졌다. 2017년 국가직 9급 O | X

03 발해 무왕 때 장문휴가 당의 등주를 공격하였다. 2019년 국가직 9급 O | X

04 무왕은 돌궐·일본과 친교를 강화하며 당·신라에 맞섰다. 2018년 법원직 9급 O | X

05 발해 무왕은 신라와 연합하여 당을 공격하였다. 2015년 서울시 9급 O | X

06 무왕은 인안(仁安)이라는 연호를 사용하였으며, 장문휴를 시켜 당의 등주(산둥성)를 공격하였다. 2022년 국가직 9급 O | X

07 무왕 대에 왕을 황상(皇上)이라고 칭하여 황제국을 표방하였다. 2016년 서울시 9급 O | X

08 무왕은 3성 6부를 비롯한 중앙 관서를 정비하였다. 2016년 서울시 9급 O | X

09 무왕은 당에서 안녹산의 난이 일어나자 중경에서 상경으로 천도하였다. 2019년 국가직 7급 O | X

10 발해는 문왕 때 당과 친선 관계를 맺었고, 신라도를 통해 신라와 대립 관계를 해소하였다. 2014년 법원직 9급 O | X

11 문왕은 상경 용천부에서 동경 용원부로 수도를 옮겼다. 2018년 법원직 9급 O | X

블랭크

01 대조영은 _____ 에서 발해를 건국하였다.

02 무왕은 _____ 이라는 연호를 사용하였다.

03 무왕 때 당과 흑수부 말갈이 연합하자 _____ 의 수군으로 당의 _____ 를 선제공격하였다.

04 무왕은 _____, 일본과 우호적인 관계를 형성하여 당과 신라를 견제하였다.

05 무왕은 일본에 보낸 국서에서 발해가 _____ 계승 국가임을 표방하였다.

06 문왕은 _____, 보력이라는 연호를 사용하였다.

07 문왕 대에 '중경 → _____ → 동경' 순으로 천도하였다.

08 문왕 때 신라와의 상설 교통로인 _____ 를 개설하여 신라와의 대립 관계를 해소하였다.

09 문왕은 일본에 사신을 보내면서 스스로를 '고려 국왕 _____'라고 불렀다.

10 문왕은 _____ 이라는 칭호를 써서 황제국의 면모를 과시하기도 하였다.

11 문왕 때 _____ 과 국교를 수립하여 친선 관계를 유지하였다.

12 문왕은 전륜성왕을 자처하고 황상이라는 칭호를 사용하였다. 2018년 서울시 9급 O | X

13 제3대 문왕 대흠무는 당의 문물 제도를 받아들여 국가 체제를 정비하였다. 2019년 경찰간부후보생 O | X

14 제10대 선왕 대인수는 주변 말갈 세력을 복속시키고 요동 지역으로 진출하였다. 2019년 경찰간부후보생 O | X

15 발해는 선왕 시기에 전성기를 맞이하여 '해동성국'이라고 불리웠다. 2018년 법원직 9급 O | X

16 선왕은 일본에 보낸 외교 문서에서 고구려 계승 의식을 천명하였다. 2016년 서울시 9급 O | X

17 선왕은 중경 현덕부에서 상경 용천부로 도읍을 옮겨 발전의 기틀을 마련하였다. 2015년 국가직 7급 O | X

18 선왕 때에는 5경 15부 62주의 행정 제도가 완비되었다. 2013년 지방직 9급 O | X

2. 발해의 멸망

19 발해는 부족을 통일한 여진족의 침략으로 멸망하였다. 2014년 법원직 9급 O | X

20 발해는 15대 대인선 대에 거란 야율아보기의 침략을 받아 멸망하였다. 2019년 경찰간부후보생 O | X

12 문왕 때 당의 제도를 수용하여 중앙 관제를 ____ 제로 정비하였다.

13 ____은 체제 유지 목적으로 동경에서 상경으로 수도를 천도하였다.

14 선왕은 ____ 이라는 연호를 사용하였다.

15 선왕 때 말갈족 대부분을 복속하고 ____ 지역까지 진출하였다.

16 선왕 때 발해는 남쪽으로 ____ 와 국경을 접할 정도로 넓은 영토를 차지하였다.

17 융성한 발해는 선왕 때 '____'이라 불렸다.

18 선왕은 ____의 지방 조직을 완비하였다.

19 발해는 대인선 때 거란 ____의 침입으로 멸망하였다.

20 발해 부흥 운동으로 후발해국, 대발해국, ____, 흥료국이 건국되었지만 실패하였다.

테마 10 남북국의 통치 체제

II 정치사 - 고대

* 올인원 블랭크노트 p.44

기출 OX — OX를 체크하며 합격 실력 점검하고!

1. 통일 신라의 통치 체제

01 통일 신라의 통치 체제는 13개의 관부가 병렬적으로 독립되어 있었으며 각 부의 장관은 여러 명인 경우가 많았다. 2016년 서울시 7급 O | X

02 통일 신라 시대에는 지방 행정 조직을 9주 5소경 체제로 정비하였다. 2017년 지방직 9급 O | X

03 통일 신라의 주(州)에는 지방 감찰관으로 보이는 외사정이 배치되었다. 2015년 국가직 9급 O | X

04 신라는 5소경을 전략적 요충지에 두고, 도독이 행정을 관할토록 하였다. 2015년 국가직 9급 O | X

05 신라는 지방 세력을 제도적으로 통제·감시할 목적으로 일정 기간 경주에 머물게 하는 사심관제를 실시하였다. 2016년 서울시 7급 O | X

06 신라는 지방 세력을 통제하기 위하여 상수리 제도를 실시하였다. 2011년 법원직 9급 O | X

07 신라에는 촌주가 관할하는 촌 이외에 향·부곡이라는 행정구역도 있었다. 2015년 국가직 9급 O | X

08 통일 신라의 중앙 군사 조직은 신라인으로만 충당되었다. 2013년 서울시 7급 O | X

09 통일 신라는 지방군으로 10정을 두었는데, 한주(한산주)에는 2정을 두었다. 2011년 법원직 9급 O | X

블랭크 — 빈칸을 채우며 합격 실력 완성하자!

01 통일 신라의 중앙 통치 체제는 _____를 중심으로 14부의 관부가 각각의 행정 업무를 분담하였다.

02 통일 신라의 지방 행정 조직은 _____ 체제로 정비되었다.

03 지증왕 때 지방에 군주를 파견하였고, 문무왕 때 _____, 원성왕 때 _____으로 명칭이 변경되었다.

04 통일 신라 시기에 군사·행정상의 요지에는 _____을 두어, 수도 경주가 지역적으로 치우쳐 있는 것을 보완하였다.

05 통일 신라 때 향, _____이라 불리는 특수 행정 구역이 있었다.

06 통일 신라 시기에는 지방관을 감찰하기 위하여 _____을 파견하였다.

07 신라는 통일 이후 넓어진 영토와 증가한 인구를 효율적으로 다스리고, 지방 세력을 통제할 목적으로 _____를 실시하였다.

08 통일 신라 시기에는 5소경, 9서당과 같이 _____을 펼쳤다.

09 통일 신라 시기에 지방군으로 _____을 두었는데, 9주에 1정씩 배치하되, 국경 지대인 _____에는 2정을 두었다.

2. 발해의 통치 체제

10 발해는 중앙 관제로 당과 비슷한 3성 6부제를 시행하였다. 2017년 지방직 7급 O | X

11 발해는 집사부 장관인 시중이 왕명을 받들어 행정을 총괄하였다. 2025년 지방직 9급 O | X

12 선조성의 장관을 좌상, 중대성의 장관을 우상이라 불렀다. 2021년 국회직 9급 O | X

13 발해의 정치 제도에서 6부의 이름은 충, 인, 의, 예, 지, 신 등 유교의 덕목을 따서 만들었다. 2019년 서울시 7급 O | X

14 발해는 정당성 아래에 있는 6부가 정책을 집행하였다. 2017년 지방직 9급 O | X

15 발해는 최고 교육 기관으로 주자감을 두었다. 2019년 소방직 O | X

16 발해는 관리의 비리를 감찰하는 사정부를 설치하였다. 2022년 소방간부후보생 O | X

17 발해 감찰 기관으로는 중정대, 재정 기관으로는 사장시가 있었다. 2019년 서울시 7급 O | X

18 발해는 지방을 5경 15부 62주로 편성하였다. 2022년 지방직 9급 O | X

19 발해는 부에는 도독, 주에는 자사, 현에는 현승을 두었다. 2019년 서울시 7급 O | X

20 발해는 중앙군으로 10정을 두어 왕궁과 수도의 경비를 맡겼다. 2015년 경찰직(2차) O | X

---

10 발해의 중앙 통치 체제는 _____ 제로 당을 모방하였으나, 명칭과 실제 운영에서는 독자성을 가졌다.

11 발해는 정당성의 장관인 _____ 이 국정을 총괄하였다.

12 발해에서는 정당성 아래에 _____ 가 정책을 집행하였다.

13 발해에서는 충부, 인부, 의부, 예부, 지부, 신부 등 6부에 _____ 식 명칭을 사용하였다.

14 발해의 6부는 정당성 아래의 좌사정과 우사정이 각각 3부씩 나누어 관할하는 _____ 인 통치 체제를 구성했다.

15 발해의 _____ 는 발해의 감찰 기구였다.

16 발해는 중앙 교육 기관으로 _____ 을 두고, 귀족 자제에게 유교 경전과 한문학을 가르쳤다.

17 발해의 지방 행정 조직은 _____ 로 조직되었다.

18 발해는 전략적 요충지에 _____ 을 설치하고, 지방 행정의 중심에는 _____ 를 두었으며, 그 아래에 주와 현을 두고 지방관을 파견하였다.

19 발해는 부에 _____ 을, 주에 _____ 를 파견하였다.

20 발해의 군사 조직은 중앙군으로 _____ 를 두어 왕궁과 수도의 경비를 담당하게 하였다.

테마 11. 고려의 건국과 후삼국 통일

II 정치사 – 고려

* 올인원 블랭크노트 p.48

기출 OX — OX를 체크하며 합격 실력 점검하고!

1. 후삼국 시대의 성립

01 견훤은 900년에 무진주에서 후백제를 건국하였다.
2012년 지방직 9급 O | X

02 견훤은 완산주에 도읍을 정하고 후백제를 세웠고, 궁예는 송악에 도읍을 정하고 후고구려를 세웠다.
2018년 경찰직(1차) O | X

03 견훤은 후당, 오월과도 통교하는 등 대중국 외교에 적극적이었다. 2012년 지방직 9급 O | X

04 견훤이 넷째 아들 신검을 후계자로 삼으려 하자, 장남 금강이 정변을 일으켰다. 2016년 경찰간부후보생 O | X

05 궁예는 개성을 수도로 삼고 후고구려를 건국하였다.
2018년 법원직 9급 O | X

06 궁예는 마진, 태봉 등의 국호를 사용하였다.
2022년 서울시 9급(6월) O | X

07 궁예는 미륵 신앙을 이용하여 전제 정치를 도모하였다.
2016년 경찰간부후보생 O | X

08 궁예는 '천수'라는 연호를 사용하였다. 2022년 소방직 O | X

블랭크 — 빈칸을 채우며 합격 실력 완성하자!

01 견훤은 _____를 도읍으로 정하고, 후백제를 건국하였다.

02 후백제의 견훤은 반신라적 태도와 지나친 조세 수취로 _____을 포섭하는 데 실패하였다.

03 후백제는 왕위 세습 과정에서 내부 분란이 일어났고, 견훤의 첫째 아들 신검이 견훤을 김제 _____에 유폐시켰다.

04 신라 왕족 출신인 궁예가 901년에 _____을 도읍으로 하고 후고구려를 건국하였다.

05 후고구려의 궁예는 신라에 대한 반감이 컸고, _____에서 신라 국왕의 화상을 훼손하였다.

06 후고구려는 905년에 송악에서 _____으로 천도하였다.

07 후고구려는 904년에 국호를 마진으로 변경하고, 911년에 _____으로 다시 변경하였다.

08 후고구려의 국가 최고 정무 기구는 _____이고, 수상은 광치나이다.

2. 고려의 후삼국 통일

09 왕건은 궁예의 신하로 있으면서 후백제의 나주를 점령하는 등 많은 전공을 세웠다. 2017년 국회직 9급 O | X

10 왕건은 국호를 고려라 정하고 송악으로 천도하였다. 2020년 경찰직(1차) O | X

11 견훤이 경주를 습격하여 경애왕을 살해하였다. 2021년 국회직 9급 O | X

12 고려 태조 재위 기간에 공산 전투가 전개되었다. 2023년 법원직 9급 O | X

13 궁예는 고려에 귀순하였다. 2022년 소방직 O | X

14 신라의 경순왕이 왕건에게 항복하였다. 2016년 경찰직(1차) O | X

15 왕건이 후백제를 정벌하여 후삼국을 통일하였다. 2016년 경찰직(1차) O | X

09 918년 왕건이 궁예를 축출하고 ____를 건국하였다.

10 경애왕 살해 후 퇴각하던 후백제군을 고려가 공격하며 벌어졌던 ____에서 고려가 패배하였다.

11 930년에 ____에서 고려가 후백제에 승리하면서 후삼국 통일의 발판을 마련하였다.

12 발해 왕자 ____이 고려에 투항하였고, 고려는 그를 왕족으로 대우하였다.

13 금산사에 유폐되어 있던 견훤은 935년 6월 탈출하여 ____에 투항하였다.

14 935년 11월에 신라 ____이 고려에 항복하면서 신라가 고려에 병합되었다.

15 936년에 ____에서 고려가 후백제에 승리하면서 후삼국을 통일하였다.

테마 12 고려의 통치 조직

II 정치사 - 고려

기출 OX

1. 중앙 통치 체제

01 고려의 정치 제도는 당과 송의 제도를 참고하여 2성 6부제로 정비하였다. 2016년 서울시 9급 O | X

02 중서문하성은 국가의 정책을 심의하는 재신과 정치의 잘못을 비판하는 낭사로 구성되었다. 2016년 경찰직(1차) O | X

03 문하시중은 재신과 낭사로 구성된 최고 기관의 장이었다. 2012년 법원직 9급 O | X

04 상서성은 정책을 집행하는 기능을 담당했으며, 그 밑에 6부를 두었다. 2013년 지방직 9급 O | X

05 상서성의 6부가 각기 국무를 분담하였지만, 중서문하성에 강하게 예속되어 있었다. 2022년 서울시 9급(6월) O | X

06 중서문하성의 소속 관원인 승선은 대간으로 불렸다. 2018년 법원직 9급 O | X

07 중서문하성과 중추원의 고관인 재추들이 모여 국가의 중대사를 협의·결정하는 기구는 도병마사와 식목도감이었다. 2011년 지방직 9급 O | X

08 도병마사는 중서문하성의 재신과 중추원의 승선이 참여하여 국가의 중요한 사항을 결정하는 회의를 개최하였다. 2013년 경찰직(2차) O | X

09 도병마사는 추부라고 불리며 군사 기밀과 왕명 출납을 관장했다. 2018년 경찰직(3차) O | X

10 도병마사는 당의 관제를, 식목도감은 송의 관제를 본 뜬 것이었다. 2011년 지방직 9급 O | X

블랭크

01 고려 중앙 통치 체제는 _____ 제를 근간으로 하였다.

02 고려의 중앙 통치 체제는 당의 _____ 와 송의 중추원과 삼사, 당과 송의 어사대를 모방하였다.

03 도병마사와 식목도감은 고려의 독자적인 _____ 합좌 기구이다.

04 중서문하성은 중앙의 최고 관서로, 2품 이상의 _____ 과 3품 이하의 _____ 로 구성되었다.

05 _____ 은 중서문하성의 장관으로서 국정을 총괄하였다.

06 정책 집행을 담당하는 기관인 _____ 은 아래에 실제 정책 집행 기관인 6부를 두었다.

07 _____ 의 추밀은 군사 기밀을 관장하였고, 승선은 왕명을 출납하였다.

08 _____ 는 관리 감찰과 풍기 단속을 담당하였다.

09 어사대의 관원은 중서문하성의 낭사와 함께 _____ 으로 불렸다.

10 _____ 는 군사 훈련, 국경 문제 등 국방·군사 관계의 일을 관장하던 기구였다.

11 중서문하성과 추밀원의 합좌 기구인 식목도감은 국가의 재정회계를 관장하였다. 2022년 서울시 9급(6월) O | X

12 고려 삼사는 화폐와 곡식의 출납에 대한 회계를 담당하였다. 2017년 법원직 9급 O | X

13 고려 삼사의 언론은 고관은 물론 왕이라도 함부로 막을 수 없었다. 2011년 법원직 9급 O | X

14 고려 시대에 중서문하성의 낭사는 어사대와 함께 대간으로 불렸다. 2023년 법원직 9급 O | X

15 어사대는 발해의 중정대와 같은 기능을 하였다. 2011년 법원직 9급 O | X

11 _____은 대내적인 법제와 격식을 논의하는 기구였다.

12 고려의 대간은 간쟁, 봉박, _____을 행사하며 정국 운영에서 견제와 균형을 도모하였다.

13 고려의 _____는 화폐와 곡식의 출납에 관한 회계를 담당하였다.

14 _____은 왕의 교서와 외교 문서 작성을 담당하였다.

15 도병마사는 충렬왕 때 _____로 개편되었다.

2. 지방 행정 조직

16 고려의 지방 제도는 5도 양계 및 경기로 구성되었고, 태조 때부터 12목을 설치하였다. 2016년 서울시 9급 O | X

17 고려 성종 때 12목이 설치되었다. 2020년 서울시 9급 O | X

18 숙종 때 감무를 파견하였다. 2023년 계리직 9급 O | X

19 고려의 양계 지역은 계수관이 관할하였다. 2020년 서울시 9급 O | X

20 고려는 북방의 국경 지대에는 동계·북계의 양계를 설치하고 도독을 파견하였다. 2019년 경찰직(2차) O | X

21 고려는 중앙에서 지방을 견제하기 위해 외사정을 파견하였다. 2019년 경찰직(2차) O | X

22 고려 시대 5도에 파견된 안찰사는 상설 행정 기관 없이 순회하며 수령을 감독하였다. 2017년 국회직 9급 O | X

23 고려 시대에는 주현이 속현보다 적었다. 2023년 법원직 9급 O | X

16 성종 때 전국에 _____이 설치되고 지방관으로 목사가 파견되었다.

17 _____ 때 지방 행정 구역이 5도 양계, 4도호부 8목으로 정비되었다.

18 고려 시대에 5도에는 _____가 파견되었으며, 도내의 지방을 순찰하였다.

19 고려 시대에는 북방 국경 지대에 양계를 설치하여 _____를 파견하고, 국방상의 요충지에는 _____을 설치하였다.

20 고려의 _____은 개경(개성)·서경(평양)·동경(경주)을 말하였으나, 문종 이후부터 동경 대신 _____을 포함하였다.

21 향, 부곡은 _____ 때부터 등장하였고, 이곳의 주민은 농업에 종사하였다.

22 소는 _____ 시대부터 등장하였고, 이곳의 주민은 수공업에 종사하였다.

23 향, 부곡, 소민은 법적으로는 _____이지만 일반 군, 현민에 비해 차별을 받았다.

24 고려 시대 조세와 공물의 징수 등 지방 행정의 실무는 향리가 담당하였다. 2019년 경찰직(2차) O | X

25 고려에는 향, 부곡, 소 등의 특수 행정 조직이 있었다. 2020년 서울시 9급 O | X

26 고려의 소는 특정한 물품을 조달하는 특수 행정 구역이었다. 2017년 국회직 9급 O | X

24 향, 부곡, 소민은 조세, 공납의 부담이 컸고 거주 이전의 자유가 없었으며, _____에 입학하지 못하였다.

25 향, 부곡, 소는 조선 시대에 _____의 시행으로 소멸되었다.

26 고려 시대에는 지방 출신의 중앙 고관을 자기 출신지의 _____으로 임명하여 향리를 견제하도록 하였다.

3. 군사 조직

27 고려 시대 북방의 양계 지역에는 주현군을 따로 설치하였다. 2019년 서울시 9급 O | X

28 고려의 중앙군은 2군 6위, 지방군은 주현군·주진군으로 편성되었다. 2012년 지방직 9급 O | X

29 기병이 주축인 여진족에게 대처하기 위해 윤관의 건의로 별무반을 창설하였다. 2022년 서울시 9급(2월) O | X

30 삼별초는 양계 지방에서 국경 지역 방어를 맡았던 상비적인 전투 부대였다. 2023년 지방직 9급 O | X

31 삼별초는 도적을 잡기 위해 설치한 야별초에서 시작되었다. 2023년 지방직 9급 O | X

27 고려의 중앙군인 _____은 왕의 친위 부대였고, _____는 수도 방어와 국경 방어 등을 담당하였다.

28 중앙군의 상장군과 대장군들은 무신 합좌 기구인 _____에 모여 국방 문제와 군사 문제를 담당하였다.

29 5도의 _____은 농민 의무병으로 수령이 지휘하였고, 양계의 _____은 상비군이었다.

30 _____은 정종 때 거란의 침입에 대비해 설치되었다.

31 별무반은 신기군, 신보군, _____으로 구성되었고, 삼별초는 좌별초, 우별초, _____으로 구성되었다.

테마 13 고려의 관리 선발 제도

II 정치사 - 고려

* 올인원 블랭크노트 p.55

기출 OX — OX를 체크하며 합격 실력 점검하고!

01 고려의 관리 등용 제도로는 과거와 음서 등이 있었으며 무과는 거의 실시되지 않았다. 2016년 서울시 9급 O | X

02 고려 시대의 과거는 원칙적으로 대역죄나 불효·불충죄를 저지르지 않은 양인이면 누구든지 응시할 수 있었다. 2019년 경찰직(1차) O | X

03 고려 시대에 과거는 시험 과목에 따라 제술업, 명경업, 잡업 등으로 구분하였다. 2015년 기상직 9급 O | X

04 고려 시대에 과거를 통해 지공거와 합격자는 좌주와 문생이 되었다. 2015년 기상직 9급 O | X

05 고려 시대에 무예 솜씨와 실무 능력을 존중하는 무관은 음서 제도보다는 과거 제도를 통해 선발하였다. 2019년 경찰직(1차) O | X

06 고려 시대 음서로 등용된 사람들은 고위 관직에 오르지 못했다. 2019년 지방직 7급 O | X

07 고려 시대에 음서를 통해 관직에 오른 사람은 제술업을 거쳐야 고관으로 승진할 수 있었다. 2015년 기상직 9급 O | X

08 고려 시대에는 사위와 외손자에게도 음서의 혜택이 주어졌다. 2015년 법원직 9급 O | X

09 고려 시대 음서는 왕의 즉위와 같은 특별한 시기에만 주어졌다. 2014년 사회복지직 9급 O | X

블랭크 — 빈칸을 채우며 합격 실력 완성하자!

01 고려 시대에 과거는 법적으로 _____ 이상이면 응시가 가능했다.

02 고려 시대 과거의 문과에는 한문학 시험인 _____ 가 유교 경전의 이해 정도를 평가하는 시험인 _____ 보다 중시되었다.

03 고려 시대에는 과거의 시험관인 지공거(_____)와 합격자(_____)가 사제 관계를 형성하였다.

04 고려 시대에 _____ 는 교종선과 선종선으로 나누어 실시되었다.

05 국자감시는 사마시, _____ 라고도 불리었고, 계수관시 합격자, 국자감생, 12공도생 등을 대상으로 시행하였다.

06 _____ 는 본 시험으로 동당시라고도 불리었고, 국자감시 합격자, 현직 관리를 대상으로 시행하였다.

07 고려 시대의 음서는 공신, 왕족 및 _____ 이상 고위 관리의 자손이 과거 시험을 거치지 않고 관리가 될 수 있는 제도이다.

08 음서는 승진에 한계(한품)가 없었고, 고위 관료의 지위 세습이 가능하여 _____ 사회 형성에 기여하였다.

09 _____ 는 덕행이나 학식, 재능이 있는 인물을 추천하는 제도이다.

테마 14 고려 초기 왕의 업적

II 정치사 - 고려

* 올인원 블랭크노트 p.57

기출 OX — OX를 체크하며 합격 실력 점검하고!

1. 태조~정종

01 태조는 『정계』, 『계백료서』를 지어 관리의 규범을 제시하였다. 2019년 소방직 O | X

02 고려 태조 재위 기간에 수덕만세라는 연호가 등장하였다. 2023년 법원직 9급 O | X

03 고려 태조는 귀순한 호족에게 성(姓)을 내려주어 포섭하였다. 2022년 서울시 9급(2월) O | X

04 태조는 향리 제도를 마련하였다. 2017년 법원직 9급 O | X

05 사심관 제도를 처음 도입한 국왕은 개경을 '황도'라고 불렀다. 2025년 지방직 9급 O | X

06 고려 태조는 훈요 10조를 지어 후대의 왕들이 귀감으로 삼고 왕으로서 지켜야 할 정책 방안을 제시하였다. 2023년 법원직 9급 O | X

07 고려 태조 때 흥법사지 염거화상탑을 건립하였다. 2021년 국회직 9급 O | X

08 혜종은 호족 세력의 위협을 받자, 국왕의 권위를 높이기 위해 칭제건원을 시행하였다. 2016년 경찰간부후보생 O | X

09 정종은 서경 천도를 추진하였다. 2015년 국가직 9급 O | X

10 정종 때 광군을 조직하여 거란의 침략에 대비하였다. 2022년 계리직 9급 O | X

블랭크 — 빈칸을 채우며 합격 실력 완성하자!

01 태조는 관리들이 지켜야 할 규범을 제시한 『정계』, 『_____』를 저술하였다.

02 태조는 _____를 통해 후대 왕들이 지켜야 할 정책 방안을 제시하였다.

03 태조는 유력 호족에게 왕씨 성을 하사하여 친족으로 포섭하는 _____ 정책을 실시하였다.

04 태조는 호족 통합 정책으로 _____ 제도를 실시하여 지방 중소 호족에게 지역명을 본관으로 부여하였다.

05 태조는 호족 견제책으로 _____ 제도를 실시하였다. 이 제도는 고려 말 _____ 때 폐지되었고, 조선 시대에 경재소와 유향소로 분화되었다.

06 태조는 고구려의 옛 수도인 _____을 중시하여 북진 정책의 전진 기지로 개발하였다.

07 태조는 _____에서 _____에 이르는 영토까지 확보하여 국경선을 확장하였다.

08 태조는 연등회, _____를 개최하여 민심 수습과 고려의 정체성을 확립하였다.

09 정종은 왕식렴의 권력이 강화된 후 _____으로의 천도를 시도하였지만 실패하였다.

10 정종 때 주현군의 모태인 _____을 편성하였고 통수부로 광군사를 개경에 설치하였다.

2. 광종·경종

11 광종은 노비안검법을 시행하였다. 2020년 지방직 9급 O | X

12 광종 때 왕권을 위협하던 왕규를 제거하였다. 2022년 계리직 9급 O | X

13 광종은 과거제를 실시하였으나, 승과는 두지 않았다. 2015년 경찰직(1차) O | X

14 광종은 관리의 등급에 따라 자색, 단색, 비색, 녹색으로 공복을 구분하였다. 2019년 경찰직(2차) O | X

15 광종은 광덕, 준풍 등의 연호를 사용하였고 개경을 고쳐 황도라 하고 서경을 서도라고 하였다. 2020년 지방직 9급 O | X

16 광종 때 관리를 대상으로 한 문신월과법이 시행되었다. 2022년 소방간부후보생 O | X

17 과거 실시와 시무 28조 건의 사이에 처음으로 전시과가 제정되었다. 2023년 계리직 9급 O | X

11 광종은 ____, 준풍이라는 독자적인 연호를 사용하였다.

12 광종은 스스로를 ____라 칭하였고 개경을 고쳐 ____라 하고 서경을 서도라고 하였다.

13 광종은 주현 단위로 공물과 부역을 책정해 해마다 징수한 ____을 시행하였다.

14 광종 때 호족의 경제적·군사적 기반을 약화시키고, 국가 재정을 확충하기 위해 억울하게 노비가 된 자를 해방시키는 ____을 시행하였다.

15 광종은 ____의 건의를 받아들여 과거 제도를 시행하였고, 지배층의 위계 질서를 확립하기 위해 백관의 ____을 제정하였다.

16 광종은 빈민 구제와 민생 안정 목적으로 ____를 설치하였다.

17 광종은 불교를 정비하기 위해 ____ 제도를 실시하고, 왕사(탄문), 국사(____) 제도를 확립하였다.

3. 성종

18 성종 때 최승로가 유교 사상을 치국의 근본으로 삼아 시무 28조의 개혁안을 올렸다. 2015년 지방직 9급 O | X

19 성종은 국자감을 설치하였다. 2016년 법원직 9급 O | X

20 성종은 지방 교육을 위해 경학박사를 파견하였다. 2015년 국가직 9급 O | X

21 성종은 연등회를 축소하고 팔관회를 폐지하여 국가적인 불교 행사를 억제하였다. 2019년 서울시 9급 O | X

22 성종 때 중앙 관제를 2성 6부로 정비하였다. 2023년 법원직 9급 O | X

18 성종은 최승로의 ____를 채택하여 유교를 정치의 근본 이념으로 삼아 통치 체제를 정비하였다.

19 성종 때 최승로는 ____을 통해 광종의 왕권 전제화 정책을 비판하였다.

20 성종은 유학 교육 진흥을 위해 중앙에는 ____을 정비하고 지방에는 향교를 설치하였다.

21 성종은 관리들에게 매월 시와 글을 지어 바치게 하는 ____을 시행하였다.

22 성종 때 연등회, 팔관회가 축소·폐지되었다가 ____ 때 부활되었다.

23 성종은 5도 양계의 지방 제도를 확립하였다.
2015년 국가직 9급   O | X

24 성종은 최승로의 '시무 28조'를 수용해서 지방에 12목을 설치하고 목사를 파견하였다. 2024년 지방직 9급   O | X

25 성종은 북쪽 국경 일대에 천리장성을 쌓아 외적의 침략에 대비하였다. 2015년 경찰직(2차)   O | X

26 성종 대에 서희가 외교 담판을 통해 강동 6주 지역을 획득하였다. 2018년 교육행정직 9급   O | X

27 성종은 양경과 12목에 상평창을 설치하였다.
2021년 국가직 9급   O | X

4. 현종

28 강조의 정변으로 즉위한 국왕 대에 불교 경전을 집대성한 초조대장경 조판이 시작되었다. 2024년 국가직 9급   O | X

29 현종은 지방관이 없는 속군에 감무를 파견하였다.
2017년 지방직 9급   O | X

30 현종은 부모의 명복을 빌기 위해 현화사(玄化寺)를 창건했다. 2022년 서울시 9급(2월)   O | X

---

23 성종 때 _____의 중앙 통치 체제가 정비되었다.

24 성종은 전국 주요 지역에 12목을 설치하여 지방관인 _____를 파견하였고, 중소 호족들을 _____로 편입시켰다.

25 성종은 흑창을 _____으로 개칭하고, 물가 조절 기관인 _____을 설치하였다.

26 성종은 노비안검법으로 해방된 노비들 중 일부를 다시 노비로 환천하는 _____을 시행하였다.

27 성종 때 분사 제도 정비를 위해 _____에 분사를 설치하였다.

28 현종 때 _____의 공복을 제정하였다.

29 현종 때 _____을 시행하여 향리의 자제에게 과거 응시 자격을 부여하였다.

30 현종 때 의창을 확대 실시하는 _____이 시행되었다.

테마 15 고려 중기 문벌 귀족 사회

II 정치사 – 고려

* 올인원 블랭크노트 p.62

기출 OX — OX를 체크하며 합격 실력 점검하고!

1. 문벌 귀족 사회의 성립과 이자겸의 난

01 문벌 귀족은 여러 세대에 걸쳐 고위 관직자를 배출한 가문으로 중서문하성과 중추원의 재상이 되어 정국을 주도하였다. 2012년 경찰직(2차) O | X

02 이자겸은 예종과 인종 때 왕실과 혼인 관계를 맺어 외척으로서의 지위를 이용하여 정권을 장악하였다. 2015년 경찰직(2차) O | X

03 이자겸은 금의 군신 관계 요구에 반대하며 금 정벌론을 주장하였다. 2017년 국가직 7급 O | X

04 이자겸은 척준경과 함께 반란을 일으켜 궁궐을 불태우고 왕의 측근 세력들을 제거하였으며, 인종을 감금하였다. 2019년 소방직 O | X

05 고려 인종은 이자겸을 숙청하였다. 2014년 서울시 7급 O | X

06 이자겸이 일으킨 난을 경계(庚癸)의 난이라고도 한다. 2017년 국가직 7급 O | X

07 이자겸의 난 발발 직후 고려 조정은 금나라가 요구했던 군신 관계의 외교 관계를 수용하였다. 2014년 서울시 7급 O | X

2. 묘청의 난

08 고려 인종 재위 시기에 묘청은 서경에 대화궁을 짓게 하고 칭제건원을 주장하였다. 2019년 국가직 9급 O | X

블랭크 — 빈칸을 채우며 합격 실력 완성하자!

01 고려 중기에 문벌 귀족은 경제적으로 _____의 혜택을 받았으며, 다른 귀족 가문이나 왕실과의 폐쇄적 _____ 관계를 형성하였다.

02 문벌 귀족은 과거와 _____를 통해 관직을 독점하였다.

03 고려 중기 대표 문벌 귀족 가문으로는 경원 이씨(_____), 해주 최씨(최충), 경주 김씨(김부식), 파평 윤씨(윤관) 등이 있었다.

04 이자겸은 금나라가 요구한 _____의 수용을 주장하였다.

05 고려 _____과 측근 세력이 이자겸 제거 계획을 세우자 이자겸이 난을 일으켰다.

06 인종이 _____을 회유하여 이자겸을 제거하였고, 이후 난을 진압하였다.

07 인종은 이자겸의 난을 진압하고 실추된 왕권 회복 및 민생 안정 목적으로 '_____'을 반포하였다.

08 이자겸의 난 이후 _____, 정지상 등의 서경파와 김부식 등의 개경파 세력의 대립이 격화되었다.

09 묘청은 전민변정도감 설치를 건의하였다.
2020년 법원직 9급   O | X

10 묘청은 칭제건원과 요나라 정벌을 주장하였다.
2017년 서울시 9급   O | X

11 묘청은 서경 천도에 실패하자 국호를 대위, 연호를 천개로 정하고 반란을 일으켰다. 2017년 서울시 9급   O | X

12 묘청 등이 웅천주를 기반으로 반란을 일으켰다.
2017년 법원직 9급   O | X

13 묘청은 조위총 등 서경 세력과 함께 개경의 관리들과 대립하였다. 2015년 지방직 7급   O | X

14 묘청의 난은 문벌 귀족 사회가 붕괴되는 계기가 되었다.
2015년 소방직(복원)   O | X

15 묘청의 서경 천도 운동은 귀족 사회 내부의 족벌과 지역 세력 간의 대립 양상이었다. 2014년 국회직 9급   O | X

16 인종 때 이자겸의 난이 일어났으나 인종이 척준경을 회유하여 이자겸을 제거하였고, 이후 묘청의 난이 일어나자 김부식을 보내 이를 진압하였다. 2023년 법원직 9급   O | X

09 서경파는 서경 천도를 주장하며, 서경에 _____과 팔성당 건립을 추진하였다.

10 묘청은 칭제건원과 ___ 나라를 정벌할 것을 주장하였다.

11 김부식 등의 개경파는 _____ 계승 의식을, 묘청 등의 서경파는 _____ 계승 의식을 가지고 있었다.

12 _____ 때 개경파 세력의 반대로 서경 천도 운동이 중단되자 _____이 난을 일으켰다.

13 묘청은 국호를 대위국, 연호를 _____, 군대는 _____이라 하며 난을 일으켰다.

14 묘청의 난은 _____이 이끄는 관군에 의해 1년 만에 진압되었다.

15 묘청의 난의 결과로 서경파가 몰락하였고, 서경의 _____ 제도가 붕괴되기 시작하였다.

16 묘청의 난 이후 개경파 귀족 세력의 문치주의가 강화되면서 _____ 풍조가 심화되었다.

테마 16 무신 정권의 성립과 동요

II 정치사 - 고려

* 올인원 블랭크노트 p.65

기출 OX — OX를 체크하며 합격 실력 점검하고!

블랭크 — 빈칸을 채우며 합격 실력 완성하자!

1. 무신 정권의 성립

01 무신들은 차별에 따른 불만으로 정변을 일으켜 의종을 폐하고 명종을 세워 정권을 장악하였다. 2012년 경찰직(2차) O | X

02 경대승은 사병 집단인 도방을 처음으로 조직하였다. 2021년 경찰직(1차) O | X

03 천민 출신인 이의민이 무신 정권의 최고 권력자가 되었다. 2015년 국가직 9급 O | X

01 _____ 사건을 계기로 정중부·이의방·이고 등이 반란을 일으켜 문신 세력을 제거하고, 의종을 폐위·_____을 옹립하였다.

02 무신 집권기 초기에는 _____이 국가 최고 회의 기구 역할을 하였다.

03 경대승은 _____를 제거하여 권력을 장악하고, 사병 집단인 _____을 설치하였다.

2. 최씨 무신 정권

04 최충헌 집권기에 교정도감이라는 독자적인 집정부가 만들어졌다. 2018년 경찰직(3차) O | X

05 최충헌은 교정도감을 설치하여 국정을 장악하는 한편 도방을 통해 군사적 기반을 강화하였다. 2020년 서울시 9급 O | X

06 최충헌 집권기에 정방과 삼별초가 설치되었다. 2022년 소방직 O | X

07 최충헌은 봉사 십조를 올려 사회 개혁안을 제시하였다. 2020년 국가직 9급 O | X

08 최충헌은 문인 이규보를 발탁하여 그의 행정 능력을 활용하였다. 2014년 국가직 7급 O | X

09 최충헌은 몽골 침략으로 소실된 초조대장경을 대신하여 재조대장경(팔만대장경)을 조판하였다. 2015년 경찰직(2차) O | X

04 최충헌은 정치, 사회 안정을 목적으로 _____를 건의하였으나, 개혁 실천 의지는 없었다.

05 최충헌 집권기 때 _____, 최자, 진화 등 능문능리한 사대부 세력을 등용하였다.

06 최충헌 집권기 때 설치된 _____은 무신 정권 최고의 권력 기구였다.

07 최충헌은 _____을 확대하여 군사적 기반을 강화하였다.

08 최충헌은 진강후에 책봉된 후 진주 지방을 식읍으로 받게 되었으며, 진주 지방을 관리하기 위해 _____를 설치하였다.

09 최우는 자신의 집에 _____을 설치하고 백관의 인사를 다루었는데, 문신들을 뽑아 이에 속하게 하고 필자적이라 불렀다.

10 최우는 문무백관의 인사 행정을 담당하는 서방과 능력 있는 문신을 등용하기 위한 정방을 설치하였다.
2014년 경찰직(1차) ○ | ×

11 최우는 야별초를 조직하였다. 2015년 경찰간부후보생 ○ | ×

10 최우 집권기 때 설치된 _____은 문신 숙위 기구였고, 이곳에서 능문능리한 사대부 집단이 형성되었다.

11 최우 집권기 때 몽골과의 장기 항쟁을 위해 _____로 천도하였고, 몽골의 침입을 불력으로 격퇴하고자 _____을 조판하였다.

3. 무신 정권 시기의 사회 동요

12 김보당과 조위총은 최충헌의 집권에 항거하여 군사를 일으켰다. 2019년 서울시 9급 ○ | ×

13 조위총은 백제 부흥을 위해 봉기하였다. 2018년 서울시 9급 ○ | ×

14 강화도에서 망이·망소이의 난이 일어났다.
2023년 법원직 9급 ○ | ×

15 무신 집권기에 경주 일대에서 고려 왕조를 부정하는 신라 부흥 운동이 일어났다. 2019년 서울시 9급 ○ | ×

16 개경에서 만적의 난이 일어난 이후 동북 9성이 축조되었다.
2025년 국가직 9급 ○ | ×

17 만적은 경주 지역 세력과 연합하여 신라 부흥을 주장하였다.
2018년 법원직 9급 ○ | ×

12 동북면 병마사 _____의 난은 무신 정권 타도와 의종 복위를 주장하며 일어났으며, 최초의 반(反) 무신 난이었다.

13 서경 유수 _____의 난은 서북 지역 민란과 연계되어 일어난 최대 규모의 반(反) 무신 난이었다.

14 무신 집권기에 일어난 _____·_____의 난은 공주 명학소가 충순현으로 승격되는 계기가 되었다.

15 이의민 무신 집권기에 일어난 _____·_____의 난은 최대 규모의 농민 봉기이자 신라 부흥 운동이었다.

16 개경에서 일어난 _____의 난은 최충헌의 사노비가 신분 해방을 표방하며 일으킨 난이다.

17 담양에서 일어난 _____ 형제의 난은 백제 부흥을 목표로 봉기하였다.

테마 17 고려의 대외 관계

II 정치사 – 고려

* 올인원 블랭크노트 p.68

기출 OX OX를 체크하며 합격 실력 점검하고!

블랭크 빈칸을 채우며 합격 실력 완성하자!

1. 초기 – 거란

01 서희는 소손녕과 담판하여 강동 6주를 획득하였다.
2023년 국가직 9급 O | X

02 거란은 강조의 정변을 구실로 두 번째 침입을 하였다가 현종의 입조를 조건으로 물러갔다. 2016년 경찰직(2차) O | X

03 거란의 3차 침입 때 강감찬이 이끄는 고려군이 귀주에서 크게 승리하였다. 2015년 경찰간부후보생 O | X

04 강감찬의 귀주대첩 이전에 서희가 소손녕과 외교 담판을 해서 강동 6주를 획득하였다. 2025년 지방직 9급 O | X

01 성종 때 거란이 고려가 차지하고 있는 옛 고구려 땅을 내놓을 것을 요구하며 고려를 침입하였는데,   의 외교 담판으로 고려는   를 획득하였다.

02 거란이   을 구실로 고려를 침입하였을 때 흥화진 전투에서   가 거란의 퇴로를 차단하였다.

03   의 입조를 조건으로 철수한 거란이 다시 침입하자, 강감찬이   에서 거란을 격퇴하였다.

04 현종 대에 북방 방어 대책 강화로 개경에   을 축조하였고, 불력으로 거란을 물리치기 위해   의 조판을 시작하였다.

2. 중기 – 여진

05 별무반은 여진족에 대처하기 위해 조직되었다.
2020년 지방직 9급 O | X

06 별무반은 신기군, 신보군, 항마군으로 구성되었다.
2020년 소방직 O | X

07 서희는 여진을 몰아내고 동북 9성을 쌓았다.
2023년 국가직 9급 O | X

05 여진족의 침입에 대비하여 고려   때 윤관의 건의로   이 조직되었다.

06 고려   때 여진 정벌을 단행하여 여진족을 정벌하고   을 축조하였다.

07 1115년 여진족의 완옌부 추장 아골타가 요나라(거란)를 정복하고   나라를 건국하였다.

3. 무신 집권기 – 대몽 항쟁기

08 몽골의 대군이 침입하자 최이(최우)가 재추 대신들을 모아 놓고 강화 천도를 의논하였다. 2023년 법원직 9급 O | X

08 몽골 사신   의 피살 사건을 구실로 1231년 몽골이 고려를 침입하였다.

09 김윤후와 처인 부곡민들이 몽골 장수 살리타 군대를 물리쳤다. 2017년 지방직 7급 O | X

10 고려는 몽골이 침입하자 적의 침략을 물리치기 위한 염원에서 팔만대장경을 만들었다. 2020년 지방직 9급 O | X

11 김윤후는 몽골군이 충주성을 공격했을 때 충주성 방호별감으로 활약하였다. 2014년 경찰간부후보생 O | X

12 항전을 주도한 최씨 정권은 몽골과 화의를 맺고 개경으로 환도하였다. 2016년 경찰간부후보생 O | X

13 고려 정부가 개경으로 환도하자, 삼별초는 진도와 제주도로 근거지를 옮기면서 대몽 항쟁을 계속하였다. 2018년 경찰직(1차) O | X

14 대몽 항쟁에 앞장섰던 삼별초는 고려와 몽골의 연합군에 의해 진압되었다. 2016년 경찰간부후보생 O | X

4. 고려 말 – 홍건적과 왜구 격퇴

15 공민왕 때 홍건적의 침입으로 수도가 함락되어 왕이 복주 지역으로 피신하였다. 2022년 소방간부후보생 O | X

16 공민왕 때 화약 무기를 사용해 진포 해전에서 승리하였다. 2020년 지방직 9급 O | X

17 우왕 시기 최무선이 화통도감에서 각종 화기를 제조하여 왜구 격퇴에 사용하였다. 2018년 경찰직(1차) O | X

18 우왕 시기 최영 장군은 침입하는 왜구를 홍산에서 격퇴하였다. 2018년 경찰직(1차) O | X

---

09 몽골의 1차 침입 때 _____가 귀주성에서 항쟁하였다.

10 몽골이 무리한 조공 요구와 내정 간섭을 계속하자 최우는 _____로 천도하였다.

11 몽골의 2차 침입 때 _____ 전투에서 _____가 적장 살리타를 사살하였다.

12 몽골의 2차 침입 때 대구 부인사에서 보관 중이던 _____이 소실되었고, 몽골의 3차 침입 때 황룡사 _____이 소실되었다.

13 몽골의 5차 침입 때 방호별감이었던 김윤후가 _____ 전투에서 활약하였다.

14 삼별초는 진도에서 _____의 지휘하에 항쟁을 전개하였고, 이후 _____의 지휘하에 제주도로 이동하여 항쟁을 전개하였다.

15 홍건적의 1차 침입 때 _____이 함락되었으나 이승경, 이방실 등이 격퇴하였고, 2차 침입 때 개경이 함락되면서 공민왕이 _____로 피난을 가기도 하였다.

16 고려 말 우왕 때 최무선의 건의로 _____이 설치되었다.

17 고려 말 우왕 때 홍산 대첩(최영), 진포 대첩(최무선), _____ 대첩(이성계), 관음포 대첩(정지, 최무선)에서 왜구를 격퇴하였다.

18 왜구 격퇴 과정에서 최영과 이성계 등의 _____이 성장하였다.

테마 18 고려 말 원의 내정 간섭과 개혁 정치

Ⅱ 정치사 - 고려

* 올인원 블랭크노트 p.71

기출 OX — OX를 체크하며 합격 실력 점검하고!

1. 원 간섭기

01 원 간섭기에 관제 격하의 일환으로 중서문하성과 상서성은 첨의부로 통합되었다. 2019년 서울시 9급 O | X

02 원 간섭기에 중서문하성과 중추원을 합쳐 첨의부로 하고, 6부는 4사로 통폐합되었다. 2016년 경찰직(1차) O | X

03 강화도에 동녕부가 설치되었다. 2023년 법원직 9급 O | X

04 원나라는 고려의 왕에 관련된 칭호를 격하하였다. 2013년 지방직 7급 O | X

05 원 간섭기에 정동행성 이문소가 내정을 간섭하였다. 2022년 법원직 9급 O | X

2. 고려 말 왕들의 개혁 정치

06 충렬왕 때 원은 정동행성을 설치하였다. 2020년 소방직 O | X

07 충렬왕 때 입성책동 사건이 일어났다. 2020년 소방직 O | X

08 충렬왕은 정치도감을 설치하였다. 2018년 국가직 7급 O | X

09 충렬왕은 철령 이북의 영토 귀속 문제를 계기로 요동 정벌을 단행하였다. 2016년 국가직 9급 O | X

10 충선왕은 기철을 비롯한 부원 세력을 숙청하고 자주적 반원 개혁을 추진하였다. 2016년 국가직 9급 O | X

블랭크 — 빈칸을 채우며 합격 실력 완성하자!

01 원은 철령 이북에 _____, 자비령 이북에 _____, 제주도에 탐라총관부를 두어 고려의 영토를 빼앗았다.

02 원 간섭기에 중서문하성과 상서성은 _____로 통합되었고, 6부는 4사로, 중추원은 _____로 격하되었다.

03 원은 두 차례 실시된 일본 원정에 고려의 군대 동원을 강요하였고, 일본 원정을 위해 충렬왕 때 _____을 설치하였다.

04 원은 내정 간섭과 조세 징수를 위해 _____를 파견하였고 이후 충렬왕 때 폐지되었다.

05 원 간섭기에 고려에는 변발, 호복 등 _____과 공녀 징발을 피하기 위한 _____ 풍속이 유행하였다.

06 충렬왕 때 원으로부터 동녕부와 _____ 지역을 반환받았다.

07 충렬왕 때 홍자번은 _____를 개혁 이념의 방향성으로 제시하였지만 실현되지 않았다.

08 충렬왕은 양현고의 부실을 보완하기 위해 안향의 건의로 _____을 설치하였다.

09 충렬왕은 경전과 역사를 교육하기 위해 _____을 설치하였다.

10 충렬왕은 도병마사를 _____로 개편하여 국가 중대사를 회의하고 결정하는 기구로 만들었다.

11 충선왕은 원나라 연호와 관제를 폐지하였다.
2016년 서울시 9급 O | X

12 충선왕은 도병마사를 도평의사사로 개편하여 국정을 총괄하게 하였다. 2016년 국가직 9급 O | X

13 충선왕 때 전농사가 운영되었다. 2022년 소방간부후보생 O | X

14 충선왕은 왕권을 강화하고 개혁을 주도하기 위한 기구로 사림원을 두었다. 2016년 서울시 9급 O | X

15 공민왕 즉위 전 쌍성총관부가 수복되었다.
2022년 국가직 9급 O | X

16 공민왕 시기에 몽골풍의 의복과 변발을 폐지하였다.
2016년 서울시 9급 O | X

17 신돈을 통해 전민변정 사업을 추진한 국왕은 정동행성 이문소를 폐지하였다. 2025년 국가직 9급 O | X

18 공민왕의 개혁으로 정방이 폐지되었다.
2022년 국회직 9급 O | X

19 전민변정도감에서는 불법적으로 점유된 토지와 노비를 조사하였다. 2023년 국가직 9급 O | X

20 공민왕은 기존 정방의 권한을 강화하고 전민변정도감을 설치하여 권문세족을 보호하였다. 2019년 경찰직(1차) O | X

11 충선왕은 개혁 기구로 _____ 을 두었다.

12 충선왕 때 _____ 폐지를 시도하였으나 이후 다시 부활하였다.

13 충선왕 때 소금 전매 사업을 실시하여 국가 재정을 확보하기 위해 의염창을 설치하고, _____ 을 실시하였다.

14 충선왕 때 국가 제사 때 쓰이는 곡식을 담당하는 관청인 _____ 가 설치되었다.

15 충목왕은 _____ 을 설치하여 권세가들이 빼앗은 토지와 노비를 본 주인에게 환원시켰다.

16 공민왕은 친원 세력인 _____ 등을 숙청하였고, 몽골풍의 의복과 변발을 금지하였다.

17 공민왕은 정동행성 _____ 를 폐지하고, _____ 를 무력으로 수복하였다.

18 공민왕 때 _____ 정벌을 추진하였지만 실패하였다.

19 공민왕은 _____ 을 폐지하여 문무관 인사권을 이부와 _____ 로 복귀시켰다.

20 공민왕 때 신돈의 제안으로 _____ 을 다시 설치하였다.

3. 고려의 멸망과 조선의 건국 과정

21 요동 정벌을 위해 출병한 이성계가 위화도에서 회군하였다.
2022년 지방직 9급 O | X

22 위화도 회군 이후 이성계는 황산 대첩에서 왜구를 토벌하였다.
2024년 국가직 9급 O | X

23 과전을 지급함으로써 조선 개국 세력의 경제적 기반이 되었다.
2013년 지방직 9급 O | X

24 태조는 나라 이름을 조선으로 하고 수도를 한양으로 옮겼다.
2012년 지방직 7급 O | X

21 이성계는 _____ 을 통해 최영을 제거하고 권력을 장악하였다.

22 이성계는 위화도 회군 이후 신진 사대부의 경제적 기반을 마련하기 위해서 _____ 을 실시하였다.

23 과전법은 공양왕 때 역성혁명 세력에게 _____ 지역에 한정해 전지만을 지급하였다.

24 태조는 조선 건국 이후인 1394년에 수도를 _____ 으로 천도하였다.

테마 19 조선의 통치 체제

II 정치사 – 조선

* 올인원 블랭크노트 p.75

기출 OX — OX를 체크하며 합격 실력 점검하고!

블랭크 — 빈칸을 채우며 합격 실력 완성하자!

1. 중앙 통치 체제

기출 OX

01 의정부는 행정 집행 기관으로 조선 후기로 가면서 점차 실권을 강화하였다. 2014년 서울시 9급 O | X

02 의정부는 국왕 다음의 최고 권력 기관으로 백관과 서무를 총괄했다. 2014년 서울시 7급 O | X

03 6조 가운데 이조·병조의 정랑·좌랑은 각각 문관과 무관의 인사권을 행사하였다. 2013년 서울시 7급 O | X

04 승정원은 국왕의 명령을 출납하였다. 2022년 국가직 9급 O | X

05 의금부는 왕명을 받아 중죄인을 심문하는 사법 기관이었다. 2021년 국회직 9급 O | X

06 의금부와 승정원은 왕권을 강화하는 데 기여하였다. 2019년 경찰직(1차) O | X

07 조선의 사헌부는 발해의 중정대, 고려의 어사대와 같은 역할을 하였다. 2016년 경찰직(2차) O | X

08 사헌부는 유학을 가르치고 역사서를 편찬하였다. 2016년 기상직 9급 O | X

09 사간원은 국왕에 대한 간쟁과 논박을 담당한 언론 기관이었다. 2019년 서울시 9급 O | X

10 사간원이 하였던 일을 고려 시대에 담당한 기관은 삼사였다. 2015년 법원직 9급 O | X

11 사헌부는 관원의 비행을 감찰하는 사법 기관이고, 사간원은 정책을 비판하는 간쟁 기관이었다. 2012년 경찰직(3차) O | X

블랭크

01 조선의 최고 정책 결정 기관은 _____ 이다.

02 의정부 서사제 방식의 정치 체제를 채택하면 승정원과 의금부의 기능은 _____ 된다.

03 6조 직계제 방식의 정치 체제를 채택하면 3사의 기능은 _____ 된다.

04 _____ 는 재상들이 모여 국정을 총괄하는 재상 합의 기관이었으며, 백관과 서무를 총괄하였다.

05 6조는 정책을 _____ 하는 행정 기관으로, 각 조마다 속사와 _____ 을 두어 직능별로 행정을 분담시켰다.

06 승정원은 국왕의 _____ 기관으로 왕명 출납을 담당하였고, _____, 대언사라는 명칭으로도 불렸다.

07 승정원의 대표는 정3품 _____ 로, 6명의 승지가 6조를 각각 분담하였다.

08 _____ 는 국왕 직속 사법 기관으로, 대역·모반죄 등 왕실과 관계된 중죄 등을 처결하였다.

09 승정원과 의금부는 국왕 직속 기관으로, _____ 를 위한 기구였다.

10 사간원은 정3품 _____ 을 중심으로 하였고, 왕에게 간쟁과 논박을 하며 정사를 비판하였다.

11 _____ 는 종2품 대사헌을 중심으로 하였고, 관리의 비리를 감찰하였다.

12 조선 시대 홍문관은 서적 출판 및 간행의 업무를 전담하였다. 2019년 국가직 9급 O | X

13 홍문관은 정치의 득실을 논하고 관리의 잘못을 규찰하고 풍기·습속을 교정하는 일을 담당하였다. 2014년 서울시 9급 O | X

14 홍문관은 집현전을 계승하여 설치하였으며 옥당으로 일컬어졌다. 2015년 법원직 9급 O | X

15 사헌부, 사간원, 홍문관은 왕권의 독주와 권신의 대두를 막는 역할을 하였다. 2015년 법원직 9급 O | X

16 삼사는 '맑고 중요한 자리'라 하여 청요직(淸要職)이라 불렸다. 2011년 지방직 7급 O | X

17 한성부는 『시정기』를 편찬하였다. 2022년 국가직 9급 O | X

12 사간원과 사헌부를 합쳐 _____라고 불렀으며, 5품 이하 관리 임명에 대한 동의권인 _____을 보유하였다.

13 _____은 정2품 대제학을 중심으로 하였고, 경적·문한 관리와 정책 자문을 담당하였다.

14 홍문관은 _____으로도 불리었으며, 경연을 실시하였다.

15 사간원, 사헌부, 홍문관은 _____라고 하였으며, _____기관의 역할을 하였다.

16 한성부의 장관은 _____으로, 수도의 행정과 _____을 담당하였다.

17 4관은 교육·문예를 맡은 기관들로, 예문관, 승문원, 성균관, _____을 가리킨다.

2. 지방 행정 조직

18 조선은 전국을 8도로 나누고 도 아래에는 부·목·군·현을 두었다. 2011년 국가직 9급 O | X

19 조선 시대에 군현 밑에는 면·리·통을 두고 다섯 집을 1통으로 편제하였다. 2018년 서울시 7급 O | X

20 조선 시대에는 지방의 모든 군현에 지방관이 파견되어 행정을 담당하였다. 2012년 지방직 9급 O | X

21 조선의 지방관은 행정의 권한만을 위임받았는데, 자기 출신지에는 임명될 수 없었다. 2014년 서울시 9급 O | X

22 조선 시대에 관찰사 이하 지방관은 입법·사법·행정에 관한 광범위한 권한을 위임받았다. 2016년 경찰간부후보생 O | X

23 조선 시대의 수령 7사에서는 호구를 늘릴 것, 농상을 성하게 할 것, 역을 고르게 부과할 것, 사송(소송)을 간략하게 할 것 등을 강조하였다. 2023년 법원직 9급 O | X

18 조선 시대에는 전국을 _____로 나누고 그 아래에 330여 개의 군현을 두었다.

19 8도 아래에 지방 행정 구역으로 부, 목, 군, 현이 있었고, 각각 _____, 목사, 군수, 현령이 다스렸다.

20 조선 시대에 면은 면장, 리는 이정, 통은 통수(통주)가 관리하고 그중 면장과 이정은 _____이 직접 임명하였다.

21 조선 시대에는 친인척을 같은 행정 조직에 근무하지 못하도록 하거나, 지방관 파견 시 출신지로는 임명을 금지하는 _____를 실시하였다.

22 관찰사는 _____에 파견되어 수령을 지휘·감독하였으며, 감찰·행정·사법·군사권을 보유하였다.

23 조선 시대에는 중앙 집권 체제가 강화되어 _____에 지방관(수령)을 파견하였다.

24 조선 시대에는 중앙에서 유향소를 통해 경재소를 통제하였다. 2022년 서울시 9급(2월) O | X

25 조선 시대에 수령은 경재소와 유향소를 연결하여 지방 통치를 강화하였다. 2020년 국가직 9급 O | X

26 조선 시대에는 각 군현에 지방민의 자치를 허용하기 위해 경재소를 설치하였다. 2018년 서울시 7급 O | X

27 조선 시대에 지방에는 유향소를 설치하여 수령을 보좌하였다. 2018년 법원직 9급 O | X

28 조선 시대에 지역 양반은 유향소를 구성하여 향리를 규찰하고 향촌 질서를 바로잡았다. 2018년 서울시 9급 O | X

24 수령은 지방의 행정 · 사법 · ___ 권을 가지고 있었고, ___ 라 하여 일곱 가지의 업무를 수행하였다.

25 향리는 세습적 ___ 으로 격하되어, 수령을 보좌하면서 행정 실무를 담당하였다.

26 ___ 는 감영에 머무르는 지방 향리로 군현과 감영 간의 연락 사무를 담당하고 재지 사족을 견제하는 역할을 하였다.

27 ___ 는 지방 출신의 중앙 고관을 책임자로 두었고, ___ 임원인 좌수와 별감을 임명하였다.

28 유향소는 재지 사족들의 ___ 기구로, 수령을 보좌하고 ___ 를 감찰하며 풍속을 교정하는 역할을 하였다.

3. 군사 제도

29 조선 전기에는 오위 도총부가 군무를 통괄하였다. 2016년 국가직 7급 O | X

30 조선 전기에 지방군을 육군과 수군으로 나누어 군사 요지인 영과 진에 배치하였다. 2014년 기상직 9급 O | X

31 조선 세조 이후에는 지역 단위의 방어 전략인 진관 체제를 실시하였다. 2014년 기상직 9급 O | X

32 임진왜란이 발생하자 진관을 폐지하고 제승방략 체제를 수립하였다. 2014년 기상직 9급 O | X

33 조선 전기에 잡색군은 생업에 종사하다가 일정 기간 군사 훈련을 받았다. 2016년 국가직 7급 O | X

34 조선 전기에 금위영을 설치하여 도성을 수비하였다. 2016년 국가직 7급 O | X

29 조선 시대의 군역 제도는 ___ 와 농병 일치제를 원칙으로 하여 시행되었다.

30 조선 시대 현직 관료, 향리, 학생은 군역이 ___ 되었다.

31 조선 전기에는 ___ 가 수도와 궁궐을 수비하면서 중앙군 역할을 하였다.

32 지역 단위의 방어 체제인 ___ 는 대규모 침입에 취약하였다.

33 ___ 는 임진왜란 초기 조선의 패전 원인이 되었다.

34 ___ 은 일종의 예비군으로, 생업에 종사하다가 일정 기간 군사 훈련을 받으며 유사시를 대비하였다.

테마 20 조선의 관리 선발 제도

Ⅱ 정치사 - 조선

*올인원 블랭크노트 p.82

기출 OX — OX를 체크하며 합격 실력 점검하고!

01 조선 전기에는 양인이나 천인 모두가 문과에 응시할 수 있었다. 2012년 경찰간부후보생 O | X

02 조선 시대에 재가한 여자의 아들과 손자, 서얼은 문과에 응시할 수 없었다. 2015년 법원직 9급 O | X

03 조선 시대에 생원과 진사를 선발하는 사마시의 1차 시험(초시)에서는 합격자의 수를 각 도의 인구 비율로 배분하였다. 2022년 서울시 9급(6월) O | X

04 조선 시대에 문과의 정기 시험에는 현직 관원도 응시할 수 있었고, 합격하면 관품을 1~4계 올려주었다. 2022년 서울시 9급(6월) O | X

05 조선 시대에 생원시 합격만으로는 관리가 될 수 없었다. 2013년 서울시 9급 O | X

06 조선 시대에 문과는 초시에서 33명을 선발하였다. 2013년 서울시 9급 O | X

07 조선 시대 문과(대과)의 복시에서는 33명을 뽑았고, 이들은 다시 전시를 보았다. 2018년 경찰직(1차) O | X

08 문과는 3년마다 시행하는 정기 시험인 식년시 외에도 증광시, 알성시 등의 부정기 시험이 있었다. 2016년 경찰직(2차) O | X

09 『경국대전』에 따르면 문과 시험 업무는 예조에서 주관하고, 정기 시험인 식년시는 3년마다 실시하는 것이 원칙이었다. 2023년 지방직 9급 O | X

블랭크 — 빈칸을 채우며 합격 실력 완성하자!

01 조선 시대에 천민 외의 모든 사람이 과거 응시가 가능하였으나, ____의 경우 탐관오리의 아들, 재가한 여자의 자손, 서얼의 응시는 제한되었다.

02 문과의 정기 시험인 ____는 3년마다 시행되었고, 부정기 시험(별시)으로는 ____, 알성시, 춘당대시 등이 있었다.

03 소과에는 문학(논술)을 시험하는 ____와 경서를 시험하는 ____가 있었다.

04 소과의 초시는 각 도의 ____에 따라 생원과 진사를 각 700명씩 선발하였고, 소과의 복시는 ____ 순으로 각 100명씩 선발하였다.

05 소과 합격자는 ____에 입학하거나 하급 관리가 되기도 하였다.

06 소과의 합격자에게는 ____를 주었고, 문과(대과)와 무과의 합격자에게는 ____를 주었다.

07 대과는 초시 → 복시 → ____ 3단계 절차로 실시되었다.

08 대과의 ____에서는 성적 순으로 총 33명을 선발하였다.

09 무과에는 소과가 없었고, 바로 ____를 실시하여 선발하였다.

10 조선 시대에 무과 식년시는 3년에 한 번씩 시행했고, 서얼도 응시할 수 있었다. 2022년 서울시 9급(6월) O | X

11 조선 시대 무과는 주로 서얼과 중간 계층이 응시하였고 최종 선발 인원은 33명이었다. 2016년 경찰직(2차) O | X

12 무과의 경우 조선 후기에 이르러서는 재정상의 이유 등으로 합격자가 양산되어 '만과(萬科)'로 지칭되기도 하였다. 2019년 서울시 7급 O | X

13 잡과는 기술관을 뽑는 시험으로, 문·무과와 마찬가지로 초시·복시·전시로 구성되어 있었다. 2019년 서울시 7급 O | X

14 조선 시기에는 고려 시기와 달리 과거를 보지 않고 관직으로 진출할 수 있는 음서 제도가 폐지되었다. 2022년 서울시 9급(6월) O | X

15 조선 시대의 음서 출신은 문과 합격자보다 고관으로 승진할 수 있었다. 2015년 법원직 9급 O | X

16 조선 시대에는 과거에 응시하지 않아도 취재를 통해 하급 실무직에 임명될 수 있었다. 2015년 법원직 9급 O | X

10 무과 시험에는 주로 ___과 중간 계층이 응시하였다.

11 무과의 복시에서는 28명을 선발하였고, 최종 합격자에게는 ___이라는 호칭을 수여하였다.

12 기술관을 선발하는 시험인 ___는 3년마다 치러졌고, 초시와 복시만으로 합격자를 선발하였다.

13 조선 시대에는 고려 시대에 비해 ___의 대상이 축소되었고, ___에 합격하지 않으면 고위 관직으로의 승진이 어려웠다.

14 ___는 간단한 시험을 거쳐 서리나 하급 관리를 뽑는 제도였다.

15 천거는 과거를 거치지 않고 ___ 이상 고관의 추천을 받아 간단한 시험을 치른 후 관직에 등용하는 것으로, 대개 기존의 관리들을 대상으로 하였다.

16 조선 시대에는 ___를 적용하여 서얼은 정3품까지, 향리와 토관은 정5품까지, ___는 정7품까지로 승진을 제한하였다.

테마 21 조선 전기 왕의 업적

Ⅱ 정치사 - 조선

* 올인원 블랭크노트 p.84

기출 OX | OX를 체크하며 합격 실력 점검하고!

블랭크 | 빈칸을 채우며 합격 실력 완성하자!

1. 태조 · 정종

01 태조는 한양으로 천도하고 한성부로 이름을 바꾸었다. 2018년 국가직 7급 O | X

02 태조 이성계는 요동 정벌을 추진하였고 정도전과 남은은 군사 훈련을 강화하였다. 2016년 서울시 9급 O | X

03 이방원은 태조의 요동 정벌 운동을 적극 지지하였다. 2016년 서울시 9급 O | X

04 태조 때 박포가 논공행상에 불만을 품고 난을 일으켰다. 2017년 경찰직(2차) O | X

05 정도전은 『조선경국전』을 편찬하여 왕조의 통치 규범을 마련하였다. 2017년 국가직 9급 O | X

06 민본 정치를 추구한 정도전은 의정부 서사제를 폐지하고 6조의 업무를 국왕에게 직접 보고하게 하였다. 2015년 서울시 9급 O | X

07 정도전은 『고려국사』를 편찬하였다. 2022년 간호직 8급 O | X

08 정종 때 사병을 혁파하였다. 2021년 국회직 9급 O | X

---

01 태조는 도성을 쌓고 _____을 비롯한 궁궐, 종묘와 사직 등을 건설하여 도읍의 기틀을 다졌다.

02 태조는 공양왕 때 설치했던 삼군도총제부를 _____로 개편하였다.

03 태조 때 _____은 민본적 통치 규범을 마련하고, _____ 중심의 왕도 정치를 주장하였다.

04 정도전은 성리학의 입장에서 『_____』을 저술하였고 불교를 비판하였다.

05 정도전은 요동 정벌 목적으로 진법서인 『_____』를 편찬하였다.

06 후비 강씨 소생인 방석이 세자로 책봉되자 이에 불만을 품은 방원이 강씨 소생의 방석과 방번을 죽이고 개국 공신인 _____과 남은 등을 제거하였다.

07 정종은 1399년 정치적 혼란을 피하기 위해 일시적으로 _____으로 천도하였다.

08 1400년 제2차 왕자의 난 때 _____이 방간을 제거하였고, 세자로 책봉되었다가 정종으로부터 왕위를 물려받았다.

2. 태종

09 태종은 6조 직계제를 실시하였다. 2022년 법원직 9급 O | X

10 태종 때 경회루를 건설하였다. 2021년 국회직 9급 O | X

---

09 태종은 _____를 실시하여 국왕 중심의 집권 체제로 정비하였다.

10 태종은 _____을 혁파하고 왕이 병권을 장악하게 하였다.

11 태종은 언론 기관인 사간원을 독립시켜 대신을 견제하게 하였다. 2011년 국가직 7급 O | X

12 태종은 이조 전랑의 삼사 관리 추천 관행을 폐지하였다. 2018년 교육행정직 9급 O | X

13 태종은 호패법을 시행하였다. 2022년 법원직 9급 O | X

14 태종은 주자소를 설치하고 구리로 '계미자'를 주조하였다. 2010년 국가직 9급 O | X

15 태종은 왕자들의 권력 투쟁이 일어난 경복궁을 피하여 창덕궁을 새로 건설하였다. 2022년 서울시 9급(6월) O | X

11 태종은 언론 기관인 _____을 독립시켜 대신과 외척 세력을 견제하게 하였다.

12 태종 때 _____를 설치하여 저화를 발행하였다.

13 태종 때 _____을 실시하고, 호구를 조사하여 호적을 작성하였다.

14 태종 때 궁 앞에 _____를 설치하였으나, 널리 활용되지는 못하였다.

15 태종 때 주자소를 설치하여 _____를 주조하였다.

3. 세종

16 세종은 안정된 왕권과 경제력을 바탕으로 의정부 서사제를 시행하여 왕권과 신권의 조화를 추구하였다. 2015년 서울시 9급 O | X

17 세종은 집현전을 계승한 홍문관을 설치하였다. 2019년 소방직 O | X

18 세종은 육전상정소를 설치하고 조선 왕조의 체계적인 법전인 『경국대전』을 편찬하기 시작하였다. 2013년 지방직 9급 O | X

19 세종은 공법을 제정하였다. 2022년 지방직 9급 O | X

20 세종은 사형의 판결에는 삼복법을 적용하였다. 2019년 지방직 9급 O | X

21 세종은 압록강과 두만강 지역에 4군 6진을 설치하였다. 2017년 지방직 9급 O | X

22 세종 때 함흥부 유향소 별감 이시애가 난을 일으켰다가 진압되었다. 2019년 경찰직(1차) O | X

23 세종 대에 정인지가 『훈민정음해례』 서문을 지었다. 2013년 지방직 9급 O | X

16 세종은 _____를 실시하여 왕권과 신권의 조화를 이루려고 하였다.

17 세종은 학자 양성과 학문 연구를 위한 기관으로 _____을 정비하였다.

18 세종은 _____를 실시하여 젊은 문신들에게 휴가를 주어 독서에 전념할 수 있게 하였다.

19 세종 대 이종무를 보내 왜구의 근거지인 _____를 정벌하였다.

20 세종 때 부산포, _____(진해), 염포(울산)의 삼포를 개항하였다.

21 세종 때 일본과 _____를 체결하여 세사미두 200석, 세견선 50척으로 교역을 제한하였다.

22 세종 때 _____이 4군, _____가 6진을 개척하여 압록강에서 두만강을 경계로 하는 현재의 국경선을 확보하였다.

23 세종은 _____을 창제·반포하였다.

24 세종은 천체 관측 기구인 혼의, 간의 등을 제작하였다.
2016년 지방직 9급　　　　　　　　　　　　　　O | X

25 세종은 중국의 수시력과 아라비아의 회회력을 참고하여 우리나라 역사상 최초로 서울을 기준으로 천체 운동을 정확하게 계산한 역법서인 『칠정산』을 만들었다.
2016년 경찰직(2차)　　　　　　　　　　　　　O | X

26 세종은 경기 지역의 농사 경험을 토대로 『금양잡록』을 편찬하였다. 2016년 지방직 9급　　　　　　　　O | X

27 세종은 『동국병감』을 간행하였다. 2022년 간호직 8급　　O | X

28 세종은 우리 풍토에 맞는 약재와 치료법을 정리한 『향약집성방』을 편찬하였다. 2016년 지방직 9급　　　　O | X

29 세종 때 『삼강행실도』를 편찬하였다. 2021년 국회직 9급　O | X

30 세종은 경자자(庚子字), 갑인자(甲寅字) 등 금속 활자를 주조하였다. 2016년 지방직 9급　　　　　　　　　O | X

24 세종 대에 측우기, 　　　　　(해시계), 　　　　　(물시계)를 제작하였다.

25 세종은 『　　　　　』, 『의방유취』를 편찬하여 의학을 정리하였다.

26 세종 대에 한양을 기준으로 천체 운동을 정확하게 계산한 역법서인 『　　　　　』이 편찬되었다.

27 세종 때 삼강(군신, 부자, 부부의 도리)에 모범이 될 만한 충신, 효자, 열녀의 행실을 모아 『　　　　　』를 간행하였다.

28 세종 때 경자자 · 　　　　　· 병진자 등을 주조하였다.

29 세종 때 박연이 　　　　　을 정리하였다.

30 세종은 전통 악보인 　　　　　를 창안하고, 여민락을 지었다.

4. 세조

31 세조는 집현전을 폐지하고 6조 직계제를 시행하였다.
2024년 국가직 9급　　　　　　　　　　　　　O | X

32 세조는 6조 직계제를 실시하여 국왕 중심의 정치 체제를 구축하였다. 2021년 국가직 9급　　　　　　　　O | X

33 세조는 6조 직계제를 채택하고 사간원을 독립시켜 대신을 견제하였다. 2017년 서울시 9급　　　　　　　O | X

34 세조는 통치 규범을 마련하려는 목적에서 『조선경국전』, 『경제육전』 등의 법전을 편찬하였다. 2016년 경찰직(1차)　O | X

35 세조는 『경국대전』의 편찬을 마무리하여 반포하였다.
2017년 서울시 9급　　　　　　　　　　　　　O | X

36 세조는 진관 체제를 실시하였다. 2022년 소방간부후보생　O | X

31 세조는 왕권 강화를 위해 　　　　　를 부활시켰다.

32 세조는 　　　　　을 폐지하고 경연과 사가 독서제를 폐지하였다.

33 세조 때 『　　　　　』의 편찬을 시작하였다.

34 세조는 양인을 정군(정병)과 보인으로 묶는 　　　　　을 제정하였고, 중앙군인 5위를 정비하였다.

35 세조 때 현직 관료에게만 수조권을 지급하는 　　　　　을 실시하였다.

36 세조 때 이시애의 난을 계기로 　　　　　를 폐지하였다.

37 세조는 조카를 몰아내고 왕위를 차지했으나, 왕권을 안정시키고 중앙 집권 체제를 강화하는 데 기여하였다.
2022년 서울시 9급(6월)   O | X

38 세조는 『석보상절』을 한글로 번역하여 편찬하였다.
2022년 법원직 9급   O | X

37 세조는 _____을 설치하여 불교 경전을 번역하고 간행하였으며, _____ 석탑을 건립하였다.

38 세조 때 토지 측량 기구인 _____와 규형을 만들어 양전에 활용하였다.

5. 성종

39 성종은 홍문관을 설치하였다. 2016년 교육행정직 9급   O | X

40 성종은 훈구 세력을 견제하기 위해 사림을 적극 중용하였다.
2017년 지방직 9급   O | X

41 성종은 유향소를 다시 설치하고 사창제를 도입하였다.
2012년 지방직 9급   O | X

42 성종은 국방력 강화를 위해 진관 체제를 실시하였다.
2019년 지방직 9급   O | X

43 성종 때 국가에서 직접 세금을 거두어 관료에게 지급하는 관수 관급제를 실시하였다. 2019년 경찰직(1차)   O | X

44 성종은 기본 법전인 『경국대전』의 편찬을 완료하여 반포하였다. 2017년 법원직 9급   O | X

45 홍문관을 설치하고 훈구를 견제하기 위해 사림을 등용했던 국왕 재위 시기에 『동국여지승람』이 편찬되었다.
2024년 국가직 9급   O | X

46 성종 재위 시기에 서거정 등이 중심이 되어 편년체 통사인 『동국통감』을 편찬하였다. 2010년 지방직 9급   O | X

47 성종 재위 시기에 정읍사, 처용가 등이 한글로 수록된 『악학궤범』이 편찬되었다. 2012년 지방직 9급   O | X

39 성종 때 학술·언론 기관으로 _____을 두어 경연을 활성화하고 관원 모두가 경연관을 겸하게 하였다.

40 성종은 김종직 등 _____을 등용하여 훈구 세력을 견제하였다.

41 성종 때 _____를 폐지하여, 승려가 되는 길을 차단하였다.

42 성종 때 성균관에 _____을 짓고 서적을 소장하게 하였다.

43 성종 때 『_____』의 편찬을 완료하여 반포하였다.

44 성종 때 국가의 토지 지배력을 강화하기 위해 관리가 수조하던 방식에서 국가가 직접 수조하는 _____로 바꾸었다.

45 성종 대에 신숙주가 일본 견문기인 『_____』를 편찬하였다.

46 성종 대에 왕실 의례서인 『_____』의 편찬을 완성하였다.

47 성종 대에 성현 등이 음악서인 『_____』을 편찬하였다.

테마 22 훈구·사림의 등장과 사화

II 정치사 – 조선

* 올인원 블랭크노트 p.88

기출 OX — OX를 체크하며 합격 실력 점검하고!

1. 훈구·사림의 등장

01 정도전을 사상적으로 이은 훈구파는 성리학에만 국한하지 않고 다양한 사상을 포용하였다. 2014년 국가직 9급 O | X

02 훈구파는 경학을 중시하였으며, 자주적 역사관을 가지고 기자를 중시하였다. 2010년 법원직 9급 O | X

03 훈구파는 중소 지주적인 배경을 가지고, 지방 사족이 영남과 기호 지방을 중심으로 성장하였다. 2013년 국가직 9급 O | X

04 훈구파는 세조 이후 공신 세력으로서 정권을 장악하였다. 2014년 법원직 9급 O | X

05 사림파는 향촌 자치를 내세우며, 도덕과 의리를 바탕으로 한 왕도 정치를 강조하였다. 2013년 국가직 9급 O | X

06 사림파는 도덕과 의례의 기본 서적인 『소학』을 보급하였다. 2015년 국가직 9급 O | X

07 사림은 성종 때 훈구 대신들을 견제할 목적으로 중앙 관직에 등용되어 주로 3사와 전랑직에서 활동하였다. 2017년 경찰간부후보생 O | X

08 사림파는 3사의 언관직을 차지하고 자신들의 의견을 공론으로 표방하였다. 2013년 국가직 9급 O | X

09 사림파는 역사 서술에 단군 조선을 앞세워 우리 민족의 자주성을 강조하였다. 2015년 경찰간부후보생 O | X

10 사림의 성장을 바탕으로 성리학적 통치 이념이 강화되었다. 2015년 법원직 9급 O | X

블랭크 — 빈칸을 채우며 합격 실력 완성하자!

01 고려 말 _____, 조준, 권근 등 혁명파 사대부 → 관학파 → _____ 파 흐름으로 연결된다.

02 고려 말 _____, 이색, 길재 등 온건파 사대부 → 사학파 → _____ 파 흐름으로 연결된다.

03 _____ 파의 대표적인 인물로는 한명회, 신숙주, 유자광 등이 있다.

04 훈구는 막대한 토지를 소유한 _____ 층이었다.

05 훈구파는 성리학을 비롯한 다른 학문에도 관심을 보였으며 _____ (시와 문장)을 중요시하였다.

06 훈구파는 _____ 과 민생 안정, 부국강병을 주장하였다.

07 _____ 때부터 김종직 등 사림파가 중앙 관료로 활발하게 등용되기 시작하였다.

08 사림은 사립 교육 기관인 _____ 과 향약을 통해 향촌 사회에서 중심 기반을 형성하였다.

09 사림은 15C 중반 이후 성리학에 투철한 지방 사족이 _____ 과 기호 지방을 중심으로 성장한 중소 지주층이었다.

10 사림파는 향촌 자치와 _____ 를 주장하였다.

11 사림은 서원과 향약을 기반으로 세력을 확대하였다.
2019년 소방직 O | X

12 사림파는 향사례(鄕射禮), 향음주례(鄕飮酒禮)의 실시를 주장하였다. 2015년 국가직 9급 O | X

13 사림파는 부국강병 정책을 실시하여 일본의 침략에 대비하려고 하였다. 2015년 경찰간부후보생 O | X

11 사림은 ____ 이외의 사상은 배척하였다.

12 사림은 유교 경전을 연구하는 ____ 을 중시하였다.

13 사림 세력은 ____ 적 사관을 토대로 기자를 중시하였다.

2. 사화(훈구파 vs 사림파)

14 무오사화는 김일손의 「사초」 내용이 문제되어 김종직의 제자들이 다수 연루된 사건이다. 2013년 서울시 7급 O | X

15 세조의 즉위를 비판하여 지은 「조의제문」이 무오사화를 불러일으켰다. 2014년 서울시 7급 O | X

16 무오사화 때 김종직의 무덤을 파헤쳐 시신을 참수하였다. 2014년 서울시 9급 O | X

17 무오사화는 폐비 윤씨 사건과 연관이 있다. 2016년 법원직 9급 O | X

18 무오사화는 위훈 삭제에 반발하여 일어났다. 2016년 법원직 9급 O | X

19 연산군은 생모 윤씨의 폐비 사건에 관여한 사림을 몰아냈다. 2014년 서울시 9급 O | X

20 연산군 대에 현량과를 실시하였다. 2017년 국가직 9급 O | X

21 중종 즉위 이후 무오사화와 갑자사화가 일어났다. 2017년 국가직 9급 O | X

22 중종 때 조광조가 내수사 장리의 폐지, 소격서 폐지 등을 주장하였다. 2020년 지방직 9급 O | X

23 조광조는 현량과를 실시하였다. 2022년 법원직 9급 O | X

14 사림은 중앙 정계에 진출하여 기성 관료 집단인 ____ 세력과 대립하였다.

15 무오사화는 김일손이 『성종실록』「사초」에 김종직의 「____」을 수록한 것이 원인이 되어 일어났다.

16 무오사화 결과, ____ 은 부관참시를 당하였고, 김일손은 능지처참을 당하였다.

17 갑자사화는 ____ 사건이 발단이 되었다.

18 갑자사화는 임사홍의 고변으로 생모의 폐비 사사 사실을 알게 된 ____ 이 주도하였다.

19 갑자사화 이후 연산군의 폭정이 계속되며 ____ 이 일어났다.

20 중종 때 조광조의 건의로 사림의 원활한 진출을 돕기 위해 천거제인 ____ 를 실시하였다.

21 조광조는 향촌 자치를 위한 ____ 보급에 앞장섰다.

22 조광조는 ____ 과 언론 활동을 활성화하였고, 『소학』 교육을 장려하였다.

23 조광조는 도교의 행사인 초제를 거행하기 위해 설치하였던 ____ 를 폐지하였다.

24 조광조는 경연을 강화하고 언론 활동을 활성화하였다.
2011년 국가직 9급 O | X

25 조광조가 사림을 대거 등용하여 개혁을 추진하고 위훈 삭제를 주장하자, 이에 반발하여 조광조 등을 제거한 기묘사화가 일어나 사림은 큰 피해를 입었다. 2022년 국가직 9급 O | X

26 조광조는 『소학』 보급을 통해 유교 윤리를 확산시키려 하였다. 2013년 법원직 9급 O | X

27 삼포왜란과 임진왜란 사이에 을사사화가 일어났다.
2023년 국가직 9급 O | X

28 을사사화 때 명종을 해치려 했다는 이유로 윤임 일파가 몰락하였다. 2014년 서울시 9급 O | X

29 을사사화 때 외척들의 반발로 이 사건에 관련된 훈구 세력과 사림 세력이 제거되었다. 2015년 서울시 9급 O | X

30 명종 때 위훈 삭제를 감행한 사림 세력들이 제거되었다.
2019년 법원직 9급 O | X

24 조광조는 방납의 폐단을 지적하고, 농민의 부담을 줄이기 위한 _____을 주장하였다.

25 조광조는 중종반정 공신들의 세력 축소를 위해 _____을 삭제하였고, 이로 인해 _____파와 갈등을 빚었다.

26 _____ 때 훈구파의 '주초위왕' 사건으로 조광조를 비롯한 대부분의 사림이 제거되었다.

27 _____는 명종이 어린 나이에 왕위에 오르면서, 선대왕인 인종 외척과 명종 외척의 대립이 원인이 되어 일어났다.

28 인종의 외척인 대윤 세력의 대표 인물은 _____, 명종의 외척인 소윤 세력의 대표 인물은 _____이었다.

29 명종 때 _____의 수렴청정과 윤원형 등 소윤 세력의 _____ 정치가 전개되었다.

30 을사사화 때 소윤 세력이 _____ 세력을 숙청하는 과정에서 동조 세력인 사림이 대거 피해를 입었다.

테마 23 조선의 대외 관계

기출 OX — OX를 체크하며 합격 실력 점검하고!

1. 조선 초기의 대외 관계

01 조선 초기에는 화이관이라는 세계관에 바탕을 두고 사대교린을 기본 정책으로 삼았다. 2019년 서울시 9급 O | X

02 조선 초 명에 보낸 외교 문서에 무례한 표현이 있다는 이유로 명과 갈등이 있었다. 2012년 지방직 9급 O | X

03 조선 초 조선으로 넘어온 여진인의 송환을 명이 요구함으로써 갈등이 있었다. 2012년 지방직 9급 O | X

04 이성계가 이인임의 아들이었다는 중국 측 기록을 둘러싸고 조선과 명 사이에 갈등이 있었다. 2012년 지방직 9급 O | X

05 조선 초 조선의 조공에 대해 명 황제가 내린 회사품의 양과 가치가 지나치게 적어 명과 갈등을 빚었다. 2012년 지방직 9급 O | X

06 세종은 김종서를 함경도 관찰사로 임명하여 두만강 유역에 6진을 개척하였다. 2017년 지방직 7급 O | X

07 조선 초 조선은 여진족에 대해 토벌 위주의 정책을 추진하였다. 2010년 서울시 9급 O | X

08 조선 초 조선은 여진족에 대해서는 포섭 정책만을 구사하여, 국경 지역에서 무역을 허용하고, 조공과 귀화를 권장하였다. 2018년 서울시 7급 O | X

09 조선 초기에 일본과 여진에 대해서는 무력 진압을 위주로 하였다. 2019년 서울시 9급 O | X

10 세종 때는 3포 왜란으로 입은 피해를 걱정하는 어부의 모습을 볼 수 있다. 2023년 법원직 9급 O | X

블랭크 — 빈칸을 채우며 합격 실력 완성하자!

01 조선 초 표전문 사건으로 명에서 _____ 의 압송을 강요하였다.

02 조선 초 중국 측 기록에 이성계가 _____ 의 아들로 잘못 기록된 것을 바로잡는 종계변무 문제가 발생하였다.

03 조선 초 명이 조선으로 넘어온 _____ 인의 송환을 요구하였으나 조선이 불응하였다.

04 _____ 이후 명과의 관계가 호전되어 교류가 활발해졌다.

05 16C 사림 집권 후 _____ 로 인해 지나친 친명 정책으로 변화하였다.

06 조선 초 경원, 경성 등 국경 지역에 _____ 를 설치하여 여진과의 국경 무역을 허용하였다.

07 조선 초에 여진 사신 접대 장소인 _____ 을 한성에 설치하여 조공 무역을 허용하였다.

08 조선 _____ 때 두만강 지역을 개척하였고, _____ 때 4군과 6진을 개척하였다.

09 1419년 세종 때 _____ 가 쓰시마 섬(대마도)을 정벌하였다.

10 1426년 세종 때 3포(부산포, 제포, _____)를 개항하였다.

11 세종은 일본과 계해약조를 체결하여 쓰시마 주의 제한적 무역을 허락하였다. 2016년 서울시 9급 O | X

12 계해약조와 임신약조 사이에 삼포왜란이 일어났다. 2022년 국회직 9급 O | X

13 명종 때 삼포에서 4~5천 명의 일본인이 난을 일으켰다. 2020년 지방직 9급 O | X

14 16세기에 을묘왜변이 일어나자 비변사로 하여금 군사 문제를 처리하도록 하였다. 2012년 지방직 9급 O | X

11 1443년 세종 때 계해약조를 체결하여, 무역량을 세견선 ◯◯척, 세사미두 ◯◯석으로 제한하였다.

12 1510년 중종 때 삼포왜란이 발생하여, ◯◯◯◯를 임시로 설치하였다.

13 1512년 중종 때 일본과 ◯◯◯◯를 체결하여 제포로 한정하여 개항하였으며, 세견선은 25척, 세사미두는 100석으로 무역량을 제한하였다.

14 1555년 명종 때 ◯◯◯◯으로 인해 국교가 일시적으로 단절되고 비변사가 ◯◯◯◯ 기구화되었다.

2. 임진왜란

15 첨사 정발은 부산포에서, 도순변사 신립은 상주에서 일본군과 맞서 싸웠지만 패배하였다. 2017년 지방직 9급 O | X

16 이순신이 이끄는 수군이 적군을 맞아 첫 승리를 한 것은 옥포 해전이다. 2015년 사회복지직 9급 O | X

17 임진왜란 때 이순신 장군이 한산도 앞바다에서 왜의 수군을 격퇴하고 제해권을 장악하였다. 2016년 국가직 9급 O | X

18 진주 목사 김시민이 왜의 대군을 맞아 격전 끝에 진주성을 지켜냈다. 2016년 국가직 9급 O | X

19 이여송이 이끄는 명군이 조선군과 합세하여 평양성을 탈환하였고, 이후 권율이 행주산성에서 일본군을 물리쳤다. 2023년 서울시 9급 O | X

20 곽재우는 행주산성에서 일본군을 크게 무찔렀다. 2023년 지방직 9급 O | X

21 건주의 여진족이 왜적을 무찌르는 데 병력을 지원하겠다고 하였으나 거절당하였다. 2022년 법원직 9급 O | X

22 임진왜란의 결과 일본의 도자기 문화가 발달하였다. 2022년 법원직 9급 O | X

15 1592년 왜군이 조선을 침략해왔고, 부산진에서 ◯◯◯이, 동래성에서 ◯◯◯이 전사하였다.

16 충주 ◯◯◯◯에서 신립이 결사적으로 싸웠으나 왜군에 패하고 전사하였다.

17 이순신 장군은 ◯◯◯◯에서 처음으로 거북선을 이용하여 승리하였다.

18 이순신 장군의 수군이 학익진 전법을 이용하여 ◯◯◯◯에서 왜군을 대파하였다.

19 왜란 때 전국 각지에서는 ◯◯◯이 자발적으로 조직되었고, 향토 지리에 밝은 이점을 활용하여 왜군을 물리쳤다.

20 1592년 10월에 진주 목사 ◯◯◯이 이끄는 조선군과 의병 부대는 진주성에서 왜군을 맞아 끝까지 항전하였다.

21 1593년 2월에 권율의 지휘하에 관군과 농민이 ◯◯◯◯에서 큰 승리를 거두었다.

22 휴전 협상 기간에 조선은 ◯◯◯◯을 설치하여 포수·사수·살수의 삼수병을 양성하였으며, 지방군 편제를 ◯◯◯◯으로 정비하였다.

23 선조 때 기유약조를 체결하여 제한된 범위의 교섭을 허용하였다. 2022년 소방직 O | X

23 정유재란 때 _____ 에서 왜군에 승리하였으나 이순신 장군이 전사하였다.

3. 광해군의 전후 복구 사업과 중립 외교 정책

24 광해군 재위 기간에 진관 체제에서 제승방략 체제로 변경하였다. 2017년 서울시 9급 O | X

25 광해군은 국방력 강화를 위해 5군영 체제를 완비하였다. 2022년 소방직 O | X

26 경기도에서 대동법을 처음 시행한 국왕은 일본과 기유약조를 체결하였다. 2025년 국가직 9급 O | X

27 광해군 재위 시기에 압록강 북쪽에 살던 여진의 추장 누르하치가 부족을 통일하고 후금을 건국하였다. 2016년 경찰간부후보생 O | X

28 광해군은 강홍립을 도원수로 삼아 군대를 이끌고 명을 지원하게 하되, 적극적으로 나서지 말고 상황에 따라 대처하도록 명령하였다. 2022년 소방직 O | X

29 강홍립을 파견하여 중립 외교를 펼쳤던 국왕 대에 허준이 『동의보감』을 편찬하였다. 2024년 지방직 9급 O | X

30 광해군의 중립외교와 폐모살제에 의해 인조반정이 일어났다. 2015년 법원직 9급 O | X

24 왜란이 끝나고 광해군이 즉위하면서, 왜란 때 많은 의병장을 배출했던 _____ 세력이 집권하였다.

25 광해군은 국가 재정을 확충하고자 양안과 _____ 을 다시 작성하였다.

26 광해군 재위 시기에 허준이 『_____』을 편찬하였다.

27 1616년에 누르하치가 여진의 여러 부족을 통일하고 _____ 을 세웠다.

28 광해군은 _____ 정책을 전개하여 명과의 관계를 유지하면서, 후금과 친선을 도모하였다.

29 광해군은 명의 요청으로 _____ 을 도원수로 삼아 명을 지원하도록 하였으나 적극적으로 나서지 말고 상황에 따라 대처하도록 명령하였다.

30 광해군은 명과 후금 사이에 추진했던 중립외교와 인목대비를 폐위하고 영창대군을 살해한 _____ 가 원인이 되어 인조반정으로 폐위되었다.

4. 정묘호란과 병자호란

31 인조반정으로 정권을 잡은 서인은 대의명분보다 실리를 중요시하는 외교 정책을 실시하였다. 2013년 경찰직(1차) O | X

32 후금이 국호를 청이라 고치고 조선에 대하여 군신의 관계를 맺을 것을 요구해 왔다. 2018년 경찰직(1차) O | X

33 병자호란을 앞두고 조선은 주화론과 척화론이 대립하였다. 2016년 경찰간부후보생 O | X

31 _____ 세력은 광해군의 중립 외교에 반발하며 폐모살제를 명분으로 내세워 _____ 을 일으켰다.

32 서인의 _____ 정책, 가도 사건, 이괄의 난 등이 후금을 자극하여 정묘호란이 발발하였다.

33 1627년에 후금이 광해군의 보복을 명분으로 조선에 침입하였고, 인조는 _____ 로 피난하였다.

34 최명길은 청나라의 군신 관계 요구에 대해 무력 항쟁을 주장하였다. 2016년 사회복지직 9급   O | X

35 임진왜란과 병자호란 사이에 청에 인질로 끌려갔던 봉림 대군이 귀국하였다. 2023년 지방직 9급   O | X

36 병자년에 청군이 서울을 점령하자 인조는 강화도로 피난하여 항전하였다. 2015년 사회복지직 9급   O | X

37 병자호란 이후 인조가 청 황제에게 항복을 하면서 삼전도의 비가 건립되었다. 2024년 국가직 9급   O | X

38 병자호란 이후 조선과 청은 형제의 맹약을 맺었다. 2016년 경찰간부후보생   O | X

39 소현 세자는 서양인 신부 아담 샬과 교류하면서 서양 문물을 들여왔다. 2023년 계리직 9급   O | X

34 정묘호란 때 용골산성에서 _____가, 의주에서 _____ 등이 의병을 일으켜 후금군에 대항하였다.

35 1636년 후금이 '청'을 건국하고 조선에 _____ 관계를 요구하였다.

36 청의 요구에 조선은 주화론(_____)과 척화 주전론(김상헌, _____)으로 국론이 분열되었다.

37 병자호란 때 인조가 _____으로 피난하고 항전하였으나, 결국 조선은 항복하고 말았다.

38 병자호란 결과 조선은 청과 군신 관계를 체결하면서 삼전도에서 _____의 예를 행하였다.

39 병자호란 결과, 소현 세자, _____ 두 왕자와 삼학사 등 주전론자 등이 청에 압송되었다.

5. 북벌 운동과 효종

40 인조는 전쟁의 치욕을 벗기 위해 북벌론을 적극 추진하였다. 2017년 사회복지직 9급   O | X

41 효종은 청을 정벌하자는 북벌 운동을 추진하였다. 2015년 법원직 9급   O | X

42 효종은 훈련별대를 정초군과 통합하여 금위영을 발족시켰다. 2018년 지방직 9급   O | X

43 효종은 남한산성을 복구하고 어영청을 확대하였다. 2018년 지방직 9급   O | X

44 효종 때 청의 요구에 따라 조총 부대를 영고탑으로 파견하였다. 2020년 지방직 9급   O | X

40 효종은 _____, 이완 등을 등용해 무기를 개량하고 어영청을 강화하였다.

41 _____ 세력의 북벌은 형식적이었으며, 북벌을 정권 유지 수단으로 이용하였다.

42 효종 때 귀화인 _____를 훈련도감에 배치하여 조총·화포 등의 신식 무기를 제조하였다.

43 효종 때 청의 요청으로 두 차례에 걸쳐 _____에 나섰다.

44 효종 때 청의 요청으로 1654년 1차로 _____, 1658년 2차로 _____의 조총 부대가 파견되었다.

테마 24 붕당 정치의 전개

Ⅱ 정치사 – 조선

* 올인원 블랭크노트 p.99

기출 OX — OX를 체크하며 합격 실력 점검하고!

1. 붕당의 형성

01 선조 때 동인과 서인의 붕당이 형성되었다.
2020년 지방직 9급 O | X

02 김효원과 심의겸이 이조 전랑직을 두고 대립하면서 동인과 서인으로 분화되었다. 2015년 지방직 9급 O | X

03 붕당의 출현 당시 척신 정치의 잔재를 어떻게 청산할 것인가를 두고 기성 사림과 신진 사림 사이의 갈등이 심해졌으며, 기성 사림을 중심으로 동인이 형성되었다.
2015년 경찰직(3차) O | X

04 서인은 조식 학파를 중심으로 형성되었다.
2022년 법원직 9급 O | X

2. 붕당 정치의 전개

05 동인은 광해군을 세자로 책봉하기를 건의한 정철에 대한 입장 차이로 남인과 북인으로 나뉘어졌다.
2019년 경찰간부후보생 O | X

06 남인은 성혼의 학파를 중심으로 형성되었다.
2023년 법원직 9급 O | X

07 북인은 인목 대비의 폐위를 주장하였다.
2022년 법원직 9급 O | X

08 서인은 북벌론을 주장하였다. 2022년 법원직 9급 O | X

09 인조 대에는 남인이 정권을 독점하였다.
2023년 지방직 9급 O | X

블랭크 — 빈칸을 채우며 합격 실력 완성하자!

01 _____은 학문의 경향과 정치적 이념에 따라 결집하였다.

02 붕당 정치에서는 _____이 재야에서 공론을 주도하는 역할을 하였다.

03 심의겸 중심의 _____ 사림은 척신 정치의 과감한 개혁에 대해 소극적이었고, 김효원 중심의 _____ 사림은 척신 정치 청산에 대해 적극적이었다.

04 _____ 자리 다툼 문제와 척신 정치 청산에 대한 입장 차이로 인해 사림이 동인과 서인으로 갈라졌다.

05 동인은 _____과 조식, 서경덕의 학문을 계승한 사람들을 중심으로, 서인은 _____와 성혼의 문인이 가담함으로써 형성되었다.

06 선조 재위 시기에 사림이 동인과 서인으로 나뉜 후, 처음에는 _____이 우세한 가운데 정국이 운영되었다.

07 선조 때 _____이 급진적인 일부 동인과 연결하여 _____라는 비밀 결사를 조직하고 역성혁명을 준비하였다는 혐의로 처형되고, 이에 연루된 동인 세력이 대거 제거되었다.

08 정여립 모반 사건으로 인해 _____이 동인의 미움을 사게 되었다.

09 동인은 정여립 모반 사건, 정철의 _____ 문제(세자 책봉 문제) 등으로 북인과 남인으로 분화되었다.

10 숙종 대에 서인이 노론과 소론으로 갈라졌다.
2023년 지방직 9급   O | X

11 남인은 정조 시기에 탕평 정치의 한 축을 이루었다.
2023년 국가직 9급   O | X

10 정철이 탄핵되었을 때, 정철에 대한 처벌 문제를 두고 강경파는 ____, 온건파는 ____으로 분열되었다.

11 ____의 문인은 남인을 형성하고, ____과 서경덕의 문인은 북인을 형성하였다.

3. 예송 논쟁

12 현종 때는 두 차례에 걸친 예송이 일어났다.
2017년 국가직 9급   O | X

13 남인의 주장은 1차, 2차 예송에서 모두 채택되었다.
2017년 법원직 9급   O | X

14 예송 논쟁 직후 남인에 의해 사화가 발생하여 정국이 혼란해졌다. 2017년 법원직 9급   O | X

15 예송 논쟁에서 나타난 예론의 차이는 신권을 강화하려는 서인과 왕권을 강화하려는 남인 사이의 정치적 입장과 연결되었다. 2014년 경찰직(1차)   O | X

16 기해예송 때 송시열은 '체이부정(體而不正)'을 내세워 기년복을 입어야 한다고 주장하였다. 2018년 국가직 7급   O | X

17 기해예송 때 남인은 할아버지와 아버지의 뒤를 이은 '정체'이지, 첫째이기 때문에 3년복을 입는 것은 아니라고 하며, 자의 대비(조대비)가 3년복을 입어야 한다고 주장하였다.
2023년 국가직 9급   O | X

18 기해예송은 서인의 주장대로 조대비가 효종을 위해 1년복을 입는 것으로 결정되었다. 2014년 지방직 9급   O | X

19 갑인예송은 효종비가 사망하자 조대비가 상복을 1년복으로 입을 것인가, 9개월복으로 입을 것인가를 둘러싸고 일어났다. 2014년 지방직 9급   O | X

20 갑인예송에서 남인은 조대비가 9개월복의 상복을 입어야 한다고 주장하였다. 2014년 지방직 9급   O | X

12 현종 때 두 차례 예송이 전개되었는데, 1차 예송은 ____ 사후에 발생하였다.

13 2차 예송은 ____ 사후에 발생하였다.

14 예송 논쟁에서 ____은 왕실의 예는 사대부의 예와 다르다고 주장하였다.

15 서인은 왕실도 사대부와 같이 『____』를 따라야 한다고 주장하였다.

16 기해예송 때 서인은 ____, 남인은 ____을 주장하였다.

17 1차 예송 때 ____의 주장이 채택되었다.

18 갑인예송 때 서인은 ____, 남인은 ____을 주장하였다.

19 갑인예송 때 ____의 주장이 채택되었다.

20 2차 예송 이후 남인의 우세 속에 서인이 공존하는 정국이 ____ 환국 전까지 유지되었다.

4. 숙종

21 숙종 집권 시기 병조판서 김석주의 건의에 따라 국왕 호위와 수도 방위의 핵심 군영 중 하나인 금위영이 설치되었다.
2018년 서울시 7급   O | X

21 숙종 초에 ____, 허적 등 남인을 중심으로 북벌이 추진되었다.

22 숙종은 청과 러시아 사이에 국경 충돌이 일어나자, 청의 요구에 따라 수백 명의 조총 부대를 영고탑(지금의 지린성)에 파견하였다. 2018년 서울시 7급 O | X

23 숙종 집권 시기 장길산을 우두머리로 한 무리들이 황해도와 평안도 등지에서 활동하였다. 2017년 국가직 7급 O | X

22 숙종 때 _____을 설치하여 5군영 체제를 완성하였다.

23 숙종 때 _____이 전국적으로 실시되었다.

5. 붕당 정치의 변질 - 환국

24 숙종 시기에 사화로 갈등이 격화되면서, 정국이 급격하게 전환되는 환국 정치가 시작되었다. 2015년 국가직 9급 O | X

25 숙종은 상황에 따라 한 당파를 일거에 내몰고 상대 당파에게 정권을 모두 위임하는 편당적인 인사 관리로 일관하여 환국이 일어나는 빌미를 제공하기도 하였다. 2017년 경찰직(1차) O | X

26 경신환국 때 허적·윤휴 등 남인의 중심 인물을 몰아내고 서인 정권이 수립되었다. 2018년 경찰직(2차) O | X

27 남인이 서인을 역모로 몰아 정권을 독점한 경신환국 이후 남인은 서인에 대한 처벌 등의 문제로 분열되었다. 2017년 경찰직(1차) O | X

28 경신환국 때 왕위 계승 문제를 둘러싼 소론의 노론 공격이 있었다. 2012년 법원직 9급 O | X

29 경신환국 때 장희빈의 소생이 세자가 되면서 남인이 재집권하였다. 2012년 법원직 9급 O | X

30 경신환국의 결과 서인은 송시열을 영수로 하는 노론과 윤증을 중심으로 하는 소론으로 분당되었다. 2019년 서울시 7급 O | X

31 남인은 기사환국으로 정권을 장악하였다. 2023년 국가직 9급 O | X

32 기사환국은 서인이 노론과 소론으로 분화되는 결과를 초래하였다. 2016년 법원직 9급 O | X

33 갑술환국 때 폐비 민씨의 복위로 서인 정권이 재수립되었다. 2012년 법원직 9급 O | X

34 숙종 시기 수 차례의 환국을 거친 결과, 노론이 득세하였다. 2018년 경찰간부후보생 O | X

24 숙종 때 정국을 주도하는 붕당과 견제하는 붕당이 서로 교체됨으로써 정국이 급격하게 전환하는 _____이 발생하였다.

25 숙종 재위 시기에 특정 붕당이 정권을 독점하는 _____의 추세가 나타났다.

26 숙종 재위 시기에 _____ 환국(1680) → _____ 환국(1689) → _____ 환국(1694) 총 세 차례의 환국이 발생하였다.

27 허적의 _____ 남용 사건, 허적의 서자 _____의 역모 사건으로 인해 경신환국이 발생하였다.

28 경신환국 결과 남인이 제거되고 _____이 집권하였다.

29 희빈 장씨 아들(경종)의 원자 정호 문제를 계기로 _____이 발발하였다.

30 기사환국 때 숙종은 서인들을 몰아내고 _____을 등용하였다.

31 기사환국 결과 서인의 영수인 _____이 유배되었다가 사사되었다.

32 기사환국 이후 숙종은 _____를 왕비에서 폐하고, 희빈 장씨를 왕비로 책봉하였다.

33 _____은 남인이 인현 왕후 복위 운동을 빌미로 서인을 탄압하려 하는 과정에서 일어났다.

34 갑술환국 결과 _____이 몰락하고 _____이 집권하였으며, 인현 왕후가 복위되었다.

테마 25 조선 후기 탕평 정치

Ⅱ 정치사 - 조선

* 올인원 블랭크노트 p.102

기출 OX — OX를 체크하며 합격 실력 점검하고!

블랭크 — 빈칸을 채우며 합격 실력 완성하자!

1. 영조의 탕평책

01 영조 대에는 이인좌의 난을 진압하고 나서 탕평파를 육성하여 준론 탕평을 시행하였다. 2018년 경찰간부후보생 O | X

02 영조 시기에 탕평파를 중심으로 정국이 운영되었다. 2015년 법원직 9급 O | X

03 영조는 서원을 붕당의 근거지로 인식하여 대폭 정리하였다. 2022년 국가직 9급 O | X

04 영조는 각 붕당의 인물을 고르게 등용하였다. 2014년 법원직 9급 O | X

05 영조는 이조 전랑의 권한을 약화시켰다. 2014년 법원직 9급 O | X

06 영조는 재야 산림의 공론을 인정하지 않았다. 2022년 국회직 9급 O | X

---

01 1728년에 소론과 남인 일부 세력이 경종 죽음의 배후에 영조가 있다고 주장하며 _____ 를 대원수로 하여 난을 일으켰지만, 결국 진압당하였다.

02 이인좌의 난 이후 영조는 _____ 을 내려 붕당을 타파하고 각 붕당의 인재를 고루 등용할 것을 선언하였다.

03 영조는 붕당의 시비를 가리는 것이 아닌, 온건하고 타협적인 인물들로 구성된 탕평파를 등용하는 _____ 탕평을 펼쳤다.

04 영조는 성균관 입구에 _____ 를 건립하고 탕평 교서를 반포하였다.

05 영조는 붕당의 근거지인 _____ 을 대폭 정리하고, _____ 의 존재를 부정하였다.

06 영조의 탕평책은 근본적인 해결책을 마련하지 못하였고, 결국 _____ 이 정국을 주도하게 되었다.

2. 영조의 개혁 정책

07 영조는 형벌 제도를 개선해 가혹한 악형을 없앴다. 2019년 서울시 9급 O | X

08 영조는 사형수에 대한 엄격한 삼심제를 시행했다. 2010년 법원직 9급 O | X

09 성균관 앞에 탕평비를 건립한 국왕은 『대전회통』을 편찬하였다. 2025년 지방직 9급 O | X

---

07 영조는 군역의 부담을 줄여 주기 위하여 _____ 을 시행하였다.

08 영조 때 _____ 제도가 부활하였다.

09 영조 때 양인의 수를 확보하기 위해 노비 자녀 신분을 결정할 때 어머니의 신분을 따르는 _____ 을 확정하였다.

10 영조는 삼정이정청을 설치해 농민의 불만을 해결하려 하였다. 2016년 지방직 9급 O | X

11 영조는 대유둔전이라는 국영 농장을 설치하였다. 2022년 국회직 9급 O | X

12 영조 때 나선 정벌이 단행되었다. 2022년 지방직 9급 O | X

13 영조는 백성의 여론을 정치에 반영하기 위해 신문고 제도를 부활하였다. 2014년 국가직 9급 O | X

14 영조는 『속대전』, 『속오례의』 등을 편찬하였다. 2022년 간호직 8급 O | X

15 영조는 문물 제도의 정비를 반영한 『탁지지』 등을 편찬하였다. 2020년 경찰직(1차) O | X

16 영조 때 창덕궁 안에 대보단을 설치하였다. 2022년 국회직 9급 O | X

10 영조 때 청계천의 범람을 방지하기 위해 _____를 설치하여 준설 공사를 시작하였다.

11 영조는 도성 수비에 대한 명령인 _____을 반포하였다.

12 영조 때 법전인 『_____』이 편찬되었다.

13 영조는 _____을 발표하여 서얼들의 청요직 진출을 허용하였다.

14 영조 때 국가 왕실 의례서인 『국조오례의』를 보완하여 『_____』를 편찬하였다.

15 영조 때 법의학서인 『_____』을 편찬하였다.

16 영조 때 지리서인 『_____』를 제작하였다.

3. 정조의 탕평책

17 정조는 각 붕당의 주장이 옳은지 그른지를 명백히 가리는 적극적인 탕평책을 실시하였다. 2015년 경찰직(3차) O | X

18 정조는 탕평의 의지를 반영하여 성균관 입구에 탕평비를 세웠다. 2023년 서울시 9급 O | X

19 정조는 3사의 관리 추천권을 없앴다. 2019년 법원직 9급 O | X

17 정조는 당파의 옳고 그름을 명백히 가리는 _____인 탕평책을 추진하였다.

18 정조의 탕평책을 _____ 탕평이라 한다.

19 정조는 그동안 권력에서 배제되었던 소론과 채제공·이가환 등 _____ 계열도 중용하였다.

4. 정조의 개혁 정책

20 정조는 초계문신 제도를 도입하여 관료들을 재교육하였다. 2015년 서울시 7급 O | X

21 정조 시기에 서얼 출신 학자들이 규장각 검서관으로 등용되었다. 2013년 법원직 9급 O | X

20 정조는 _____을 강력한 정치 기구로 육성하였다.

21 정조는 규장각 검서관으로 _____ 출신인 박제가, 이덕무, 유득공, 서이수 등을 등용하였다.

| 22 | 정조는 왕의 권력과 정책을 뒷받침하기 위해 규장각을 설립하였다. 2012년 서울시 9급 O | X

| 23 | 정조는 친위 부대로 장용영을 설치하였다. 2023년 서울시 9급 O | X

| 24 | 정조 때 수원 화성의 건설을 시작하였다. 2016년 기상직 9급 O | X

| 25 | 정조는 육의전을 제외한 시전 상인의 금난전권을 폐지하여 사상의 자유로운 시장 활동을 어느 정도 가능하게 하였다. 2019년 경찰직(2차) O | X

| 26 | 정조 때 민간의 광산 개발 참여를 허용하는 설점수세제를 처음 실시하였다. 2018년 국가직 9급 O | X

| 27 | 정조는 기존의 문체에 얽매이지 않는 신문체를 장려하였다. 2017년 지방직 9급 O | X

| 28 | 정조 때 수령이 군현 단위의 향약을 직접 주관하였다. 2022년 소방간부후보생 O | X

| 29 | 정조는 『대전통편』 편찬과 같은 법전 재정비를 통하여 국가의 집권 체제를 확립하고 왕권을 강화하고자 하였다. 2019년 경찰직(2차) O | X

| 22 | 정조는 친위 부대인 _____을 설치하여 왕권을 강화하였다.

| 23 | 정조는 신진 인물이나 중하급 관리 중에서 유능한 인사를 재교육하여 인재를 양성하는 _____를 실시하였다.

| 24 | 정조는 거중기를 사용하여 _____을 건설하고, 정치적, 군사적 기능을 부여하였다.

| 25 | 정조 때 _____을 반포하여 육의전을 제외한 시전의 금난전권을 폐지하였다.

| 26 | 정조는 _____을 단행하여 신문체를 금지하고 고문체를 사용하게 하였다.

| 27 | 정조 때 법전인 『_____』이 편찬되었다.

| 28 | 정조 때 외교 문서를 집대성한 『_____』, 종합 무예서인 『무예도보통지』가 편찬되었다.

| 29 | 정조의 개인 일기인 『_____』은 2011년에 유네스코 세계 기록 유산으로 등재되었다.

테마 26 세도 정치와 사회 변혁의 움직임

Ⅱ 정치사 – 조선

* 올인원 블랭크노트 p.106

기출 OX — OX를 체크하며 합격 실력 점검하고!

1. 세도 정치의 전개

01 세도 정치 시기에는 몇몇 유력 가문에 권력이 집중되었는데, 그중에는 안동 김씨, 풍양 조씨 등의 외척 가문이 있었다. 2018년 경찰간부후보생 O | X

02 세도 정치 시기에는 왕실의 외척이 군사권을 계속하여 독점 장악하였다. 2013년 서울시 9급 O | X

03 세도 정치 시기에는 천주교에 대한 박해가 있었는데, 기해박해와 병인박해가 있었다. 2018년 경찰간부후보생 O | X

04 세도 정치 시기에 서북인에 대한 차별로 인해 반란이 발생하였다. 2018년 경찰간부후보생 O | X

05 비변사는 처음 임시 기구로 설치되었는데 조선 후기에 와서는 국정 전반을 관할하게 되었고, 그 결과 의정부와 6조는 모두 그 직임을 상실하였다. 2022년 서울시 9급(2월) O | X

06 세도 정치 시기에 비변사가 핵심적인 정치 기구로 자리 잡았고, 유력 가문 출신의 몇몇이 실제 권력을 행사하였다. 2010년 법원직 9급 O | X

07 세도 정치 시기에 향촌에서는 수령의 역할이 배제되고 지방 사족이 영향력을 행사하며 농민을 수탈했다. 2010년 법원직 9급 O | X

2. 사회 불안의 심화

08 조선 후기에 왕조 부정 논리를 담고 있는 『정감록』과 미륵 신앙이 농민들 사이에 퍼졌다. 2013년 지방직 7급 O | X

블랭크 — 빈칸을 채우며 합격 실력 완성하자!

01 세도 정치는 특정 ____이 권력을 독점하는 정치 형태를 의미한다.

02 순조 재위 시기에는 정순 왕후의 수렴청정으로 노론 ____가 권력을 장악하였다.

03 정순 왕후 사후, 순조의 장인 김조순을 중심으로 ____가 권력을 장악하였다.

04 헌종이 8세의 어린 나이로 즉위하자 외척인 ____ 가문이 득세하였다.

05 강화도에 있던 왕족 이원범이 ____으로 즉위하면서 안동 김씨 가문이 다시 권력을 장악하였다.

06 세도 정치 시기에는 ____에 권력이 집중되면서 ____와 6조 체제가 유명무실화되었다.

07 세도 정치 시기에 ____의 난(1811), 임술 농민 봉기(1862) 등 민란이 일어났다.

08 세도 정치기에는 ____의 탐학과 횡포가 심해졌고, 비기·____설을 이용하여 말세의 도래, 왕조의 교체 등 낭설이 횡행했다.

09 조선 후기에는 몰락한 양반이 민란을 주도하기도 했다.
2011년 지방직 9급 O | X

10 조선 후기에 벽서나 괘서 등의 형태로 나타나던 농민 항거는 점차 농민 봉기로 변화되어 갔다. 2010년 법원직 9급 O | X

3. 홍경래의 난

11 평안도 사람들은 서북인이라 하여 차별을 받았다.
2017년 지방직 9급 O | X

12 평안도민은 중앙 관직에 진출할 수 있는 기회가 매우 제한되었다. 2010년 지방직 9급 O | X

13 세도 정권이 서울 특권 상인의 이권을 보호하기 위해 평안도민의 상공업 활동을 억압했다. 2010년 지방직 9급 O | X

14 봉기에 대한 호응이 전국적으로 일어날 만큼 지역 차별이 극심하였다. 2010년 지방직 9급 O | X

15 홍경래의 난은 서북 지방의 몰락 양반과 영세 농민, 중소 상인, 광산 노동자 등이 참여하였다. 2011년 사회복지직 9급 O | X

16 철종 재위 시기에 홍경래의 난이 일어나 평안도 청천강 이북 지역을 장악하였다. 2016년 사회복지직 9급 O | X

4. 임술 농민 봉기

17 임술 민란은 삼남 지방에서 가장 치열하게 일어났다.
2011년 지방직 9급 O | X

18 임술 농민 봉기 때 농민은 노비 문서의 소각과 탐관오리의 엄징을 요구하였다. 2014년 국가직 7급 O | X

19 19세기에 일어난 진주 농민 항쟁은 봉기 세력이 유계춘의 지도 아래 진주성을 점령하기도 하였다.
2011년 사회복지직 9급 O | X

09 세도 정치기에는 예언서인 「_____」이 널리 유행하였다.

10 세도 정치기에는 농민 의식이 성장하여 소청, _____, 벽서 등 소극적인 항거에 그치지 않고 _____와 같은 적극적인 항거가 전개되었다.

11 홍경래의 난은 _____ 재위 시기인 1811년에 일어났다.

12 홍경래의 난은 _____ 지역에 대한 차별에 반발하며 일어났다.

13 세도 정치기에 서북민은 _____에 진출할 수 있는 기회가 제한되었고, _____ 활동을 억압받았다.

14 홍경래의 난은 _____인 홍경래의 지휘하에 전개되었다.

15 홍경래의 난은 홍경래를 중심으로 중소 _____, 영세 _____, 광산 노동자 등이 합세하여 일으킨 봉기였다.

16 홍경래를 중심으로 한 봉기 세력은 한때 _____ 이북 지역을 거의 장악하였으나, 5개월 만에 진압되었다.

17 임술 농민 봉기는 삼정의 문란 등이 원인이 되어 1862년 _____ 때 일어났다.

18 임술 농민 봉기는 _____에서 시작되어 확산된 농민 항쟁이었다.

19 임술 농민 봉기는 _____ 이후 전국으로 확산되었다.

20 임술 농민 봉기는 안핵사 박규수의 삼정이정청 설치 건의로 이어졌다. 2022년 소방간부후보생 O | X

21 임술 농민 봉기 이후 정부는 삼정이정청을 설치하고 수취 제도 개혁을 강구하였다. 2016년 법원직 9급 O | X

22 철종 재위 시기에 군정의 문란을 해결하기 위하여 호포제가 실시되었다. 2016년 법원직 9급 O | X

23 철종 재위 시기에 농민들이 집강소를 설치하고 폐정 개혁을 추진하였다. 2016년 법원직 9급 O | X

24 임술 민란의 결과 부세 제도의 근본적 개혁이 이루어졌다. 2011년 지방직 9급 O | X

20 농민들은 탐관오리 _____ 의 탐학에 저항하였다.

21 농민 봉기 세력은 _____ 의 지도하에 진주성을 점령하기도 하였다.

22 정부에서는 박규수를 _____ 로 파견하여 난을 수습하게 하였다.

23 정부에서는 박규수의 건의에 따라 _____ 을 설치하였으나, 근본적인 해결책은 마련하지 못하였다.

24 조선 정부는 삼정의 문란을 시정할 것을 약속하는 _____ 을 발표하였다.

5. 천주교의 전파와 박해

25 안정복이 천주교를 비판하는 『천학문답』을 저술하였다. 2019년 지방직 9급 O | X

26 서울 부근의 일부 남인 학자는 천주교를 수용하였다. 2017년 지방직 9급 O | X

27 마테오 리치가 지은 『천주실의』는 19세기에 한글로 번역되어 천주교의 유포에 기여하였다. 2011년 사회복지직 9급 O | X

28 천주교는 안동 김씨의 세도 정치 시기에 더욱 탄압을 받았다. 2013년 법원직 9급 O | X

29 천주교는 홍경래의 난에 사상적 영향을 끼쳤다. 2013년 법원직 9급 O | X

30 윤지충이 모친상을 당해 신주를 불태운 것이 알려지면서 신해박해가 일어났다. 2015년 서울시 9급 O | X

31 순조 즉위 후 정권을 장악한 노론 벽파가 반대파를 정계에서 제거하려고 신유박해를 일으켰다. 2015년 서울시 9급 O | X

32 헌종 재위 시기에 천주교 신자를 박해하는 과정에서 '황사영 백서 사건'이 일어났다. 2016년 사회복지직 9급 O | X

25 천주교는 중국에 다녀온 우리나라 사신들에 의해 학문(_____)으로 소개되었다.

26 천주교는 18세기 후반 이가환, 정약종 등 _____ 계열 실학자들에 의해 신앙으로 수용되었다.

27 안정복은 성리학의 입장에서 천주교를 비판하는 『_____』을 저술하였다.

28 _____ 은 한국인 최초로 베이징에서 서양인 신부에게 세례를 받았다.

29 정조 때 진산 사건이 발단이 되어 _____ 가 일어났다.

30 진산 사건은 _____ 이 모친의 신주를 불사르고 천주교식으로 장례를 치른 사건이다.

31 신해박해 때 윤지충, _____ 이 처형되었으나, 대대적인 박해는 이루어지지는 않았다.

32 노론 벽파가 남인 시파 탄압 목적으로 _____ 를 단행하여 정약용·정약전 형제를 비롯한 약 400명을 유배 보냈다.

33 신유사옥 때 황사영은 군대를 동원하여 조선에서 신앙의 자유를 보장받게 해달라는 서신을 북경에 있는 주교에게 보내려다 발각되었다. 2014년 국가직 9급 O | X

34 기해박해 때 붙잡혀 박해를 받은 정하상은 『상재상서』를 통해 포교의 정당함을 주장하였다. 2015년 서울시 9급 O | X

35 기해사옥 때 흑산도로 유배를 간 정약전은 그 지역의 어류를 조사한 『자산어보』를 저술하였다. 2014년 국가직 9급 O | X

36 병오박해로 최초의 한국인 신부 김대건이 귀국하여 포교 중 순교하였다. 2019년 지방직 9급 O | X

37 병인박해는 흥선 대원군 집권기에 발생한 대규모 박해로 프랑스 선교사를 비롯한 수천 명의 희생자를 낳았다.
2015년 서울시 9급 O | X

6. 동학의 발생

38 조선 후기 사회 불안이 계속되는 상황에서 최시형이 동학을 창시하였다. 2016년 경찰직(2차) O | X

39 최제우가 유·불·선의 주요 내용을 바탕으로 동학을 창시하였다. 2016년 소방직(복원) O | X

40 1860년대에 등장한 동학은 사람이 누구나 평등하다는 사상을 가지고 있었다. 2014년 경찰직(2차) O | X

41 동학은 시천주와 인내천 사상을 강조하였다.
2013년 법원직 9급 O | X

42 동학을 바탕으로 『동경대전』과 『용담유사』가 편찬되었다.
2020년 국가직 9급 O | X

43 동학에 대해 순조 즉위 이후 대탄압이 가해졌다.
2020년 국가직 9급 O | X

44 동학 교도들은 임술 농민 봉기를 주도했다.
2019년 법원직 9급 O | X

33 신유박해 때 중국인 신부 　　　와 이승훈, 정약종 등이 처형되었다.

34 신유박해 때 　　　　　 사건으로 박해가 더욱 심화되었다.

35 　　　　　 때 신자 색출을 위해 오가작통법을 이용하였고, 정하상과 프랑스 신부들이 처형되었다.

36 병오박해 때 한국인 최초의 신부인 　　　이 처형되었다.

37 병인박해로 인해 남종삼 등 천주교 신자 수천 명이 순교하였고, 이는 　　　　　의 원인이 되었다.

38 동학은 1860년 경주 출신의 잔반인 　　　가 창도하였다.

39 　　　에 반대하는 의미로 동학이라 명명하였다.

40 동학의 교리는 유·불·선의 주요 내용이 바탕이 되었고, 　　　　　의 요소들이 결합되었으며, 　　　　　의 교리 일부를 수용하였다.

41 동학은 하느님을 모신다는 시천주와 모든 사람이 평등하다는 　　　　 사상을 강조하였다.

42 2대 교주 　　　　은 최제우가 지은 『동경대전』과 『용담유사』를 간행하였다.

43 『　　　　』는 동학의 한글 포교 가사집이고, 『　　　　』은 동학의 한문 경전이다.

44 최시형은 　　　제를 통해 교단 조직을 정비하였다.

테마 27 조선 후기 대외 관계

기출 OX

01 조선 후기 정묘호란과 병자호란의 패배로 인해 청에 대한 문화적 열등감이 팽배해졌다. 2012년 지방직 9급 O | X

02 조선 후기 북학 운동의 한계를 느낀 지식인들은 북벌 운동을 전개하였다. 2018년 서울시 9급 O | X

03 효종은 북벌 정책을 추진하기 위해 호위청, 총융청, 수어청 등의 부대를 창설하여 국방력을 강화하였다. 2018년 지방직 9급 O | X

04 숙종 대 청의 정세 변화를 이용하여 윤휴를 중심으로 북벌 움직임이 제기되었다. 2017년 서울시 7급 O | X

05 숙종 때 조선과 청의 국경을 정하는 백두산 정계비를 세웠다. 2022년 법원직 9급 O | X

06 왜란이 끝난 후 조선은 일본에 통신사를 파견하여 국교 재개를 요청하였다. 2018년 서울시 9급 O | X

07 임진왜란 이후 조선은 일본으로 통신사를 매년 파견하여 교류하였다. 2016년 지방직 7급 O | X

08 임진왜란 이후 조선은 일본과의 외교 관계를 단절하여 서로 왕래가 전혀 없었다. 2012년 경찰직(2차) O | X

09 숙종 대 안용복은 울릉도에 출몰하는 일본 어민들을 쫓아내고, 일본에 건너가 울릉도와 독도가 조선의 영토임을 확인받고 돌아왔다. 2017년 서울시 7급 O | X

블랭크

01 조선 후기에는 청을 무조건 배척하기보다는 이로운 것은 적극적으로 배우자는 _____이 제기되기도 하였다.

02 숙종 때 청이 _____ 지역을 성역화한 상황에서 조선인 일부가 두만강을 건너 인삼을 캐거나 사냥을 하자 국경 분쟁이 발생하였다.

03 숙종 때 청의 목극등과 조선의 _____이 대표로 만나 백두산 일대를 답사하고 국경을 확정하여 정계비를 건립하였다.

04 백두산 정계비에는 '양국 간의 국경은 서쪽으로는 _____, 동쪽으로는 토문강을 경계로 한다'고 기록되어있다.

05 백두산 정계비의 구문 해석을 놓고 19세기 _____ 문제가 발생하였다.

06 조선은 에도 막부의 요청에 의해 1607~1811년까지 총 12회에 걸쳐 일본에 _____를 파견하였다.

07 선조 때 에도 막부의 국교 재개 요청으로 _____를 파견하여 일본과 강화 후 포로를 데려왔다.

08 광해군 재위 시기인 1609년에 일본과 _____를 체결하여 제한된 범위 내에서의 교섭을 허용하였다.

09 숙종 때 _____은 일본에 건너가 울릉도와 독도가 조선의 영토임을 확인받고 돌아왔다.

테마 28 고대의 경제

III 경제사-고대

* 올인원 블랭크노트 p.110

기출 OX — OX를 체크하며 합격 실력 점검하고!

1. 삼국의 경제

01 삼국 시대에는 개인 소유의 토지가 사실상 존재했으며 일반 백성은 이를 경작하거나 남의 토지를 빌려 경작하기도 하였다.
2020년 경찰직(1차) ○ | X

02 삼국 시대에는 농업 생산력이 발달하여 수도뿐 아니라 농촌 각지에서도 시장이 번성하였다. 2014년 경찰직(1차) ○ | X

03 고구려의 고국천왕은 봄에 곡식을 빌려주었다가 가을에 추수한 것으로 갚게 하는 진대법을 실시하였다.
2016년 지방직 9급 ○ | X

04 신라 지증왕은 농업 생산력의 상승에 따라 노동력을 중시하여 순장을 금지하였다. 2015년 국가직 9급 ○ | X

05 신라 지증왕은 중앙과 지방 관리들의 녹읍을 폐지하고 해마다 조를 차등 있게 주었으며 이를 일정한 법으로 삼았다.
2018년 서울시 9급 ○ | X

06 녹읍은 직역에 대한 대가로 수조권만을 지급한 것이다.
2018년 국가직 7급 ○ | X

07 녹읍은 지방 호족들의 경제 기반으로 고려 무신 정권기까지 존속하였다. 2018년 국가직 7급 ○ | X

2. 통일 신라의 경제

08 통일 신라 시대에 시장을 감독하는 관청인 동시전을 신설하였다. 2019년 국가직 9급 ○ | X

09 통일 신라 시대 왕경에 서시전과 남시전이 설치되었다.
2019년 지방직 9급 ○ | X

블랭크 — 빈칸을 채우며 합격 실력 완성하자!

01 삼국의 역은 요역과 _____ 으로 나뉘는데, 요역은 15세 이상 남자의 노동력을 징발하였다.

02 삼국 시대에는 농업 생산성을 증대시키기 위해 _____ 를 보급하였다.

03 삼국 시대 초기의 노비 수공업은 후기에 _____ 으로 변경되었다.

04 4C 이후 국제 무역이 크게 발달하면서 주로 _____ 형태로 무역을 전개하였다.

05 _____ 는 남중국 및 왜와 무역을 활발히 전개하였다.

06 신라 진흥왕 때 한강 유역을 확보한 이후 _____ 을 통해 중국과 직접 교역을 하였다.

07 삼국의 귀족은 _____ 과 식읍을 기반으로 조세를 수취하고 _____ 을 징발하였다.

08 통일 신라 시기에 조세는 생산량의 _____ 정도를 수취하여 통일 이전보다 수취량을 완화하였다.

09 통일 신라 시기에는 _____ 이 발달하지 못하여 토지가 척박하였다.

10 통일 신라 시대에 관료에게는 관료전을, 백성에게는 정전을 지급하였다. 2016년 지방직 9급 O | X

11 통일 신라 시대에는 녹비법, 퇴비법 등의 시비법이 발달하고 윤작법이 보급되어 생산력이 증가하였다. 2020년 경찰직(1차) O | X

12 통일 신라 시기 시비법과 이앙법 등의 발달로 농민층에서 광작이 성행하였다. 2019년 지방직 9급 O | X

13 통일 신라 시기에는 토지 생산량의 10분의 1 정도를 조세로 수취하였다. 2012년 지방직 7급 O | X

14 통일 신라 시대에 녹읍이 폐지되자, 전국의 모든 국토는 '왕토(王土)'라는 사상이 새롭게 나오게 되었다. 2014년 국가직 9급 O | X

15 신라 8세기 후반 이후 경제 기반을 확대한 진골 귀족들은 사병을 거느렸다. 2014년 경찰직(2차) O | X

16 신라는 촌락 문서를 통해 촌락의 토지 결수, 인구 수, 소와 말의 수 등을 파악하였다. 2019년 지방직 9급 O | X

17 신라 촌락 문서는 촌락의 경제력을 파악할 때 유실수의 상황을 반영했다. 2017년 지방직 9급 O | X

18 신라 촌락 문서에는 인구를 남녀 모두 연령에 따라 6등급으로 나누어 파악하였다. 2016년 지방직 9급 O | X

19 신라 촌락 문서는 인구, 가호, 노비 및 소와 말의 증감까지 매년 작성하였다. 2014년 지방직 9급 O | X

20 신라 촌락 문서의 토지에는 연수유전답, 촌주위답, 내시령답이 포함되어 있다. 2014년 지방직 9급 O | X

21 통일 신라는 어아주, 조하주 등 고급 비단을 생산하여 당나라에 보냈다. 2019년 지방직 9급 O | X

22 통일 신라 시대에는 무역의 확대로 중국 산둥 반도와 양쯔강 하류에 신라방, 신라소, 신라관, 신라원 등이 설치되었다. 2011년 국가직 7급 O | X

10 통일 신라 시기 향이나 _____의 주민들은 일반 농민보다 많은 세금을 부담했다.

11 신문왕 때 _____만을 인정하는 관료전을 지급하고, _____을 폐지하여 국가의 토지 지배권과 왕권을 강화하였다.

12 _____ 때 국가에 대한 일정한 역의 대가로 정전을 지급하였다.

13 신라는 통일 이후 경제력이 성장하고 인구가 증가하면서, 기존의 동시 외에 _____와 _____를 설치하였다.

14 _____ 때 시장의 감독 관청인 서시전과 남시전이 설치되었다.

15 통일 신라의 민정 문서는 국가 재정 확보 목적으로 _____ 징수와 _____ 징발의 근거 자료로 작성되었다.

16 신라 촌락 문서는 _____가 매년 변동 사항을 조사하여 3년마다 작성하였다.

17 신라의 민정 문서에는 _____ 부근 4개 촌락의 호 수, 인구 수, 소·말의 수, 토지의 종류와 총면적은 기록했지만 토지의 증감은 기록하지 않았다.

18 신라 촌락 문서에서 호(戶)구는 사람의 많고 적음에 따라 _____ 등급으로 나누어 조사하였다.

19 신라 촌락 문서에서 사람(人)은 남녀를 각각 연령에 따라 _____ 등급으로 나누어 조사하였다.

20 민정 문서의 토지 종류는 _____, 촌주위답, 내시령답, 관모전답 등으로 조사하였다.

21 통일 신라는 국제 무역항인 _____을 통해 국제 무역을 전개하였다.

22 통일 신라 시기에 무역의 확대로 산둥 반도와 양쯔강 하류에 _____, 신라소, 신라관, 신라원 등이 설치되었다.

23 장보고는 당에 견당매물사를 파견하고 적산 법화원을 건립하였다. 2023년 서울시 9급 O | X

24 장보고는 나라를 세우고 국호를 장안이라 하였다. 2022년 국회직 9급 O | X

3. 발해의 경제

25 발해는 기후가 좋지 않고 토지가 척박하여 농업은 콩, 보리, 조 등을 재배하는 밭농사 중심이었다. 2019년 경찰직(2차) O | X

26 발해는 목축이 발달하였고, 농업은 밭농사 중심이었지만 일부 지역에서는 벼농사도 지었다. 2015년 경찰직(3차) O | X

27 발해는 모피, 우황, 구리, 말 등을 당나라에 수출하였다. 2017년 국가직 7급 O | X

28 발해에서 귀하게 여기는 것에는 태백산의 토끼, 남해부의 다시마, 책성부의 된장, 솔빈부의 말, 위성의 철, 노성의 쌀 등이 있다. 2022년 지방직 9급 O | X

29 발해에서는 말(馬)이 주요한 수출품이었다. 2013년 서울시 9급 O | X

30 발해 문왕 때 당과 친선 관계를 맺은 이후, 교역이 활발하게 이루어졌다. 2015년 경찰직(1차) O | X

31 발해는 동해를 통해 일본과 무역을 활발하게 전개하였다. 2013년 서울시 9급 O | X

32 발해는 신라도라는 교통로를 이용하여 신라와도 무역하였다. 2015년 서울시 9급 O | X

33 발해 선왕 대에 지배 체제의 정비를 위해서 수도를 중경에서 상경으로 옮기고, 신라와도 상설 교통로를 개설하여 대립 관계를 해소하려 하였다. 2014년 경찰직(2차) O | X

23 장보고가 산둥 반도 덩저우 적산촌에 _____ 을 설치하였다.

24 장보고는 중국에 _____ 를, 일본에 회역사를 파견하며 국제 무역을 주도하였다.

25 발해는 _____ 위주의 농업이 발달하였다.

26 발해는 일부 지역에서 _____ 를 지었으며, 이를 위해 철제 농기구를 사용하고 수리 시설을 확충하였다.

27 발해의 수도였던 _____ 등의 도시와 교통 요충지에서 상업이 발달하였다.

28 발해의 _____ 에서 주요 수출품인 명마가 생산되었다.

29 발해는 _____ 때 당과 친선 관계를 맺고 교역을 하였다.

30 발해는 해로와 육로를 통해 당나라와 무역을 전개하였고, 8C 후반 산둥 반도 덩저우에 _____ 을 설치하였다.

31 발해의 무역로 중에는 상경을 출발해서 중경, 서경을 거쳐 서안평에서 해로를 통해 당의 덩저우로 가는 _____ 가 있다.

32 발해의 무역로 중에는 상경을 출발해서 육로를 통해 당의 영주로 가는 _____ 가 있다.

33 발해의 무역로 중에는 상경을 출발해서 동경, 남경을 거쳐 동해를 통해 경주로 가는 _____ 가 있다.

테마 29 고려의 경제

III 경제사-고려

* 올인원 블랭크노트 p.115

기출 OX — OX를 체크하며 합격 실력 점검하고!

1. 고려의 토지 제도와 수취제도

01 고려 태조는 역분전을 실시하여 인품과 행동의 선악, 공로의 대소를 고려하여 토지를 차등 있게 주었다.
2020년 소방직 O | X

02 시정 전시과는 관품과 함께 인품도 고려되었다.
2015년 지방직 9급 O | X

03 고려 시대에는 전시과 제도에 따라 관원들과 향리 등에게 전지의 소유권을 지급하였다. 2022년 간호직 8급 O | X

04 개정 전시과 때 한외과가 소멸되었다. 2015년 지방직 9급
O | X

05 목종 때 개정 전시과가 실시되어 인품이 배제되고 관품만을 기준으로 토지를 지급하였다. 2020년 경찰직(1차) O | X

06 개정 전시과에서는 관등의 고하와 인품을 함께 반영하여 토지를 지급하였다. 2016년 경찰직(1차) O | X

07 문종 대에 전지와 시지를 지급하는 경정 전시과를 실시하였다. 2021년 국가직 9급 O | X

08 문종 때에는 전시과의 지급 대상을 현직 관리로 제한하였다. 2019년 법원직 9급 O | X

09 경정 전시과에서는 산직(散職)이 전시의 지급 대상에서 배제되었다. 2016년 국가직 9급 O | X

10 경정 전시과에서 무반과 일반 군인에 대한 대우가 전반적으로 향상되었다. 2016년 국가직 9급 O | X

블랭크 — 빈칸을 채우며 합격 실력 완성하자!

01 고려 초 태조는 후삼국 통일에 공을 세운 신하들에게 논공행상에 따라 _____ 을 지급하였다.

02 전시과는 고려 시대에 관리들에게 지급하던 토지 제도로서, _____ 등급으로 나누어 _____ 와 시지를 지급하였다.

03 전시과는 소유권이 아닌 _____ 만을 지급하였으며, 퇴직 또는 사망 시 국가에 _____ 하는 것이 원칙이었다.

04 경종 때 실시된 시정 전시과는 _____ (관품)을 기준으로 인품을 반영하여 지급하였다.

05 목종 때 실시된 _____ 는 인품을 배제하고 관직만 고려하여 지급하였다.

06 개정 전시과에서는 18과 이내에 들지 못한 세력에게 전지만 17결을 지급한 _____ 가 설치되었다.

07 문종 때 실시된 경정 전시과는 _____ 관리에게만 지급하였고, 세습이 가능한 _____ 을 지급하기 시작하였다.

08 경정 전시과 체제하에서 _____ 이하로는 시지를 지급하지 않았고, 한외과가 소멸되었다.

09 경정 전시과 체제하에서 _____ 의 차별 대우가 완화되었고, 무산계 전시와 별사전이 정비되었다.

10 무신 집권기를 거치며 _____ 체제가 붕괴되었고, 원종 때 _____ 8현의 토지를 녹과전으로 지급하였다.

11 경정 전시과는 4색 공복을 기준으로 등급을 나누었다.
2016년 국가직 9급   O | X

12 관리들에게 줄 토지가 부족해지면서 전지의 지급량이 점차 축소되었다. 2022년 간호직 8급   O | X

13 고려 시대에는 왕실 경비를 마련하기 위해서 공해전을 지급하였다. 2017년 서울시 9급   O | X

14 고려 시대에는 6품 이하의 하급 관료의 자제로서 관직에 오르지 못한 사람에게 구분전을 지급하였다.
2015년 경찰직(2차)   O | X

15 고려 시대에는 직업 군인인 경군에게 군인전을 지급하고 그 역을 자손에게 세습시켰다. 2019년 서울시 9급   O | X

16 고려 시대에는 중앙과 지방의 각 관청에 내장전이 지급되어 경비를 충당하게 하였다. 2015년 경찰직(3차)   O | X

17 고려는 조세, 공물, 부역 등을 부과하기 위해서 그 근거가 되는 양안과 호적을 작성하였다. 2010년 지방직 9급   O | X

18 고려 시대에는 공물 부과 기준이 가호에서 토지로 바뀌었다. 2022년 국가직 9급   O | X

19 고려의 양계에서는 조세를 현지 경비로 사용하였다.
2016년 국가직 7급   O | X

2. 고려의 농업·수공업 활동과 경제 생활

20 고려 시대에는 이앙법이 전국적으로 보급되었다.
2017년 국가직 9급   O | X

21 고려 시대는 밭농사에서 2년 3작 윤작법이 점차 보급되었다. 2012년 경찰간부후보생   O | X

22 고려 시대에 이암은 원나라에 갔다가 『농상집요』라는 농서를 저술하였다. 2016년 경찰간부후보생   O | X

11 고려 말 _____ 때 혁명파 사대부 주도하에 토지 개혁(과전법)을 단행하였다.

12 고려 시대에는 5품 이상의 관리에게 _____이 지급되었고, 공신들에게는 _____이 지급되었다.

13 고려 시대에 중앙과 지방의 관청 경비 충당을 위해 지급된 토지는 _____이고, 왕실 경비 충당을 위해 지급된 토지는 _____이다.

14 고려 시대에는 2군 6위의 중앙군에게 군역의 대가로 _____을 지급하였고, 향리에게는 직역의 대가로 _____을 지급하였다.

15 고려 시대에는 6품 이하 하급 관리의 자제로 관직에 오르지 못한 자에게 지급하는 _____이 있었다.

16 고려 시대에는 하급 관리와 군인의 유가족에게 _____을 지급하였다.

17 고려 시대에 전세는 생산량의 _____을 징수하였다.

18 고려 시대에 전세는 토지의 비옥도에 따라 _____으로 나누어 부과하였다.

19 고려 시대에 역은 인구의 다소(多小)에 따라 _____로 나누어 징발하였다.

20 고려 시대에는 소를 이용한 깊이갈이(_____)가 일반화되었다.

21 고려 시대에는 녹비법과 퇴비법을 사용하는 _____이 발달하였다.

22 고려 시대에는 밭농사에서 2년 3작의 _____이 점차 보급되었다.

23 고려 시대의 수공업은 관청 수공업, 소(所) 수공업, 사원 수공업, 민간 수공업으로 구분할 수 있다. 2011년 지방직 9급
O | X

24 고려 전기에는 관청 수공업과 소 수공업 중심으로 발달하였다. 2010년 국가직 9급
O | X

25 고려의 중앙과 지방의 관청에서는 그곳에서 일할 기술자들을 공장안(工匠案)에 등록해 두었다. 2011년 지방직 9급
O | X

26 고려 후기에는 관청 수공업이 쇠퇴하면서 민간 수공업이 발달하였다. 2018년 서울시 9급
O | X

27 고려 후기에는 소(所)에서 죽제품, 명주, 삼베 등 다양한 물품을 만들어 민간에 팔기도 하였다. 2011년 지방직 9급
O | X

28 고려 시대 사원에서는 베, 모시, 기와, 술, 소금 등의 품질 좋은 제품을 생산하였다. 2010년 국가직 9급
O | X

29 고려 시대에 권세가들은 대규모 개간에 참여하였고 사패를 받아 토지를 확대하기도 하였다. 2013년 지방직 7급
O | X

30 고려 시대에 백성은 상속이 불가능한 민전을 소유할 수 있었다. 2010년 지방직 7급
O | X

31 고려 시대에 농민은 민전을 경작하여 수확의 10분의 1을 세금으로 냈고, 역과 공부를 부담하였다. 2013년 지방직 7급
O | X

32 고려 시대에는 농민이 황무지를 개간하면 일정 기간 소작료나 조세를 감면해 주었고, 여러 수리 시설도 개축하였다. 2017년 국가직 9급
O | X

3. 고려의 상업과 무역 활동

33 고려는 대도시에 주점, 다점 등의 관영 상점을 두었다. 2013년 국가직 9급
O | X

34 고려 시대에는 동시전이 설치되어 시장을 감독하였다. 2017년 국가직 9급
O | X

23 고려 시대에는 비가 많이 오는 남부 지방 일부에 _____ 이 보급되었다.

24 _____ 때 문익점이 원에서 목화씨를 들여왔고 이후 _____ 이 목화 재배에 성공하여 기술을 보급하였다.

25 충정왕 때 이암이 원의 화북 지방 농법을 소개한 『_____』를 들여왔다.

26 고려 시대에 호부는 _____ 과 호적을 작성하여 인구와 토지를 파악·관리하고 조세·공물·부역을 부과하였다. 실제 조세 수취와 집행은 각 관청의 _____ 가 담당하였다.

27 고려 전기에는 _____ 수공업과 소(所) 수공업이 중심이었다.

28 고려 후기에는 민간 수공업과 _____ 수공업이 발달했다.

29 고려 귀족 관료들은 과전과 녹봉을 지급받았고, 외거 노비의 _____ 수취, 개간 등을 통해 토지를 확대하며 재산을 늘려나갔다.

30 고려 시대에 농민은 조상이 물려준 _____ 을 경작하거나, 국가나 다른 사람이 가진 땅을 경작하며 생계를 유지했다.

31 고려 시대에 농민들은 _____ 사업과 간척 사업에 참여할 경우 일정 기간 소작료와 조세를 감면받았다.

32 고려 후기 농민들은 권세가의 토지 약탈과 농장 확대, 과도한 조세 수취로 _____ 이나 노비로 전락하였다.

33 고려 시대에는 _____ 를 두어 상행위를 통제하였다.

34 고려 시대에는 개경·서경·동경 등 대도시에 서적점·약점·주점·다점 등 _____ 이 설치되었다.

35 고려 시대에 개성의 송상은 전국에 송방(松房)이라는 지점을 개설해서 활동하였다. 2017년 지방직 9급   O | X

36 고려 시대에 지방 장시의 객주와 여각은 상품의 매매뿐 아니라 숙박·창고·운송 업무까지 운영하였다. 2017년 지방직 9급   O | X

37 고려는 건원중보를 발행하였지만 널리 유통하지는 못하였다. 2024년 국가직 9급   O | X

38 숙종 때 의천이 화폐 주조를 건의하였다. 2022년 법원직 9급   O | X

39 고려 시대에는 해동통보와 은병(銀甁)같은 화폐를 만들어 사용하였다. 2017년 지방직 9급   O | X

40 원 간섭기에는 원의 지폐인 보초가 들어와 유통되기도 하였다. 2018년 서울시 9급   O | X

41 고려 시대에 예성강 하구의 벽란도가 국제항으로 번성하였다. 2021년 국가직 9급   O | X

42 고려의 대외 무역에서 가장 큰 비중을 차지한 것은 송과의 무역이었다. 2010년 국가직 9급   O | X

43 고려는 송에 종이와 인삼을 수출하고 서적과 약재를 수입하였다. 2016년 국가직 7급   O | X

44 고려는 서해안의 해로를 통해 송나라로 종이, 인삼 등 수공업품과 토산물을 수출하는 한편, 왕실과 귀족의 수요품을 수입하였다. 2014년 경찰직(2차)   O | X

45 북방의 거란과 여진에게는 은, 모피, 말을 수출하고 고려는 농기구, 곡식을 수입하였다. 2014년 경찰직(2차)   O | X

46 대식국인이라 불리던 아라비아 상인들이 비단, 약재 등을 가지고 고려와 무역하였다. 2015년 지방직 7급   O | X

35 고려 시대에는 _____ 근처에서 시장을 형성하여 일상에 필요한 쌀·베 등의 물품을 거래하였고, _____ 이 지방 시장을 돌아다니며 물품을 판매하였다.

36 고려 후기 개경의 인구가 증가하면서 _____의 규모가 확대되고 전문화되었다.

37 고려 시대에 관영 상점에서 _____가 제한적으로 사용되었으나 현물 거래가 지속되었다.

38 고려 성종 때 최초의 화폐인 _____가 발행되었다.

39 고려 숙종 때 _____을 설치하여 동전을 주조하였으며, 고액 화폐인 _____이 만들어지기도 하였다.

40 _____ 때 쇄은을 발행하였고, 충혜왕 때 저품질 은병의 폐단을 개선하기 위해 _____을 발행하였다.

41 고려 시대의 무역은 _____ 중심이었다.

42 고려 시대에 예성강 어귀의 _____는 대외 무역의 발전과 함께 국제 무역항으로 번성하였다.

43 고려 시대에 _____과의 무역은 조공 무역의 형태로, 대외 무역에서 가장 큰 비중을 차지하였다.

44 고려는 여진과의 무역에서 주로 모피, 은, 말 등을 _____하고 농기구, 식량 등을 _____하였다.

45 고려는 금주를 통해 대일 무역을 전개하였으며, 곡식, 인삼, 서적 등을 _____하고, 유황, 수은 등을 _____하였다.

46 고려 시대에 _____ 상인들을 통해 고려(Corea)라는 이름이 서방 세계에 알려지게 되었다.

테마 30 조선의 경제

III 경제사-조선

기출 OX

1. 조선 전기의 토지 제도

01 과전법 시행을 위해 권문세족이 겸병한 토지를 몰수하고, 전국 토지의 수조권을 관리에게 지급하였다. 2018년 지방직 7급 O | X

02 과전법은 전지와 시지를 지급하였다. 2023년 서울시 9급 O | X

03 과전법은 경기 지역의 토지만 지급하였다. 2023년 서울시 9급 O | X

04 과전법 체제하에서 지방 거주의 한량품관에게 군전으로 5결 혹은 10결씩 지급하였다. 2016년 지방직 7급 O | X

05 과전법 체제하에서 공음전을 5품 이상의 관리에게 주어 세습을 허용하였다. 2015년 국가직 9급 O | X

06 과전은 토지를 받은 자가 죽거나 반역을 하면 국가에 반납하도록 정해져 있었다. 2015년 서울시 7급 O | X

07 과전법 체제에서는 관리가 사망한 이후 수신전과 휼양전이 죽은 관리의 가족에게 지급되기도 하였다. 2018년 경찰직(1차) O | X

08 세조 대에 직전법으로 바꾸어 현직 관리에게만 수조권을 지급하였다. 2015년 국가직 9급 O | X

09 세조 대에 공신전을 몰수하고 신진 관리에게 수조권 지급을 중지하였다. 2018년 지방직 7급 O | X

10 직전법에 따라 국가에서 직접 세금을 거두어 관리에게 지급하였다. 2013년 법원직 9급 O | X

11 성종 대에는 관수 관급제를 실시하여 전주의 직접 수조를 지양하였다. 2015년 국가직 9급 O | X

블랭크

01 고려 말 권문세족의 토지 겸병으로 재정이 궁핍해지자, ____을 두고 과전법을 실시하였다.

02 ____ 관등에 따라 ____ 관리들에게 과전을 지급하였다.

03 최고 ____ 결에서 최하 10결까지의 과전에 대한 수조권을 지급하였다.

04 원칙적으로 과전의 ____ 은 금지되었다.

05 과전법 체제하에서는 예외적으로 관리가 사망하면 그 유가족에게 ____ 과 ____ 을 지급하였다.

06 세습전 증가로 점차 토지가 부족해져 갔고, 세종 때 관청이 직접 작황 조사 후 연분을 결정하는 ____ 을 실시하였다.

07 과전법 체제하에서 관리들의 토지 ____ 이 늘어남에 따라 토지 부족 현상이 나타났다.

08 직전법 체제하에서는 ____ 관리에게만 토지를 지급하였다.

09 직전법 체제하에서는 지급되는 토지의 양이 감소하였으며, ____ 과 ____ 도 폐지되었다.

10 직전법 실시 결과 농민에 대한 관리들의 ____ 남용이 심화되었다.

11 ____ 때 관리의 농민에 대한 과도한 수취를 방지하고자 관수 관급제를 실시하였다.

12 성종은 직전제 실시 이후 심해진 관리들의 수탈을 방지하기 위하여 관수 관급제를 시행하였다. 2014년 사회복지직 9급 O | X

13 관수 관급제의 시행으로 국가가 농민에게 조세를 수취하여 관리에게 지급하였다. 2015년 기상직 9급 O | X

14 관수 관급제가 실시되어 국가의 토지 지배권이 약화되었다. 2016년 경찰직(1차) O | X

15 명종 때 직전법 폐지로 인해 자영농의 숫자가 급속히 늘어나게 되었다. 2012년 지방직 7급 O | X

16 직전법이 폐지됨에 따라 지주 전호제 관행이 줄어들었다. 2012년 지방직 9급 O | X

17 직전법의 폐지로 지주 전호제가 확산되고 농장이 확대되었다. 2016년 기상직 9급 O | X

12 관수 관급제는 ____(국가)에서 그 해의 생산량을 조사하여 직접 조를 거두고 관리에게 나누어 주는 방식이다.

13 관수 관급제가 실시되면서, ____의 토지 지배력이 강화되었다.

14 관수 관급제가 실시되면서 관리들의 ____이 확대되고, 농민들은 ____으로 전락하였다.

15 관리들의 농장이 계속 확대되자 ____ 대에는 유명무실해진 직전법을 폐지하였다.

16 직전법이 폐지됨에 따라 관리들에게는 ____만 지급하였다.

17 직전법 폐지 결과, 소유권에 바탕을 둔 ____가 더욱 심화되었다.

2. 조선 전기의 수취 제도

18 과전법에서 조세는 1결의 수확량을 200두로 정하고 그 1/10인 20두를 거두었다. 2019년 경찰간부후보생 O | X

19 조세는 쌀, 콩으로 냈는데, 평안도, 황해도 등은 바닷길로 강원도는 한강, 경상도는 낙동강과 남한강을 통해 경창으로 운송하였다. 2010년 법원직 9급 O | X

20 공법은 답험 손실의 폐단을 줄이려는 제도로, 백성들의 여론 조사까지 거쳤다. 2015년 서울시 9급 O | X

21 세종의 공법에서는 토지의 비옥도에 따라 조세를 차등 징수하였다. 2017년 지방직 9급 O | X

22 세종은 공법을 실시하여 풍흉에 상관없이 1결당 4~6두를 조세로 징수하였다. 2017년 지방직 9급 O | X

23 세종은 공법을 실시하여 토지 소유자에게 수확량의 10분의 1을 조세로 징수하였다. 2017년 지방직 9급 O | X

24 세조 시기에 체계적인 조세 수취를 위해 연분 9등법, 전분 6등법이 실시되었다. 2013년 기상직 9급 O | X

18 과전법에서는 토지 1결의 최대 수확량을 ____ 두로 정하고, 수확량의 1/10인 ____ 두를 조세로 수취하였다.

19 과전법 체제하에서 수령이 수확량을 조사하는 ____을 시행하였다.

20 한 해의 농작 상황을 현지에 나가 조사하여 등급을 정하는 답험에 ____은 고려되었으나 토지의 ____가 고려되지 않았다.

21 세종 때 합리적인 조세 수취를 위한 방안으로 ____을 시행하였다.

22 세종은 조세 제도를 체계적으로 운영하고자 ____와 공법상정소를 설치하였다.

23 공법은 ____과 연분 9등법을 의미한다.

24 전분 6등법은 토지의 등급을 ____에 따라 6등급으로 구분하였다.

25	공법에서는 1등전의 1결과 6등전의 1결은 그 생산량이 같았다. 2011년 지방직 7급 O｜X	25	전분 6등법은 쌀 생산량 200두를 기준으로 하여 ___의 면적을 정하였다.
26	공법을 시행하여 조세 액수를 1결당 최고 20두에서 최하 4두를 내도록 하였다. 2011년 지방직 7급 O｜X	26	연분 9등법은 ___을 기준으로 토지를 상상년~하하년까지 9등급으로 나누어 세금을 부과하였다.
27	역에는 교대로 번상해야 하는 군역과 1년에 일정한 기간 노동에 종사해야 하는 요역이 있었다. 2018년 경찰직(2차) O｜X	27	조선 시대에 역은 ___~___ 세의 호적에 등재된 정남에게 부과된 것으로, 군역과 요역으로 구분된다.
28	세조 대에 군역에 있어서 보법이 실시되어 정군이 군대에 복무 시에 이에 소요되는 비용을 보조하는 보인이 등장하였다. 2013년 기상직 9급 O｜X	28	세조 때 ___을 시행하여 정남 2정을 1보로 삼았다.
29	군역에 있어서 양반, 서리, 향리들도 정군과 보인에 교대로 복무하였다. 2010년 법원직 9급 O｜X	29	군역에서 ___은 일정 기간 교대로 군사 복무를 하였고, ___은 정군의 복무 비용을 부담하였다.
30	요역은 토지 1결을 기준으로 정남의 수를 고려하여 뽑고 성, 왕릉, 저수지 등의 공사에 동원하였다. 2010년 법원직 9급 O｜X	30	___과 서리, 향리 등은 관청에서 직역을 담당하므로 군역이 면제되었다.
31	조선에서는 경군이 복무하는 데에 드는 비용을 보조하기 위해 군인전을 지급하였다. 2010년 국가직 7급 O｜X	31	___ 때 경작하는 토지 8결당 1인을 선발하여 요역에 동원하였고, 1년에 6일 이내로 동원을 제한하였다.

3. 조선 후기 수취 제도의 개편

32	영정법은 광해군 때 경기도에서 처음 실시되었다. 2016년 지방직 9급 O｜X	32	조선 후기에 ___ 자체가 무시된 채 최저율의 세액이 적용되고 있었다.
33	조선 후기에 영정법이 제정되어 복잡한 전세 방식이 일원화되었다. 2020년 국가직 9급 O｜X	33	조선 후기에는 ___가 일반화되어 농민 대부분이 소작농으로 전락하였다.
34	영정법은 풍흉에 관계없이 1결당 쌀 4~6두씩을 내게 하였다. 2018년 법원직 9급 O｜X	34	조선 후기 ___ 때 영정법을 실시하였다.
35	인조는 연분 9등법에 의해 복잡하게 적용되던 전세율을 고정시키기 위해 영정법을 실시하였다. 2015년 서울시 9급 O｜X	35	영정법은 전세를 ___에 관계없이 토지 1결당 4~6두를 수취한 제도이다.
36	인조는 풍년이나 흉년에 따라 전세를 조절하는 영정법을 시행하였다. 2012년 경찰직(1차) O｜X	36	영정법 실시 결과, 전세율이 낮아졌으나, 농민 대부분이 ___이었기 때문에 농민에게 큰 혜택은 없었다.
37	영정법 시행 이후 결작으로 부족한 세수를 보충하였다. 2016년 법원직 9급 O｜X	37	영정법 실시 결과, 지주들이 전세 납부에 부과되는 각종 수수료, 자연 소모에 따른 보충비, 운송비 등을 ___들에게 떠넘겼다.

38 영정법 제도하에서는 전세의 비율이 이전보다 다소 낮아졌으나, 대다수의 농민에게는 크게 도움이 되지 못했고, 오히려 부담이 더 늘어났다. 2015년 경찰직(3차) ○ | ×

39 방납의 폐단을 해결하기 위해 공물을 토지의 결수에 따라 쌀, 무명, 동전 등으로 납부하게 했다. 2022년 서울시 9급(6월) ○ | ×

40 대동법은 인조 때 처음으로 경기도에서 시행하였다. 2016년 국가직 9급 ○ | ×

41 대동법은 전국적으로 실시되는 데 100여 년의 시간이 소요되었다. 2015년 서울시 7급 ○ | ×

42 대동법을 시행하면서 관할 관청으로 선혜청을 설치하였다. 2016년 국가직 9급 ○ | ×

43 대동법 담당 기관으로 사창을 설치하였다. 2016년 법원직 9급 ○ | ×

44 대동법 시행으로 공납이 전세화되어 농민은 대체로 토지 1결당 미곡 12두만 납부하면 되었다. 2019년 경찰간부후보생 ○ | ×

45 대동법은 토지 결수를 과세 기준으로 삼았다. 2016년 국가직 9급 ○ | ×

46 대동법 시행으로 지주에게 결작을 부과하였다. 2023년 국가직 9급 ○ | ×

47 대동법의 시행으로 특산물 대신 쌀, 무명, 삼베, 동전 등을 바칠 수 있게 되었다. 2015년 법원직 9급 ○ | ×

48 대동법의 시행으로 전국의 농민이 공납을 현물로 납부하게 되었다. 2013년 지방직 9급 ○ | ×

49 대동법이 시행된 후에도 왕실에 대한 진상은 계속되었다. 2016년 국가직 9급 ○ | ×

50 대동법은 부과 기준이 가호에서 토지로 바뀌는 결과를 가져왔다. 2015년 서울시 9급 ○ | ×

38 영정법 실시 결과, 지주들이 각종 잡세를 떠넘겨 오히려 농민의 부담이 _____ 하였다.

39 _____ 때 영정법의 토지 실측법이 수등이척법에서 양척동일법으로 바뀌었다.

40 16세기 이후 중앙 관청의 서리가 공물을 대신 내고 그 대가를 많이 챙기는 _____ 의 폐단이 나타났다.

41 대동법은 부족한 국가 재정을 보완하고 농민의 부담을 줄이기 위해 _____ 때 처음 실시되었다.

42 광해군 때 이원익, 한백겸 등의 주장에 따라 대동법을 관리하기 위해 _____ 을 설치하였다.

43 광해군 때 _____ 에서 대동법이 실시되었다.

44 대동법은 _____ 를 기준으로 현물(토산물)을 징수하던 방식에서 _____ 의 결수에 따라 쌀, 삼베나 무명, 동전 등으로 납부하게 하는 제도이다.

45 대동법 체제하에서는 토지 소유자에게 1결당 쌀(미곡) _____ 두를 징수하였다.

46 대동법은 _____ 때 강원도, 효종 때 충청도와 전라도 연해에서 실시되었다.

47 대동미는 크게 상납미와 _____ 로 분류되었다.

48 어용 상인인 _____ 이 국가에서 거두어들인 대동세를 공가로 미리 받아 필요한 물품을 사서 국가에 납부하였다.

49 대동법 실시 결과, 공납의 _____ 화와 조세의 _____ 화가 이루어졌다.

50 대동법 실시 결과, _____ 의 부담은 증가하고, _____ 의 부담은 일시적으로 경감되었다.

51 대동법은 장시의 확대에 기여하였다. 2023년 국가직 9급
O | X

52 대동법의 실시로 정부에 관수품을 조달하는 공인이 등장했다. 2022년 서울시 9급(6월)
O | X

53 대동법의 시행으로 공인이 활약하여 수공업이 활기를 띠고 상품 수요가 증가하였다. 2013년 지방직 9급
O | X

54 대동법의 시행으로 줄어든 재정을 보충하고자 선무군관포가 신설되었다. 2018년 법원직 9급
O | X

55 대동법 운영 과정에서 유치미(留置米)는 증가하고 상납미(上納米)는 감소하였다. 2017년 경찰직(2차)
O | X

56 조선 후기에는 감영과 병영이 독자적으로 군포를 거두며 군포 부담이 증가하였고, 이로 인해 황구첨정 등의 폐단이 나타나자 균역법을 실시하였다. 2021년 국회직 9급
O | X

57 균역법이 시행됨에 따라 농민은 1년에 군포 1필을 부담하고 지주는 결작을 부담하였다. 2015년 기상직 9급
O | X

58 균역법의 시행으로 군포를 연간 1필로 줄이면서 지주에게 토지 1결당 미곡 2두의 결작을 부담시켰다. 2010년 지방직 9급
O | X

59 균역법이 실시됨에 따라 황폐해진 농지를 개간하도록 권장하고 전국적인 양전 사업을 시행하였다. 2017년 지방직 9급
O | X

60 균역법은 군포를 호 단위로 부과하여 양반에게도 군역의 부담을 주었다. 2013년 기상직 9급
O | X

61 균역법이 시행됨에 따라 양반과 노비도 군포를 납부하게 되었다. 2011년 법원직 9급
O | X

62 균역법 실시 이후 결작세가 신설되면서 부담이 농민에게 전가되었다. 2017년 법원직 9급
O | X

51 대동법 실시 결과, 공인의 활동이 활발해지면서 _____ 경제가 발달하였다.

52 대동법은 _____에만 적용되었고, 별공과 진상은 존속되는 한계가 있었다.

53 대동법 운영 과정에서 _____의 증가로 유치미가 감소되어 지방 재정이 악화되는 등 폐단이 발생하였다.

54 군역의 요역화로 군역 기피 현상이 심화되면서 16세기 중종 때 군역 의무자에게 군역을 대신하여 군포를 내게 하는 _____가 실시되었다.

55 양난 이후 한 사람의 장정이 이중, 삼중으로 _____를 부담하는 경우가 많았다.

56 이웃에게 군포를 징수하는 _____, 친족에게 군포를 징수하는 족징, 죽은 자에게 군포를 징수하는 _____ 등의 폐단이 자행되었다.

57 양역의 폐단이 심해 농민들이 저항하자 폐단을 시정하자는 _____이 대두되었다.

58 _____는 1년에 2필씩 내던 군포를 1필로 감면하는 균역법을 시행하였다.

59 군포 감소분 보충책으로 지방의 토호나 일부 양인 상류층 자제들에게 _____이라는 명예직을 수여한 후 1년에 군포 1필을 징수하였다.

60 군포 감소분 보충책으로 지주에게 토지 1결당 미곡 _____를 부과하는 결작을 징수하였다.

61 군포 감소분 보충책으로 어장세, 염세, 선박세 등의 잡세 수입을 _____에서 관할하게 하여 국고로 전환하였다.

62 균역법 실시 결과, 농민의 군포 부담이 일시적으로 감소되었으나, 지주가 _____의 부담을 소작농에게 전가하였다.

4. 조선 전기의 경제 활동

63 조선 전기에는 수리 시설이 확충되어 저수지가 다수 축조되었다. 2010년 지방직 9급 O | X

64 조선 전기에는 남부 지방에서 모내기가 보급되어 일부 지역은 벼와 보리의 이모작이 가능해졌다. 2011년 국가직 9급 O | X

65 조선 전기에 소를 이용한 깊이갈이가 일반화되고, 2년 3작의 윤작법이 보급되었다. 2012년 기상직 9급 O | X

66 조선 전기에는 시비법의 발달로 경작지를 묵히지 않고 계속 농사지을 수 있게 되었다. 2011년 국가직 9급 O | X

67 조선 전기에 양반은 자기 소유의 토지를 가지고 유랑민들을 모아 노비처럼 만들어 자신의 토지를 경작하게 하는 경우도 있었다. 2010년 국가직 9급 O | X

68 조선 전기에 목화의 재배가 확대되어 의생활이 개선되었다. 2010년 서울시 9급 O | X

69 조선 전기 국역 노동이 끝난 공장(工匠)들은 시장을 상대로 필요한 물품을 만들어 판매하여 이득을 취하였다. 2013년 국가직 7급 O | X

70 조선 전기에 관영 수공업의 정비로 수공업자의 공장안 등록이 시행되었다. 2010년 지방직 9급 O | X

71 조선 전기에 상인들의 자금과 원료를 미리 받아 제품을 생산하는 선대제가 성행하였다. 2012년 기상직 9급 O | X

72 조선 전기에는 정부가 조선통보를 유통시킴으로써 동전 화폐 유통이 활발해졌다. 2013년 국가직 9급 O | X

73 조선 전기에는 농업 생산력의 발달에 힘입어 지방에서 장시가 증가하였다. 2013년 국가직 9급 O | X

74 조선 전기에 보부상은 장시에서 농산물, 수공업 제품 등을 판매하였다. 2013년 국가직 9급 O | X

75 조선 시대 시전 상인은 국역의 형태로 궁중과 관청에 필요한 물품을 조달할 의무가 있었다. 2012년 지방직 9급 O | X

63 조선 전기에 양반들은 과전, 녹봉, 자기 소유의 토지와 노비, 외거 노비의 _____ 등으로 영위하였다.

64 조선 정부는 _____을 장려하고, 각종 수리 시설을 보수·확충하는 등 중농 정책을 전개하였다.

65 조선 시대에 조·보리·콩을 재배하는 2년 3작의 _____이 일반화되었다.

66 조선 전기에 일부 남부 지방에서는 이앙법(모내기법)의 보급으로 벼와 보리의 _____이 가능해졌다.

67 조선 전기에 시비법이 발달하여 _____가 소멸되었다.

68 명종 때 흉년에 대비한 구호 방법과 구황 방법 등이 담긴 『_____』를 보급하였다.

69 조선 전기에 장인(기술자)은 _____에 등록되어 관청에서 필요한 물품을 제작하였다.

70 관청에 등록된 장인은 부역 기간 이외에는 사적으로 물건을 제작해 _____할 수 있었다.

71 16세기 이후 상공업 발달과 부역제의 해이로 _____ 수공업이 쇠퇴하였다.

72 _____ 수공업에서는 주로 농민을 상대로 농기구를 제작하거나 양반 사치품 등을 생산하였다.

73 조선 전기에는 면직물을 _____처럼 사용하였다.

74 조선 전기에 시전은 왕실이나 관청에 물품을 공급하는 대신에 _____을 부여받았다.

75 _____은 시전 가운데 명주, 비단, 무명, 모시, 건어물, 종이를 파는 점포를 말한다.

76 조선 전기에 시전 상인은 특정 상품에 대한 독점 판매권을 부여받았다. 2012년 기상직 9급 O | X

77 세종 때에는 불법적인 상행위를 감시하는 경시서 관리의 모습을 볼 수 있다. 2023년 법원직 9급 O | X

76 조선 전기에 　　　에서 불법 상행위를 감독하고 물가를 조절하였다.

77 경시서는 　　　때 평시서로 개편되었다.

5. 농민 경제의 변화

78 이앙법은 직파법보다 풀 뽑는 노동력을 절약할 수 있었다. 2021년 국가직 9급 O | X

79 조선 후기 모내기법이 확산된 결과 벼·보리의 이모작이 가능해져 보리 농사가 성행하였다. 2018년 법원직 9급 O | X

80 조선 후기에 개간을 장려하기 위해 사패전을 부농층에 분급하였다. 2017년 국가직 9급 O | X

81 조선 후기에 밭농사에서는 견종법이 보급되었다. 2017년 국가직 9급 O | X

82 조선 후기에는 담배 등의 상품 작물을 재배하였으며, 시중에 동전이 부족해지는 전황이 발생하기도 하였다. 2023년 법원직 9급 O | X

83 조선 후기 모내기법이 확산된 결과 머슴을 고용하여 농토를 직접 경영하는 지주가 생겨났다. 2018년 법원직 9급 O | X

84 조선 후기 모내기법이 확산된 결과 농민 수입의 증가로 농촌 내 빈부 격차가 줄어들었다. 2018년 법원직 9급 O | X

85 조선 후기에 광작이 성행하면서 부농과 빈농의 계급분화가 촉진되었다. 2015년 지방직 7급 O | X

78 조선 후기에 일부 남부 지방을 시작으로 　　　이 점차 전국으로 확산되었다.

79 조선 후기에 밭농사에서 　　　이 보급되면서 생산력이 2~3배 증대되었다.

80 이앙법으로 　　　이 절감되고, 생산력이 증대되었으며, 한 사람당 경작할 수 있는 면적이 확대되었다.

81 조선 후기에는 　　　이 성행하고, 이로 인해 농민의 계층 분화가 촉진되었다.

82 광작에 참여한 일부 농민은 　　　으로 성장하였다.

83 조선 후기에 쌀이 상품화되면서 　을 　으로 바꾸는 현상이 많아졌다.

84 조선 후기에는 　　　의 증가로 상품 유통이 활발해지면서, 약초, 고추, 호박 등 　　　을 재배하여 판매하였다.

85 조선 후기에 지주와 전호(소작농)의 관계가 신분적 예속 관계에서 　　적 계약 관계로 변화하였다.

6. 수공업과 광업의 발달

86 조선 후기에 일부 지방에서 도조법으로 지대를 납부하였다. 2017년 국가직 9급 O | X

87 조선 후기에는 농업 생산력이 증대되고 도시 인구가 증가하였다. 2013년 법원직 9급 O | X

86 조선 후기에 지대(소작료) 납부 방식이 정률 지대의 　　　에서 정액 지대의 　　　으로 변화되었다.

87 조선 후기 다수의 농민들은 농촌을 떠나 상공업에 종사하거나 　　　로 전락하였다.

88 조선 후기에는 소라 불리는 특수 지역에서 수공업이 이루어졌다. 2017년 서울시 9급 O | X

89 조선 후기에는 공장안에서 벗어난 납포장이 장인세를 납부하면서 상품 생산을 확대하였다. 2015년 국가직 7급 O | X

90 조선 후기 수공업에서 자금과 원자재를 미리 받아 제품을 만드는 선대제가 활발해졌다. 2013년 서울시 9급 O | X

91 조선 후기에 조공의 피해를 줄이기 위해 금·은광 개발을 금지하였다. 2013년 서울시 7급 O | X

92 조선 후기의 광산 개발은 정부가 농민을 역에 동원하여 채굴하는 방식으로 이루어졌다. 2017년 기상직 9급 O | X

93 조선 후기에는 덕대가 노동자를 고용하여 광산을 개발하기도 하였다. 2011년 지방직 9급 O | X

94 조선 후기에 금광·은광을 몰래 개발하는 잠채가 번창하였다. 2017년 서울시 9급 O | X

95 정부의 적극적인 광산 개발 정책에 따라 18세기 중엽부터는 잠채 현상이 사라졌다. 2016년 경찰직(2차) O | X

7. 상업과 무역의 발달

96 조선 후기에는 신해통공으로 육주비전(육의전)을 제외한 나머지 시전 상인의 금난전권을 철폐하였다. 2018년 국회직 9급 O | X

97 조선 후기에는 도고라 불리는 독점적 도매 상인이 활동하였다. 2017년 서울시 9급 O | X

98 사상의 활동은 개성·평양·의주·동래 등 지방 도시에서도 활발하였다. 2011년 지방직 9급 O | X

99 동래의 내상은 일본과의 사무역을 통해 거상으로 성장하기도 하였다. 2015년 사회복지직 9급 O | X

100 송상은 개성을 근거지로 하여 상행위를 하였으며, 전국에 송방이라는 지점을 설치하였는데 주로 인삼을 재배·판매하였다. 2017년 경찰직(1차) O | X

88 17세기 중·후반 수공업자들이 자금과 원료를 미리 받아 제품을 생산하는 형태인 _____ 수공업이 성행하였다.

89 18세기 후반 자본을 축적한 수공업자가 상인 자본으로부터 독립하여 상품을 직접 _____ 하고 _____ 하였다.

90 청과의 무역 증대로 은(교역 수단)의 수요가 증가하면서 _____ 개발이 활기를 띠었다.

91 효종 때 _____ 를 실시하여 정부의 감독 아래 사채를 허용하고 호조의 별장이 세금을 징수하였다.

92 18세기 _____ 때 수령수세제를 실시하여 사채를 허용하는 대신 징수하던 세금을 수령이 관리하였다.

93 광산 개발은 경제적 이득이 많기 때문에, 몰래 광물을 채굴하는 _____ 가 성행하였다.

94 조선 후기에는 광산 경영이 전문화되어 광산 경영인인 _____ 가 등장하였다.

95 덕대가 상인 물주의 자본을 바탕으로 채굴업자(_____)·채굴 노동자·제련 노동자 등을 고용하여 광물을 채굴·제련하였다.

96 정조 때 실시된 _____ 으로 육의전을 제외한 시전 상인들의 금난전권이 철폐되면서 사상들이 자유롭게 상업 활동을 할 수 있게 되었다.

97 조선 후기 공인과 사상은 독점적 도매 상인인 _____ 로 성장하였다.

98 송상은 전국에 _____ 이라는 지점을 설치해 활동 기반을 강화하였으며, 주로 _____ 을 재배·판매하고 대외 무역에도 관여하였다.

99 각지에서 활동하던 사상들로는 의주의 _____, 평양의 _____ 등이 있었다.

100 _____ 은 한강을 중심으로 미곡·소금·어물 등을 운송·판매하였고, 선박의 건조 등 생산 분야에까지 진출하여 활동하였다.

101 조선 후기에 지방에서 물물 교환의 장소로 장시가 처음 등장하였다. 2018년 국회직 9급 O | X

102 조선 후기에는 전국적으로 발달한 장시를 토대로 한 사상들이 성장하였다. 2012년 국가직 9급 O | X

103 조선 후기에 보부상은 농촌의 장시를 하나의 유통망으로 연계시켰다. 2011년 국가직 7급 O | X

104 조선 후기에 객주나 여각은 상품의 매매를 중개하고 숙박·금융 등의 영업도 하였다. 2015년 국가직 9급 O | X

105 조선 후기에 선상은 선박을 이용해서 각 지방의 물품을 거래하였다. 2015년 국가직 9급 O | X

106 조선 후기에 명과의 교류에서 중강 개시와 책문 후시가 전개되었다. 2021년 국가직 9급 O | X

107 조선 후기에는 중국과의 무역량이 증가하면서 의주·평양·정주 등지의 상인들이 많은 부를 축적하였다.
2017년 지방직 9급 O | X

108 조선 후기에 청으로부터는 약재·문방구 등을 수입하였고, 일본으로부터는 후추·황 등을 수입하였다.
2019년 경찰간부후보생 O | X

109 17세기 이후 일본과의 관계가 정상화되면서 대일 무역이 활발하게 전개되었다. 2015년 사회복지직 9급 O | X

110 조선 후기에 상업 활동이 활발해지면서 삼한통보 등의 동전을 만들어 유통하였다. 2015년 국가직 9급 O | X

111 조선 후기에는 그릇을 팔고 건원중보를 받는 보부상을 볼 수 있었다. 2017년 법원직 9급 O | X

112 조선 후기에 상평통보가 널리 유통되면서 환, 어음 등의 신용 화폐는 점차 소멸하였다. 2015년 국가직 7급 O | X

113 18세기 전반, 동전 공급 부족으로 전황이 발생하였다. 2013년 지방직 9급 O | X

114 18세기 후반부터 세금과 지대도 동전으로 대납할 수 있도록 하였다. 2018년 국회직 9급 O | X

101 _____은 지방 장시를 연결하여 하나의 유통망을 형성하였다.

102 _____는 18세기에 이르러 상업의 중심지로 성장하였고, 장시의 상거래보다 규모가 컸다.

103 경강 상인은 대표적인 선상으로, _____을 근거지로 운송업에 종사하면서 거상으로 성장하였다.

104 _____와 _____은 각 지방의 선상이 가져온 물품이 포구에 들어오면 상품을 매매·중개하였다.

105 객주와 여각은 부수적으로 운송·보관·숙박·_____업에도 종사하였다.

106 조선 후기 대외 무역에서는 공무역인 _____와 사무역인 _____가 이루어졌다.

107 대일 무역은 동래의 _____에서 이루어졌다.

108 조선 후기 일본과의 무역은 동래의 _____이 주도하였다.

109 _____때 동전(상평통보 등)을 주조하여 개성 등을 중심으로 통용시켜 그 쓰임새를 확인하였다.

110 _____때 상평통보를 법화로 채택하여 전국적으로 유통시켰다.

111 18세기 후반 세금과 소작료를 동전으로 납부할 수 있게 하여 조세의 _____화가 촉진되었다.

112 조선 후기에 동전이 제대로 유통되지 않아 시중에 동전이 부족해지는 현상인 _____이 발생하였다.

113 조선 후기에 _____은 화폐를 없애자는 폐전론을 주장하였다.

114 상품 화폐의 발달로 환·어음 등의 _____가 점차 보급되어 대규모의 상거래에 이용되었다.

테마 31 고대의 사회

III 사회사-고대

* 올인원 블랭크노트 p.133

기출 OX OX를 체크하며 합격 실력 점검하고!

1. 삼국의 사회

01 삼국의 관등제와 관직 체계의 운영은 신분제에 의해서 크게 제약을 받았다. 2014년 경찰직(2차) O | X

02 고구려 고국천왕 사후, 왕비인 우씨와 왕의 동생인 산상왕과의 결합은 취수혼의 실례를 보여준다. 2014년 국가직 9급 O | X

03 백제는 간음죄를 범할 경우 남녀 모두를 처벌하였다. 2012년 국가직 7급 O | X

04 백제의 대표적인 귀족의 성으로는 여덟 개가 있었다. 2012년 국가직 7급 O | X

05 신라는 화백 회의에서 국왕을 폐위시킨 일이 있었다. 2013년 국가직 9급 O | X

06 신라의 화랑도는 진골 귀족에서 평민까지 포함하는 조직이었다. 2013년 서울시 7급 O | X

07 신라의 골품제는 개인의 사회 활동과 일상생활을 규제하였다. 2017년 지방직 7급 O | X

08 신라 복색의 기준은 신분에 따라 자색-단색-비색-녹색의 순서로 정하였다. 2013년 지방직 7급 O | X

09 신라의 진골은 대아찬 이상의 고위 관등만 받을 수 있었다. 2019년 서울시 9급 O | X

10 신라의 진골 귀족은 관등 승진의 상한이 아찬까지였다. 2016년 국가직 9급 O | X

블랭크 빈칸을 채우며 합격 실력 완성하자!

01 고구려의 지배층은 왕족인 _____와 5부 출신 귀족으로 구성되었다.

02 고구려에서 반역자는 화형 후 참형에 처하고 가족은 노비로 삼는 _____를 시행하였다.

03 백제의 지배층은 왕족인 _____와 8성(진, 해, 연, 백, 사, 목, 협, 국씨) 귀족으로 구성되었다.

04 백제의 언어, 풍습, 의복은 고구려와 비슷해서 _____ 기풍을 띠었다.

05 신라의 _____에 참가하는 귀족은 서로 대등하였으며, 대표자는 _____으로, 귀족 간의 부정을 차단하고, 단결을 강화하여 왕권을 견제하는 역할을 하였다.

06 화랑도는 _____ 사회의 청소년 집단에서 기원하였다.

07 화랑도는 미륵의 현신인 _____ 출신 화랑 1명과 진골부터 평민까지의 낭도로 구성되었다.

08 화랑도는 _____ 때 국가적 조직으로 발전하였다.

09 세속 5계는 _____ 때 원광이 만든 화랑도의 행동 규범이다.

10 신라의 골품은 관등을 결정하는 것이 아닌, _____을 두는 제도이다.

11 진골은 관등과 상관없이 특정 색깔의 관복을 입었다.
    2017년 지방직 9급   O | X

12 6두품은 관등 승진에서 중위제(重位制)를 적용받았다.
    2017년 국가직 9급   O | X

13 진골은 죄를 지으면 본관지로 귀향시키는 형벌이 적용되었다.
    2017년 지방직 9급   O | X

14 통일 신라 시대에 진골 귀족은 도당 유학생의 대부분을 차지하였다.
    2016년 국가직 9급   O | X

11 신라에서는 골품에 따라 관등 승진의 _____이 존재하였다.

12 신라에서는 _____에 따라 가옥의 규모, 복색, 수레 등 일상 생활까지 규제받았다.

13 신라에서는 _____에 따라 복색을 다르게 두었다.

14 신라는 비진골 출신들의 불만을 무마하기 위한 일종의 특진 제도로 _____를 실시하였다.

2. 통일 신라의 사회

15 통일 신라의 진골 귀족은 식읍·전장 등을 경제적 기반으로 하였다.
    2016년 국가직 9급   O | X

16 6두품은 주로 중앙 관부의 최고 책임자를 독점하였다.
    2017년 국가직 9급   O | X

17 통일 신라 시대 지방의 농민들은 보통 촌(村)이라고 하는 말단 행정 구역에 편입되어 있었다.
    2013년 지방직 7급   O | X

18 통일 신라 시대에는 향이나 부곡에서 생활하는 농민들도 있었다.
    2013년 지방직 7급   O | X

19 신라 하대에는 농민에 대한 수탈이 심해지면서 원종과 애노의 난을 시작으로 농민 봉기가 전국 각지에서 일어났다.
    2018년 경찰직(1차)   O | X

15 신라는 통일 직후에 백제와 고구려의 유민을 _____에 편성함으로써 민족 융합에 노력하였다.

16 통일 신라 시기 _____은 높은 학문적 식견과 실무 능력을 갖추었으나, 중앙이나 지방 장관에는 오르지 못했다.

17 통일 이후 골품의 구분이 점차 희미해지고, 3~1두품은 _____되어 갔다.

18 신라 _____에는 왕권이 약화되면서 귀족의 정권 다툼 심화와 대토지 소유 확대로 농민이 몰락하고, 국가 재정이 악화되었다.

19 신라 하대에 지방 세력인 _____이 6두품 세력과 결탁하여 크게 성장하였다.

3. 발해의 사회

20 발해의 주민은 고구려 유민과 말갈인으로 구성되었다.
    2019년 서울시 9급   O | X

21 발해 주민 중 다수는 고구려계 사람들이며, 이들 중의 일부는 지배층이 되었다.
    2015년 경찰직(1차)   O | X

22 발해는 당에 유학생을 보냈는데 빈공과에 급제한 사람이 여러 명 나왔다.
    2012년 국가직 9급   O | X

20 발해의 지배층은 왕족인 대씨와 귀족인 고씨 등 소수의 _____인이 대부분이었고, 일부 말갈인도 포함되었다.

21 발해는 고구려와 마찬가지로 사회 기풍이 씩씩하였고, _____, 말타기, 격구 등을 즐겼다.

22 발해의 지식인은 당에 유학하여 _____에 응시하고, 때로는 _____인과 수석 자리를 두고 다투기도 하였다.

III 사회사-고려

테마 32 고려의 사회

* 올인원 블랭크노트 p.137

기출 OX — OX를 체크하며 합격 실력 점검하고!

1. 고려의 신분 제도

01 권문세족에는 종래의 문벌 귀족 가문, 무신 정권기에 등장한 가문, 원과의 관계에서 성장한 가문 등이 포함되었다. 2015년 서울시 9급 O | X

02 권문세족은 성리학을 수용하여 학문적 기반으로 삼고, 불교의 폐단을 시정하려 하였다. 2015년 경찰직(3차) O | X

03 주로 향리의 자제들로 과거를 통해 관리로 진출한 이들(신진 사대부)은 성리학을 학문의 기반으로 삼고 새로운 개혁을 시도하였다. 2012년 경찰직(2차) O | X

04 고려 시대의 향리는 속현의 조세와 공물의 징수, 노역 징발 등을 담당하였다. 2022년 법원직 9급 O | X

05 고려 시대에 속현의 행정 실무는 향리가 담당하였다. 2021년 국가직 9급 O | X

06 고려 시대에 일부 향리의 자제들은 기인으로 선발되어 개경으로 보내졌다. 2021년 국가직 9급 O | X

07 고려 시대 부호장 이하의 향리는 사심관의 감독을 받았다. 2021년 국가직 9급 O | X

08 고려 시대에 상층 향리는 과거로 중앙 관직에 진출할 수 있었다. 2021년 국가직 9급 O | X

09 고려 시대에 향리의 자제는 과거를 통하여 귀족의 대열에 들 수 없었다. 2017년 사회복지직 9급 O | X

10 남반은 궁중의 잡일을 맡는 내료직(內僚職)이다. 2014년 국가직 9급 O | X

블랭크 — 빈칸을 채우며 합격 실력 완성하자!

01 고려의 사회 신분은 '귀족, _____, 양민, 천민'으로 구성되었다.

02 고려의 귀족은 왕족과 공신, _____의 고위 관료로 구성되었다.

03 고려의 귀족은 정치적 특권인 _____와 경제적 특권인 _____의 혜택을 받았다.

04 고려 시대 지배층은 고려 초 _____, 문종 이후 문벌 귀족, 무신 집권기를 거쳐 원 간섭기에는 권문세족, 고려 말의 신진 사대부로 _____ 성격이 강화되었다.

05 고려의 중류층은 _____을 세습하였고, 국가로부터 _____를 지급받았다.

06 고려 중류층에는 중앙 관청의 말단 서리인 _____, 궁중 실무 관리인 _____ 등이 있었다.

07 고려의 _____는 지방 행정의 실무를 담당하였다.

08 고려의 향리는 상층 향리(호장·_____)와 하층 향리로 구분되었다.

09 고려 시대에 상층 향리들은 _____를 통해 중앙 관리로 진출이 가능하였다.

10 고려 중류층인 _____은 하급 장교(직업 군인)였다.

11 서리는 중앙의 각 사(司)에서 기록이나 문부(文簿)의 관장 등 실무에 종사하였다. 2014년 국가직 9급 O | X

12 향·부곡·소의 백성도 일반 군현민과 동일한 수준의 조세·공납·역을 부담하였다. 2015년 국가직 9급 O | X

13 부곡민은 조세를 부담하지 않았다. 2012년 국가직 9급 O | X

14 소의 주민은 주로 농사를 지었다. 2012년 국가직 9급 O | X

15 소(所)의 주민은 군현민과 같은 양인이지만 사회적 차별을 받았다. 2016년 지방직 9급 O | X

16 소(所)의 주민은 재산으로 간주되어 매매·상속·증여의 대상이 되었다. 2016년 지방직 9급 O | X

17 모든 노비는 독립된 경제 생활을 영위하였다. 2010년 지방직 9급 O | X

18 외거 노비는 재산을 늘려 그 처지가 양인과 유사해질 수 있었다. 2015년 국가직 9급 O | X

19 사노비 중 외거 노비는 국가에 일정량의 신공을 바쳤다. 2013년 국가직 9급 O | X

2. 향도

20 고려 시대의 향도는 미래불의 도래를 통한 민중의 구원을 바라는 불교 신앙과 관련이 있었다. 2018년 기상직 9급 O | X

21 고려 시대의 향도는 마을의 노역, 혼례와 상장례, 마을 제사 등을 주관하는 농민 공동 조직의 기능을 수행하였다. 2018년 기상직 9급 O | X

22 고려 시대의 향도는 국가가 농민의 생활을 안정시켜 국가 재정을 확보하기 위해 조직하였다. 2018년 기상직 9급 O | X

---

11 역관, 의관 등의 　　　 출신 기술직 관리들도 중류층에 포함되었다.

12 양민은 일반 주·부·군·현에 거주하면서 　　　 이나 상공업에 종사하는 계층을 말한다.

13 고려 시대 양민의 대다수는 농민으로서 이들을 　　　 이라고도 하였다.

14 특수 행정 구역인 　　　·　　　·　　　 에 거주하는 주민은 신분은 양민이지만, 일반 군현민들과 구별되었다.

15 향, 부곡, 소민은 일반 군현민에 비해 더 많은 　　　 을 부담하였고, 거주지가 제한되었다.

16 향, 부곡, 소민은 　　　 입학과 　　　 응시가 불가능했다.

17 고려 시대 천민은 대부분 　　　 였고, 이들은 매매·증여·상속의 대상이었다.

18 공노비 중 　　　 노비는 궁중, 관청에 소속되어 있었고, 외거 노비는 지방에 거주하고 국공유지를 경작하며 관청에 　　　 을 납부하였다.

19 사노비 중 　　　 노비는 주인집에서 거주하며 잡일을 담당하였고, 　　　 노비는 경제적으로 독립 생활을 하며 재산을 축적할 수 있었으며, 주인에게 신공을 납부하였다.

20 향도는 '미륵을 만나 구원받고자 향나무를 바닷가에 묻는 활동을 하는 무리'를 의미한다.

21 고려 전기에 향도는 　　　　　 조직으로서 각종 불사에 동원되었다.

22 고려 후기에 향도는 점차 공동체 생활을 주도하는 　　　 조직으로 바뀌어 갔다.

23 향도는 고려 후기에 이르러 자신들의 이익을 위하여 조직되는 향도에서 점차 신앙적인 향도로 변모되었다.
2017년 경찰직(1차) O | X

23 고려 시대에 향도는 마을 구성원의 장례를 주도하여 치렀는데, 여기에서 상여를 메는 사람인 _____이 유래하였다.

3. 고려의 사회 제도

24 고려 시대에는 재해를 당했을 때에 세금을 감면해 농민 생활의 안정을 꾀하였다. 2015년 국가직 9급 O | X

25 고려 시대에는 농번기에 잡역 동원을 금지하여 농사에 지장을 주지 않으려 하였다. 2015년 국가직 9급 O | X

26 전민변정도감은 시전의 물가를 감독하는 임무를 담당하였다. 2023년 국가직 9급 O | X

27 고려 시대 의창은 흉년에 빈민을 구제하는 기관이었다. 2012년 경찰직(1차) O | X

28 고려 시대 혜민서는 유랑자를 수용하고 구휼하였다. 2018년 경찰직(2차) O | X

29 고려 시대 대비원은 환자를 진료하고 갈 곳이 없는 어려운 사람들을 돌보아 주었다. 2018년 경찰직(2차) O | X

30 고려는 농민 자제의 과거를 위한 기금으로 광학보를 설치하였다. 2015년 국가직 9급 O | X

31 고려 시대에는 기금을 마련한 뒤 이자로 빈민을 구제하는 제위보가 설치되었다. 2017년 경찰직(1차) O | X

24 고려 시대 _____는 일정 기금을 만들어 그 이자로 빈민을 구제하는 기구였다.

25 태조 때 설치된 흑창은 성종 때 _____으로 개편되었고, 평상시 곡물 등을 저장하였다가 _____에 빈민 구휼에 사용하였다.

26 성종 때부터 _____을 실시하여 재해 시 조·공납·역을 면제해 주었다.

27 성종 때 물가 안정을 위해 개경, 서경, 12목에 _____을 설치하였다.

28 _____은 빈민이 의료 혜택을 받도록 하기 위해 문종 때 개경에 설치한 의료 시설이다.

29 예종 때 백성의 질병 치료·약 처방을 담당하는 기구로 _____을 두었다.

30 구제도감은 _____때, 구급도감은 고종 때 설치되었다.

31 구제도감과 구급도감은 빈민 구제를 위한 _____기구로 설치되었다.

4. 고려의 법률

32 고려 시대의 형률은 주로 당나라의 것을 끌어다 썼으며, 때에 따라 고려의 실정에 맞는 율문도 만들었다.
2014년 국가직 9급 O | X

33 고려 시대에는 행정과 사법이 명확하게 분리·독립되어 있었다. 2014년 국가직 9급 O | X

32 고려의 법률은 중국 당률을 기반으로 한 _____의 법률을 시행하였으나, 대부분 관습법을 따랐고, 지방관이 _____을 행사하였다.

33 고려는 기본적으로 태, 장, 도, 유, 사의 _____이었고, 반역죄와 _____는 중죄로 처벌하였다.

34 고려는 기본적으로 태형(笞刑), 장형(杖刑), 도형(徒刑), 유형(流刑)의 4형 체계를 가지고 있었다. 2014년 국가직 9급 O | X

34 고려 시대에 _____을 받은 자가 부모상을 당하면 7일간의 휴가를 주었다.

5. 고려의 풍속과 여성의 지위

35 고려 시대에 행해진 팔관회는 외국 상인에게 무역의 장이 되기도 하였다. 2017년 법원직 9급 O | X

35 _____는 전국적인 불교 행사로, 정월 보름에 열렸다.

36 고려 시대에 행해진 팔관회는 정월 보름에 개최되었다. 2018년 국가직 9급 O | X

36 _____는 서경에서 10월 15일, 개경에서 11월 15일에 열렸고, 토속 신앙, 불교, 도교가 융합된 행사였다.

37 고려 시대에 여성은 호주가 될 수 없었다. 2017년 지방직 7급 O | X

37 고려 시대의 혼인 형태는 _____가 일반적이었고, 왕실에서는 근친혼이 성행하였다.

38 고려 시대에는 아들이 없을 때에 양자를 들이지 않고 딸이 제사를 지냈다. 2014년 서울시 9급 O | X

38 원 간섭기에 공녀 징발로 _____이 성행하기도 하였다.

39 고려 시대에는 태어난 차례대로 호적에 기재하여 남녀 차별을 하지 않았다. 2014년 서울시 9급 O | X

39 팔관회에서는 외국 사신·상인들의 방문으로 _____이 행해졌다.

40 고려 시대에 제사는 형제가 돌아가면서 지냈으며 책임을 분담하였다. 2013년 국가직 7급 O | X

40 고려 시대에 재산 상속은 남녀 차별 없이 자녀들에게 _____하였다.

41 고려 시대에는 부모의 유산은 대체로 자녀에게 골고루 분배되었으며, 사위나 외손자에게도 음서의 혜택이 있었다. 2015년 경찰직(2차) O | X

41 고려 시대에는 여성도 _____가 될 수 있었고, 호적과 묘비에도 남녀 구별없이 _____ 순으로 기록하였다.

42 고려 시대의 혼인 형태는 솔서혼이나 남귀여가혼이 일반적이었다. 2019년 경찰간부후보생 O | X

42 고려 시대에는 아들이 없으면 딸이 _____를 담당하였고 자녀들이 돌아가며 지내는 _____가 가능하였다.

43 고려 시대에 여성의 재가는 비교적 자유롭게 이루어졌으나, 그 소생 자식의 사회적 진출에는 차별을 두었다. 2015년 경찰직(2차) O | X

43 고려 시대 혼인은 _____이 일반적이었고, 사위나 외손자에게도 _____의 혜택이 적용되었다.

44 고려 시대에는 결혼할 때 여성이 데려온 노비에 대한 소유권은 남편에게 귀속되었다. 2017년 지방직 7급 O | X

44 고려 시대에는 여성의 _____가 비교적 자유로웠다.

테마 33 조선의 사회

III 사회사-조선

* 올인원 블랭크노트 p.140

기출 OX — OX를 체크하며 합격 실력 점검하고!

1. 조선의 신분 제도

01 조선 시대에는 유교의 적서 구분에 의해 서얼에 대한 차별이 심했기 때문에 서얼은 관직에 진출하지 못하였다. 2018년 서울시 9급 O | X

02 서얼은 어머니가 첩이라는 이유만으로 문과 응시가 제한되어, 능력이 있어도 이를 발휘할 수 없었다. 2022년 지방직 9급 O | X

03 조선 시대에 중앙과 지방에 있는 관청의 서리와 향리 및 기술관은 직역을 세습하고, 같은 신분 안에서 혼인하였으며, 관청에서 가까운 곳에 거주하였다. 2017년 경찰직(1차) O | X

04 조선 시대에는 뱃사공, 백정 등은 법적으로는 양인으로 취급되기도 했으나 노비처럼 천대받으며 특수 직업에 종사하였다. 2018년 서울시 9급 O | X

05 신량역천은 법제상 양인에 속해 있었다. 2017년 기상직 9급 O | X

06 신량역천은 매매·상속·증여의 대상이 되는 비자유민이었다. 2017년 기상직 9급 O | X

07 부모 모두가 노비일 경우에만 그 자녀도 노비 신분이 되었다. 2018년 서울시 7급 O | X

08 노비는 주인과 떨어져 독립된 생활을 하며 신공을 바치기도 했다. 2018년 서울시 7급 O | X

09 외거 노비는 자기 재산을 가질 수 있었고 조상에 대한 제사를 지내기도 했다. 2010년 국가직 9급 O | X

블랭크 — 빈칸을 채우며 합격 실력 완성하자!

01 조선의 신분은 법제적으로는 _____를 표방하였으나, 실제로는 양반, 중인, 상민, 천민으로 구분하는 반상제가 통용되었다.

02 양반 첩의 소생을 _____이라고 하여 차별하였다.

03 중인은 좁은 의미로 의관, 역관 등 _____만을 의미하였다.

04 중인은 넓은 의미로 양반과 상민의 중간 신분 계층을 의미하며 서얼과 _____를 포괄하였다.

05 서얼은 중인과 같은 신분적 처우를 받아 _____라고도 불리었다.

06 서얼은 _____ 응시가 금지되었으며, 무과나 잡과를 통해 관직에 진출할 수 있었다.

07 양인 중에도 조례, 수군, 나장 등 천역을 담당하는 _____이라 하는 계층이 있었다.

08 천민 중 대부분을 차지하는 _____는 매매, 상속, 증여의 대상이었다.

09 사노비는 주인 집에 거주하며 잡역을 담당하는 _____ 노비와 주인과 떨어져 독립된 생활을 하면서 신공을 바치는 _____ 노비가 있었다.

10 조선 시대에 백성은 상언·격쟁을 통하여 왕에게 억울함을 호소할 수 있었다. 2021년 국회직 9급   O | X

11 조선 후기에는 납속책의 실시와 공명첩의 발행 등을 통해 신분의 변동이 심해졌다. 2016년 소방직(복원)   O | X

12 조선 후기 서얼은 수차례에 걸친 집단 상소를 통해 관직 진출의 제한을 없애 줄 것을 요구하였다. 2020년 국가직 9급   O | X

13 조선 후기 서얼은 신분 상승 운동에도 불구하고 관직에 진출할 수 없었다. 2017년 지방직 7급   O | X

14 조선 후기 기술직 중인에 해당하는 인물로는 정조 때 규장각 검서관으로 등용된 유득공, 박제가, 이덕무 등이 있다. 2020년 국가직 9급   O | X

15 조선 후기 서얼의 신분 상승 운동은 중인에게 자극을 주었다. 2020년 국가직 9급   O | X

16 조선 후기 중인은 주로 기술직에 종사하며 축적한 재산과 탄탄한 실무 경력을 바탕으로 신분 상승을 추구하였다. 2020년 국가직 9급   O | X

17 영조는 1731년(영조 7) 양인 인구를 확보하기 위해 노비종모법을 시행하였다. 2019년 국회직 9급   O | X

18 순조는 공노비 중 일부를 양인으로 해방시켜 주었다. 2018년 서울시 9급   O | X

19 조선 후기 군공이나 납속책 등을 통해 노비의 신분이 상승되고 공노비는 해방되었다. 2017년 지방직 7급   O | X

2. 조선 전기 향촌 사회의 모습

20 조선 시대 지방 양반들로 조직된 향청은 수령을 보좌하고, 풍속을 바로잡고, 향리를 규찰하는 등의 임무를 맡았다. 2014년 서울시 9급   O | X

21 조선 전기에 유향소를 통제하기 위하여 경재소가 설치되었다. 2016년 국가직 9급   O | X

10 조선 후기에 권력을 잡은 일부 양반을 제외한 다수의 양반들은 몰락하여 _____ 과 잔반으로 분화되었다.

11 조선 후기에는 납속책 실시와 _____ 발급 등을 통해 신분제가 동요되었다.

12 조선 후기 부농층은 양반 신분을 사거나 _____를 위조하여 양반으로 신분을 상승시켰다.

13 조선 후기에 양반의 수는 늘어나고 _____ 과 _____ 의 수는 갈수록 줄어들었다.

14 영·정조 때 서얼은 허통·통청·후사권을 요구하며 집단 _____ 운동을 전개하였다.

15 정조 때 서얼 출신인 유득공, 이덕무, 박제가 등이 _____ 으로 등용되었다.

16 철종 때 서얼들의 완전한 _____ 진출이 허용되었다.

17 철종 때 _____ 층은 대규모의 소청 운동을 전개했으나 실패하였다.

18 _____ 때 중앙 관서의 공노비 6만 6천여 명을 해방시켰다.

19 _____ 때 신분제가 법적으로 일체 폐지되었다.

20 유향소는 지방 사족들의 _____ 기구이다.

21 유향소는 수령을 보좌하고, _____를 규찰하며, 백성의 교화를 담당하였다.

22 유향소는 좌수와 별감을 중심으로 운영되었다.
2022년 소방간부후보생   O | X

23 조선 전기의 경재소는 중앙 정부가 현직 관료로 하여금 연고지의 유향소를 통제하게 하는 제도로서, 중앙과 지방의 연락 업무를 맡았다. 2016년 경찰직(1차)   O | X

24 17세기 중엽 이후에는 오가작통제를 통하여 촌락 주민에 대한 지배를 원활히 하고자 하였다. 2014년 경찰직(2차)   O | X

25 오가작통제는 재지 사족 중심의 향촌 자치 활성화를 위해 실시되었다. 2017년 국가직 9급   O | X

26 오가작통제는 향권을 둘러싼 구향과 신향 간의 향전을 억제하기 위한 정책이다. 2017년 국가직 9급   O | X

27 족보가 배우자를 구하거나 붕당을 구별하는 데 중요한 자료로 활용되기도 하였다. 2017년 지방직 9급   O | X

28 현존하는 가장 오래된 족보는 성종 7년에 간행된 『문화 류씨 가정보』이다. 2017년 지방직 9급   O | X

29 주세붕은 최초의 서원인 백운동 서원을 세웠다.
2013년 법원직 9급   O | X

30 서원은 인재를 모아 교육하고 이름난 선비를 추모하였다.
2022년 소방간부후보생   O | X

31 향약은 전통적 공동 조직에 유교 윤리를 가미하여 만들었다. 2022년 법원직 9급   O | X

32 향약은 중종 때 조광조가 처음 시행한 이후 전국적으로 확산되었다. 2016년 경찰직(1차)   O | X

33 향약은 덕업상권, 과실상규, 예속상교, 환난상휼 등을 주요 강령으로 하였다. 2015년 지방직 7급   O | X

34 향약은 불교 신앙 조직이자 동계 조직으로 어려울 때 서로 돕는 역할을 하였다. 2013년 서울시 9급   O | X

35 향약은 오가작통제를 중심으로 그 지역의 풍속 교화와 치안 유지를 담당했던 향촌 자치 조직이었다. 2015년 지방직 7급   O | X

22 유향소 운영을 위해 향회에서 　　　와 별감을 임원으로 선출하였다.

23 조선 정부는 중앙 정부와 유향소 사이의 연락 업무를 위해 서울에 　　　를 설치하였다.

24 유향소는 태종 때 혁파 → 세종 때 복립 → 　　　 때 재혁파 → 성종 때 재복립 → 선조 때 　　　으로 변화했다.

25 농민들의 도망과 이탈 방지 목적으로 　　　가 시행되었다.

26 오가작통제는 부세와 　　　의 안정적인 확보를 목적으로 시행되었다.

27 성종 때 편찬된 『　　　　　』는 현존하는 최고(最古)의 족보이다.

28 서원의 시초는 풍기 군수 　　　이 안향을 모시기 위해 세운 백운동 서원이다.

29 백운동 서원은 　　　의 건의로 최초의 사액 서원(　　　 서원)으로 공인되었다.

30 서원에서는 성리학을 연구하고 　　　에 대한 제사와 교육의 역할을 담당하였다.

31 　　　　, 과실상규, 예속상교, 환난상휼은 향약의 4대 덕목이다.

32 서원은 　　　의 근거지가 되었다.

33 향약은 중종 때 조광조가 중국의 『　　　　　』을 들여와 보급하면서 시행되었다.

34 　　　이 예안향약을, 　　　가 해주향약을 실시하였다.

35 　　　, 직월 등 향약의 간부는 주로 양반 사족들이 담당하였다.

36 향약은 풍속 교화, 향촌 사회의 질서 유지를 담당하여 사림의 지위 강화에 기여하였다. 2013년 서울시 9급 O | X

37 향약은 어려운 일이 생겼을 때에 서로 돕는 역할을 하였고, 상두꾼도 이 조직에서 유래하였다. 2013년 국가직 9급 O | X

36 향약은 향촌 사회의 질서 유지와 _____을 담당하였다.

37 서원과 향약을 통해 향촌 _____의 지위가 강화되었다.

3. 조선 후기 향촌 질서·가족 제도의 변화

38 조선 후기 부농층은 수령과 결탁하여 향안에 이름을 올렸다. 2018년 법원직 9급 O | X

39 조선 후기에 부농층은 관권과 결탁하고 향회를 장악하여, 향촌 사회에서 영향력을 키우려 하였다. 2015년 국가직 9급 O | X

40 향회를 통해 향촌 사회의 여론을 주도하면서 향촌을 지배하였던 기존의 사족들을 구향이라고 하였다. 2018년 경찰직(3차) O | X

41 조선 후기에 정부는 신분제의 동요를 막기 위해서 납속이나 향임직 매매를 금지하였다. 2015년 경찰간부후보생 O | X

42 조선 후기에 양반 사족과 부농층이 향촌의 주도권 다툼을 벌였다. 2015년 지방직 9급 O | X

43 조선 후기에 구향은 양반층의 결속을 위한 납속책 확대 시행을 지지하였다. 2013년 지방직 9급 O | X

44 세도 정치기에 향회는 수령과 향리들을 견제하고 지방 통치를 대리하는 기구로 성장하였다. 2012년 국가직 9급 O | X

45 조선 후기에 향회가 수령의 부세 자문 기구로 변질되었다. 2016년 국가직 9급 O | X

46 조선 후기에는 수령과 향리의 영향력이 약해졌다. 2015년 지방직 9급 O | X

47 조선 후기에는 사족의 향촌 지배력이 약화되었다. 2015년 지방직 9급 O | X

48 조선 후기에 재지 사족은 동계와 동약을 통해 향촌 사회에 대한 영향력을 유지하려 하였다. 2020년 국가직 9급 O | X

38 조선 후기에는 일부 평민과 천민이 재산을 모아 _____으로 성장하였고 향촌에서 영향력을 키웠다.

39 양반은 향촌 지배력을 강화하기 위해 향안과 _____을 작성하였다.

40 양반은 향촌 지배력을 강화하기 위해 _____를 제작하여 가문과 혈통을 재정립하였다.

41 양반은 향촌 지배력을 강화하기 위해 촌락 단위의 _____을 실시하였다.

42 양반은 향촌 지배력을 강화하기 위해 동족 마을을 형성하고 서원과 _____를 건립하였다.

43 조선 후기에 납속과 _____ 매매가 허용되면서 부농층이 합법적으로 신분 상승을 할 수 있게 되었다.

44 조선 후기에 부농층은 재력을 바탕으로 _____을 사거나 _____를 위조하여 신분을 상승시키기도 하였다.

45 조선 후기 향촌 사회에서는 _____을 중심으로 한 관권이 강화되고, 관권을 맡아보던 _____의 역할도 커졌다.

46 부농층은 수령 중심의 관권과 결탁하여 _____에 이름을 올렸다.

47 부농층은 수령 중심의 관권과 결탁하여 _____를 장악하고 향임직에 진출하였다.

48 기존에 향촌 사회를 지배하던 재지 사족을 _____, 부농층을 _____이라고 하였다.

49 조선 후기에 사족들이 형성한 동족 마을이 증가하였다. 2016년 국가직 9급 ○ | ×

50 조선 후기에 선현 봉사와 교육을 위한 서원이 설립되기 시작하였다. 2016년 지방직 9급 ○ | ×

51 조선 후기의 양반들은 촌락 단위의 동약을 실시하고, 문중 중심으로 서원과 사우를 많이 세웠다. 2015년 국가직 9급 ○ | ×

52 조선 전기에는 아들과 딸에게 고루 재산을 상속하였는데, 후기에는 장남에게 더 많은 재산을 상속하는 관행이 나타났다. 2013년 경찰간부후보생 ○ | ×

53 조선 후기 대를 잇는 자식은 5분의 1의 상속분을 더 받는 것 외에 다른 형제와 같은 대우를 받았다. 2011년 법원직 9급 ○ | ×

54 조선 후기에는 아들이 없으면 양자를 들이는 대신에 딸과 외손자가 제사를 지냈다. 2014년 경찰직(1차) ○ | ×

55 조선 후기에는 재산 상속에서 제사를 담당하는 장자를 우대하는 경향이 나타났다. 2010년 국가직 9급 ○ | ×

56 조선 후기에 혼인은 친영제에서 남귀여가혼으로 변화되었고, 재산은 균등하게 상속되었다. 2014년 경찰직(1차) ○ | ×

57 조선 전기에는 사위들이 처가에 사는 경우가 많았으나, 후기에는 혼인한 여성은 출가외인이라는 인식이 널리 퍼졌다. 2013년 경찰간부후보생 ○ | ×

58 조선 후기에 가족 및 친족 제도가 남자 중심, 장자 중심으로 점차 개편되었다. 2017년 기상직 7급 ○ | ×

59 조선 후기에는 입양 제도가 확대되고 부계 위주의 족보가 적극적으로 편찬되었다. 2013년 국가직 7급 ○ | ×

60 조선 후기의 족보에서는 적서 차별과 가족 간의 위계를 중시하였다. 2017년 국가직 7급 ○ | ×

61 조선 후기에는 남녀를 구분하지 않고 태어난 순서대로 족보에 기재하였다. 2014년 경찰직 ○ | ×

62 조선 전기에는 족보에 남녀 관계없이 출생 순으로 기록하였으나, 후기에는 아들들을 출생 순으로 기록한 다음 딸들을 기록하였다. 2013년 경찰간부후보생 ○ | ×

63 조선 후기에 부계 위주의 족보를 편찬하면서 동성 마을을 이루어 나갔다. 2014년 서울시 9급 ○ | ×

49 향촌 운영을 둘러싸고 구향과 신향의 대립이 격화되어 향권을 둘러싸고 ___이 발생하였다.

50 사족의 이익을 대변하여 왔던 향회는 수령의 ___로 역할이 변하였다.

51 조선 후기에 정치 기강이 무너지는 상황에서 수령과 향리의 농민에 대한 ___이 심화되었다.

52 17세기 이후 종법적 질서가 보편화되며 ___를 중심으로 하는 가족 제도가 일반화되었다.

53 조선 후기에는 혼인 후에 곧바로 남자 집에서 생활하는 ___ 제도가 정착하였다.

54 조선 후기에는 ___를 중심으로 제사를 지냈고, 재산 상속에서도 우대를 받았다.

55 조선 후기에는 아들이 없는 집안에서는 ___를 들이는 것이 일반화되었다.

56 조선 후기에 양자를 들일 때 다른 성씨는 양자로 삼을 수 없다는 ___의 원칙이 적용되었다.

57 조선 후기에는 성리학적 가족 제도를 유지하기 위한 윤리 덕목으로 효와 ___을 강조하였다.

58 조선 후기에는 성리학적 가족 제도를 유지하기 위해 과부의 ___를 금지하고 효자나 ___를 표창하였다.

59 조선 후기에는 ___제를 기본으로 하였으나, 남자가 첩을 들일 수 있었다.

60 조선 후기에는 ___만 호주가 가능하였다.

61 향촌 지배권이 약화된 양반들은 기득권을 유지하기 위해 부계 혈연 집단인 ___의 결속을 강화하였다.

62 조선 후기에는 ___ 위주의 족보를 적극적으로 편찬하였다.

63 조선 후기에는 같은 성을 가진 사람끼리 모여 사는 ___ 마을을 이루어 나갔다.

테마 34 고대의 문화

III 문화사-고대

* 올인원 블랭크노트 p.146

기출 OX

1. 고대의 불교

01 불교의 전파는 사신도, 산수무늬 벽돌 등에서 확인할 수 있다. 2012년 경찰직(3차) O | X

02 고구려의 보덕은 도교에 밀려 불교가 쇠퇴함을 개탄하였고, 후에 열반종을 제창하였다. 2017년 서울시 7급 O | X

03 고구려의 겸익은 인도에서 율장을 가지고 돌아온 계율종의 대표적 승려로서 일본 계율종의 성립에도 영향을 주었다. 2016년 서울시 9급 O | X

04 백제에서는 계율종이 크게 성행하였는데, 겸익이 대표적인 승려이다. 2017년 서울시 7급 O | X

05 백제의 승려 원측은 당나라에 가서 유식론(唯識論)을 발전시켰다. 2019년 서울시 9급 O | X

06 백제 말기에는 미래에 중생을 구제한다는 미륵 신앙이 유행하기도 하였다. 2019년 서울시 9급 O | X

07 신라에서는 이차돈의 순교를 계기로 불교가 공인되었다. 2019년 경찰직(2차) O | X

08 신라에서는 호국 불교가 크게 성행하였으나 밀교는 성행하지 못하였다. 2017년 서울시 7급 O | X

09 신라 진흥왕이 황룡사를 짓고 대규모의 9층탑을 만든 것은 불교의 호국 신앙적 성격을 보여준다. 2012년 경찰직(3차) O | X

10 자장은 이론과 실천을 같이 강조하는 교관겸수를 제시하였다. 2022년 국가직 9급 O | X

11 신라의 자장은 대국통(大國統)에 임명되어 출가자의 규범과 계율을 주관하였다. 2018년 서울시 7급 O | X

12 자장은 대승 불교의 두 흐름인 중관과 유식의 대립을 극복하며 화쟁을 주장하였다. 2018년 서울시 7급 O | X

블랭크

01 교종은 □□□을 연구하고 교리를 중시하였다.

02 선종은 마음을 중시하고 수행 방법으로 □□을 중시하였다.

03 삼국의 불교는 고대 문화 발전에 기여하였고, 중앙 집권화와 □□□□에 기여하였다.

04 삼국 불교는 백제의 왕흥사, 신라의 황룡사와 같이 □□□ 불교의 특징을 가지고 있었다.

05 고구려의 불교는 소수림왕 때 전진의 승려 □□에 의해서 수용·공인되었다.

06 고구려의 승려 □□과 도징은 일본에 삼론학을 전파하였다.

07 고구려의 승려 □□이 열반종을 백제에 전파하였다.

08 백제의 불교는 □□□ 때 동진에서 온 인도 승려 마라난타에 의해서 수용·공인되었다.

09 백제의 승려 □□은 성왕 때 인도에서 율종 불경을 들여왔다.

10 신라의 불교는 □□□□□ 때 고구려의 승려 묵호자에 의해 전래되었다.

11 신라 □□□ 때 불교식 왕명을 사용하였으며, 이차돈의 순교로 불교가 공인되었다.

12 진흥왕은 □□□□□□이라는 호칭을 사용하였고, '국통 – 주통 – 군통'으로 불교 교단을 조직하였다.

III 문화사-고대 / 테마 34 고대의 문화 111

13 자장은 통일 이후의 사회 갈등을 통합으로 이끄는 화엄 사상을 강조하였다. 2019년 지방직 9급 O | X

14 원광은 화랑이 지켜야 할 세속오계를 지었다. 2019년 지방직 9급 O | X

15 원효는 종파 간 대립을 극복하기 위해 일심 사상을 제창하였다. 2023년 계리직 9급 O | X

16 원효는 미륵 신앙을 전파하며 불교 대중화의 길을 열었다. 2015년 국가직 9급 O | X

17 원효는 무애가를 지어 불교 대중화에 기여하였다. 2023년 법원직 9급 O | X

18 원효는 『십문화쟁론』을 지어 종파 간의 대립을 해소하고자 하였다. 2015년 지방직 9급 O | X

19 원효는 부석사를 창건하여 해동 화엄종의 시조가 되었다. 2013년 국가직 7급 O | X

20 의상은 당에 들어가 유식론을 독자적으로 발전시켰다. 2018년 국가직 7급 O | X

21 의상은 『화엄일승법계도』를 지어 화엄 사상을 정립하였다. 2023년 법원직 9급 O | X

22 의상은 관음 신앙과 함께 아미타 신앙을 화엄 교단의 주요 신앙으로 삼았다. 2015년 국가직 9급 O | X

23 의상은 부석사를 창건하고 화엄 사상을 선양하였다. 2016년 지방직 9급 O | X

24 의상은 중국에서 풍수지리설을 들여와 지세의 중요성을 일깨웠다. 2015년 지방직 9급 O | X

25 혜초는 인도와 중앙아시아를 순례하고 『왕오천축국전』을 편찬하였다. 2024년 지방직 9급 O | X

26 진표는 법상종 승려로서 현세에서 고난을 구제받고자 하는 관음 신앙을 이끌었다. 2014년 경찰직(2차) O | X

27 선종은 전제 왕권을 강화해 주는 이념적 도구로 크게 작용하였다. 2014년 국가직 9급 O | X

13 진평왕 때 ___이 작성한 세속 5계로 화랑들을 교육하였다.

14 선덕 여왕 때 승려 ___이 계율종을 개창하였다.

15 원효는 ___ 출신의 승려이고, 의상은 ___ 출신의 승려이다.

16 원효는 불교의 이해 기준을 확립하기 위해 『___』, 『금강삼매경론』을 저술하였다.

17 원효는 일심(一心) 사상을 바탕으로 종파 간의 대립을 극복하기 위해 화쟁 사상을 주장하는 『___』을 저술하였다.

18 원효는 누구나 '나무아미타불'만 외치면 극락정토에 갈 수 있다는 ___을 강조하였다.

19 원효는 '___'를 지어 노래로 민중들에게 불교를 널리 전파하였다.

20 의상은 ___이 도성을 새롭게 정비하려 하자, 백성을 위해 이를 만류하였다.

21 의상은 영주 ___를 중심으로 화엄종을 개창하고, 제자를 양성하였다.

22 의상은 "모든 만물은 서로 조화를 이루고 있다(원융회통)"라는 ___을 정립하였다.

23 의상은 『___』를 저술하여 화엄 사상을 확립하였다.

24 의상은 내세 신앙인 아미타 신앙과 현세 신앙인 ___을 설파하여 불교의 대중화에 힘썼다.

25 원측은 유식학의 대가로, ___를 형성하고, 티벳 불교에 영향을 주었다.

26 혜초는 당, 인도, 중앙아시아를 순례하면서 『___』을 저술하였다.

27 선종은 ___ 성격으로 좌선과 참선을 중시하였다.

28 선종은 지방에서 새로이 대두한 호족들의 사상으로 받아들여졌다. 2014년 국가직 9급 O | X

29 신라 후기 민간 사회에서는 주문으로 질병 치료나 자식 출산 등을 기원하는 현실 구복적 밀교가 유행하였다. 2016년 서울시 9급 O | X

30 발해는 불교가 장려됨에 따라 여러 불상이 제작되었다. 2019년 경찰직(2차) O | X

31 발해 문왕은 전륜성왕을 자처하고 황상, 황후 등의 용어를 사용하였다. 2019년 서울시 7급 O | X

28 신라 하대에는 선종 불교의 영향으로 ____ 과 탑비가 유행하였다.

29 신라 하대에 선종은 ____ 개창의 사상적 기반을 마련하였다.

30 발해 ____ 은 대흥보력효감금륜성법대왕이라며 '불교적 성왕'을 자칭하였다.

31 발해 ____ 에서는 10여 개의 절터와 불상이 발견되었다.

2. 도교와 풍수지리 사상

32 풍수지리 사상은 신라 말기에 호족이 자기 지역의 중요성을 자부하는 근거로 이용되었다. 2016년 국가직 9급 O | X

33 고구려에서는 연개소문이 도교 진흥 정책을 써서 불교 사찰을 도관(道觀)으로 쓰기도 했다. 2013년 국가직 7급 O | X

34 부여 능산리에서 발견된 백제 대향로에는 신선이 산다는 봉래산이 조각되어 있어 백제인의 신선 사상을 엿볼 수 있다. 2016년 서울시 9급 O | X

35 사택지적비를 통해 당시 백제가 도가(道家)에 대한 이해를 하고 있었음을 알 수 있다. 2014년 지방직 9급 O | X

32 풍수지리 사상은 신라 하대 선종 승려인 ____ 에 의해 전래되었다.

33 도교는 고구려 영류왕 때 당으로부터 유입되었고, ____ 이 불교와 연결된 왕실 견제 목적으로 도교 장려 정책을 펼쳤다.

34 백제의 ____ 에는 불로장생하는 신선들이 사는 도교의 이상 세계가 표현되어 있다.

35 신라의 ____ 는 '국선도, 풍류도, 풍월도'라는 도교적 명칭으로 지칭하기도 하였다.

3. 학문의 발달

36 고구려는 태학을 창설하여 유교를 교육하였다. 2021년 경찰직(1차) O | X

37 백제에는 박사 제도가 있었으며, 일본에 유교 경전을 전해 주었다. 2012년 국가직 7급 O | X

38 임신서기석을 통해 신라에서도 청소년이 유교 경전을 공부하였던 사실을 알 수 있다. 2014년 경찰직(2차) O | X

36 고구려의 ____ 은 소수림왕 때 설립된 우리나라 최초의 교육 기관이다.

37 백제에는 교육을 담당하는 관직인 ____ 제도가 있었다.

38 신라의 ____ 에는 한문 문장이 사용되었고 『시경』, 『상서』, 『예기』와 같은 유교 경전 학습을 다짐하는 내용이 있다.

39 고구려에서는 일찍부터 『유기』가 편찬되었으며, 영양왕 때 이문진이 이를 간추려 『신집』 5권을 편찬하였다.
2016년 경찰직(1차) O | X

40 백제에서는 근초고왕 때 고흥이 『서기』를 편찬하였다.
2016년 경찰직(1차) O | X

41 신라에서는 진흥왕 때 거칠부가 『국사』를 편찬하였다.
2016년 경찰직(1차) O | X

42 신문왕 대에는 국학을 태학으로 고치고, 박사와 조교를 두어 『논어』와 『효경』 등의 유교 경전을 가르쳤다.
2014년 경찰직(2차) O | X

43 성덕왕 때 독서삼품과가 시행되었다. 2019년 지방직 7급
O | X

44 독서삼품과는 골품 제도 때문에 그 기능을 제대로 발휘하지는 못하였다. 2013년 법원직 9급 O | X

45 삼국 통일 이후, 김대문은 『화랑세기』, 『고승전』, 『제왕연대력』을 편찬하였다. 2016년 경찰직(1차) O | X

46 진골 출신의 설총은 이두를 정리하여 한문 교육에 공헌하였고, 신문왕에게 『화왕계』라는 글을 바쳤다. 2016년 경찰직(2차)
O | X

47 최치원은 당나라의 빈공과에 급제하고 황소를 격퇴하는 글을 써서 당에서 명문장가로 유명해졌다. 2018년 법원직 9급
O | X

48 최치원은 당의 빈공과에 급제하고 문장가로 이름을 떨친 뒤 귀국하여 성덕왕에게 개혁안 10여 조를 건의하였다.
2016년 경찰직(2차) O | X

49 최치원은 시무 10여 조를 올렸으며, 『제왕연대력』을 저술하기도 하였다. 2022년 서울시 9급 O | X

50 최치원은 화랑도의 전기를 모은 『화랑세기』를 저술하였다. 2013년 경찰간부후보생 O | X

39 고구려에서는 일찍부터 『유기』가 편찬되었으며, 영양왕은 이문진에게 『유기』를 간추려 『___』 5권을 편찬하도록 하였다.

40 백제 근초고왕은 박사 고흥으로 하여금 『___』를 편찬하도록 하였다.

41 신라 진흥왕은 ___로 하여금 『국사』를 편찬하도록 하였다.

42 통일 신라의 ___은 신문왕 때 설립된 유학 교육 기관이다.

43 ___ 때 국학이 태학(감)으로 명칭이 변경되고, 박사와 ___를 두어 유교 경전을 교육하였다.

44 원성왕 때 관리 등용 제도로 ___가 시행되었으나 진골 귀족들의 반대와 골품제로 인해 실패하였다.

45 통일 신라의 ___이 역사서인 『화랑세기』, 『고승전』, 『한산기』, 『___』과 음악서인 『악본』을 저술하였다.

46 강수는 외교 문서 작성에 능하였고, 『___』를 저술하였으며, ___를 '세외교'라 비판하였다.

47 설총은 『___』를 저술하여 신문왕에게 유교 정치를 강조하였다.

48 최치원은 당의 빈공과에 급제하였고, 황소의 난 당시에 『___』을 작성하였다.

49 최치원은 ___에게 시무 10여 조를 건의하였지만 실행되지 않았다.

50 최치원은 은둔 생활 중에 『___』, 『제왕연대력』, 『중산복궤집』, 『사륙집』, 『법장화상전』을 저술하였다.

4. 고대의 고분

51 사신도가 그려진 강서대묘는 돌무지무덤으로 축조되었다. 2019년 지방직 9급 ○ | ✕

52 고구려의 굴식 돌방무덤에는 내부에 무용도, 수렵도, 사신도와 같은 벽화가 남아 있다. 2015년 법원직 9급 ○ | ✕

53 고구려 돌무지무덤은 백제 초기 무덤에 영향을 미쳤다. 2012년 국가직 9급 ○ | ✕

54 돌무지덧널무덤은 백제 초기의 무덤 양식으로 고구려의 영향을 받았다. 2022년 소방간부후보생 ○ | ✕

55 백제의 공주 송산리 고분군에는 전축분인 6호분과 무령왕릉이 있다. 2021년 국가직 9급 ○ | ✕

56 백제 무령왕릉에서는 무덤 안의 네 벽면을 장식한 사신도 벽화를 볼 수 있다. 2017년 국가직 7급 ○ | ✕

57 백제 무령왕릉 무덤에서는 무덤에 묻힌 인물에 대해 알려주는 문자 자료가 발견되었다. 2019년 국가직 7급 ○ | ✕

58 백제 무령왕릉으로 추정되는 묘지석이 돌무지덧널무덤 양식에서 나왔다. 2015년 법원직 9급 ○ | ✕

59 백제 벽돌무덤은 무덤의 천장을 모줄임 구조로 만들었다. 2012년 법원직 9급 ○ | ✕

60 백제 역사 유적 지구 중 부여 지구에 속한 능산리 고분군에는 계단식 돌무지무덤이 있다. 2022년 국가직 9급 ○ | ✕

61 돌무지덧널무덤은 무덤 속에 벽화가 그려진 경우가 많았다. 2022년 소방간부후보생 ○ | ✕

62 돌무지덧널무덤은 도굴이 어려워 껴묻거리가 많이 발견되었다. 2022년 소방간부후보생 ○ | ✕

63 천마도가 발견되어 천마총이라 이름 붙은 무덤은 돌무지덧널무덤 양식이다. 2015년 법원직 9급 ○ | ✕

---

51 고구려 초기에는 _____ 이 유행했다. 처음에는 단순히 돌을 쌓아 올리다가, 점차 피라미드 형태로 쌓아 올렸고, 그 후에는 다듬은 돌을 계단식으로 쌓아 올렸다.

52 고구려 후기에는 _____ 이 유행하였다.

53 고구려 _____ 는 초기에 주로 무덤 주인의 생활을 표현한 그림이 많았으나, 후기에는 점차 추상화되어 사신도와 같은 그림으로 변하였다.

54 _____ 고분은 백제 건국의 주도 세력이 고구려 계통임을 보여 준다.

55 공주 송산리 1호분~_____ 은 고구려의 영향을 받아 만들어진 대표적인 굴식 돌방무덤이다.

56 백제에서는 웅진 천도 이후 중국 남조의 영향을 받아 _____ 이 만들어졌다.

57 백제 송산리 6호분에는 일월도, 사신도가 그려진 벽화가 있고, _____ 에는 벽화가 없다.

58 무령왕릉은 출토된 _____ 을 통해 무덤의 주인을 정확하게 알 수 있었다.

59 백제 _____ 에 안치된 관의 재질이 일본산 금송이라는 점을 통해 당시 백제와 일본의 밀접한 관계를 엿볼 수 있다.

60 백제 사비 시기의 대표적인 고분으로는 _____ 고분군이 있다.

61 통일 전의 대표적인 신라 무덤 양식은 _____ 이다.

62 신라만의 독특한 양식인 돌무지덧널무덤은 _____ 가 없는 것이 특징이다.

63 신라의 돌무지덧널무덤은 도굴이 힘들어 많은 _____ 이 출토되었다.

64	신라의 돌무지덧널무덤은 나무 덧널을 설치하고 그 위에 돌만 쌓았다. 2012년 국가직 9급　○ㅣ×	64	신라의 대표적인 돌무지덧널무덤으로는 □□□, 호우총, 서봉총, 황남대총 등이 있다.
65	통일 신라는 굴식 돌방무덤이 발전하여 봉토를 호석으로 두르고 그 호석에는 12지 신상을 조각하였다. 2013년 국가직 7급　○ㅣ×	65	통일 신라 시기에는 돌무지덧널무덤 대신, 무덤 주위에 □□□을 설치하고 □□□□□을 조각하는 굴식 돌방무덤이 조성되었다.
66	발해의 정효 공주 무덤은 무덤방의 네 벽면에 회가 칠해지고 벽화가 그려져 있다. 2019년 국가직 7급　○ㅣ×	66	발해 문왕의 둘째 딸인 정혜 공주 묘는 굴식 돌방무덤으로, □□가 없다.
67	정효 공주 묘는 고구려 고분 구조를 닮았지만 모줄임 천장은 말갈 문화의 영향이다. 2021년 국회직 9급　○ㅣ×	67	정혜 공주 묘는 고구려의 양식을 계승한 □□□ 천장 구조이며, 돌사자상이 출토되었다.
68	발해의 정혜 공주 무덤은 모줄임 천장 구조를 하고 있다. 2014년 서울시 7급　○ㅣ×	68	발해 문왕의 넷째 딸인 정효 공주 묘는 □□□□□으로, 공주를 모시는 인물을 그린 벽화가 남아 있다.

5. 고대의 건축

69	백제 좌평 사택적덕의 딸이 건립한 사원에는 목탑 양식을 간직한 석탑이 있다. 2024년 국가직 9급　○ㅣ×	69	신라의 사찰 건축물로는 □□□ 때 건립된 황룡사와 □□□ 때 건립된 분황사가 있다.
70	발해는 당의 수도인 장안성을 본떠 상경성을 바둑판 모양으로 반듯하게 구획하였다. 2015년 경찰직(1차)　○ㅣ×	70	신라 경덕왕 때 건립된 □□□는 불국토의 이상을 표현한 사찰이다.
71	발해는 연못, 인공섬을 갖춘 월지를 동궁으로 사용하였다. 2016년 국가직 7급　○ㅣ×	71	인공 석굴 사원인 □□□은 김대성의 발원으로 경덕왕 때 건립되었다.
72	발해는 도읍에 직사각형의 내·외성, 주작대로를 만들었다. 2016년 국가직 7급　○ㅣ×	72	□□□는 문무왕 때 건립된 인공섬이다.

6. 고대의 탑

73	부여 정림사지 5층 석탑에서는 백제 무왕의 왕후가 넣은 사리기가 발견되었다. 2019년 국가직 9급　○ㅣ×	73	발해의 상경 용천부는 남북으로 넓은 □□□□를 내고, 그 안에 궁궐, 사원 등을 건축하였다.
74	부여 정림사지 5층 석탑은 소정방이 쓴 평제문이 있어 '평제탑'이라 불리기도 하였다. 2018년 경찰간부후보생　○ㅣ×	74	발해 상경성에서는 고구려의 영향을 받은 □□□ 시설이 발견되었다.

75	익산 미륵사지 석탑은 목조탑의 양식을 간직하고 있는 석탑이다. 2017년 지방직 9급 ○ │ ×	75	신라 _____ 은 자장의 건의로 선덕 여왕 때 건립되었으나, 고려 몽골 침입 때 소실되었다.
76	익산 미륵사지 석탑은 현존 최고(最古)의 석탑이다. 2019년 경찰간부후보생 ○ │ ×	76	신라 중대의 대표적인 석탑인 _____ 석탑은 신문왕 때 건립되었으며, 상륜부가 피뢰침 모양인 것이 특징이다.
77	미륵사지 석탑에서는 『무구정광대다라니경』이 발견되었다. 2023년 서울시 9급 ○ │ ×	77	불국사 3층 석탑(석가탑)에서 『_____』 이 발견되었다.
78	익산에는 미륵사지 석탑과 왕궁리 5층 석탑이 있으며, 이곳에서는 안승이 보덕국을 건국하였다. 2022년 소방직 ○ │ ×	78	신라 하대의 양양 _____ 석탑은 기단과 탑신에 부조로 불상을 새겨넣었다.
79	황룡사 9층 목탑은 선종이 보급되면서 승려의 사리를 봉안하기 위해 세웠다. 2017년 지방직 9급 ○ │ ×	79	신라 하대에는 _____ 불교의 영향으로 승려의 사리를 봉안하는 승탑(부도)이 유행하였다.
80	황룡사 9층탑은 돌을 벽돌 모양으로 다듬어 쌓았다. 2017년 지방직 9급 ○ │ ×	80	신라 하대의 대표 승탑으로 _____, 태안사 적인선사 승탑, 쌍봉사 철감선사 승탑 등이 유명하다.
81	발해의 영광탑은 고구려의 영향을 받은 석탑이다. 2016년 서울시 7급 ○ │ ×	81	발해 _____ 은 발해의 유일한 전탑으로 당의 건축 기법과 양식의 영향을 받았다.

7. 고대의 예술과 과학 기술

82	고구려는 말의 배가리개에 하늘을 나는 천마를 그린 그림을 그려 넣었다. 2011년 법원직 9급 ○ │ ×	82	통일 신라 _____ 본존불은 불교의 이상 세계를 실현하였고, 균형미가 뛰어나다.
83	가야 출신의 우륵에 의해 가야금이 신라에 전파되었다. 2019년 지방직 9급 ○ │ ×	83	고구려의 왕산악은 _____ 를 제작하고 악곡을 지어 연주하였으며, 신라의 ____ 은 거문고 명인으로, 가난한 아내를 위로하는 방아 타령을 지었다.
84	고구려 시대에 만들어진 천상열차분야지도는 우리나라 최초의 천문도이다. 2011년 기상직 9급 ○ │ ×	84	고대의 천문학은 ____ 과 밀접한 관계가 있어 이를 활용하였고, 왕권과 연결짓기도 하였다.
85	고구려 고분 벽화에는 철을 단련하고 수레바퀴를 제작하는 인물의 모습이 그려져 있다. 2016년 사회복지직 9급 ○ │ ×	85	7세기 선덕 여왕 때 건립된 _____ 는 동양에서 현존하는 가장 오래된 천문 관측 시설이다.
86	신라 선덕 여왕은 첨성대를 건립하여 천체를 관측하였다. 2015년 경찰간부후보생 ○ │ ×	86	『_____』에 일·월식, 기상 이변 등에 관한 천문 현상 관측 기록이 남아 있다.
87	신라에서는 천문 관측이 제도화되어 서운관에서 천문학 관련 업무를 관장하였다. 2010년 국가직 7급 ○ │ ×	87	통일 신라 _____ 의 석굴 구조는 수학 지식을 활용하여 건축되었다.

88 통일 신라 시대에 발달된 수학 지식은 불국사·석굴암 등 사찰 건축에 실제 응용되었다. 2016년 경찰간부후보생 O | X

89 백제에서 제작하여 왜에 보낸 칠지도는 강철로 만들고 금으로 글씨를 상감해 새겨 넣었다. 2016년 사회복지직 9급 O | X

90 부여 능산리 고분군 옆 절터에서 백제 금동 대향로가 출토되었다. 2016년 경찰간부후보생 O | X

91 신라 고분에서 출토된 금관은 뛰어난 제작 기법과 형태를 보여주고 있다. 2016년 사회복지직 9급 O | X

92 신라 다보탑에서 발견된 『무구정광대다라니경(無垢淨光大陀羅尼經)』은 목판으로 인쇄된 것이다.
2016년 경찰간부후보생 O | X

88 _____는 4C 백제가 일본 왕에게 하사한 강철로 만든 제품으로, 금으로 상감한 글씨가 새겨져 있어 백제 제철 기술의 우수함을 보여준다.

89 백제 _____는 정교한 금속 공예 기술을 보여준다.

90 _____에서는 금 세공 기술이 발달하였는데, 순금·도금의 금관이 제작되었다.

91 통일 신라의 _____은 12만근 구리로 제작되었고 신비한 종소리로 유명하다.

92 『무구정광대다라니경』은 현존하는 세계 최고(最古)의 _____인쇄물로, 불국사 3층 석탑(석가탑)에서 발견되었다.

8. 삼국의 문화 전파

93 백제의 노리사치계가 일본에 불경과 불상을 전하였다.
2021년 국가직 9급 O | X

94 백제는 일본에 오경박사를 파견하였다. 2015년 법원직 9급 O | X

95 백제의 왕인은 일본에 건너가 천자문과 논어를 전하고 가르쳤다. 2015년 경찰직(1차) O | X

96 백제의 아직기는 일본에 불교를 전파하였다.
2018년 서울시 7급 O | X

97 고구려는 일본의 벽화 제작 기법에 영향을 주었다.
2015년 법원직 9급 O | X

98 고구려의 승려 혜자는 일본 쇼토쿠 태자의 스승이 되었다. 2014년 지방직 7급 O | X

99 신라인들은 배를 만드는 조선술과 제방을 만드는 축제술을 일본에 전해주었다. 2018년 서울시 7급 O | X

93 삼국의 문화는 7C 일본의 _____ 문화 형성에 영향을 주었다.

94 4C 백제의 _____은 일본에 『천자문』(한자), 『논어』(유교), 경서 등을 전하고 가르쳤다.

95 6C 백제 무령왕 때 5경박사 _____, 고안무는 일본에 유학을 전파하였다.

96 6C 백제 성왕 때 _____가 일본에 불경과 불상을 전달하였다.

97 7C 고구려 영양왕 때 _____는 일본 쇼토쿠 태자의 스승이 되었다.

98 7C 고구려 영양왕 때 _____은 일본에 유교의 5경과 그림을 가르쳤고, 종이, 먹 제조법을 전달하고 호류사 금당 벽화를 제작하였다.

99 고구려 수산리 고분 벽화는 일본 _____ 고분 벽화에 영향을 주었다.

100 가야의 토기 제작 기술은 일본 스에키 토기에 영향을 주었다. 2015년 법원직 9급 O | X

101 다카마쓰 무덤에서 발견된 벽화를 통해 가야 문화가 일본에 영향을 미쳤음을 알 수 있다. 2018년 서울시 7급 O | X

102 통일 신라의 원효, 강수, 설총이 발전시킨 불교와 유교 문화는 일본 아스카 문화의 성립에 기여하였다. 2015년 경찰직(1차) O | X

100 신라의 조선술과 축제술 전파로 일본에는 '_____'이라는 이름까지 생겼다.

101 가야의 토기는 일본 _____ 토기에 영향을 주었다.

102 통일 신라의 문화는 8C 일본의 _____ 문화 형성에 기여하였다.

테마 35 고려의 문화

III 문화사-고려

*올인원 블랭크노트 p.163

기출 OX — OX를 체크하며 합격 실력 점검하고!

1. 중세의 불교

01 광종은 중국에 승려들을 보내 법안종을 수용하였다. 2023년 서울시 9급 O | X

02 균여는 광종 때 귀법사의 주지가 되었고 불교 대중화에 힘써 보현십원가를 지었으며, 화엄학에 대한 주석서를 쓰는 등 화엄 교학을 정비하였다. 2023년 서울시 9급 O | X

03 고려 초기 제관과 의통이 남중국에 가서 천태학을 전하였다. 2013년 경찰직(2차) O | X

04 의천은 문종의 넷째 아들로 '대각국사'라는 칭호를 받았으며, 이론 연마와 수행을 함께 강조하는 교관겸수를 주장하였다. 2023년 계리직 9급 O | X

05 의천은 국청사를 중심으로 고려 천태종을 창시하였다. 2013년 지방직 9급 O | X

06 의천은 중국에서 도입한 법안종을 중심으로 선종을 정리하였다. 2018년 법원직 9급 O | X

07 문종의 넷째 아들인 의천은 『신편제종교장총록』을 편찬하였다. 2025년 국가직 9급 O | X

08 의천은 참선과 독경은 물론 노동에도 힘을 쓰자고 하면서 결사를 제창하였다. 2023년 지방직 9급 O | X

09 지눌은 속장경의 제작에 주도적으로 참여하였다. 2020년 소방직 O | X

10 지눌은 순천 송광사에서 수선사 결사 운동을 전개하였다. 2013년 지방직 9급 O | X

블랭크 — 빈칸을 채우며 합격 실력 완성하자!

01 태조 왕건은 _____를 통해 연등회·팔관회를 중시할 것을 당부하였다.

02 광종 때 _____를 두고, 합격자에게는 _____를 부여하여 승려의 지위를 보장하였다.

03 연등회와 팔관회는 _____ 때 폐지되었다가 _____ 때 부활하였다.

04 의천은 _____의 화쟁 사상의 영향을 받아 교단 통합 운동을 펼쳤다.

05 의천은 _____를 근거지로 화엄종 중심의 교종 통합 운동을 전개하였다.

06 의천은 교리와 실천을 모두 중요시하는 _____를 제창하며 교종을 중심으로 _____을 통합하려 하였다.

07 의천은 _____을 설치하여 송·요(거란)·일본의 불서 목록을 수집하여 『_____』을 편찬하였다.

08 의천은 초조대장경의 속편인 불교 주석서 _____을 간행하였다.

09 _____ 집권기에 들어 불교계에서는 불교의 타락상을 비판하며, 불교 정화 운동(결사 운동)이 일어났다. 대표적인 승려로는 지눌, 혜심, 요세가 있었다.

10 지눌은 송광사를 중심으로 _____ 결사 운동을 전개하였다.

11 지눌은 단박에 깨달음을 얻고 깨달은 후에도 꾸준히 수행해야 한다고 주장하였다. 2022년 간호직 8급 O | X

12 지눌은 부석사를 창건하고 화엄 사상을 선양하였다. 2016년 지방직 9급 O | X

13 지눌은 교단을 통합, 정리하는 것이 불교계의 폐단을 바로잡는 우선 과제라고 생각하였다. 2022년 간호직 8급 O | X

14 지눌은 선을 중심으로 교학을 포용하고자 하였다. 2018년 법원직 9급 O | X

15 혜심은 유교와 불교는 다름이 없다하여 유·불 일치를 강조하였다. 2011년 지방직 7급 O | X

16 요세는 백련사를 결성하여 극락왕생을 기원하는 참회와 염불 수행을 강조하였다. 2023년 지방직 9급 O | X

17 요세는 자신의 행동을 진정으로 참회하는 법화 신앙에 중점을 둔 백련 결사를 제창하였다. 2013년 국가직 7급 O | X

18 요세는 원의 불교인 임제종을 들여와서 전파시켰다. 2019년 지방직 9급 O | X

2. 고려 유학의 발달

19 이제현은 만권당에서 원의 학자들과 교류하였다. 2022년 서울시 9급(2월) O | X

20 안향은 공민왕이 중영한 성균관의 대사성이 되었다. 2022년 서울시 9급(2월) O | X

21 이색은 충렬왕 때 고려에 성리학을 본격적으로 소개하였다. 2022년 서울시 9급(2월) O | X

22 안향은 충렬왕을 따라 원에 갔다가 공자와 주자의 화상(畵像)을 그려 와 고려에 주자학을 보급하였다. 2015년 경찰간부후보생 O | X

---

11 지눌은 승려 본연의 자세로 돌아가 _____ 과 선 수행, 노동에 고루 힘쓰자는 개혁 운동을 전개하였다.

12 지눌은 선과 교학을 모두 수행하되, 선을 중심으로 교학을 포용하자는 _____ 를 제창하였다.

13 지눌은 단번에 깨닫고 꾸준히 실천하자는 _____ 를 제창하였다.

14 지눌은 「_____」, 「목우자수심결」 등을 저술하였다.

15 혜심은 _____ 의 제자로서 불교의 세속화를 비판하고 인간 _____ 의 도야를 강조하였다.

16 혜심은 _____ 을 주장하였고, 이는 이후 _____ 수용의 사상적 토대가 되었다.

17 요세는 강진 만덕사를 중심으로 _____ 결사를 결성하고, 결사 운동을 전개하였다.

18 요세는 자신의 행동을 진정으로 참회하는 _____ 을 강조하였고, 이는 지방민의 호응을 얻었다.

19 고려 성종 때 최승로의 _____ 를 수용하여, 국자감을 정비하고 향교를 설치하였다.

20 충렬왕 때 _____ 이 원에서 『주자전서』를 가져와 우리나라에 _____ 을 소개하였다.

21 충선왕이 원에 설치한 만권당에서 _____ 이 원의 학자들과 교류하면서 성리학에 대한 이해를 심화하였다.

22 공민왕 때 성균관 대사성 _____ 이 정몽주, 권근, 정도전을 가르치며 성리학이 확산되었다.

3. 고려의 역사서

23 김부식의 『삼국사기』는 현존하는 가장 오래된 역사서로 편년체로 기술되어 있다. 2017년 경찰직(2차) O | X

24 김부식의 『삼국사기』는 기전체로 서술되어 본기, 지, 열전 등으로 나누어 구성되었다. 2012년 국가직 9급 O | X

25 『삼국사기』는 유교적 합리주의 사관에 기초하여 기전체로 서술하였다. 2013년 국가직 9급 O | X

26 김부식의 『삼국사기』는 고구려 계승 의식보다는 신라 계승 의식이 좀 더 많이 반영되었다고 평가된다. 2012년 국가직 9급 O | X

27 『삼국사기』는 몽골 침략의 위기를 겪으며 우리의 전통 문화를 올바르게 이해하려는 움직임에서 편찬되었다. 2012년 국가직 9급 O | X

28 팔만대장경과 『직지』 제작 사이 시기에 일연이 『삼국유사』를 편찬하였다. 2022년 소방간부후보생 O | X

29 『삼국유사』는 고구려 계승 의식을 반영하고 고구려의 전통을 노래하였다. 2013년 국가직 9급 O | X

30 일연은 『삼국유사』에 불교 중심의 고대 민간 설화를 수록하였다. 2019년 국가직 9급 O | X

31 『삼국유사』에는 단군의 건국 이야기가 수록되었다. 2022년 법원직 9급 O | X

32 『삼국유사』는 신라 역사를 상고·중고·하고로 나누어 인식하였다. 2021년 국회직 9급 O | X

33 『편년통록』에는 성리학적인 역사 인식이 반영되었다. 2021년 국회직 9급 O | X

34 『동명왕편』은 고려가 성인의 나라임을 알리기 위해 편찬하였다. 2021년 국회직 9급 O | X

35 이규보는 김부식의 『삼국사기』에 동명왕의 신이한 사적이 생략되어 있다고 평하였다. 2023년 지방직 9급 O | X

23 『삼국사기』는 이자겸의 난, 묘청의 난 등을 거치며 지배 질서를 재정립할 필요성을 느낀 ____의 명으로 편찬되었다.

24 『삼국사기』는 ____의 주도하에 편찬되었다.

25 『삼국사기』는 현존 최고(最古)의 역사서로, ____ 서술 방식으로 저술되었다.

26 『삼국사기』는 ____ 28권, 지 9권, 열전 10권, 연표 3권으로 이루어져 있다.

27 『삼국사기』는 고려 초에 쓰여진 『____』를 토대로 쓰여졌다.

28 『삼국사기』는 ____ 사관에 기초하여 서술되어 있다.

29 『삼국사기』에는 ____ 관련 설화가 배제되어 있다.

30 『삼국유사』는 충렬왕 때 승려 ____이 편찬한 역사서로, 불교사를 중심으로 서술되어 있다.

31 『삼국유사』는 ____, 기이, 흥법, 탑상, 의해, 신주, 감통, 피은, 효선 등으로 구성되어 있다.

32 『삼국유사』에는 고대 민간 설화 및 ____의 건국 이야기, 14수의 신라 ____ 등이 수록되어 있다.

33 『삼국유사』는 민족적 자주 사관이 반영된 역사서로, 우리 고유의 문화와 ____을 중시하였다.

34 『____』은 거란의 침입으로 소실된 전 왕 대의 기록을 현종 때 다시 편찬하기 시작하여 덕종 때 황주량이 완성하였다.

35 문종 때 박인량이 편찬한 편년체 역사서인 『____』은 현존하지 않는다.

36 이규보의 『동명왕편』에는 고구려 계승 의식이 반영되었다. 2018년 서울시 7급   O | X

37 이승휴는 단군부터 고려 충렬왕 때까지의 역사를 서사시로 기록하였다. 2023년 지방직 9급   O | X

38 『제왕운기』는 예맥, 옥저 등을 모두 단군의 후손으로 서술하였다. 2023년 계리직 9급   O | X

39 『제왕운기』는 정통론에 입각하여 마한, 신라를 정통 국가로 서술하였다. 2023년 계리직 9급   O | X

40 정몽주는 역사서 『사략』을 저술하였다. 2022년 서울시 9급(2월)   O | X

36 명종 때 이규보는 고구려 동명왕의 업적을 칭송한 『_____』을 편찬하였다.

37 고종 때 각훈이 삼국 시대 이래의 승려들의 전기를 기록한 『_____』을 편찬하였다.

38 『_____』는 중국과 우리나라의 역사를 운율시 형식으로 서술하였다.

39 충숙왕 때 민지가 편찬한 『_____』에는 성리학적 역사 서술 방식이 반영되어 있다.

40 공민왕 때 _____이 태조에서 숙종 때까지 임금의 치적을 정리한 역사서인 『_____』을 편찬하였다.

4. 고려의 교육 기관

41 국자감에는 율학, 산학, 서학과 같은 유학부와 국자학, 태학, 사문학 등의 기술학부가 있었다. 2015년 경찰직(2차)   O | X

42 국자감의 잡학에는 문·무관 8품 이하의 관리나 서민의 자제가 입학하였다. 2016년 경찰간부후보생   O | X

43 성종 때 최충이 9재 학당을 설치하였다. 2023년 법원직 9급   O | X

44 최충의 9재 학당은 9경과 3사를 중심으로 교육하였다. 2015년 지방직 9급   O | X

45 사학 십이도의 시초인 구재 학당(九齋學堂)에는 9경 등을 전문적으로 가르치기 위한 9개의 재(齋)가 설치되었다. 2016년 경찰간부후보생   O | X

46 고려 중기에는 최충의 문헌공도를 비롯한 사학 12도가 융성하였다. 2013년 서울시 9급   O | X

47 고려 정부는 관학을 진흥시키기 위해 『주자가례』와 『소학』을 널리 보급하였다. 2020년 법원직 9급   O | X

48 숙종 대에 서적포라는 국립 출판사를 두어 책을 간행하였다. 2022년 서울시 9급(6월)   O | X

41 고려 시대에 중앙 교육 기관으로 _____을 두었고, 지방에는 _____가 설치되어 지방 관리와 서민 자제의 교육을 담당하였다.

42 고려 인종 때 국자감(국학)을 정비하여 _____ 체제를 확립하였다.

43 국자감은 국자학·태학·사문학 _____, 율학·서학·산학의 기술학부로 구성되었다.

44 성종은 개경에 비서성, 서경에 _____이라는 도서관을 설치하는 등 교육 제도를 정비하였다.

45 고려 중기에는 사학이 크게 발달하여 _____가 융성하였다.

46 고려 중기에 사학 중에서는 최충의 '_____'이 유명하였다.

47 숙종 때 국자감에 _____를 설치하여 서적 간행을 활성화하였다.

48 예종 때 관학 _____라는 전문 강좌를 설치하였다.

49	예종은 양현고를 설치하여 관학을 진흥시키고자 하였다. 2022년 법원직 9급 ○	X	49	예종은 _____라는 장학 재단을 설립하여 국학의 재정 기반을 강화하였다.
50	예종은 국학 7재를 설치하여 관학을 진흥하였다. 2017년 국가직 9급 ○	X	50	예종 때 도서관 겸 학문 연구소인 _____, 보문각 등을 설치하였다.
51	예종 때 도서관 겸 학문 연구소인 청연각, 보문각을 설치하였다. 2015년 경찰직(2차) ○	X	51	인종은 7재에서 _____를 폐지하였다.
52	인종 때 전문 강좌인 7재를 9재 학당으로 정비하였다. 2015년 경찰직(2차) ○	X	52	충렬왕 때 양현고의 부실을 보충하기 위해 _____을 두었다.
53	섬학전의 부실을 보충하기 위해 충렬왕 때 양현고를 설치하였다. 2015년 경찰직(2차) ○	X	53	충렬왕 때 공자 사당인 _____를 새로 건립하였으며, _____을 설치하여 경전과 역사 교육을 실시하였다.
54	고려의 국립 대학 국자감은 충선왕 대에 국학으로 개칭되었다. 2022년 서울시 9급(6월) ○	X	54	공민왕은 _____을 순수한 유교 교육 기관으로 개편하여 유교 교육을 강화하였다.

5. 도교와 풍수지리설

55	고려 예종 때에 도관(道觀)인 복원궁을 세워 초제를 올렸다. 2018년 지방직 9급 ○	X	55	고려 시대에는 도교식 제사인 _____를 거행하였다.
56	풍수지리설은 문종 때 남경 설치의 배경이 되었다. 2017년 국가직 9급 ○	X	56	고려 시대에 불교를 중심으로 개최되었던 _____에는 불교뿐만 아니라 도교와 민간 신앙이 융합되어 있었다.
57	풍수지리설은 고려 시대에 묘청이 서경 천도의 필요성을 주장하는 논리로 활용되었다. 2016년 국가직 9급 ○	X	57	풍수지리설은 신라 말 _____에 의해 중국으로부터 유입되었고, 고려 시대에는 _____과 결합하여 유행하였다.
58	풍수지리 사상은 고려 시대에 국가와 왕실의 안녕과 번영을 기원하는 초제로 행하여졌다. 2016년 국가직 9급 ○	X	58	풍수지리설은 3경 설치와 묘청의 _____에 영향을 주었다.

6. 과학 기술의 발달

59	고려는 일찍부터 금속 활자 인쇄술을 발명하였으며, 후기에는 활판 인쇄술의 개발에 힘을 기울였다. 2014년 경찰직(2차) ○	X	59	고려 공양왕 때 _____이 설치되어 활자 제작과 인쇄를 관장하였다.
60	고려는 최우 집권 시기에 금속 활자로 『상정고금예문』을 인쇄하였다. 2016년 지방직 9급 ○	X	60	『_____』은 현존하지 않으나 고려 고종 때 금속 활자로 인쇄하였다는 기록이 『동국이상국집』에 남아 있다.

61 청주 흥덕사지에서 조판한 불교 경전은 현존 세계 최고(最古)의 금속활자본이다. 2024년 지방직 9급 O | X

62 대장경이란 경(經)·율(律)·논(論) 삼장으로 구성된 불교 경전을 말한다. 2016년 서울시 9급 O | X

63 초조대장경은 거란의 침입 때 부처의 힘을 빌려 적을 물리치고자 만들었다. 2011년 지방직 9급 O | X

64 재조대장경은 몽고 침략으로 초조대장경이 소실된 후 고종 때 다시 만든 것이다. 2011년 지방직 9급 O | X

65 고려 시대에 천문과 역법을 맡은 관청으로 사천대가 설치되었다. 2010년 법원직 9급 O | X

66 고려 충선왕 때에는 원의 선명력을 채용하고 그 이론과 계산법을 충분히 소화하였다. 2017년 경찰직(1차) O | X

67 고려는 토지 측량 기구인 인지의와 규형을 제작하여 토지 측량과 지도 제작에 활용하였다. 2012년 경찰직(3차) O | X

68 고려는 태의감에 의학박사를 두어 의학을 가르치고, 의원을 뽑는 의과를 시행하였다. 2012년 경찰직(3차) O | X

69 고려 시대에는 현존하는 최고(最古) 의학 서적인 『향약구급방』이 편찬되었다. 2013년 서울시 9급 O | X

70 최무선은 중국인 이원에게서 염초 만드는 기술을 배워 화약 제조법을 터득하였다. 2012년 경찰직(3차) O | X

71 고려 시대에는 화통도감에서 각종 화기를 제조하여 왜구 격퇴에 사용하였다. 2018년 경찰직(1차) O | X

7. 귀족 문화의 발달 – 건축

72 안동 봉정사 극락전은 우리나라에서 가장 오래된 목조 건물이다. 2022년 국가직 9급 O | X

73 영주의 부석사 무량수전은 주심포 양식과 배흘림 기둥이 잘 어우러진 건축물이다. 2014년 경찰직(2차) O | X

---

61 1377년 우왕 때 청주 흥덕사에서 간행된 『   』은 현존하는 세계 최고(最古)의 금속 활자본이다.

62 초조대장경은   침입 격퇴를 염원하며 현종 때부터 조판하였고,   의 2차 침입 때 소실되었다.

63 재조대장경(팔만대장경)은 몽골의 침입 격퇴를 염원하며 강화도에   을 설치하여 제작하였다.

64   은 현재 합천 해인사에서 보관하고 있으며 유네스코 세계 기록유산으로 등재되어 있다.

65 고려 시대에는 천문과 역법을 담당하기 위한 관청으로   를 설치하였다.

66 고려 초기에는 당의 선명력을 그대로 사용하고 충선왕 때 원의   을 채택하였다.

67 고려 공민왕 때 역법에서 명의   을 채택하였다.

68 고려 시대에는   에서 의학을 교육하고 의원을 선발하는 의과를 실시하였다.

69 『   』은 현존하는 우리나라 최고(最古)의 의서로, 각종 질병에 대한 처방법과 국산 약재 180여 종을 소개하고 있다.

70 1377년에 최무선의 주도로   을 설치하여 화포를 제작하였다.

71 1380년에   대첩에서 화포를 이용하여 왜구를 격퇴하였다.

72 개성   궁궐터는   으로 건물을 배치하였기 때문에 웅장하게 보였을 것으로 추측된다.

73 주심포 양식의 건물로는 안동 봉정사 극락전, 영주   , 예산 수덕사 대웅전이 있다.

74 다포 양식은 공포가 기둥 위뿐만 아니라 기둥 사이에도 짜여져 있는 양식으로 황해도 사리원의 성불사 응진전은 대표적인 고려 시대 다포 양식의 건물이다. 2018년 경찰직(1차) ○ | ×

75 고려 후기에는 다포 양식 건물이 등장하여 지붕을 웅장하게 얹거나 건물을 화려하게 꾸밀 때 쓰였다. 2020년 경찰직(1차) ○ | ×

76 예산 수덕사 대웅전은 고려 시대의 대표적인 다포식 양식 건물에 해당한다. 2017년 경찰직(1차) ○ | ×

77 고려 시대에는 주심포 양식과 다포 양식이 유행하였는데, 영주 부석사 무량수전과 예산 수덕사 대웅전은 주심포, 안동 봉정사 극락전은 다포 양식이다. 2019년 경찰직(1차) ○ | ×

8. 귀족 문화의 발달 – 탑과 불상

78 고려 시대에는 지역에 따라서 고대 삼국의 전통을 계승한 석탑이 조성되기도 하였다. 2012년 지방직 9급 ○ | ×

79 월정사 8각 9층 석탑은 원의 석탑을 모방하여 제작하였다. 2023년 국가직 9급 ○ | ×

80 원 간섭기에 만들어졌고 현재 국립 중앙 박물관에 보관 중인 경천사지 10층 석탑은 라마교의 영향을 받았고, 화강암이 아닌 대리석으로 만들었다. 2022년 간호직 8급 ○ | ×

81 고려 시대에는 팔각 원당형의 승탑이 많이 만들어졌는데, 그 대표적인 예로 법천사 지광 국사 현묘탑을 들 수 있다. 2012년 지방직 9급 ○ | ×

82 신라 불상의 양식을 계승한 고려의 논산 관촉사 석조 미륵 보살 입상은 균형미가 뛰어난 걸작이다. 2018년 경찰직(1차) ○ | ×

83 영주 부석사에는 신라 양식을 계승한 불상이 있다. 2013년 서울시 9급 ○ | ×

---

74 _____ 은 현존하는 최고(最古)의 목조 건물로, 맞배 지붕 형태이다.

75 영주 부석사 무량수전은 _____ 지붕과 배흘림 기둥으로 구성된 건축물이다.

76 예산 수덕사 대웅전은 주심포 양식의 건물로 _____ 지붕과 _____ 기둥의 형태이다.

77 다포 양식의 건축물인 사리원의 _____ 은 맞배 지붕과 배흘림 기둥의 형태이다.

78 고려 시대에는 안정감은 부족하나 자연스러운 모습의 _____ 탑이 유행하였다.

79 고려 후기에 원의 영향으로 _____ 석탑이 축조되었는데, 이 석탑은 조선 세조 때 건립된 원각사지 10층 석탑에 영향을 주었다.

80 신라 하대 승탑의 전형인 팔각 원당형을 계승한 것으로는 여주 _____ 승탑이 대표적이다.

81 고려 초에는 _____ 과 같은 대형 철불이 활발하게 제작되었다.

82 고려 시대에는 지역적 특색이 반영된 불상이 많이 제작되었는데, 대표적으로 논산 _____, 안동 이천동 마애여래 입상 등이 있다.

83 영주 _____ 은 신라 전통 양식을 계승한 불상으로 균형미가 있는 것이 특징이다.

9. 예술 문화의 발달

84 고려의 귀족 문화를 대표하는 백자는 상감 기법을 이용한 것이다. 2018년 서울시 9급 O | X

85 고려 시대에는 자기 제작에 상감 기법이 개발되어 무늬를 내는 데 활용되었으나 원 간섭기 이후에는 퇴조하였다. 2020년 경찰직(1차) O | X

86 고려 청자는 송나라 사신 서긍이 그 아름다움을 극찬하였다. 2014년 국가직 7급 O | X

87 고려 청자는 강진과 부안이 생산지로 유명하였다. 2014년 국가직 7급 O | X

88 원 간섭기에는 서예에서 구양순체가 주류를 이루었다. 2016년 경찰간부후보생 O | X

89 고려 후기 왕실과 권문세족의 구복적 요구에 따라 극락왕생을 기원하는 아미타불도와 지장보살도 같은 불화가 많이 그려졌다. 2018년 경찰직(1차) O | X

90 고려 시대 향악은 주로 제례 때 연주되었다. 2011년 지방직 9급 O | X

91 고려 시대에는 동동, 대동강, 오관산 등이 창작 유행되었다. 2011년 지방직 9급 O | X

92 한림별곡, 관동별곡 등이 경기체가의 대표적인 작품이다. 2014년 경찰간부후보생 O | X

93 이규보는 흥미 있는 사실, 불교, 부녀자들의 이야기를 수록한 『보한집』을 저술하였다. 2017년 경찰직(1차) O | X

94 이제현은 삼국 시대부터 고려 시대까지의 유명한 시화를 모은 『백운소설』을 저술하였다. 2017년 경찰직(1차) O | X

95 박인량의 『역옹패설』은 고려 시대의 대표적 설화 문학에 해당한다. 2017년 경찰직(1차) O | X

96 임춘은 술을 의인화한 『국순전』을 저술하여 현실을 풍자했다. 2017년 경찰직(1차) O | X

---

84 12C 고려에서는 상감법이라는 독창적인 기법을 개발하여 _____를 제작하였다.

85 원 간섭기 이후 원으로부터 북방 가마 기술이 도입되며, 청자의 빛깔이 퇴조되고, _____를 제작하기 시작하였다.

86 고려 시대 금속 공예에서는 청동기 표면을 파내어 실처럼 만든 은을 채워 넣어 무늬를 만드는 _____ 기술이 발달하였다.

87 고려 시대에는 옻칠한 바탕에 자개를 붙여 무늬를 나타내는 _____ 공예가 크게 발달하였다.

88 고려 전기에 서예에서는 왕희지체, 구양순체가 유행하였고, 후기에 _____가 유행하였다.

89 고려 후기에 공민왕이 그린 _____는 원대 북화의 영향을 받았다.

90 고려 예종 때 송에서 전래된 대성악이 궁중 음악인 _____으로 발전하였다.

91 고려 시대에는 처용무 등을 중심으로 한 _____이 유행하였으며, 주로 부도덕한 지배층과 타락한 승려를 풍자하였다.

92 향가는 광종 때 균여가 지은 「_____」 11수가 대표적이다.

93 고려 후기 신진 사대부들이 향가 형식을 계승하여 한림별곡, 관동별곡 등의 _____를 창작하였다.

94 고려 후기에 일반 백성 사이에서는 작자 미상의 민요풍의 _____가 유행하였다.

95 패관 문학은 민간 구전을 한문으로 기록한 것으로 이규보의 「_____」, 이제현의 「_____」 등이 있다.

96 가전체 문학은 사물을 _____하여 일대기를 구성한 것으로, 대표작으로 임춘의 「국순전」, _____의 「국선생전」 등이 있다.

테마 36 조선의 문화

III 문화사-조선

* 올인원 블랭크노트 p.176

기출 OX — OX를 체크하며 합격 실력 점검하고!

1. 한글 창제

01 세종의 한글 창제는 양반 관료층의 적극적인 지지를 받아 이루어졌다. 2015년 경찰간부후보생 O | X

02 세종은 이후 모든 서적을 훈민정음을 써서 편찬하도록 했다. 2015년 경찰간부후보생 O | X

03 세종 때 한글을 보급하기 위해서 왕실 조상의 덕을 찬양하는 『용비어천가』를 편찬하였다. 2014년 경찰직(2차) O | X

04 세종 때 부처님의 덕을 기리는 『월인천강지곡』과 『석보상절』은 한글로 간행될 수 없었다. 2014년 경찰직(2차) O | X

2. 교육 기관

05 서당은 선비와 평민의 자제에게 『천자문』 등을 가르쳤다. 2019년 국가직 9급 O | X

06 향교는 원칙적으로 모든 양인 남자에게 입학이 허용되었고 학비는 없었다. 2019년 국가직 7급 O | X

07 향교는 훌륭한 유학자들을 제사 지내고, 성리학을 연구하는 사립 교육 기관이다. 2023년 계리직 9급 O | X

08 향교는 매년 자체적으로 정기 시험을 치러 성적 우수자에게는 성균관 입학 자격이 주어졌다. 2019년 국가직 7급 O | X

09 향교는 학업 중 군역이 면제되었으나 성적 미달로 자격이 박탈될 경우 군역을 지도록 하였다. 2019년 국가직 7급 O | X

10 서원은 학문 연구와 선현의 제사를 위해 설립된 사설 교육 기관이다. 2019년 국가직 9급 O | X

블랭크 — 빈칸을 채우며 합격 실력 완성하자!

01 유학자 _____ 는 새 문자를 만드는 것은 오랑캐나 다름 없는 것이라 하며 한글 창제에 대해 반대하였다.

02 세종은 _____ 을 설치하고 집현전 학자들과 음운을 연구하여 훈민정음을 창제·반포하였다.

03 조선 정부는 왕실 조상의 덕을 찬양하는 『_____』를 한글로 간행하였다.

04 _____ 들이 한글을 배워 행정 실무에 이용할 수 있도록 선발 시험 때 훈민정음으로 시험을 치르게 하였다.

05 _____ 은 초등 교육을 담당하였던 사립 교육 기관이었다.

06 4부 학당은 중앙의 _____ 교육 기관으로, _____, 동학, 남학, 서학이 있었다.

07 4부 학당에는 8세 이상의 양인 남성이면 입학이 가능했고, 교수와 _____ 를 파견하여 교육하였다.

08 4부 학당에서는 _____ 를 실시하였고, 합격생은 _____ 복시에 응시하거나 성균관 기재생으로 입학할 수 있었다.

09 _____ 는 지방에 설치된 중등 교육 기관으로, 성현에 대한 제사와 유생들의 교육, 지방민의 교화를 담당하였다.

10 향교는 부·목·군·현에 각각 _____ 씩 설립되었다.

11 서원은 지방의 군현에 있던 유일한 관학이다.
    2019년 국가직 9급   O | X

12 서원은 국가의 사액을 받으면 면세의 특권이 주어졌다.
    2018년 서울시 7급   O | X

13 서원은 봄·가을로 향음주례를 지냈으며 국자학, 태학, 사문학 같은 유학부가 있었다. 2010년 법원직 9급   O | X

14 성균관의 성적 우수자는 문과의 초시를 면제해 주었다.
    2019년 국가직 9급   O | X

15 성균관에는 생원이나 진사만 입학할 수 있었다.
    2017년 사회복지직 9급   O | X

16 기술 교육은 잡학이라 불렀는데 해당 관서에서 가르쳤다.
    2023년 계리직 9급   O | X

11 향교에서는 매년 두 차례 시험을 실시해 성적 우수자는 소과 □□를 면제해 주었고, 성적 미달자는 □□을 수행하도록 하였다.

12 서원에서는 봄·가을로 □□□를 지내고 □□의 제사, 성리학 연구, 향촌 사회 교화 등을 담당하였다.

13 서원에는 기본적으로 강당, □□와 □□, 사당이 있었다.

14 □□□은 서울에 위치한 조선 최고의 학부이자 고등 교육 기관이었다.

15 성균관에는 원칙적으로 15세 이상의 □□, □□(소과 합격자)가 입학하였다.

16 조선의 교육 기관 중 □□와 성균관에는 공자의 사당인 문묘가 있었다.

3. 성리학의 융성

17 이언적은 이보다는 기를 중심으로 자신의 이론을 전개하여 후대에 큰 영향을 끼쳤다. 2016년 경찰직(1차)   O | X

18 서경덕은 우주를 무한하고 영원한 기로 보는 '태허설'을 제기하였다. 2018년 국가직 9급   O | X

19 서경덕은 만물의 근원을 기로 설명하는 성리 철학을 전개하였다. 2014년 경찰간부후보생   O | X

20 서경덕, 조식은 모두 노장 사상에 대해 포용적인 자세를 취하였다. 2013년 서울시 9급   O | X

21 조식은 노장 사상을 포용하고 학문의 실천성을 강조하였다.
    2014년 지방직 9급   O | X

22 이황은 이와 기를 통일적으로 이해하면서 기를 중시하였다.
    2021년 소방직   O | X

23 이황은 기보다는 이를 중시했고, 예안향약을 만들었다.
    2018년 서울시 9급   O | X

17 이언적은 중종에게 □□□□□(나라를 다스리는 10가지 대책)를 바쳤다.

18 이언적의 사상은 □□을 비롯한 후대 성리학자들에게 영향을 주었다.

19 서경덕은 □□□의 선구자로, 우주 자연은 미세한 입자인 기로 구성되어 있으며, 기는 영원불멸하면서 생명을 낳는다고 보았다.

20 서경덕은 불교와 □□ 사상에 개방적이었고, 그의 사상은 이후 □□의 주기론에 영향을 주었다.

21 조식은 학문의 □□□을 강조하였다.

22 이황은 주자 성리학을 계승하여 □□□□□을 주장하였다.

23 이황은 □□□의 주리론적 철학을 집대성하였으며, '□□□□'로 불리었다.

24	이황은 기대승과의 8차례 편지를 통해 4단과 7정에 대한 논쟁을 벌였다. 2017년 서울시 9급 O I X		24	이황은 도덕적 행위의 근거로서 인간의 ___을 중시하였다.
25	이황은 『주자서절요』를 저술하였다. 2020년 소방직 O I X		25	이황은 군주 스스로 성학을 따를 것을 제시하는 『_____』를 저술하였다.
26	『성학십도』를 저술한 인물의 학문은 유성룡 등에게 이어져 영남학파를 형성하였다. 2025년 지방직 9급 O I X		26	이황의 주요 저서로는 『_____』, 『전습록논변』 등이 있다.
27	이황은 성리학을 중심에 두면서도 양명학의 심성론을 인정하였다. 2014년 지방직 9급 O I X		27	이황은 _____과 사단 칠정 논쟁을 벌였다.
28	이황은 서리망국론을 부르짖으며 당시 서리의 폐단을 강력하게 비판하였다. 2016년 국가직 9급 O I X		28	이황의 주리론은 김성일, 유성룡 등에게로 계승되어 _____를 형성하였다.
29	이황은 일본의 성리학 발달에 영향을 주었다. 2021년 소방직 O I X		29	이황의 성리학은 _____의 성리학 발달에 영향을 주었다.
30	이이는 이는 두루 통하고 기는 국한된다고 하였다. 2020년 소방직 O I X		30	이이는 이황과 비교했을 때 상대적으로 _____의 역할을 강조하였다.
31	이이는 강화 학파를 형성하였다. 2022년 소방간부후보생 O I X		31	이이는 일원론적 _____을 주장하였다.
32	이이는 경과 의를 근본으로 하는 실천적 성리학풍을 강조하였다. 2017년 서울시 9급 O I X		32	이이는 _____에 이어 주기론을 집대성하였다.
33	이이는 군주 스스로 성학을 따를 것을 주장하였다. 2013년 서울시 9급 O I X		33	이이는 경험적 현실 세계를 중시하였고, _____을 주장하였다.
34	이이는 예안 향약을 만들었다. 2022년 지방직 9급 O I X		34	이이는 현명한 신하가 성학을 군주에게 가르쳐야 한다고 주장하는 『_____』를 저술하였다.
35	이이는 『성학집요』를 저술하였다. 2020년 법원직 9급 O I X		35	이이는 10만 양병설, _____ 등 다양한 개혁 방안을 제시하였다.
36	이이는 『동호문답』을 저술하였다. 2022년 지방직 9급 O I X		36	이이는 성리학 초심자들을 가르치기 위한 아동 수신서로 『_____』을 저술하였다.
37	이이는 사림이 추구하는 왕도 정치가 기자에서 시작되었다는 평가를 담은 『기자실기』를 저술하였다. 2017년 서울시 9급 O I X		37	이이의 사상은 조헌, 김장생 등에게 계승되어 _____를 형성하였다.

4. 성리학의 변화와 새로운 사상의 등장

38 송시열은 화이론적 명분론을 강화하고 성리학을 절대화하였다. 2013년 지방직 9급 O | X

39 윤휴는 조선 사회가 안고 있는 모순을 해결하기 위하여 명분론을 강화하고 성리학을 절대화하였다. 2019년 경찰간부후보생 O | X

40 윤휴, 박세당은 유교 경전의 독자적 해석을 시도하여 사문난적으로 몰렸다. 2013년 법원직 9급 O | X

41 호락 논쟁은 18세기 중엽 노론 내부에 주기설과 주리설의 분파가 생겨 일어났다. 2013년 국가직 9급 O | X

42 호락 논쟁은 인성과 물성이 같다고 주장하는 노론과 다르다고 주장하는 소론 사이의 논쟁이다. 2011년 지방직 9급 O | X

43 호론은 인성과 물성이 다르다고 보는 인물성이론을 내세웠다. 2013년 국가직 9급 O | X

44 낙론은 인성과 물성이 같다는 인물성동론을 주장하였다. 2013년 국가직 9급 O | X

45 조선 후기 호락 논쟁에서 낙론은 실학 운동으로 이어지는 사상적 기반이 되었다. 2022년 서울시 9급(6월) O | X

46 정제두는 양명학을 수용하여 강화 학파를 형성하였다. 2020년 소방직 O | X

47 정제두는 집권 노론의 자제로 한양을 중심으로 하는 학파를 형성하였다. 2017년 경찰간부후보생 O | X

48 정제두는 일반민을 도덕 실천의 주체로 인정하였다. 2017년 경찰간부후보생 O | X

38 서인은 의리 명분론을 강화하며, 주자 중심의 성리학을 ____하였다.

39 ____을 중심으로 한 서인은 성리학에 대해 비판적인 경우 ____으로 배척하였다.

40 17세기 후반 성리학을 ____하고, 6경과 제자백가 등에서 모순 해결의 사상적 기반을 찾으려는 경향이 등장하였다.

41 ____는 유교 경전에 대하여 독자적인 해석을 시도했다.

42 18세기 노론 내부에서는 ____과 ____의 본성을 어떻게 볼 것인가 하는 논쟁이 벌어졌다.

43 호서 노론은 ____을, 낙하 노론은 ____을 주장하였다.

44 인물성이론은 '청'을 ____로 인식하였다.

45 ____ 노론의 대표적 인물로는 이간, 이재, 김창협 등이 있다.

46 호서 노론의 사상은 ____론, ____ 사상으로 계승되었다.

47 양명학은 앎과 행함이 분리되거나 선후 관계가 있는 것이 아니라 앎은 행함을 통해서 성립한다는 ____을 주장하였다.

48 18세기 초 정제두가 양명학을 체계적으로 연구하며 ____를 형성하였다.

5. 중농학파

49 유형원은 농업 중심 개혁론의 선구자로 균전론을 제시하였다. 2014년 서울시 9급 O | X

49 유형원의 ____은 토지 국유제를 기반으로, 관리·선비·농민들에게 차등을 두어 토지를 재분배하자는 주장이다.

50 유형원은 균전론에서 관리, 선비, 농민 등에게 차등을 두어 토지를 분배할 것을 주장하였다. 2018년 법원직 9급 O | X

51 유형원은 백과사전적 성격을 지닌 『반계수록』을 저술하였다. 2015년 서울시 9급 O | X

52 이익은 영업전을 설정하여 최소한의 농민 생활을 보장하고자 하였다. 2018년 법원직 9급 O | X

53 이익은 나라를 좀먹는 여섯 가지의 폐단을 지적하였다. 2023년 법원직 9급 O | X

54 이익은 『성호사설』을 저술하였다. 2020년 법원직 9급 O | X

55 이익은 『곽우록』을 저술하여 국가적 문제의 해결책을 제시하고자 하였다. 2019년 기상직 9급 O | X

56 정약용은 여전제를 주장하고, 『목민심서』를 저술하였다. 2023년 서울시 9급 O | X

57 정약용은 정전제를 현실에 맞게 실시할 것을 주장하였다. 2017년 국회직 9급 O | X

58 정약용은 『농가집성』을 펴내 이앙법 보급에 공헌하였다. 2017년 지방직 9급 O | X

59 정약용은 홍역 관련 의서를 종합해 『마과회통』을 저술하였다. 2017년 지방직 9급 O | X

60 정약용은 정조가 수원에 행차할 때 한강을 건너도록 배다리(舟橋)를 설계하였다. 2017년 소방직(복원) O | X

6. 실학의 발달 - 중상학파

61 홍대용은 『우서』에서 사농공상의 평등과 전문화를 주장하였다. 2022년 국회직 9급 O | X

62 홍대용은 무역선을 파견하여 청에서 행해지는 국제 무역에도 참여해야 한다고 주장하였다. 2014년 서울시 9급 O | X

---

50 유형원은 『_____』을 저술하여 균전론을 주장하였다.

51 유형원은 양반 문벌 제도, _____ 제도, _____ 제도의 모순을 비판하였다.

52 유형원은 수확량 단위인 결부법 대신 면적 단위인 _____을 사용하자고 주장하였다.

53 이익은 백과사전식으로 조선, 중국 문화를 소개한 『_____』을 편찬하였다.

54 이익은 『_____』에서 토지 개혁론으로 한전론을 제시하였다.

55 이익의 한전론은 _____으로 제한된 토지의 매매를 금지하고, 그 외의 토지는 매매를 허용할 것을 주장한 것이다.

56 이익은 노비·과거·양반 문벌·미신과 사치·승려·게으름을 나라를 좀먹는 _____이라 규정하고 폐단을 지적하였다.

57 정약용의 _____은 마을 단위로 토지를 _____ 경작한 후에 여장의 통제 아래 노동량에 따른 수확물의 차등 분배를 주장한 것이다.

58 정약용은 목민관으로서 지켜야 할 규범을 제시한 『_____』와 중앙과 지방의 정치 제도의 개혁을 제시한 『_____』를 저술하였다.

59 정약용은 『_____』을 참고하여 만든 거중기를 _____을 축조하는데 이용하였다.

60 정약용은 『_____』을 저술하여 제너의 종두법을 소개하였다.

61 유수원은 정치, 경제, 사회 사상에 대한 개혁서로 『_____』를 저술하여 상공업 진흥과 기술 혁신을 강조하였다.

62 유수원은 사농공상의 _____와 전문화를 주장하였다.

63 홍대용은 동, 서양 수학을 정리하여 『주해수용』을 저술하였다. 2019년 기상직 9급 O | X

64 홍대용은 『곽우록』에서 토지 매매를 제한하는 한전제를 제시하였다. 2022년 국회직 9급 O | X

65 홍대용은 『북학의』에서 소비를 권장하여 생산을 촉진하자고 주장하였다. 2017년 국가직 9급 O | X

66 홍대용은 지전설을 바탕으로 중국 중심의 세계관을 비판하였다. 2022년 국회직 9급 O | X

67 박지원은 '사농공상은 직업적으로 평등해야 한다.'고 주장하였다. 2020년 법원직 9급 O | X

68 『양반전』을 저술한 인물은 『과농소초』에서 한전제를 주장하였다. 2025년 국가직 9급 O | X

69 박제가는 양명학을 연구해서 강화학파를 형성하였다. 2024년 지방직 9급 O | X

70 생산력을 높이기 위해서는 소비를 권장해야 한다는 '우물론'을 주장한 학자는 청과의 통상과 수레의 이용을 주장하였다. 2024년 지방직 9급 O | X

71 박제가는 『양반전』과 『호질』에서 양반의 부패를 풍자하였다. 2016년 법원직 9급 O | X

72 박제가는 서얼 출신으로 규장각 검서관에 등용되었다. 2016년 사회복지직 9급 O | X

63 홍대용은 _____의 극복이 부국강병의 근본이라고 주장하였다.

64 홍대용의 『_____』은 실옹과 허자의 문답식 대화집이다.

65 홍대용은 『의산문답』에서 _____을 주장하며 중국 중심의 세계관을 비판하였다.

66 홍대용은 지구가 우주의 중심이 아니라는 _____을 주장했으며, 천체의 운행과 위치를 연구하기 위해 _____를 만들기도 하였다.

67 홍대용은 『_____』을 저술하여 우리나라·중국·서양 수학의 연구 성과를 정리했다.

68 박지원은 청에 다녀와 『_____』를 저술하고 상공업의 진흥을 강조하였다.

69 박지원은 _____와 선박의 이용 및 _____ 유통의 필요성을 주장하였다.

70 박지원은 토지 소유의 _____을 설정한 후, 그 이상의 토지 소유를 금지하는 한전론을 주장하였다.

71 박제가는 『_____』를 저술하여 청과의 통상 강화를 주장하였다.

72 박제가는 소비와 생산의 관계를 _____에 비유하여 절약보다는 _____를 권장하였다.

7. 국학 연구 – 역사 연구

73 이익은 한국사의 독자적인 정통론을 체계화하였다. 2023년 법원직 9급 O | X

74 안정복의 『동사강목』에서는 마한을 중시하고 삼국을 무통(無統)으로 보는 입장에서 우리 역사를 체계화하였다. 2018년 지방직 9급 O | X

73 이익은 『성호사설』에서 역사를 움직이는 힘을 _____ → 행불행 → 시비 순으로 파악하여 성리학적 _____ 중심 사관을 비판하였다.

74 안정복은 『동사강목』에서 _____을 제시하여 삼국을 무통으로 처리하였다.

75 안정복의 『동사강목』은 단군 – 부여 – 고구려의 흐름에 중점을 두어 만주 수복을 희구하였다. 2015년 지방직 9급 O | X

76 유득공의 『발해고』에서 '남북국'이라는 용어를 처음 사용하였다. 2018년 서울시 7급 O | X

77 유득공의 『발해고』는 만주 지역까지 우리 역사의 범위를 확장하였다. 2022년 국가직 9급 O | X

78 이종휘는 『동사』를 지어 고구려사에 대한 관심을 고조시켰다. 2017년 서울시 9급 O | X

79 김정희는 『금석과안록』을 지어 북한산비가 진흥왕 순수비임을 밝혔다. 2016년 경찰직(1차) O | X

80 허목은 『동사』에서 조선의 자연환경과 풍속, 인성의 독자성을 강조하였다. 2014년 국가직 9급 O | X

8. 국학 연구 – 지도와 지리서

81 혼일강리역대국도지도는 유럽과 아프리카 대륙까지 묘사하였다. 2018년 국가직 9급 O | X

82 혼일강리역대국도지도는 중국이 세계의 중심이라는 중화 사상이 반영되었다. 2018년 국가직 9급 O | X

83 혼일강리역대국도지도에서 우리나라에 해당하는 부분은 백리척을 사용하여 과학화에 기여하였다. 2018년 국가직 9급 O | X

84 혼일강리역대국도지도는 중국에서 들여온 곤여만국전도를 참고하였다. 2023년 국가직 9급 O | X

85 세종 대에 전국 지도로서 팔도도가 제작되었다. 2013년 서울시 9급 O | X

86 팔도도는 양성지 등이 세조 때 완성하였으며, 북방 영토를 실측하여 만들었다. 2017년 국회직 9급 O | X

87 세종 때 서양 문물의 수용과 함께 곤여만국전도가 전래되었다. 2017년 법원직 9급 O | X

---

75 이긍익은 조선 시대의 정치와 문화를 실증적이고 객관적으로 서술한 『_____』을 편찬하였다.

76 유득공의 『_____』에서 남북국 시대라는 용어를 처음으로 사용하였다.

77 이종휘의 『_____』는 고대사의 연구 범위를 만주까지 확대하였다.

78 김정희는 『_____』을 저술하여 북한산비·황초령비가 진흥왕 순수비임을 고증하였다.

79 _____의 『동사』는 단군 조선~삼국 시대까지 서술되어 있으며, 조선의 자연환경과 풍속의 독자성을 강조하였다.

80 홍만종의 『_____』은 단군 조선의 정통성을 강조하였다.

81 혼일강리역대국도지도는 _____ 때 김사형, 이회, 이무 등이 제작하였다.

82 혼일강리역대국도지도는 현존하는 동양 최고(最古)의 _____ 지도이다.

83 혼일강리역대국도지도는 _____과 우리나라를 실제보다 크게 그렸고, 유럽 및 아프리카를 매우 작게 표현하였다.

84 세조 때 양성지 등이 전국의 실측 지도를 모아 _____를 제작하였다.

85 _____는 8도를 각각 다른 색으로 표시하고, 만주와 대마도를 우리 영토로 표기하였다.

86 『_____』 『_____』에는 군현 단위로 연혁·인물 등 60여 항목이 기록되어 있다.

87 『동국여지승람』은 _____ 때 노사신 등이 제작한 것으로, 군현의 연혁·지세·인물·풍속 등이 상세히 수록되어 있다.

88 세종 대에 100리 척을 사용한 동국지도가 제작되었다.
2019년 기상직 9급 O | X

89 한백겸은 『동국지리지』를 저술하여 역사지리 연구의 단서를 열어 놓았다. 2014년 국가직 9급 O | X

90 이중환은 『택리지』에서 우리나라 각 지역의 인문 지리적 특성을 제시하였으며, 살 곳(가거지)을 잡는 조건으로 지리, 생리(경제적 이익), 인심, 아름다운 산수가 있어야 한다고 주장하였다. 2023년 계리직 9급 O | X

91 동국지도는 정상기가 실제 거리 100리를 1척으로 줄인 백리척을 적용하여 제작하였다. 2023년 국가직 9급 O | X

92 김정호의 대동여지도는 최초로 100리 척을 사용하여 산맥, 하천, 포구, 도로망을 정밀하게 표시하였다.
2015년 경찰직(1차) O | X

88 『_____』은 중종 때 『동국여지승람』을 보충하여 편찬한 지리지이다.

89 정약용의 『_____』는 백제의 수도가 한성이고 발해의 중심지가 백두산 동쪽임을 고증하였다.

90 이중환의 『_____』는 각 지역의 자연환경, 물산, 풍속 등을 분석하여 가거지의 조건을 제시하였다.

91 _____ 때 정상기가 최초로 100리 척을 사용하여 _____를 제작하였다.

92 철종 때 김정호가 제작한 _____는 10리마다 눈금을 표시하였고 22첩 분첩절첩식 지도로 구성되어 휴대가 용이하였다.

9. 국학 연구 – 국어 연구

93 이의봉은 『고금석림』을 편찬하여 우리의 어휘를 정리하였다. 2017년 서울시 9급 O | X

94 이의봉의 『고금석림』에는 방언과 해외 언어가 정리되어 있다. 2012년 경찰직(1차) O | X

95 유희는 『언문지』를 지어 우리말의 음운을 연구하였다.
2017년 서울시 9급 O | X

93 영조 때 신경준은 『_____』를 편찬하였다.

94 순조 때 유희는 『_____』를 편찬하였다.

95 정조 때 이의봉이 『_____』을 편찬하여 우리나라의 방언과 해외 언어를 정리하였다.

10. 역사서

96 『조선왕조실록』은 태조에서 철종 때까지의 역사를 편년체로 기록하였다. 2013년 국가직 9급 O | X

97 실록 편찬의 공정성을 확보하기 위하여 왕이 죽은 후에 『실록』을 편찬하는 것이 관례였다. 2013년 지방직 7급 O | X

96 『조선왕조실록』은 왕의 사후, 춘추관 내 _____을 설치하여 편찬하였다.

97 『조선왕조실록』은 태조~철종까지를 _____로 기록한 역사서이다.

98 왕이 죽으면 다음 왕 때에 임시로 실록청(實錄廳)을 설치하여 전 왕대의 『실록』을 편찬하였다.
2012년 경찰간부후보생 O | X

99 실록 편찬을 위한 자료로는 「사초」와 「시정기」 등이 있었고, 「사초」 등 기록물에는 사관의 주관적인 의견을 넣을 수 없었다. 2018년 경찰간부후보생 O | X

100 실록 편찬에 사용된 「사초」는 별도로 묶어 등록을 만들어 보관하였다. 2018년 경찰간부후보생 O | X

101 강화도 마니산에는 『조선왕조실록』 사고가 세워졌다.
2023년 법원직 9급 O | X

102 『조선왕조실록』은 유네스코 세계 기록유산으로 지정되었다.
2016년 경찰간부후보생 O | X

103 『승정원일기』는 역대 왕의 훌륭한 언행을 『실록』에서 뽑아 만든 사서이다. 2021년 국가직 9급 O | X

104 후대 왕에게 본보기로 제공하고자 국왕의 언행을 『실록』에서 가려 뽑아 『국조보감』을 편찬하였다.
2019년 지방직 7급 O | X

105 춘추관은 관청별 업무 일지인 여러 관청의 등록(謄錄)을 모아 『시정기』를 정기적으로 편찬하였다.
2016년 지방직 7급 O | X

106 조선 초기부터 왕실 관련 행사나 국가적인 행사에 관한 기록이나 장면을 모은 『의궤』를 만들었다.
2016년 지방직 7급 O | X

107 15세기에는 비변사에서 업무 일지로 『비변사등록』을 편찬하였다. 2013년 경찰간부후보생 O | X

108 『고려사』는 편년체의 사서이다. 2018년 기상직 9급 O | X

109 『고려사』는 성리학적 가치관으로 고려 역사를 정리한 기전체 사서이다. 2015년 국가직 7급 O | X

110 문종 때에는 편년체의 『고려사절요』가 편찬되었다.
2021년 국가직 9급 O | X

98 사관이 기록한 「사초」와 각 관청의 문서들을 모아 만든 「_____」를 중심으로 『승정원일기』, 『의정부등록』, 『비변사등록』 등을 통합하여 『실록』을 편찬하였다.

99 「_____」과 『순종실록』은 일제 강점기에 편찬되었으나 왜곡이 심하여, 『조선왕조실록』의 범위에 포함시키지 않는다.

100 조선의 _____이라 해도 『실록』을 열람할 수 없었다.

101 후대 왕에게 본보기로 남겨주기 위해 『_____』을 편찬하였다.

102 『국조보감』은 『_____』에서 역대 왕들의 훌륭한 언행을 뽑아 기록해 놓은 편년체 사서이다.

103 『_____』는 왕과 신하 간에 오고 간 문서와 왕의 일과를 기록한 것이었다.

104 『실록』은 세종 이후 _____과 성주, 충주, 전주의 사고에서 보관하였다.

105 임진왜란 때 4대 사고본 중 _____ 사고본을 제외하고 모두 소실되었다.

106 광해군 때 『실록』 1부는 춘추관에 두었고, 다른 4부는 묘향산, 태백산, 오대산, _____에 사고를 설치하여 1부씩 나누어 보관하였다.

107 『조선왕조실록』은 1997년에 유네스코 _____으로 등재되었다.

108 『_____』는 국가 행사의 주요 장면을 그린 그림과 참가자, 비용 등을 상세히 기록한 서적이다.

109 『의궤』는 조선 초부터 제작되었으나, _____ 이전의 것은 현전하지 않는다.

110 『고려사』는 세종의 명으로 김종서, 정인지 등이 편찬하여 _____때 완성하였다.

111 성종 때에는 고조선부터 고려 말까지의 역사를 정리한 편년체 통사로서 『동국사략』이 간행되었다. 2015년 경찰직(2차) O|X

112 세종 때 서거정 등이 중심이 되어 편년체 통사인 『동국통감』을 편찬하였다. 2010년 국가직 9급 O|X

113 『동국통감』은 단군 조선에서 고려 말까지의 역사를 노래 형식으로 정리하였다. 2015년 국가직 7급 O|X

114 『동사강목』에는 고조선으로부터 고려 말까지의 역사가 서술되어 있다. 2012년 경찰직(1차) O|X

115 유득공은 『동사강목』을 지어 고조선부터 고려 말까지의 우리 역사를 체계적으로 정리하였다. 2022년 서울시 9급(2월) O|X

116 한치윤은 500여 종의 중국 및 일본의 자료를 참고하여 기전체 형식의 『해동역사』를 저술하였다. 2016년 경찰직(1차) O|X

117 『일성록』은 조선 후기 국정 운영 내용을 국왕의 일기 형식으로 매일 정리한 기록으로, 유네스코 세계 기록유산에 등재되었다. 2022년 서울시 9급(6월) O|X

11. 백과사전 편찬

118 조선 후기에는 문화 인식의 폭이 확대되어 백과사전류의 저서가 편찬되었다. 2023년 법원직 9급 O|X

119 영조 때 『동국문헌비고』가 편찬되었다. 2022년 지방직 9급 O|X

120 정조는 『고금도서집성』을 저술하였다. 2016년 기상직 9급 O|X

121 조선 후기에는 유서(類書)로 불리는 백과사전이 널리 편찬되었다. 2020년 국가직 9급 O|X

111 『고려사』는 고려의 역사를 _____ 로 서술하였다.

112 『_____』는 김종서 등이 문종 때 편찬한 것으로, 고려의 역사를 편년체로 서술하였다.

113 『삼국사절요』는 서거정 등이 성종 때 편찬한 것으로, _____ 부터 삼국 멸망까지의 역사를 편년체로 서술하였다.

114 『동국통감』은 서거정 등이 고조선부터 고려 말까지의 역사를 _____ 로 서술한 사서이다.

115 『_____』은 고조선~고려 말까지의 역사가 강목체 형식의 편년체로 서술되어 있다.

116 『연려실기술』은 _____ 로 서술된 사서이다.

117 『해동역사』에는 단군 조선부터 _____ 까지의 역사가 서술되어 있다.

118 영조 때 한국학 백과사전인 『_____』를 편찬하였다.

119 정조는 중국 청나라 때 편찬된 백과사전인 『_____』을 수입하였다.

120 이수광의 『_____』은 백과사전류의 효시였다.

121 서유구의 『_____』는 농촌 생활 백과사전이다.

12. 윤리·의례서와 법전

122 세종 때 『삼강행실도』를 간행하였다. 2019년 소방직 O | X

123 『삼강행실도』는 모범적인 효자·충신·열녀를 다룬 윤리서이다. 2019년 국가직 9급 O | X

124 성종 때 편찬된 『국조오례의』는 국가의 여러 행사에 필요한 의례를 정비한 의례서이다. 2019년 국가직 9급 O | X

125 성종 대에 『이륜행실도』가 간행되었다. 2013년 경찰직(2차) O | X

126 태조 때 정도전은 『조선경국전』을 편찬하여 왕조의 통치 규범을 마련하였다. 2017년 국가직 9급 O | X

127 태조 때 정도전이 유교적 통치 규범을 담은 『속육전』을 편찬하였다. 2015년 사회복지직 9급 O | X

128 세종 때 『경국대전』의 편찬을 시작하였다. 2018년 소방직 O | X

129 『경국대전』은 조선의 통치 규범과 법을 정리하였다. 2018년 서울시 9급 O | X

130 성종 때 완성된 『경국대전』은 이·호·예·병·형·공의 6전으로 구성된 조선의 기본 법전이다. 2018년 국회직 9급 O | X

---

122 ＿＿＿ 때 모범이 될 만한 충신, 효자, 열녀 등의 행적을 그림으로 그리고 설명을 붙인 『＿＿＿＿＿』가 편찬되었다.

123 성종 때 국가의 여러 행사에 필요한 의례를 정비하여 『＿＿＿＿』를 편찬하였다.

124 『＿＿＿＿＿』는 중종 때 간행된 윤리서로, 연장자와 연소자·친구 사이에서 지켜야 할 윤리를 강조하였다.

125 『＿＿＿＿＿』과 『경제문감』은 태조 때 정도전이 편찬한 사찬 법전이다.

126 『＿＿＿＿』은 태조 때 조준이 편찬한 조선 시대 최초의 공식적인 통일 성문 법전이다.

127 『경제육전』을 하륜 등이 수정·보완하여 『＿＿＿＿』을 간행하였다.

128 『경국대전』은 ＿＿＿ 때 편찬하기 시작하여 ＿＿＿ 때 완성·반포되었다.

129 『경국대전』은 이·호·예·병·형·공전의 ＿＿＿으로 구성되었다.

130 『경국대전』의 편찬은 ＿＿＿적 통치 질서와 문물 제도의 완성을 의미한다.

13. 과학 기술의 발달

131 태조 때 천상열차분야지도를 돌에 새겼다. 2022년 간호직 8급 O | X

132 세종 대 해시계인 혼의와 물시계인 자격루를 만들었다. 2015년 서울시 7급 O | X

133 세종 때 『수시력』에 일월교식 등이 빠졌으므로, 정인지·정초·정흠지 등이 왕명으로 『칠정산내외편』을 편찬하였다. 2023년 서울시 9급 O | X

---

131 태조 때 고구려의 천문도를 석각한 ＿＿＿를 제작하였다.

132 ＿＿＿ 때 천체 관측 기구인 혼의·＿＿＿를 제작하고 간의대와 규표를 설치하였다.

133 세종 때 노비 출신 장영실이 물시계인 ＿＿＿를 제작하였다.

134 조선 전기에 편찬된 『향약집성방』은 현존하는 우리나라 최고(最古)의 의약서이다. 2018년 기상직 9급 O | X

135 세종 때 『향약채취월령』과 『의방유취』 등을 편찬하였다. 2023년 계리직 9급 O | X

136 세종 대에 개량된 금속 활자인 갑인자가 주조되었다. 2019년 기상직 9급 O | X

137 조선 전기에 계미자, 갑인자 등 정교하고 아름다운 활자가 만들어졌고, 세조 때에는 식자판을 조립하는 방법을 창안하여 인쇄 속도도 빨라졌다. 2015년 경찰직(1차) O | X

138 세종 대에 촌로들의 실제 경험을 존중하여 우리나라의 기후 풍토에 알맞은 독자적인 농법을 정리한 『농사직설』이 편찬되었다. 2017년 경찰직(1차) O | X

139 세종 대에 이암이 중국의 농서인 『농상집요』를 소개하였다. 2013년 서울시 9급 O | X

140 성종 때 강희맹이 직접 농사를 지어 보고 당시 경기도 지역의 관행 농법을 정리한 『금양잡록』을 저술하였다. 2022년 소방직 O | X

141 세종 때 화통도감을 설치하였다. 2023년 지방직 9급 O | X

142 문종 때에는 우리나라 전쟁사를 정리한 『동국병감』을 편찬하였다. 2021년 국가직 9급 O | X

143 문종 대 개발된 화차(火車)는 신기전이라는 화살 100개를 설치하고 심지에 불을 붙이는 일종의 로켓포였다. 2014년 서울시 9급 O | X

144 조선 후기에 김석문은 저서 『역학도해』를 통해 지전설을 주장하였다. 2017년 경찰직(2차) O | X

145 조선 후기에 홍대용은 지구가 우주의 중심이 아니라는 무한 우주론을 주장하여 성리학적 세계관을 비판하였다. 2011년 기상직 9급 O | X

134 세종 때 노비 출신 장영실이 해시계인 _____를 제작하였다.

135 세조 때 토지 측량 기구인 _____와 규형을 제작했다.

136 세종 때 만들어진 『칠정산』은 중국의 『수시력』과 『대통력』을 참고하여 「_____」을, 아라비아의 『회회력』을 연구·해설하여 「_____」을 제작하였다.

137 세종 때 우리나라 풍토에 맞는 약재와 치료 방법을 개발·정리한 『_____』을 편찬하였다.

138 세종 때 동양 의학을 집대성하여 의학 백과사전인 『_____』를 편찬하였다.

139 태종 때 주자소를 설치하고 _____를 주조하였다.

140 세종 때 경자자와 _____를 주조하였고, 밀랍 대신 _____ 조립 방법을 창안하였다.

141 세종 때 정초 등이 우리나라 실정에 맞는 독자적인 농법을 정리한 『_____』을 편찬하였다.

142 성종 때 _____이 금양(경기도 시흥) 지역의 농법을 소개하는 『금양잡록』을 편찬하였다.

143 세종 때 화약 무기의 제작과 그 사용법을 정리한 『_____』을 편찬하였다.

144 효종 때 김육의 노력으로 청의 역법인 『_____』을 도입하였다.

145 인조 때 허임이 침구술을 집대성한 『_____』을 저술하였다.

146 허준의 『동의보감』은 우리나라뿐 아니라 중국 및 일본의 의학 발전에 큰 영향을 끼쳤는데, 예방 의학에 중점을 둔 것이다. 2022년 서울시 9급(2월) O | X

147 조선 후기에 편찬된 『산림경제』는 박세당이 과수, 축산 등을 소개한 것이다. 2015년 국가직 9급 O | X

148 조선 후기에 편찬된 『과농소초』는 홍만선이 화초 재배법에 대해 저술한 것이다. 2015년 국가직 9급 O | X

146 이제마는 「⬚⬚⬚⬚⬚」을 통해 사상 의학을 확립하였다.

147 숙종 때 홍만선이 농촌 생활 백서인 「⬚⬚⬚⬚⬚」를 편찬하였다.

148 정조 때 서호수는 우리 고유의 농학을 중심에 두고 중국 농학을 선별적으로 수용하여 「⬚⬚⬚⬚⬚」를 편찬하였다.

14. 문화의 새 경향

149 조선은 유교 사상인 인·의·예·지 덕목을 담아 도성 4대문의 이름을 지었다. 2017년 지방직 9급 O | X

150 경복궁의 동쪽에 사직이, 서쪽에 종묘가 각각 배치되었다. 2017년 지방직 9급 O | X

151 조선 초기에는 무위사 극락전, 화엄사 각황전, 법주사 팔상전 등의 건축물이 만들어졌다. 2015년 기상직 9급 O | X

152 법주사 팔상전은 우리나라에 남아 있는 유일한 조선 시대 건축물 중 5층 목탑이다. 2024년 지방직 9급 O | X

153 조선 전기 세종 때 안평 대군의 꿈을 바탕으로 안견이 몽유도원도를 그렸다. 2013년 서울시 9급 O | X

154 조선 시대에는 정간보를 만들어 음악의 원리와 역사를 체계화하였다. 2011년 지방직 9급 O | X

155 조선 전기 성종 때 『동문선』이 편찬되어 우리 문학의 독자성을 강조하였다. 2020년 국가직 9급 O | X

156 조선 초기에 소박한 무늬와 자유로운 양식의 분청사기가 유행하였다. 2015년 기상직 9급 O | X

157 조선 후기에는 서얼이나 노비 출신의 문인들이 등장하였고, 황진이와 같은 여류 작가들도 활동하였다. 2019년 법원직 9급 O | X

149 조선 초 태조 때 ⬚⬚⬚⬚, 태종 때 ⬚⬚⬚⬚ 등의 궁궐이 지어졌다.

150 조선 전기에 합천에 ⬚⬚⬚⬚⬚⬚⬚⬚을 지어 팔만대장경을 보관하였다.

151 안견의 ⬚⬚⬚⬚⬚는 안평 대군이 꿈꾼 내용을 그린 것으로, 현재 일본 덴리 대학 도서관이 소장하고 있다.

152 강희안의 ⬚⬚⬚⬚⬚는 간결하고 과감한 필치로 인물의 내면 세계를 표현하였다.

153 이상좌는 ⬚⬚⬚⬚⬚를 그렸고, 신사임당은 ⬚⬚⬚⬚⬚를 그렸다.

154 ⬚⬚⬚⬚는 「오우가」와 「어부사시사」에서 자연을 벗하여 살아가는 여유롭고 자족적인 삶을 표현하였다.

155 성종 때 서거정 등이 삼국 시대~조선 초까지의 시와 산문 중 뛰어난 작품을 선별하여 「⬚⬚⬚⬚⬚」을 편찬하였다.

156 16세기에는 담백하고 고상한 분위기에 선비들의 유교적 취향에 적합한 ⬚⬚⬚⬚⬚가 유행하였다.

157 ⬚⬚⬚⬚가 판소리 사설을 창작하고 정리하였다.

158 조선 후기에 판소리나 탈춤이 유행하여 서민들의 문화생활을 풍요롭게 하였다. 2016년 사회복지직 9급 O | X

159 조선 후기 양반의 위선을 풍자한 탈춤이 유행하였다. 2015년 기상직 9급 O | X

160 조선 후기에는 격식에 구애받지 않고 감정을 표현하는 사설시조가 유행하였다. 2023년 법원직 9급 O | X

161 조선 후기에는 민중의 미적 감각을 잘 나타낸 민화가 유행하였다. 2013년 경찰간부후보생 O | X

162 김제 금산사 미륵전, 보은 법주사 팔상전, 논산 쌍계사 등이 조선 후기를 대표하는 불교 건축물이다. 2019년 법원직 9급 O | X

163 남한산성은 조선 시대에 유사시 임시 수도로 기능할 수 있도록 험한 산세를 이용하여 축성한 것으로, 조선 후기에 5군영 가운데 수어청을 이곳에 설치하였다. 2021년 국회직 9급 O | X

164 수원 화성은 정조가 아버지 사도(장헌) 세자의 무덤을 화산으로 옮기면서 팔달산 아래 축성한 것으로, 중국의 축성 기술을 도입하여 벽돌로만 성벽을 쌓았다. 2021년 국회직 9급 O | X

165 조선 후기에는 진경 산수가 유행하여 우리 산천에 대한 사실적인 묘사가 많아졌다. 2016년 사회복지직 9급 O | X

166 김홍도는 섬세하고 정교한 필치로 정조의 화성 행차와 관련된 병풍, 행렬도, 의궤 등 궁중 풍속을 많이 남겼다. 2016년 경찰직(2차) O | X

167 신윤복은 주로 도회지 양반의 풍류 생활과 부녀자의 풍습 그리고 남녀 간의 애정을 감각적이고 해학적으로 묘사하였다. 2016년 경찰직(2차) O | X

---

158 _____는 가면극이 민중 오락으로 정착한 것으로, 상인과 중간층의 지원을 받아 성행하였다.

159 조선 후기에는 허균의 「_____」 등 한글 소설이 발달하였다.

160 _____은 「양반전」, 「허생전」 등 _____ 소설을 지어 양반 사회를 풍자하였다.

161 조선 후기에는 중인층과 서민층이 _____를 조직하여 활발한 문예 활동을 전개하였다.

162 조선 후기에는 다층 건물이지만 건물 내부는 하나로 통하는 구조의 건축물이 건립되었는데, 대표적으로 법주사 _____이 있다.

163 조선 후기에는 우리의 자연을 사실적으로 표현한 _____가 유행하였다.

164 _____은 인왕제색도와 금강전도를 그렸다.

165 조선 후기에는 당시 사람들의 생활과 일상을 생동감 있게 표현한 _____가 유행하였다.

166 _____는 서민의 생활을 소탈하고 익살스럽게 묘사하였고, _____은 양반, 부녀자의 생활과 남녀 사이의 애정 등을 해학적으로 묘사하였다.

167 서예에서는 김정희가 _____를 창안하고 서예의 새로운 경지를 개척하였다.

해커스공무원 gosi.Hackers.com

해커스공무원 이중석 맵핑 한국사 기출 OX + 틀랭크노트

PART 2

근현대사

IV 근대
V   일제 강점기
VI 현대

테마 37 근대史의 시작

Ⅳ 근대

* 올인원 블랭크노트 p.202

기출 OX — OX를 체크하며 합격 실력 점검하고!

1. 흥선 대원군의 왕권 강화책

01 흥선 대원군은 비변사의 기능을 강화하였다. 2023년 국가직 9급 O | X

02 흥선 대원군은 소격서를 폐지하였다. 2020년 소방직 O | X

03 흥선 대원군은 삼군부를 부활시켰다. 2020년 소방직 O | X

04 흥선 대원군은 통리기무아문을 설치하였다. 2015년 지방직 9급 O | X

05 흥선 대원군 집권 시기에 금난전권을 제한하려는 통공 정책이 시작되었다. 2020년 국가직 9급 O | X

06 흥선 대원군은 임진왜란 때 불타버린 경복궁을 중건하였다. 2012년 서울시 9급 O | X

07 흥선 대원군은 탕평 정치를 정리한 『만기요람』을 편찬하였다. 2021년 국가직 9급 O | X

08 흥선 대원군은 『대전통편』을 편찬하였다. 2023년 계리직 9급 O | X

2. 흥선 대원군의 민생 안정책

09 흥선 대원군은 은결을 색출하고 호포제를 실시하였다. 2021년 법원직 9급 O | X

10 고종은 삼정의 문란을 바로잡기 위해 삼정이정청을 설치했다. 2022년 국가직 9급 O | X

블랭크 — 빈칸을 채우며 합격 실력 완성하자!

01 흥선 대원군은 세도 가문인 _____ 세력을 축출하고 능력에 따라 인재를 등용하였다.

02 흥선 대원군은 _____를 축소 및 폐지하고, 의정부와 삼군부의 기능을 부활시켰다.

03 흥선 대원군은 『_____』, 『육전조례』 등의 법전을 편찬하였다.

04 흥선 대원군은 _____을 중건하였다.

05 흥선 대원군은 경복궁 중건 비용을 마련하기 위해 기부금인 _____을 강제로 징수하였다.

06 흥선 대원군은 경복궁 중건에 필요한 목재를 조달하기 위해 _____을 벌목하여 양반들의 불만을 샀다.

07 흥선 대원군이 발행한 _____은 명목상 상평통보의 100배에 달하는 고액 화폐였으나 실제 가치는 5배 정도였다.

08 흥선 대원군은 당백전 발행이 중단된 이후에 청나라 동전인 _____을 수입하여 유통시켰다.

09 흥선 대원군은 전정의 문란에 대한 해결책으로 양반의 _____을 금지하였다.

10 흥선 대원군은 전정의 문란에 대한 해결책으로 양전 사업을 실시하여 _____을 색출하였다.

11 흥선 대원군은 사창제를 실시하였다. 2023년 국가직 9급 O | X

12 흥선 대원군은 만동묘 건립을 주도하였다. 2021년 국가직 9급 O | X

13 흥선 대원군은 만동묘를 철폐하고, 폐단이 큰 서원을 철폐하도록 하였다. 2018년 경찰직(1차) O | X

14 흥선 대원군은 양반들의 근거지인 향교를 47개소만 남기고 철폐하였다. 2012년 서울시 9급 O | X

11 흥선 대원군은 군정의 문란에 대한 해결책으로 _____을 실시하여 농민과 양반이 균등하게 군포를 부담하게 하였다.

12 흥선 대원군은 환곡의 문란에 대한 해결책으로 향촌민들이 자치적으로 운영하는 _____를 실시하였다.

13 흥선 대원군은 600여 개의 _____을 47개만 남기고 모두 철폐하였다.

14 흥선 대원군은 _____를 철폐하였으나, 대원군이 물러난 이후 최익현, 이항로 등의 상소로 다시 부활하게 되었다.

3. 흥선 대원군의 통상 수교 거부 정책과 양요

15 대동강에 정박한 이양선이 우리나라 사람을 살해하자 이를 불태운 제너럴셔먼호 사건이 발생하였다. 2022년 소방간부후보생 O | X

16 흥선 대원군은 미국에 보빙사라는 사절단을 파견하였다. 2022년 국가직 9급 O | X

17 병인양요 때 어재연이 강화도 광성보 전투에서 전사하였다. 2024년 국가직 9급 O | X

18 병인양요 때 프랑스가 강화도 외규장각 도서를 약탈하였다. 2015년 지방직 9급 O | X

19 흥선 대원군 집권기에 오페르트의 통상 수교 요구가 거절당하였다. 2018년 소방직 O | X

20 제너럴셔먼호 사건을 계기로 신미양요가 일어났고, 이때 어재연의 부대가 광성보 전투에서 항전하였다. 2022년 소방간부후보생 O | X

21 독일인 오페르트의 남연군 묘 도굴 시도 이후 양헌수의 부대가 정족산성에서 프랑스군을 격퇴하였다. 2025년 지방직 9급 O | X

22 흥선 대원군은 전국 여러 곳에 척화비를 세우도록 했다. 2022년 국가직 9급 O | X

15 1866년에 통상 요구를 거부당한 제너럴셔먼호는 주변 마을을 약탈하였고, 당시 평안도 관찰사 _____와 평양 군민이 제너럴셔먼호를 소각하였다.

16 1866년에 병인박해를 구실로 로즈 제독이 이끄는 프랑스군이 강화도를 침입하는 _____가 발생하였다.

17 병인양요 당시 문수산성에서는 _____이, 정족산성에서는 _____가 프랑스군을 격퇴하였다.

18 병인양요 당시 프랑스군은 퇴각하면서 강화도에 있는 _____ 도서를 약탈하였다.

19 독일 상인 _____는 통상 요구를 거절당하자 남연군의 묘를 도굴하려다 실패하였다.

20 1871년에 제너널셔먼호 사건을 구실로 로저스 제독이 이끄는 미군이 강화도를 침입하는 _____가 발생하였다.

21 신미양요 당시 _____을 비롯한 조선군이 광성보 전투에서 항전하였다.

22 흥선 대원군은 신미양요 이후 전국에 _____를 건립하였다.

테마 38 개항과 위정척사 운동

IV 근대

* 올인원 블랭크노트 p.205

기출 OX — OX를 체크하며 합격 실력 점검하고!

1. 개화파의 형성

01 온건 개화파는 왜양 일체론(倭洋一體論)을 주장하였다. 2020년 국가직 9급 O | X

02 온건 개화파는 우등한 사회가 열등한 사회를 지배하는 것이 당연하다고 보았다. 2020년 국가직 9급 O | X

03 온건 개화파는 친청적인 외교 정책을 추진했다. 2010년 법원직 9급 O | X

04 온건 개화파는 갑신정변이 일어나자 청국 군대의 개입을 요청하였다. 2016년 국가직 7급 O | X

05 동도 서기론은 근대 문물 수용의 사상적 기반이 되었다. 2020년 국가직 9급 O | X

06 급진 개화파는 입헌 군주제에 기반한 갑신정변을 일으켰다. 2010년 법원직 9급 O | X

07 급진 개화파인 김홍집, 어윤중 등도 문명 개화론을 주장하였다. 2010년 지방직 7급 O | X

2. 정부의 개화 정책

08 강화도 조약 체결 이후 조선 정부는 개화 정책을 추진할 기구로 통리기무아문을 설치하였다. 2020년 지방직 9급 O | X

09 통리기무아문 설치와 기기창 설치 사이 시기에 별기군이 창설되었다. 2022년 법원직 9급 O | X

블랭크 — 빈칸을 채우며 합격 실력 완성하자!

01 박규수, _____, _____ 등의 통상 개화론자들은 문호 개방의 필요성을 주장하였다.

02 온건 개화파는 청의 _____에 영향을 받아 중체서용을 바탕으로 한 개혁을 추진하고자 하였다.

03 온건 개화파는 유교 이념은 유지하되 서양의 기술만을 수용하자는 _____을 주장하였다.

04 온건 개화파의 주요 인물로는 _____, 어윤중, 김윤식 등이 있다.

05 급진 개화파는 일본의 _____을 본받아 급진적인 개혁을 이루고자 하였다.

06 급진 개화파는 국가의 발전을 위해 과학 기술과 제도를 넘어 사상과 종교까지 받아들여야 한다는 _____을 주장하였다.

07 급진 개화파의 주요 인물로는 _____, _____, 홍영식, 서광범 등이 있다.

08 조선 정부는 1880년에 _____을 설치하고 그 아래 12사를 두어 개화 정책을 추진하였다.

09 조선 정부는 1881년에 신식 군대인 _____을 창설하였고, 5군영을 2영으로 축소하였다.

10 미국에 파견된 보빙사는 근대 시설을 시찰하고 대통령을 접견하였다. 2018년 국가직 7급 O | X

11 김홍집은 조사 시찰단으로 일본을 방문하여 『조선책략』을 가지고 돌아왔다. 2018년 국가직 7급 O | X

12 『조선책략』에서는 조선이 러시아를 막는 일이 급선무라고 주장하였고, 이를 계기로 일본과 제물포 조약을 체결하였다. 2022년 서울시 9급(6월) O | X

13 영선사의 활동을 계기로 근대적 병기 공장인 기기창이 설치되었다. 2012년 지방직 9급 O | X

10 1880년에 2차 수신사로 일본에 파견되었던 김홍집은 친중, 결일, 연미의 내용이 수록된 황쭌셴의 『_____』을 들여와 유포하였다.

11 조선 정부는 1881년에 일본의 산업을 시찰하기 위해 박정양과 홍영식 등으로 구성된 _____을 비밀리에 파견하였다.

12 1881년에 청의 근대 무기 제조술을 습득하기 위해 파견된 영선사는 귀국 후 _____(1883)을 설치하였다.

13 1883년에 민영익, 유길준 등이 미국에 보빙사로 파견되었고, 귀국 후 _____(1884)을 개설하였다.

3. 위정척사 운동

14 위정척사 운동은 대원군의 쇄국 정책을 뒷받침하였다. 2012년 국가직 9급 O | X

15 위정척사파는 동도 서기론과 문명개화론을 주장하였다. 2012년 국가직 9급 O | X

16 위정척사파는 유교 문화를 수호하고 서양과 일본 문화를 배척하였다. 2010년 지방직 9급 O | X

17 이항로는 척화 주전론을 주장하며 통상 반대 운동을 전개하였다. 2019년 서울시 9급 O | X

18 최익현은 일본도 서양과 다를 바 없다는 왜양 일체론을 주장하며 개항에 반대하였다. 2023년 지방직 9급 O | X

19 『조선책략』이 조선에 소개된 이후 최익현은 일본과 통상을 반대하는 오불가소(五不可疏)를 올렸다. 2017년 지방직 9급 O | X

20 『조선책략』이 국내에 유포된 이후 이만손 등 영남 유생들의 반발이 일어났다. 2024년 국가직 9급 O | X

14 _____는 『화서아언』을 통해 서양과의 통상 수교 반대를 주장하였다.

15 1860년대에 이항로와 기정진 등의 유생들은 척화 주전론을 내세우며 흥선 대원군의 _____ 정책을 지지하였다.

16 1870년대에 최익현은 _____을 주장하며 개항 반대 운동을 전개하였다.

17 1870년대에 최익현은 일본과의 강화도 조약 체결에 반대하는 다섯 가지 이유를 적은 _____를 올렸다.

18 1880년대에 이만손은 『조선책략』을 비판하고, 정부의 개화 정책 추진을 반대하는 _____를 올렸다.

19 1880년대에 _____은 만언 척사소를 올려 개화 반대 운동을 전개하였다.

20 1890년대에는 개화 반대 운동을 넘어 일본의 침략에 저항하는 _____이 전개되었다.

테마 39 임오군란과 갑신정변

IV 근대

기출 OX — OX를 체크하며 합격 실력 점검하고!

1. 임오군란의 배경과 전개

01 1882년에 구식 군대가 신식 군대에 비해 차별을 받게 되자 폭동을 일으켰다. 2010년 지방직 9급 O | X

02 임오군란 당시 충의를 위해 역적을 토벌한다는 명분을 내걸고 유생들이 주동하였다. 2016년 지방직 9급 O | X

03 임오군란 당시 정부의 개화 정책에 반대하는 서울의 하층민들도 참여하였다. 2016년 지방직 9급 O | X

04 임오군란 당시 군대 해산에 반발한 군인들은 의병 부대에 합류하였다. 2016년 지방직 9급 O | X

05 임오군란 당시 보국안민, 제폭구민의 대의를 위해 봉기할 것을 호소하였다. 2016년 지방직 9급 O | X

06 흥선 대원군은 임오군란 직후 통리기무아문을 폐지하였다. 2017년 서울시 9급 O | X

07 임오군란이 진압되고 흥선 대원군은 청으로 압송되었다. 2018년 소방직 O | X

2. 임오군란의 결과

08 1882년에 임오군란이 일어나고 제물포 조약이 체결되어 일본에 배상금을 지불하였다. 2017년 지방직 9급 O | X

09 임오군란 이후 일본이 공사관에 경비병을 주둔시켰다. 2016년 법원직 9급 O | X

블랭크 — 빈칸을 채우며 합격 실력 완성하자!

01 조선 정부의 군제 개혁으로 5군영이 _____으로 축소되자 실직 군인이 증가하였다.

02 임오군란은 구식 군인들이 신식 군대인 _____에 비해 차별 대우를 받은 것이 원인이 되었다.

03 임오군란 당시 구식 군인들은 선혜청(급료를 지불하는 관청)의 창고인 _____와 배급 담당자인 민겸호의 자택을 습격하였다.

04 임오군란 당시 구식 군인들은 별기군의 일본인 교관을 살해하고 _____을 습격하였다.

05 일본으로의 곡물 유출로 인해 쌀값이 폭등하여 불만이 증가한 _____과 _____이 임오군란에 합세하였다.

06 임오군란 당시 군란을 진정시키기 위해 재집권한 흥선 대원군은 5군영을 부활시키고 _____과 별기군을 폐지하였다.

07 민씨 정권의 요청을 받은 청이 군대를 파견하여 군란을 진압하고 _____을 청으로 압송하였다.

08 임오군란의 결과 조선은 일본과 _____을 체결하였다.

09 임오군란의 결과 조선 정부는 일본 정부에 _____을 지불하였다.

10 임오군란과 갑신정변 사이에 군국기무처가 설치되었다.
2022년 소방직 ○ | ×

11 임오군란의 결과 5군영이 2영으로 통합되고 통리기무아문이 신설되었다. 2016년 법원직 9급 ○ | ×

12 임오군란의 결과 개항장에서 일본 화폐의 유통을 허락한다는 조약을 체결하였다. 2015년 국가직 7급 ○ | ×

13 청은 임오군란 이후 조선에 대한 내정 간섭을 강화하였다.
2019년 국가직 7급 ○ | ×

14 임오군란의 결과 조선이 청의 속방임을 명문화하고 청 상인의 내륙 진출을 인정한 조·청 상민 수륙 무역 장정이 체결되었다. 2024년 국가직 9급 ○ | ×

15 조·청 상민 수륙 무역 장정에는 천주교의 포교권 인정이 규정되어 있다. 2014년 지방직 9급 ○ | ×

16 임오군란과 갑신정변 사이에 조선은 일본과 제물포 조약을 체결하였다. 2022년 소방직 ○ | ×

3. 갑신정변의 배경과 전개

17 1884년에 개화파가 우정총국 개국 축하연을 이용해 정변을 일으켜 정권을 장악하였다. 2017년 지방직 9급 ○ | ×

18 갑신정변은 차관 도입을 위한 수신사 파견의 계기가 되었다. 2016년 국가직 9급 ○ | ×

19 갑신정변 당시 급진 개화파는 일본군과 함께 경복궁을 침범하였다. 2016년 국가직 9급 ○ | ×

20 갑신정변 당시 일본 공사관이 불타고 일본군이 청군에 패퇴하였다. 2016년 국가직 9급 ○ | ×

21 갑신정변 때 흥선 대원군이 통리기무아문을 폐지하였다.
2022년 소방간부후보생 ○ | ×

22 급진 개화파는 서구식 민주 공화국 설립을 목표로 활동하였다. 2011년 법원직 9급 ○ | ×

10 임오군란의 결과 조선 정부는 일본 공사관의 _____을 허용하여 조선 내 일본 군대가 주둔하게 되었다.

11 임오군란 직후 사죄의 뜻으로 김옥균, 박영효 등이 _____로 파견되었다.

12 임오군란의 결과 재집권한 민씨 정권을 중심으로 _____ 정책이 실시되었다.

13 임오군란의 결과 청은 내정 고문으로 마젠창, 외교 고문으로 _____를 파견하였다.

14 임오군란의 결과 조선은 청과 _____을 체결하였다.

15 조·청 상민 수륙 무역 장정에서 청은 조선을 '_____'으로 규정해 청의 종주권을 확인하였다.

16 조·청 상민 수륙 무역 장정의 체결로 청나라 상인의 _____이 실질적으로 허용되었다.

17 갑신정변은 _____이 일본과의 차관 교섭에 실패하여 급진 개화파의 입지가 위축된 것이 배경이 되었다.

18 1884년에 _____으로 조선 내 청의 군대가 일부 철수하였다.

19 급진 개화파는 _____ 공사로부터 정변 단행 시 재정 및 군사를 지원해줄 것을 약속받았다.

20 급진 개화파는 1884년 _____ 개국 축하연(낙성식)에서 갑신정변을 일으켰다.

21 갑신정변 당시 김옥균은 고종과 명성 황후를 창덕궁에서 _____으로 옮기고 정권을 장악하였다.

22 갑신정변으로 정권을 장악한 급진 개화파는 _____을 발표하였다.

23 14개조 혁신 정강에는 '내시부를 없애고 그중에 우수한 인재를 등용한다.'는 내용이 있다. 2015년 국가직 9급 O | X

24 14개조 혁신 정강에는 '국내외의 공사 문서에는 개국 기원을 사용할 것'이라는 내용이 있다. 2015년 법원직 9급 O | X

25 14개조 혁신 정강에는 '보부상 단체인 혜상공국을 혁파한다.'는 내용이 있다. 2015년 서울시 9급 O | X

26 14개조 혁신 정강에는 '공·사 노비법을 혁파할 것'이라는 내용이 있다. 2014년 서울시 9급 O | X

27 14개조 혁신 정강에는 '전국에 걸쳐 지조법을 개혁할 것'이라는 내용이 있다. 2014년 서울시 9급 O | X

28 14개조 혁신 정강에는 '청에 대한 조공의 허례를 폐지한다.'는 내용이 있다. 2010년 국가직 9급 O | X

29 14개조 혁신 정강에는 '재정을 모두 호조에게 관할하도록 할 것'이라는 내용이 있다. 2010년 국가직 9급 O | X

23 14개조 혁신 정강에는 청에 대한 조공과 허례를 폐지하여 ___를 청산한다는 내용이 있다.

24 14개조 혁신 정강에는 ___을 폐지하고 인민 평등의 권리를 제정한다는 내용이 있다.

25 14개조 혁신 정강에는 ___에 따라 관리를 임명한다는 내용이 있다.

26 14개조 혁신 정강에는 ___의 실시를 위해 대신과 참찬은 의정소에서 의결하여 공포한다는 내용이 있다.

27 14개조 혁신 정강에는 ___을 개혁하여 국가 재정을 확대한다는 내용이 있다.

28 14개조 혁신 정강에는 특권적 상업 단체인 ___을 혁파한다는 내용이 있다.

29 14개조 혁신 정강에는 모든 재정을 ___에서 관할하여 재정을 일원화한다는 내용이 있다.

4. 갑신정변의 결과

30 갑신정변 이후 국외 중립화론을 건의한 인물은 보빙사의 일원이었다. 2025년 국가직 9급 O | X

31 갑신정변을 진압한 청은 조선과 조·청 상민 수륙 무역 장정을 체결하였다. 2023년 서울시 9급 O | X

32 갑신정변 이후에 조선은 일본과 한성 조약을 체결하면서 일본으로부터 배상금과 공사관 신축비를 지불받았다. 2016년 경찰간부후보생 O | X

33 갑신정변 이후 청과 일본은 톈진 조약을 체결해 향후 조선으로 군대 파견 시 상대국에게 알리도록 하였다. 2023년 서울시 9급 O | X

34 영남 만인소 사건과 을미의병 사이에 영국이 거문도를 불법 점령하였다. 2023년 법원직 9급 O | X

30 갑신정변은 ___의 개입으로 3일 만에 실패로 끝났다.

31 갑신정변의 실패로 김옥균, 박영효 등은 ___으로 망명하였고, 개화 운동은 단절되었다.

32 갑신정변의 결과 조선과 일본이 ___을 체결하였다.

33 한성 조약의 체결로 조선 정부는 일본에 막대한 ___을 지불하고, 일본 공사관의 신축 비용을 부담하게 되었다.

34 갑신정변 이후 청과 일본은 양국 군대를 동시에 철수하고, 조선에 파병 시 상대국에 미리 알린다는 ___을 체결하였다.

테마 40 근대적 조약

IV 근대

* 올인원 블랭크노트 p.212

기출 OX — OX를 체크하며 합격 실력 점검하고!

1. 강화도 조약과 부속 조약

01 강화도 조약은 운요호 사건 이후 체결된 것이다. 2014년 지방직 9급 O | X

02 강화도 조약에는 '조선은 자주국으로 일본과 동등권을 갖는다.'는 조항이 있다. 2019년 서울시 9급 O | X

03 강화도 조약은 거중조정을 규정하였다. 2017년 경찰직(2차) O | X

04 일본은 강화도 조약을 통해 치외 법권과 최혜국 대우를 보장받았다. 2015년 법원직 9급 O | X

05 강화도 조약은 일본의 자유로운 연해 측정을 허용하였다. 2015년 사회복지직 9급 O | X

06 강화도 조약에 최혜국 대우 규정이 함께 명문화되면서 불평등 무역이 조장되었다. 2013년 지방직 9급 O | X

07 강화도 조약에 개항지 지정이 약정되면서 군산항, 목포항, 양화진이 차례로 개항되었다. 2013년 지방직 9급 O | X

08 1876년의 조·일 통상 장정으로 곡물 유출을 막는 방곡령 규정이 합의되었다. 2016년 국가직 9급 O | X

09 1883년 일본에 상품 관세를 부과하고자 조·일 통상 장정(개정)을 체결하였다. 2019년 지방직 7급 O | X

10 일본에게 관세 부과와 방곡령 규정을 명시한 조약에서 최혜국 대우를 규정하였다. 2025년 지방직 9급 O | X

블랭크 — 빈칸을 채우며 합격 실력 완성하자!

01 강화도 조약은 최초의 근대적 조약이자 _____ 조약이었다.

02 강화도 조약의 결과 _____(경제적 목적), 원산(군사적 목적), 인천(정치적 목적)을 차례로 개항하였다.

03 강화도 조약에는 _____ 과 치외 법권(영사 재판권)을 인정하는 내용이 규정되었다.

04 조·일 수호 조규 부록으로 일본 상인의 활동 범위(간행이정)가 개항장으로부터 _____ 리 이내로 설정되었다.

05 조·일 수호 조규 부록에 따라 개항장에서 _____ 의 유통을 허용하였다.

06 조·일 통상 장정에는 조선에서 일본으로의 _____, 무관세, 무제한 양곡 유출이 규정되었다.

07 조·일 수호 조규 속약 체결로 일본 상인의 거류지가 10리에서 50리로 확대되고, 1년 후 _____ 을 개시하였다.

08 조·일 통상 장정 개정에서 타국에 허용한 유리한 대우를 동일하게 받을 수 있는 권리인 _____ 를 규정하였다.

09 조·일 통상 장정 개정의 체결로 일본 상품에 일정 세율의 _____ 를 부과하게 되었다.

10 조·일 통상 장정 개정에서 쌀 수출을 금지하는 _____ 규정이 합의되었다.

2. 서구 열강과의 조약

11 미국과 조선은 서양 국가 중에 최초로 조약을 체결하였다.
2020년 법원직 9급 O | X

12 조·미 수호 통상 조약은 『조선책략』의 영향을 받았다.
2021년 국가직 9급 O | X

13 신미양요와 갑오개혁 사이에 조·미 수호 통상 조약이 체결되었다. 2022년 국가직 9급 O | X

14 조·미 수호 통상 조약은 최혜국 대우가 포함되어 있었다.
2021년 국가직 9급 O | X

15 조·미 수호 통상 조약은 영사 재판권이 인정되었다.
2021년 국가직 9급 O | X

16 조·미 수호 통상 조약에 양곡의 무제한 유출, 무관세, 무항세 조항이 포함되었다. 2017년 국가직 7급 O | X

17 조·미 수호 통상 조약은 강화도 조약과는 달리 관세 조항이 들어있었다. 2017년 경찰직(1차) O | X

18 조·영 수호 통상 조약 결과로 영국 군함은 개항장 이외에 조선 국내 어디서나 정박할 수 있고 선원을 상륙할 수 있게 되었다. 2010년 국가직 9급 O | X

11 조·미 수호 통상 조약은 김홍집이 들여온 황쭌셴의 『_____』의 영향을 받아 체결되었다.

12 조·미 수호 통상 조약은 조선에 대한 종주권을 유지하고자 하는 _____의 알선으로 체결되었다.

13 조·미 수호 통상 조약에 최초로 _____ 규정이 포함되었다.

14 조·미 수호 통상 조약에 미국 상품에 낮은 비율의 _____를 부과하게 되었다.

15 조·미 수호 통상 조약에 양국 중 한 나라가 제3국의 위협을 받을 경우 서로 도움을 준다는 _____이 규정되어 있다.

16 조·미 수호 통상 조약 체결 이후 조선은 유길준, 홍영식, 서광범 등을 _____로 미국에 파견하였다.

17 _____는 조선과 독자적으로 통상 조약을 체결하였다.

18 조·불(프) 수호 통상 조약의 체결로 조선에서의 _____ 포교가 허용되었다.

테마 41 동학史

IV 근대

* 올인원 블랭크노트 p.214

기출 OX OX를 체크하며 합격 실력 점검하고!

1. 교조 신원 운동과 고부 민란

01 고부 민란 이전에 동학 교도가 궁궐 앞에서 교조 신원을 주장하는 집회를 열었다. 2018년 국가직 9급 O | X

02 고부 군수 조병갑이 만석보를 쌓아 수세를 강제로 거두었다. 2019년 국가직 9급 O | X

2. 1차 동학 농민 운동

03 동학 농민군의 제1차 봉기 시 동학 교단의 남접과 북접이 합세하였다. 2017년 국회직 9급 O | X

04 1차 동학 농민 운동 때 전봉준과 손화중 등이 이끄는 동학 농민군은 백산에서 4대 강령과 격문을 발표하였다. 2017년 국회직 9급 O | X

05 1차 농민 봉기 때 농민군이 황토현에서 감영군을 격파하였다. 2019년 국가직 9급 O | X

06 청이 조선 정부의 요청으로 파병하자, 일본은 임오군란 때 맺은 톈진(천진) 조약을 구실로 파병하였다. 2014년 경찰직(1차) O | X

07 백산 봉기와 2차 봉기 사이에 동학교도들이 전라도 삼례에서 교조 신원을 요구하는 집회를 벌였다. 2022년 법원직 9급 O | X

08 백산 봉기와 2차 봉기 사이에 동학 농민군과 관군이 전주 화약을 체결하였다. 2022년 법원직 9급 O | X

09 동학 농민군은 전주화약 체결 이후 집강소를 설치하고 폐정 개혁을 시도하였다. 2024년 지방직 9급 O | X

블랭크 빈칸을 채우며 합격 실력 완성하자!

01 고부 군수 조병갑의 횡포로 인해 전봉준은 _____을 돌리고, 농민들과 고부 관아를 습격하였다.

02 고부 민란의 진상 조사를 위해 파견된 안핵사 _____가 고부 민란 관련자들을 체포하였다.

03 동학 농민군은 무장에서 _____을 발표하고, 각 지역에 봉기 참여를 호소하였다.

04 동학 농민군은 백산에 집결하여 격문과 _____을 발표하였다.

05 동학 농민군은 고부 황토현 전투와 장성 _____ 전투에서 정부군을 상대로 승리하였다.

06 동학 농민군이 _____을 점령하자, 조선 정부는 청에 지원을 요청하였다.

07 청의 군대가 아산만에 상륙하자 _____을 구실로 일본군 또한 조선에 들어왔다.

08 동학 농민군은 조선 정부와 폐정 개혁을 조건으로 _____을 체결하였다.

09 전주 화약 이후 동학 농민군은 전라도 지역에 민정 자치 기구인 _____를 설치하였다.

3. 2차 동학 농민 운동

10 전주 화약 이후 조선 정부는 청·일 군대의 철수를 요청하였다. 2015년 지방직 9급 O | X

11 2차 동학 농민 운동 때 남접 세력이 우금치에서 다시 봉기함으로써 청·일 전쟁을 유발하였다. 2015년 법원직 9급 O | X

12 2차 동학 농민 운동 때 북접군과 남접군이 논산에서 합류하여 집결하였다. 2017년 국가직 7급 O | X

13 2차 동학 농민 운동 때 동학 농민군은 공주 우금치에서 패배 후 전세를 회복하지 못하였다. 2017년 국회직 9급 O | X

14 동학 농민 운동 때 강화도 외규장각 도서가 약탈당하였다. 2023년 지방직 9급 O | X

---

10 텐진 조약을 구실로 조선에 들어온 일본군이 내정 개혁을 강요하자 동학 농민군이 _____ 에서 재봉기하였다.

11 2차 동학 농민 운동은 _____ 과 _____ 이 모두 참여한 반외세 투쟁이었다.

12 동학 농민군은 공주 _____ 에서 신식 무기로 무장한 일본군과 조선 정부군에게 패배하였다.

13 2차 동학 농민 운동은 _____. 김개남, 손화중 등의 동학 지도부가 체포·처형되면서 실패로 끝났다.

14 동학 농민군의 잔여 세력은 활빈당 및 _____ 을 조직하여 활동하였다.

4. 폐정 개혁안

15 조선 정부는 동학 농민군의 요구에 대응하여 삼정이정청을 설치하였다. 2015년 지방직 9급 O | X

16 동학 농민군은 정부에 지조법 개혁을 요구하였으며, 이는 교정청을 통해 실시되었다. 2015년 법원직 9급 O | X

17 동학 농민군의 폐정 개혁안에는 '토지는 평균으로 나누어 경작하도록 한다.'는 내용이 있다. 2015년 서울시 9급 O | X

18 동학 농민군의 폐정 개혁안에는 '외국인에게 의지하지 말고 관민이 협력하여 전제 황권을 공고히 한다.'는 내용이 있다. 2023년 서울시 9급 O | X

19 동학 농민군의 폐정 개혁안에는 '각종 무명 잡세를 근절할 것'이라는 내용이 있다. 2016년 지방직 7급 O | X

20 동학 농민군의 폐정 개혁안에는 '중대 범죄를 공판하되 피고의 인권을 존중한다.'는 내용이 있다. 2023년 서울시 9급 O | X

---

15 동학 농민군은 폐정 개혁안에서 _____ 를 엄징하고, 불량한 유림과 양반은 징계할 것을 주장하였다.

16 동학 농민군은 폐정 개혁안에서 노비 문서를 소각하고 백정의 _____ 을 금지시키는 등 신분제의 폐지를 주장하였다.

17 동학 농민군은 폐정 개혁안에서 과부의 _____ 를 허용하여 봉건적 폐습을 폐지할 것을 주장하였다.

18 동학 농민군은 폐정 개혁안에서 토지를 균등히 나누어 경작하여 _____ 를 혁파할 것을 주장하였다.

19 동학 농민군은 폐정 개혁안에서 공·사채를 막론하고 기왕의 것은 무효로 하고, _____ 를 폐지할 것을 주장하였다.

20 동학 농민군은 폐정 개혁안에서 관리 채용에 _____ 을 타파하고 인재를 등용할 것을 주장하였다.

테마 42. 갑오·을미개혁의 내용 분석

IV 근대

* 올인원 블랭크노트 p.218

기출 OX — OX를 체크하며 합격 실력 점검하고!

1. 1차 갑오개혁

01 군국기무처는 1894년에 국정 전반에 걸쳐 개혁을 수행하기 위해 신설된 기관으로, 김홍집, 유길준 등 개혁 관료들이 주도하여 개혁 법령을 토의, 공포한 입법 기구이다. 2022년 서울시 9급(6월) O | X

02 1차 갑오개혁 때 중국 연호를 폐지하고 개국 기년을 사용하였다. 2018년 국회직 9급 O | X

03 1차 갑오개혁 때 6조를 8아문으로 개편하였다. 2020년 소방직 O | X

04 1차 갑오개혁 때 군현제를 폐지하고 전국을 23부 337군으로 개편하였다. 2018년 국회직 9급 O | X

05 1차 갑오개혁 때 과거 제도와 신분제를 폐지하였다. 2011년 지방직 9급 O | X

06 1차 갑오개혁 때 재판소를 설치하여 사법권을 행정권에서 분리하였다. 2018년 국회직 9급 O | X

07 1차 갑오개혁 때 은본위 화폐 제도를 실시하였다. 2013년 국가직 9급 O | X

08 1차 갑오개혁은 독립 협회 활동의 영향을 받았다. 2016년 지방직 9급 O | X

09 1차 갑오개혁의 개혁안에는 '죄인 자신 이외의 모든 연좌율을 폐지한다.'는 내용이 있다. 2011년 국가직 9급 O | X

블랭크 — 빈칸을 채우며 합격 실력 완성하자!

01 1차 갑오개혁 때 청의 연호를 버리고  연호를 사용하였다.

02 1차 갑오개혁 때 정부 사무는 의정부에서 담당하고, 왕실 사무는 _____ 에서 담당하게 하여 왕실 사무와 정부 사무를 분리하였다.

03 1차 갑오개혁 때 6조를 _____ 으로 개편하고, 의정부와 함께 권력을 강화시켰다.

04 1차 갑오개혁 때 _____ 를 폐지하고 근대적인 관리 등용 제도를 도입하였다.

05 1차 갑오개혁 때 근대적 경찰 제도의 도입을 위해 _____ 을 설치하였다.

06 1차 갑오개혁 때 왕실 재정을 분리하고, _____ 으로 재정을 일원화하였다.

07 1차 갑오개혁 때 _____ 화폐 제도 및 조세의 금납제를 시행하였다.

08 1차 갑오개혁 때 _____ 의 폐지를 통해 신분제를 철폐하였다.

09 1차 갑오개혁 때 과부의 재가를 허용하고, 조혼, 고문, _____ 와 같은 악습을 폐지하였다.

2. 2차 갑오개혁

10 2차 갑오개혁 때에는 군국기무처를 두고 여러 건의 개혁안을 처리하였다. 2020년 지방직 9급 O | X

11 2차 갑오개혁 때 태양력을 사용하도록 하였다. 2020년 소방직 O | X

12 8아문을 7부로, 8도를 23부로 개편한 개혁은 한성 사범 학교 관제를 발표하였다. 2025년 국가직 9급 O | X

13 2차 갑오개혁 때 궁내부가 설치되어 왕실 사무를 전담하였다. 2019년 경찰간부후보생 O | X

14 2차 갑오개혁의 개혁안에는 '공채이든 사채이든 기왕의 것은 모두 무효로 한다.'는 내용이 있다. 2011년 국가직 9급 O | X

15 2차 갑오개혁 때 국정 개혁의 기본 방향을 담은 홍범 14조를 공포하였다. 2020년 지방직 9급 O | X

16 홍범 14조에는 '왕실과 국정 사무를 분리한다.'는 내용이 있다. 2023년 국가직 9급 O | X

17 홍범 14조에는 '지계 발급을 위한 지계아문을 설치한다.'는 내용이 있다. 2023년 국가직 9급 O | X

18 홍범 14조에는 '대한천일은행 등의 금융 기관을 설립한다.'는 내용이 있다. 2023년 국가직 9급 O | X

10 2차 갑오개혁 때 의정부와 8아문 체제를 ____ 과 ____ 로 개편하였다.

11 2차 갑오개혁 때 8도를 ____ 으로 개편하였다.

12 2차 갑오개혁 때 훈련대, ____ 를 설치하였다.

13 2차 갑오개혁 때 지방관의 군사권과 ____ 을 배제하여 권한을 축소시켰다.

14 2차 갑오개혁 때 사법권의 독립을 위해 신식 ____ 를 설립하였다.

15 2차 갑오개혁 때 ____ 를 반포하여 사범 학교 관제, 외국어 학교 관제 등이 공포되었다.

16 2차 갑오개혁 시기 고종은 종묘에 나가 독립 서고문을 낭독하고 ____ 를 반포하였다.

17 홍범 14조에는 ____ 에 의존하지 않고 자주 독립의 기초를 세운다는 내용이 있다.

18 홍범 14조에는 '____ 에서 조세를 부과한다.'는 내용이 있다.

3. 을미개혁

19 을미개혁 때 태양력을 사용하고 건양이라는 연호를 사용하였다. 2013년 지방직 9급 O | X

20 을미개혁 때 태양력을 사용하고 종두법을 시행하였다. 2013년 법원직 9급 O | X

21 을미개혁 때 서울에 친위대, 지방에 진위대를 설치하였다. 2012년 법원직 9급 O | X

19 을미개혁 때 ____ 연호를 사용하였다.

20 을미개혁 때 중앙군에 ____ , 지방군에 진위대를 설치하였다.

21 을미개혁 때 태양력을 사용하고 ____ 을 선포하였다.

테마 43 독립 협회와 대한 제국

IV 근대

* 올인원 블랭크노트 p.220

기출 OX — OX를 체크하며 합격 실력 점검하고!

1. 독립 협회의 창립과 활동

01 독립 협회가 창립된 이후에 서재필을 중심으로 민중 계몽을 위한 독립신문이 창간되었다. 2017년 국가직 9급 O | X

02 독립 협회는 자유 민권 운동과 의회 설립 운동을 추진하였다. 2021년 소방직 O | X

03 독립 협회는 보부상 중심의 단체로 황권 강화를 통한 부국 강병을 행동 지침으로 삼았다. 2020년 지방직 9급 O | X

04 독립 협회는 일본이 황무지 개간을 구실로 토지를 약탈하려 하자 대중적 반대 운동을 벌였다. 2020년 지방직 9급 O | X

05 독립 협회는 대한국 국제를 반포하였다. 2022년 서울시 9급(6월) O | X

06 독립 협회는 러시아의 내정 간섭과 이권 요구에 반대하였다. 2023년 법원직 9급 O | X

07 독립 협회는 국민 계몽을 위해 회보를 발간하고 만민 공동회 등 대규모 집회를 열었다. 2020년 지방직 9급 O | X

08 독립 협회는 계몽적, 사회적, 정치적 주제의 토론회를 개최하였다. 2022년 서울시 9급(6월) O | X

09 독립 협회는 교육 입국 조서를 작성해 공포하였다. 2022년 국가직 9급 O | X

10 독립 협회는 '구국 운동 상소문'을 지었다. 2023년 법원직 9급 O | X

11 독립 협회는 정부의 지원을 받아 설립된 단체로, 고종에게 헌의 6조를 재가 받았다. 2023년 법원직 9급 O | X

블랭크 — 빈칸을 채우며 합격 실력 완성하자!

01 서재필이 정부의 지원을 받아 한글과 영문판으로 _____ 을 창간하였다.

02 독립 협회는 _____, 윤치호, 남궁억 등의 진보적 지식인이 주도하고 진보적 유생, 시민, 학생 등 다양한 계층이 참여하였다.

03 독립 협회는 자주 국권, 자유 민권, _____ 을 기본 사상으로 두었다.

04 독립 협회는 영은문이 있던 자리 부근에 _____ 을 세웠다.

05 독립 협회는 _____ 와 _____ 를 개최하여 민중을 계몽하고자 하였다.

06 독립 협회는 민중 토론 집회인 _____ 를 개최하였다.

07 독립 협회는 이권 수호 운동을 전개하여 러시아의 _____ 조차 요구를 저지하고, 한·러은행을 폐쇄시켰다.

08 독립 협회는 정부의 개혁적 관리 및 학생·시민과 함께 _____ 를 개최하고 헌의 6조를 결의하였다.

09 독립 협회의 헌의 6조가 채택되면서, 의회 설립 내용을 담은 _____ 가 반포되었다.

10 보수 세력이 _____ 를 동원하여 독립 협회를 탄압하자 고종이 두 단체 모두 강제 해산시켰다.

11 독립 협회는 관민 공동회를 열고 _____ 확립, 이권 침탈 방지, 재정 일원화(탁지부) 등을 내용으로 하는 헌의 6조를 채택하였다.

12 헌의 6조에서는 '외국인에게 의지하지 않고 관민이 한마음으로 협력하여 전제 황권을 공고히 할 것'을 결의하였다.
2017년 국회직 9급 O | X

13 헌의 6조에서는 '전국의 재정은 궁내부 내장원으로 이속하고 예산과 결산은 중추원의 승인을 거칠 것'을 결의하였다.
2017년 사회복지직 9급 O | X

14 헌의 6조에서는 '외국과의 이권에 관한 조약은 각 대신과 중추원 의장이 합동 날인하여 시행할 것'을 결의하였다.
2015년 법원직 9급 O | X

15 헌의 6조에는 '칙임관은 황제가 정부에 자문하여 그 과반수의 의견에 따라 임명한다.'는 조항이 있다.
2015년 국가직 9급 O | X

2. 대한 제국의 수립

16 러시아 공사관에 머물던 고종은 1897년 2월 경복궁으로 환궁하였다. 2018년 경찰직(1차) O | X

17 고종은 하늘과 땅에 제사를 지내고 황제의 자리에 올라 국호를 대한 제국으로 정하였다. 2022년 소방직 O | X

18 고종은 경운궁을 정궁으로 삼았다. 2016년 국가직 9급 O | X

3. 광무 개혁

19 대한 제국의 성립 이후 고종은 구본신참의 개혁 원칙을 정하고 대한국 국제를 선포하였다. 2020년 지방직 9급 O | X

20 대한 제국은 입헌 군주제와 의회 설립을 통한 민주주의 체제를 지향하였다. 2018년 경찰직(1차) O | X

21 대한국 국제는 황제에게 육·해군의 통수권이 있음을 명시하였다. 2018년 경찰직(1차) O | X

22 대한제국은 독립협회를 해산시킨 이후에 대한국 국제를 반포하였다. 2024년 지방직 9급 O | X

12 헌의 6조에는 외국인에게 의지하지 말고, 관·민이 힘을 합하여 _____ 을 견고히 한다는 내용이 있다.

13 헌의 6조에는 외국과 이권에 관한 조약을 체결할 때 _____ 의장이 합동 날인하여 시행한다는 내용이 있다.

14 헌의 6조에는 _____ 에서 국가 재정을 전관하고 예산과 결산을 국민에게 공포한다는 내용이 있다.

15 헌의 6조에는 중대 범죄는 공판하되 피고인의 _____ 을 존중한다는 내용이 있다.

16 고종은 아관 파천 이후 1년 만에 러시아 공사관에서 _____ 으로 환궁하였다.

17 고종은 _____ 을 세워 황제 즉위식을 거행하고, 대한 제국을 선포하였다.

18 고종은 _____ 라는 독자적인 연호를 사용하였다.

19 고종은 헌법인 _____ 를 반포하여 황제권의 무한함을 강조하였다.

20 고종은 _____ 을 개혁 방향으로 삼고 광무 개혁을 추진하였다.

21 고종은 환궁 이후 정치 개혁 기구인 _____ 를 설치하였다.

22 광무 개혁으로 지방 행정 구역이 23부 337군에서 _____ 로 개편되었다.

23 광무 개혁 때 황제의 군사권을 강화하고자 원수부를 설치하였다. 2013년 지방직 9급 　O | X

24 대한 제국은 양전 사업을 시행하고자 양지아문을 설치하였다. 2018년 지방직 9급 　O | X

25 광무 개혁 때 양전 사업을 실시해 지주 전호제를 폐지하였다. 2016년 법원직 9급 　O | X

26 지계아문을 설치한 국가의 개혁 과정에서 교육 입국 조서를 반포하였다. 2025년 지방직 9급 　O | X

27 광무 개혁 때 지조법을 개혁하고 혜상공국을 폐지하려 하였다. 2013년 지방직 9급 　O | X

28 대한 제국은 화폐 제도를 은본위제로 개혁하고자 신식 화폐 발행 장정을 공포하였다. 2018년 지방직 9급 　O | X

29 대한 제국은 한성은행, 대한천일은행 등 민족계 은행을 지원하였다. 2016년 국가직 9급 　O | X

30 대한 제국 시기에 근대식 교육 기관인 육영 공원을 설립하였다. 2022년 소방직 　O | X

31 조·청 상민 수륙 무역 장정과 시모노세키 조약이 체결된 시기 사이에 청과의 동등한 무역을 명시한 한·청 통상 조약을 체결하였다. 2024년 지방직 9급 　O | X

---

23 광무 개혁 때 　　　　을 설치하여 양전 사업을 실시하였다.

24 광무 개혁 때 지계아문을 설치하여 　　　　를 발급하였으나 러·일 전쟁으로 중단되었다.

25 광무 개혁 때 화폐 조례를 제정하여 　　　　를 시도하였으나 실패하였다.

26 광무 개혁 때 황실의 재정을 확대하기 위해 　　　　의 기능을 강화하였다.

27 1899년에 대한 제국은 보부상을 지원하기 위해 　　　　를 조직하였다.

28 1900년에 대한 제국은 　　　　을 설치하여 경의선 부설을 시도하였으나 실패하였다.

29 광무 개혁 때 실업 교육을 강화하기 위해 　　　　, 　　　　를 설립하였다.

30 광무 개혁 때 군사 개혁을 실시하여 황제 직속의 군 통수 기관인 　　　　를 설치하였다.

31 1899년에 대한 제국은 청과 동등한 위치에서 　　　　을 체결하였다.

4. 간도와 독도

32 대한 제국은 이범윤을 관리사로 파견하여 간도의 우리 주민을 보호하고자 하였다. 2011년 기상직 9급 　O | X

33 1909년 일본은 '간도에 관한 청·일 협정'을 체결하여 간도 영유권을 청에 넘겨주었다. 2012년 기상직 9급 　O | X

34 1900년 독도를 울릉군 관할로 한다는 내용의 대한 제국 칙령 제41호가 공포되었다. 2017년 지방직 9급 　O | X

35 미쓰야 협정과 시마네 현 고시 제40호는 독도가 우리나라의 영토임을 입증하는 근거이다. 2017년 국가직 9급 　O | X

---

32 대한 제국은 간도 관리사에 　　　　을 임명하여 파견하였다.

33 1909년에 일본과 청이 체결한 　　　　으로 간도 귀속 문제가 발생하였다.

34 대한 제국은 　　　　를 반포하여 독도가 우리의 영토임을 명시하였다.

35 일본은 러·일 전쟁 중 일방적으로 독도를 　　　　에 편입하였다.

테마 44 국권 피탈 과정 ↔ 의병과 애국 계몽 운동

IV 근대

* 올인원 블랭크노트 p.224

기출 OX — OX를 체크하며 합격 실력 점검하고!
블랭크 — 빈칸을 채우며 합격 실력 완성하자!

1. 한·일 의정서

01 1902년 영국은 러시아를 견제하기 위해 일본과 동맹을 체결하였다. 2015년 법원직 9급 O | X

02 한·일 의정서로 일본이 전략상 필요한 곳을 제공받게 되었다. 2021년 국회직 9급 O | X

03 한·일 의정서는 대한 제국의 사법권을 빼앗고 감옥 사무를 일본 정부에 위탁하도록 하였다. 2017년 경찰직(2차) O | X

01 1904년에 일본이 제물포에 있는 러시아 군함을 공격하며 _____을 일으켰다.

02 한·일 의정서는 1904년에 _____ 전쟁 중이던 일본의 강요로 체결되었다.

03 한·일 의정서의 체결로 일본은 한국의 _____ 사용권을 획득하였다.

2. 제1차 한·일 협약 및 열강의 묵인

04 제1차 한·일 협약은 러·일 전쟁의 전세가 유리하게 전개됨에 따라 한국을 식민지로 만들기 위한 내정 간섭을 강화한 것이다. 2011년 법원직 9급 O | X

05 제1차 한·일 협약은 재정 고문으로 일본인 메가다를, 외교 고문으로 미국인 스티븐스를 채용하게 하였다. 2015년 서울시 7급 O | X

06 가쓰라·태프트 밀약을 통해 미국은 한국에서 일본의 보호권 확립을, 일본은 미국의 필리핀 지배를 인정하였다. 2015년 서울시 9급 O | X

07 제2차 영·일 동맹을 통해 영국은 한국에서 일본의 특수 이익을, 일본은 영국의 인도 지배를 서로 승인하였다. 2015년 서울시 9급 O | X

08 포츠머스 조약 체결로 일본은 러시아로부터 한국에 대한 지도·보호 및 감독의 권리를 인정받았다. 2015년 서울직 9급 O | X

04 _____은 러·일 전쟁에서 주도권을 장악한 일본이 한국의 내정에 간섭하기 위해 강제로 체결한 것이다.

05 제1차 한·일 협약의 체결로 외교 고문에 _____, 재정 고문에는 _____가 부임하였다.

06 _____을 체결하여 일본은 미국으로부터 한국에 대한 지배를 인정받았다.

07 _____을 체결하여 일본은 영국으로부터 한국에 대한 지배를 인정받았다.

08 _____이 체결됨에 따라 러시아가 한국에 대한 일본의 지배권을 묵인하였다.

3. 을사늑약(제2차 한·일 협약)

09 을사늑약 체결 이전에 이사청에 관리가 파견되었다. 2023년 법원직 9급 O | X

10 을사늑약 체결 이후 일본은 한국의 외교권을 박탈하고 통감부를 설치하였다. 2015년 서울시 9급 O | X

11 을사늑약 체결 이후 민영환이 일제에 대한 저항을 표현한 유서를 남기고 자결하였다. 2015년 국가직 9급 O | X

12 을사조약에 대하여 장지연은 '시일야방성대곡'으로 비판하였다. 2015년 국가직 7급 O | X

13 을사늑약 체결 이후 나철과 오기호는 5적 암살단을 조직하였다. 2020년 법원직 9급 O | X

14 을사늑약 체결 이후 장인환이 샌프란시스코에서 외교 고문 스티븐스를 사살하였다. 2014년 지방직 9급 O | X

15 을사늑약 체결 이후 고종은 헤이그에 이상설, 이준, 이위종을 특사로 파견하였다. 2020년 소방직 O | X

09 을사늑약 체결 결과 일본은 대한 제국의 _____을 박탈하고 _____를 설치하였다.

10 을사늑약 체결 이후 초대 통감으로 _____가 부임하였다.

11 을사늑약 체결 이후 조병세, _____, 이상설 등은 조약 파기를 요구하는 상소를 올렸다.

12 _____는 고종의 을사늑약 부인 친서를 게재하였다.

13 고종은 을사늑약의 무효함을 전달하기 위해 미국에 _____를 특사로 파견하였으나 미국은 이를 외면하였다.

14 고종은 을사늑약의 부당함을 알리기 위해 헤이그에 이준, 이위종, _____을 특사로 파견하였다.

15 을사늑약 체결 이후 _____과 _____이 샌프란시스코에서 외교 고문 스티븐스를 사살하였다.

4. 한·일 신협약(정미 7조약)

16 한·일 신협약은 고종이 헤이그에 특사를 파견하는 계기가 되었다. 2018년 지방직 9급 O | X

17 통감이 일본인을 한국 관리로 임명할 수 있는 조약이 체결된 이후 고종이 강제 퇴위당하였다. 2025년 지방직 9급 O | X

18 정미 7조약으로 대한 제국의 외교권이 박탈되고 통감부가 설치되었다. 2020년 소방직 O | X

19 한·일 신협약으로 일본은 대한 제국의 각 부에 일본인 차관을 두어 내정을 간섭하였다. 2019년 서울시 9급 O | X

20 한·일 신협약은 재정 고문 메가타가 화폐 정리 사업을 실시하는 근거가 되었다. 2018년 지방직 9급 O | X

21 한·일 신협약은 최익현이 의병 운동을 처음 시작한 원인이 되었다. 2018년 지방직 9급 O | X

16 일본은 _____ 파견을 구실로 고종을 강제 퇴위시켰다.

17 한·일 신협약으로 _____의 권한이 강화되었다.

18 한·일 신협약으로 일본은 각 부에 일본인 _____을 두어 내정을 간섭하였다.

19 한·일 신협약의 부속 조약에 따라 대한 제국의 _____가 강제 해산되었다.

20 한·일 신협약으로 해산된 군인들은 _____에 가담하였다.

21 한·일 신협약 체결 이후 일본은 언론과 애국 계몽 운동을 탄압하기 위해 신문지법과 _____을 제정하였다.

5. 항일 의병사 - 을미의병과 활빈당

22 을미의병은 일제의 강요로 군대가 해산되자 그에 반발하여 일어났다. 2015년 지방직 7급　O | X

23 을미의병은 명성 황후 시해와 단발령 실시에 항거하여 일어났다. 2013년 법원직 9급　O | X

24 을미의병의 의병장은 주로 양반 유생이었다. 2017년 지방직 7급　O | X

25 을미의병 때 민종식 등이 이끄는 의병이 홍주성을 점령하였다. 2018년 경찰간부후보생　O | X

26 을미의병 때 이인영을 총대장으로 삼아 서울 진공 작전을 계획하였다. 2018년 경찰간부후보생　O | X

27 을미의병은 고종의 해산 권고 조칙에 따라 해산되었다. 2010년 법원직 9급　O | X

28 활빈당은 '가난한 사람을 살려내는 무리'라는 뜻으로 『홍길동전』에서 이름을 따왔다. 2017년 지방직 7급　O | X

29 활빈당은 토지의 균등 분배와 쌀 수출에 반대하는 방곡령 실시 등을 요구했다. 2015년 경찰간부후보생　O | X

30 을사늑(조)약 이후에 활빈당 가운데 일부는 의병 운동에 참여하였다. 2017년 지방직 7급　O | X

22 을미의병은 을미사변(명성 황후 시해 사건)과 _____에 대한 반발로 일어났다.

23 을미의병은 _____들이 주도하고 동학 농민군의 잔여 세력이 동참하였다.

24 을미의병의 대표적인 의병장으로는 제천의 유인석, 춘천의 _____이 있다.

25 을미의병의 의병장들은 _____ 사상에서 탈피하지 못했다는 한계를 지니고 있다.

26 을미의병은 지방 관아를 습격하여 단발을 강요하는 _____ 수령들을 처단하였다.

27 을미의병은 고종이 단발령을 철회하고, _____을 내리자 대부분 해산하였다.

28 을미의병 당시 고종의 의병 해산 권고를 거부한 일부 농민들은 _____을 조직하였다.

29 활빈당은 _____을 강령으로 채택하였다.

30 활빈당은 부호의 재물을 빼앗아 빈민에게 나누어 주는 등 _____, 반침략 운동을 전개하였다.

6. 항일 의병사 - 을사의병

31 을사늑약에 반발하여 민종식, 최익현 등이 을사의병을 일으켰다. 2015년 국가직 7급　O | X

32 을사의병은 유인석, 이소응 등 위정척사 사상을 가진 유생이 주도하였고, 농민들이 가담하여 전국으로 확대되었으나, 고종의 해산 권고 조칙에 의해 스스로 해산하였다. 2015년 경찰직(2차)　O | X

31 을사의병은 _____ 체결에 반발하여 일어났다.

32 을사의병 당시 평민 출신 의병장인 _____이 활약하였다.

7. 항일 의병사 - 정미의병

33 정미의병은 각국 영사관에 교전 단체로 인정해 줄 것을 요구하였다. 2021년 법원직 9급 O | X

34 정미의병은 고종이 퇴위당하자 의병 투쟁에 앞장섰다. 2020년 법원직 9급 O | X

35 정미의병 때 한·일 신협약으로 해산된 군인의 합류로 전투력이 크게 향상되었다. 2011년 지방직 9급 O | X

36 정미의병 때 평민 출신 의병장인 신돌석이 등장하여 호남 지역에서 유격전을 벌였다. 2011년 지방직 9급 O | X

37 이인영을 총대장으로 하는 13도 연합 의병 부대(창의군)가 서울 진공 작전을 시도하였다. 2015년 국가직 9급 O | X

38 일본군의 남한 대토벌 작전으로 의병 부대의 근거지가 초토화되었다. 2017년 국가직 9급 O | X

39 남한 대토벌 작전 이후 의병들은 만주, 연해주 등지로 근거지를 옮겨 항전을 계속하였다. 2013년 법원직 9급 O | X

40 안중근은 연해주에서 의병 투쟁을 전개하였다. 2022년 지방직 9급 O | X

---

33 정미의병은 고종의 강제 퇴위와 _____ 강제 해산이 원인이 되어 발발하였다.

34 정미의병 때 이인영을 총대장으로 한 연합 부대인 _____ 이 결성되었다.

35 정미의병 당시 13도 창의군은 _____ 을 시도하였으나 실패하였다.

36 정미의병 당시 13도 창의군은 각국 영사관에 의병을 국제법상 _____ 로 승인해 줄 것을 요청하였다.

37 서울 진공 작전은 _____ 이 부친상으로 작전에 불참하면서 실패하였다.

38 1909년에 일본의 _____ 작전으로 큰 피해를 입어 의병 활동이 위축되었다.

39 의병 세력들은 _____ 와 _____ 지역으로 이동하여 독립군으로 변모하였다.

40 안중근은 「_____」을 집필하였다.

8. 애국 계몽 운동 - 보안회와 대한 자강회

41 보안회는 일본의 황무지 개간에 대한 대중적인 반대 운동을 일으켜 이를 철회시키는 데 성공하였다. 2015년 지방직 9급 O | X

42 대한 자강회는 헌정 연구회의 활동을 계승하여 월보를 간행하고 지회를 설치하였다. 2020년 지방직 9급 O | X

43 대한 자강회는 자치 운동을 주요 목표로 내세웠다. 2022년 소방간부후보생 O | X

44 대한 자강회는 국채 보상 운동의 참여를 결의하였다. 2022년 소방간부후보생 O | X

---

41 보안회는 _____, 원세성 등의 유생·관료 출신을 중심으로 조직되었다.

42 보안회는 일본의 _____ 요구 철회 운동에 성공하였다.

43 _____ 는 우리나라의 독립은 오직 자강(自强)의 여하에 있다고 주장하였다.

44 대한 자강회는 전국 각지에 25개의 _____ 를 설치하였고 월보를 간행하였다.

45 대한 자강회는 농광 회사를 설립하여 경제 침탈에 맞섰다.
    2022년 소방간부후보생   O | X

45 대한 자강회는 ▨▨▨▨▨▨▨▨ 반대 운동을 주도하다가 보안법에 의해 강제 해산되었다.

9. 애국 계몽 운동 - 신민회

46 신민회는 입헌 군주제 수립을 목표로 활동하였다.
    2020년 법원직 9급   O | X

47 신민회는 공화정체의 근대 국민 국가 건설을 위해 노력하였다.
    2011년 법원직 9급   O | X

48 신민회는 안창호, 양기탁, 신채호, 이동녕 등의 인사들이 비밀 결사로 조직하였다.   2012년 경찰직(2차)   O | X

49 신민회는 기회주의를 배격하고 정치, 경제적 각성을 촉구하였다.   2011년 서울시 9급   O | X

50 신민회는 평양과 대구에 태극 서관을 설립하여 출판 사업을 벌였다.   2016년 서울시 7급   O | X

51 신민회는 평양 근교에 자기 회사를 설립, 운영하기도 하였다.   2016년 서울시 7급   O | X

52 신민회는 국내의 요인 암살, 식민 통치 기관 파괴 활동을 전개하였다.   2013년 법원직 9급   O | X

53 신민회는 대성 학교와 오산 학교를 세워 민족 교육을 실시하였다.   2013년 법원직 9급   O | X

54 신민회는 만세보라는 기관지를 발간하였다.
    2012년 경찰직(2차)   O | X

55 서간도에 무관 학교를 설립한 애국 계몽 운동 단체는 광주 학생 항일 운동이 일어나자 진상 조사단을 파견하였다.
    2025년 국가직 9급   O | X

56 신민회는 유화현 삼원보에 경학사와 부민단을 세우고 신흥 강습소를 설립하여 독립군 간부를 양성하였다.
    2017년 경찰직(2차)   O | X

57 신민회는 일제가 날조한 105인 사건으로 와해되었다.
    2019년 국가직 9급   O | X

46 신민회는 각계각층의 인사가 참여한 ▨▨▨▨▨ 조직이었다.

47 신민회는 회장에는 ▨▨▨▨, 부회장에는 ▨▨▨▨를 선임하여 조직되었다.

48 신민회는 ▨▨▨▨ 체제의 근대 국가 수립을 목표로 하였다.

49 신민회는 독립군 기지 건설을 위해 서간도 삼원보에 ▨▨▨을 건설하였다.

50 신민회는 서간도에 사관 양성 기관인 ▨▨▨▨▨를 설립하였다.

51 신민회는 정주에 ▨▨▨▨▨(이승훈), 평양에 대성 학교(안창호)를 설립하였다.

52 ▨▨▨▨▨▨는 신민회의 기관지 역할을 하였다.

53 신민회는 한국 고전을 간행하고 보급하는 단체인 ▨▨▨▨▨를 후원하였다.

54 신민회는 민족 산업을 육성하기 위해 평양에 ▨▨▨▨▨를 설립하였다.

55 신민회는 평양, 서울, 대구에 서적을 출판하고 보급하는 ▨▨▨▨▨을 개설하였다.

56 신민회는 ▨▨▨ 공장과 ▨▨▨ 공장을 설립하여 독립 운동 자금을 자체적으로 조달하였다.

57 신민회는 1911년에 ▨▨▨▨▨▨으로 해체되었다.

테마 45 근대 경제사 - 열강의 경제 침탈과 경제적 구국 운동

IV 근대

* 올인원 블랭크노트 p.230

기출 OX — OX를 체크하며 합격 실력 점검하고!

1. 열강의 경제 침탈

01 강화도 조약과 조·청 상민 수륙 무역 장정 체결 사이에 개항장에서는 일본 화폐가 통용되었다. 2023년 국가직 9급 O | X

02 조·청 상민 수륙 무역 장정은 갑신정변 이후 체결된 것이다. 2014년 지방직 9급 O | X

03 조·청 상민 수륙 무역 장정의 체결로 서울에서 청국 상인의 개점이 허용되었다. 2016년 국가직 9급 O | X

04 조·청 상민 수륙 무역 장정 체결 이후 청과 일본의 상권 경쟁이 치열해졌다. 2017년 경찰직(1차) O | X

05 러시아는 석탄 저장고를 확보하기 위해 절영도를 조차하고자 하였다. 2015년 법원직 9급 O | X

06 러시아가 침탈한 대표적인 이권은 압록강, 두만강, 울릉도 삼림 벌채권과 운산 금광 채굴권이었다. 2017년 경찰간부후보생 O | X

07 미국이 운산 금광 채굴권을 차지하였다. 2019년 서울시 9급 O | X

08 미국이 용암포를 강제 점령하고 조차를 요구하였다. 2019년 서울시 9급 O | X

09 화폐 정리 사업으로 한국 상인들이 경제적으로 큰 타격을 받았다. 2013년 국가직 9급 O | X

10 화폐 정리 사업은 액면가대로 바꾸어 주는 화폐 교환 방식을 따랐다. 2013년 국가직 9급 O | X

블랭크 — 빈칸을 채우며 합격 실력 완성하자!

01 러시아는 압록강·두만강·울릉도의 _____을 침탈하였다.

02 미국은 _____ 금광 채굴권을 약탈하였다.

03 일본은 1898년에 _____ 부설권과 1904년에 경원선 부설권을 획득하였다.

04 프랑스는 _____ 부설권을 획득하였으나 재정의 부족으로 일본에 양도하였다.

05 청과 일본 상인의 활동 범위가 확대되어 _____, 여각, 보부상 등의 중개 상인이 몰락하였다.

06 일본은 1908년에 _____를 설립하여 토지 수탈을 자행하였다.

07 1906년에 발표된 _____을 통해 일본인의 토지 소유를 합법화하였다.

08 메가타는 금본위제에 입각한 _____을 추진하였다.

09 메가타는 _____을 폐지하여 대한 제국의 화폐 발행권을 박탈하였다.

10 화폐 정리 사업은 _____를 제일은행에서 발행하는 화폐로 교환하도록 하였다.

11 화폐 정리 사업으로 은행권의 발행이 용인되면서 제일은행권이 조선의 본위 화폐가 되었다. 2013년 지방직 9급 O | X

12 화폐 정리 사업으로 전환국에서 새로운 화폐를 발행하게 되었다. 2022년 소방직 O | X

11 화폐 정리 사업에 소요되는 비용은 일본의 _____으로 충당하여 국가 재정이 악화되었다.

12 화폐 정리 사업으로 조선 민족 은행(_____ 은행, _____ 은행)들이 몰락하였다.

2. 경제적 구국 운동의 전개

13 함경도 관찰사 조병식이 곡물 수출을 막는 방곡령을 내렸다. 2019년 국가직 9급 O | X

14 황국 중앙 총상회는 시전 상인들의 경제적 특권 회복을 요구하였다. 2014년 사회복지직 9급 O | X

15 일제의 황무지 개간권 요구를 반대하기 위해 보안회가 창설되었다. 2019년 국가직 9급 O | X

16 농광 회사는 일제의 황무지 개간권 요구에 대응하여 설립된 특허 회사였다. 2018년 국가직 9급 O | X

17 국채 보상 운동은 1907년 대구에서 시작되어 전국으로 확산되었다. 2023년 지방직 9급 O | X

18 국채 보상 운동 때 2,000만 조선인의 금연 및 금주 운동이 전개되었다. 2014년 국가직 7급 O | X

19 국채 보상 운동은 '내 살림 내 것으로', '조선 사람 조선 것' 등의 표어를 내걸었다. 2016년 사회복지직 9급 O | X

20 일제가 양기탁에게 국채 보상금을 횡령하였다는 누명을 씌워 국채 보상 운동이 실패하였다. 2017년 경찰간부후보생 O | X

21 국채 보상 운동은 총독부의 탄압과 방해로 실패하였다. 2016년 사회복지직 9급 O | X

13 일본의 곡물 유출로 조선 내 식량이 부족해져 함경도와 황해도 지역에서 _____이 선포되었다.

14 일본은 _____을 구실로 방곡령 철회를 요구하였고 막대한 배상금을 지불하게 되었다.

15 시전 상인을 중심으로 _____가 조직되어 외국인의 불법적인 내륙 상업 활동 저지를 요구하였다.

16 대한 제국의 관리와 민간 실업인들이 황무지를 우리 손으로 개간하기 위해 _____를 설립하였다.

17 국채 보상 운동은 일본의 _____ 강요로 외채가 증가한 것이 배경이 되었다.

18 국채 보상 운동은 대구에서 김광제, _____의 주도로 시작되었다.

19 서울에서 _____가 조직되었고, 국채 보상 운동은 전국적 운동으로 확산되었다.

20 _____, 황성신문, 만세보 등의 언론 기관들이 국채 보상 운동을 적극적으로 후원하였다.

21 국채 보상 운동은 일진회와 통감부의 방해로 _____이 구속되며 실패하였다.

테마 46 근대 문화사

기출 OX

1. 근대 언론

01 한성순보는 우리나라 최초의 신문으로 1883년 창간되었으며, 한문체로 발간된 관보의 성격을 띠었다. 2017년 사회복지직 9급 O | X

02 한성순보는 박문국에서 인쇄하였다. 2019년 소방직 O | X

03 한성순보는 최초로 국한문을 혼용하였고, 내용에 따라 한글 혹은 한문만을 쓰기도 하며 독자층을 넓혀 나가고자 하였다. 2017년 사회복지직 9급 O | X

04 우리나라 최초의 신문인 한성순보는 관보의 성격을 띠고 10일에 한 번 한문으로 발행되었다. 2013년 서울시 9급 O | X

05 한성순보는 국한문 혼용체를 사용한 일간지로 주로 유학자층의 계몽에 앞장섰다. 2017년 사회복지직 9급 O | X

06 독립신문은 우리나라 최초의 민간 신문이었다. 2019년 소방직 O | X

07 독립신문은 한글과 영문판으로 발간되었다. 2019년 소방간부후보생 O | X

08 독립신문은 한글과 영문을 사용하였으며, 근대적 지식 보급과 국권·민권 사상을 고취하였다. 2013년 서울시 9급 O | X

09 황성신문은 남궁억이 창간한 국한문 혼용체의 신문으로 민족의식을 고취하였다. 2016년 사회복지직 9급 O | X

10 이종일은 순한글로 간행한 황성신문을 발간하여 정치 논설보다 일반 대중을 위한 사회 계몽 기사를 많이 실었다. 2016년 서울시 9급 O | X

블랭크

01 1883년에 우리나라 최초의 근대 신문인 _____ 가 발행되었다.

02 한성순보는 _____ 체의 신문이었다.

03 한성순보는 정부의 개화 정책을 홍보하는 _____ 성격을 띠었다.

04 한성순보는 _____ 에 한 번씩 간행되었다.

05 한성순보는 _____ 으로 박문국이 폐지되면서 폐간되었다.

06 독립신문은 정부의 지원을 받아 서재필 등이 발행한 우리나라 최초의 _____ 신문이었다.

07 독립신문은 한글판과 _____ 이 함께 발행되었다.

08 독립신문은 _____ 가 해산된 후인 1899년에 폐간되었다.

09 황성신문은 1898년에 _____ 이 발행하였다.

10 황성신문은 _____ 혼용체의 신문이었다.

11 황성신문은 언론 검열을 피하기 위해 영국인 베델을 발행인으로 초빙하였다. 2016년 사회복지직 9급 O | X

12 황성신문은 오세창 등 천도교 측에서 발행하여 일진회 등의 매국 행위를 비판하였다. 2016년 사회복지직 9급 O | X

13 을사늑약이 체결되자 장지연은 '시일야방성대곡'을 황성신문에 게재하였다. 2024년 국가직 9급 O | X

14 제국신문은 순한글로 만들어 하층민과 부녀자들이 많이 구독하였다. 2015년 기상직 9급 O | X

15 대한매일신보는 국채 보상 운동을 지원하였다. 2019년 소방직 O | X

16 영국인 베델을 발행인으로 내세운 대한매일신보는 양기탁을 중심으로 국채 보상 운동에 앞장섰다. 2013년 서울시 9급 O | X

17 대한매일신보는 대한민국 임시 정부의 기관지 역할을 하였다. 2019년 소방직 O | X

18 대한매일신보는 양기탁이 신민회를 조직하면서 신민회의 기관지 역할을 하였다. 2011년 국가직 9급 O | X

19 대한매일신보에 고종은 을사조약의 부당성을 폭로하는 친서를 발표하였다. 2011년 국가직 9급 O | X

11 황성신문은 _____을 대상으로 한 민족주의적 성격의 신문이었다.

12 황성신문은 을사늑약 체결에 통곡하는 장지연의 _____을 게재하였다.

13 제국신문은 1898년에 _____이 발행한 신문이다.

14 제국신문은 순한글로 발행되어 _____와 민중들에게 인기가 있었다.

15 대한매일신보는 _____과 양기탁이 발행하였다.

16 대한매일신보는 순한글, 영문, _____ 혼용체로 발행되어 다양한 계층의 독자층을 형성하였다.

17 대한매일신보는 _____을 후원하였다.

18 대한매일신보는 _____의 을사늑약 무효 친서를 게재하였다.

19 대한매일신보는 국권 피탈 이후 총독부의 기간지인 _____로 전락하였다.

2. 근대 교육 기관

20 1883년에 우리나라 최초의 근대적 사립 학교인 원산 학사가 설립되었다. 2019년 경찰직(1차) O | X

21 원산 학사는 함경도 덕원 주민들이 기금을 조성하여 설립한 학교이다. 2018년 서울시 9급 O | X

22 동문학은 정부가 설립한 외국어 교육 기관으로 통역관을 양성하였다. 2018년 서울시 9급 O | X

23 육영 공원은 관민이 합심하여 설립하였다. 2017년 법원직 9급 O | X

20 _____는 1883년에 덕원 부사 정현석과 덕원·원산 주민들이 함께 설립한 최초의 사립 학교이다.

21 원산 학사는 문예반과 _____으로 운영되어 근대 학문과 무술을 교육하였다.

22 1883년에 묄렌도르프가 정부의 지원을 받아 _____을 설립하였다.

23 동문학에서는 영어와 일어를 교육하여 _____을 양성하였다.

24 조선 정부는 1886년 육영 공원을 설립해 서양의 새 학문을 교육했다. 2017년 지방직 9급 O | X

25 헐버트는 육영 공원의 교사로 초빙되었다. 2015년 법원직 9급 O | X

26 육영 공원은 좌원과 우원의 두 반으로 편성되었다. 2017년 법원직 9급 O | X

27 육영 공원은 근대식 사관 양성을 목적으로 하였다. 2017년 법원직 9급 O | X

28 육영 공원 운영 시기에 국문 연구소가 설치되었다. 2022년 소방간부후보생 O | X

29 갑오개혁 때 교육 입국 조서가 반포되었고, 사범 학교와 외국어 학교의 관제가 제정되었다. 2018년 지방직 7급 O | X

30 1898년에 문명 개화한 나라는 남녀 평등권이 있다는 것을 강조하며 여성의 참정권·직업권·교육권 등을 주장하는 여권 통문의 발표를 계기로 찬양회가 조직되었다. 2022년 서울시 9급(2월) O | X

31 배재 학당은 선교사 아펜젤러가 서울에 설립한 사립 학교이다. 2018년 서울시 9급 O | X

32 선교사들이 들어와서 세운 기독교 계통의 학교에는 배재 학당과 이화 학당 등이 있었다. 2018년 지방직 7급 O | X

33 경신 학교는 고종의 교육 입국 조서에 따라 설립된 관립 학교이다. 2018년 서울시 9급 O | X

34 대성 학교, 오산 학교, 서전서숙, 보성 학교는 국내에 설립된 교육 기관이다. 2016년 경찰직(2차) O | X

35 일본은 1908년 사립학교령을 만들어 총독부의 인가를 받도록 하였다. 2015년 기상직 7급 O | X

3. 근대 문물의 수용

36 1880년대에 박문국에서는 신문을 발간하였고, 기기창에서는 서양 무기를 제조하였다. 2014년 경찰직(2차) O | X

24 조선 정부는 1886년에 최초의 공립 학교인 _____ 을 설립하였다.

25 육영 공원은 _____ 자제를 대상으로 교육하였다.

26 육영 공원은 _____ 와 길모어, 벙커 등 외국인 강사를 초빙하여 외국어와 근대 학문을 교육하였다.

27 육영 공원의 학생 정원은 35명으로 _____ 과 _____ 의 두 반으로 구성되었다.

28 _____ 은 근대식 사관 양성 학교로, 신식 군대와 장교를 양성하였다.

29 고종은 근대식 교육 제도를 마련하기 위해 _____ 를 반포하였다.

30 교육 입국 조서에 따라 소학교, _____ 등의 관립 학교가 설립되었다.

31 1885년에 선교사 아펜젤러는 근대식 중등 교육 기관인 _____ 을 설립하였다.

32 1886년에 선교사 언더우드는 전문 실업 교육 기관인 _____ 을 설립하였다.

33 1886년에 선교사 스크랜튼이 여성 전문 교육 기관인 _____ 을 설립하였다.

34 1899년에 찬양회를 통해 우리나라 사람들이 설립한 최초의 여학교인 _____ 가 세워졌다.

35 1908년에 일본은 사립 학교 설립과 운영을 통제하기 위해 _____ 을 제정하였다.

36 1883년에 _____ 이 설립되어 화폐를 주조하였다.

37 1883년에 박문국을 세워 신문을 발행하였다.
2013년 경찰간부후보생   O | X

38 1883년에 전환국이 설립되어 당오전(當五錢)을 발행하였다.
2019년 경찰직(1차)   O | X

39 미국인 선교사 알렌은 광혜원의 설립에 깊이 관여하였다.
2015년 법원직 9급   O | X

40 1908년에 최초의 서양식 극장인 원각사가 창설되었다.
2013년 경찰간부후보생   O | X

41 덕수궁 석조전은 서양 고딕 양식의 건물이다.
2018년 지방직 9급   O | X

42 1898년에 최초의 고딕식 벽돌 건축물인 명동 성당이 완공되었다. 2021년 국회직 9급   O | X

43 1887년에 경복궁에 전등이 처음 가설되었다.
2013년 경찰간부후보생   O | X

44 1880년대에 서울과 부산 간 철도가 개통되었다.
2012년 법원직 9급   O | X

45 1883년에 우리나라 최초의 철도인 경인선이 개통되었다.
2019년 경찰직(1차)   O | X

46 1899년에 서대문에서 청량리 사이에 전차 운행이 시작되었다. 2012년 법원직 9급   O | X

4. 국학 연구

47 최남선은 을지문덕, 강감찬, 최영, 이순신 등의 애국 명장에 관한 전기를 써서 애국심을 고취하였다.
2016년 서울시 9급   O | X

48 박은식은 대한매일신보에 「독사신론」을 연재하여 일본의 식민주의 사관에 대항할 수 있는 민족주의 사학의 발판을 마련하였다. 2014년 경찰직(2차)   O | X

37 1884년에 우편 사무를 담당하는 _____이 설치되었으나 갑신정변으로 중단되었다.

38 1885년에 조선 정부와 선교사 알렌의 합작으로 우리나라 최초의 근대식 병원인 _____이 설립되었다.

39 1898년에 대한 제국 황실과 미국 콜브란의 합작으로 _____가 세워졌다.

40 1898년에 고딕 양식의 건축물인 _____이 건립되었다.

41 러시아의 사바틴이 설계한 _____에서 을사늑약이 체결되었다.

42 1910년에 르네상스 양식의 건물인 _____이 건립되었다.

43 1887년에 _____에 최초로 전등이 설치되었다.

44 _____은 미국인 모스에 의해 착공되었지만 이후 일본이 부설권을 인수하여 완성하였다.

45 _____은 러·일 전쟁 중 일본이 군사적 목적으로 부설하였다.

46 1899년에 한성 전기 회사는 서대문에서 청량리까지 _____를 부설하였다.

47 신채호는 「_____」을 저술하여 왕조 중심의 전통 사관을 극복하고 식민주의 사학에 대응하였다.

48 박은식, 최남선은 _____에서 활동하며 민족 고전을 정리하여 간행하였다.

| 49 | 국문 연구소는 주시경·지석영을 중심으로 국문의 정리와 국어의 이해 체계 확립을 위해 노력하였다. 2019년 경찰간부후보생 O | X |

| 50 | 주시경은 국문 연구소에서 활동하였으며, 1910년에 『국어문법(國語文法)』을 저술하였다. 2023년 계리직 9급 O | X |

| 49 | 황현은 한말의 역사를 기록한 『_____』을 저술하였으며, 일제에 의한 국권 피탈을 개탄하는 _____를 남기고 자결하였다.

| 50 | 1907년에 국어 문법의 연구와 정리를 위해 주시경과 지석영을 중심으로 _____가 설립되었다.

5. 종교 활동

| 51 | 영남 만인소 사건과 을미의병 사이에 나철이 대종교를 창시하였다. 2023년 법원직 9급 O | X |

| 52 | 박은식은 「유교구신론」을 발표하여 유교 개혁을 주장하였다. 2020년 소방직 O | X |

| 53 | 동학의 제3대 교주인 손병희는 친일 세력을 내쫓고, 단군 신앙을 기반으로 창시된 대종교와 통합하여 동학을 천도교로 개편하였다. 2014년 경찰직(2차) O | X |

| 54 | 한용운은 일본 불교계의 침투에 대항하면서 민족 불교의 자주성을 지키기 위해 노력하였다. 2011년 국가직 9급 O | X |

| 51 | 나철·오기호는 단군 신앙을 바탕으로 _____를 창시하고 독립운동을 전개하였다.

| 52 | 박은식의 「_____」은 양명학을 중심으로 성리학을 비판하고 실천성을 강조하였다.

| 53 | _____은 「조선불교유신론」을 통해 불교의 혁신과 자주성의 회복을 주장하였다.

| 54 | 천주교는 _____을 발간하고, 의민단을 조직하여 청산리 대첩에 참여하였다.

일제 강점기 시기별 통치 방식의 변화

V 일제 강점기

* 올인원 블랭크노트 p.243

기출 OX — OX를 체크하며 합격 실력 점검하고!

1. 1910년대 일제의 무단 통치

01 무단 통치 시기에 조선 총독은 일본 육군이나 해군 현역(또는 예비역) 대장 중에서 임명되었다. 2018년 경찰간부후보생 O | X

02 무단 통치 시기에 중추원은 수시로 개최되어 식민 행정 전반에 관해 조선 총독의 자문에 응하였다. 2016년 경찰간부후보생 O | X

03 무단 통치 시기에 일제는 헌병에게 경찰 업무를 부여한 헌병 경찰제를 시행했다. 2022년 국가직 9급 O | X

04 무단 통치 시기에 조선 태형령과 경찰범 처벌 규칙을 만들어 시행하였다. 2014년 법원직 9급 O | X

05 무단 통치 시기에 치안 유지법을 적용하여 한국인에 대한 사상적 탄압과 감시를 강화하였다. 2014년 경찰간부후보생 O | X

06 무단 통치 시기에 대한 독립 의군부와 대한 광복회 등의 비밀 결사들이 활동하였다. 2011년 법원직 9급 O | X

07 무단 통치 시기에 내선일체를 강조하고 조선어 사용을 금지하였다. 2015년 서울시 7급 O | X

2. 1920년대 일제의 문화 통치

08 3·1 운동은 일본의 통치 방법을 바꾸는 결정적인 계기가 되었다. 2013년 경찰직(1차) O | X

블랭크 — 빈칸을 채우며 합격 실력 완성하자!

01 무단 통치 시기 일본은 _____ 를 설치하고 헌병 경찰 통치를 실시하였다.

02 무단 통치 시기 _____ 은 일본 현역(또는 예비역) 대장 중에서 임명되었다.

03 _____ 은 총독부의 자문 기관으로 명목상 한국인을 임명하였지만 주된 목적은 친일파 회유였다.

04 헌병 경찰은 '_____'와 '경찰범 처벌 규칙' 등을 통해 재판을 거치지 않고 조선인에게 벌금 부과 및 구류 등 처벌을 가할 수 있었다.

05 일제는 1912년에 _____ 을 제정 및 공포하여 조선인에게만 차별적으로 적용하였다.

06 무단 통치 시기 일제는 일반 관리는 물론 교원에게까지 _____ 과 _____ 을 착용하게 하였다.

07 무단 통치 시기 일제는 조선의 _____, _____, _____ 의 자유 등 기본권을 박탈하였다.

08 3·1 운동 이후 일제는 헌병 경찰 제도를 폐지하고 보통 경찰 제도 실시를 선언하였지만 실제로는 _____ 경찰제가 실시되었다.

09 문화 통치 시기에 조선 태형령이 공포되었다.
2020년 국가직 9급 　　　　　　　　　　　　　　O | X

10 문화 통치 시기에 헌병 경찰제가 보통 경찰제로 전환되면서 경찰의 수가 증가하였다. 2018년 지방직 7급　O | X

11 문화 통치 시기에 사회주의자들을 탄압하기 위해 치안 유지법을 만들었다. 2014년 법원직 9급　O | X

12 문화 통치 시기에 조선인 체통의 신문인 조선일보, 동아일보의 발행을 허가하였다. 2014년 국가직 7급　O | X

13 문화 통치 시기에 학도 지원병 제도가 실시되었다.
2020년 국가직 9급 　　　　　　　　　　　　　　O | X

3. 1930년대 이후 일제의 민족 말살 통치

14 민족 말살 통치 시기에 일제는 아침마다 궁성 요배를 강요하고 일본에 충성하자는 황국 신민 서사를 암송하게 하였다. 2021년 국가직 9급　O | X

15 민족 말살 통치 시기에는 일본식 성과 이름으로 고치는 창씨개명을 시행하였다. 2015년 지방직 9급　O | X

16 민족 말살 통치 시기에 헌병 경찰이 칼을 차고 민간의 치안 및 행정 업무를 처리하도록 하였다.
2013년 지방직 9급　　　　　　　　　　　　　　O | X

17 민족 말살 통치 시기에 일제는 조선어 학회를 강제로 해산시켰다. 2013년 서울시 9급　O | X

18 민족 말살 통치 시기에는 마을에 애국반을 편성하여 일상생활을 통제하였다. 2015년 지방직 9급　O | X

19 황국 신민 서사 발표 이후 일제는 조선 사상범 예방 구금령을 제정하였다. 2023년 서울시 9급　O | X

09 문화 통치 시기 일제는 총독에 　　　도 임명될 수 있다고 하였으나, 광복까지 임명된 적은 없었다.

10 문화 통치 시기 일제는 　　　　　를 육성하여 민족 분열을 유도했다.

11 일제는 지방 자치제의 일환으로 　　　　　, 부·면 협의회를 설치하였으나 친일파 및 상층 자산가만 참여할 수 있었다.

12 1925년에 일제는 　　　　　　　을 제정하여 사회주의자·독립운동가를 탄압하였다.

13 일제는 　　　　　와 　　　　　의 간행을 허용했으나 검열, 삭제, 정간, 폐간을 자행했다.

14 민족 말살 통치 시기 일제는 만주 사변, 중·일 전쟁 등을 강행하면서 한반도를 　　　　　　　하였다.

15 민족 말살 통치 시기 일제는 조선인의 민족정신을 말살시키고 일본의 황국 신민으로 만들려는 　　　　　　　정책을 실시하였다.

16 민족 말살 통치 시기 일제는 조선인들에게 성과 이름을 일본식으로 바꾸는 　　　　　　　을 강요하였다.

17 1936년에 일제는 독립운동가 감시를 강화하기 위해 조선 사상범 　　　　　　　을 제정하였다.

18 1938년에 일제는 　　　　　　　을 실시하여 인적·물적 자원의 수탈을 자행하였다.

19 1941년에 일제는 독립운동가를 언제든 사상범으로 구금할 수 있도록 조선 사상범 　　　　　　　을 제정하였다.

4. 1910년대 일제의 경제 수탈

20 무단 통치 시기에 토지 조사령이 공포되었다.
2022년 국가직 9급   O | X

21 토지 조사령에서 일제는 토지 등급은 물론 지적, 결수, 지목 등을 신고하도록 하였다. 2016년 국가직 9급   O | X

22 1910년대 일제는 토지 조사 사업으로 춘궁 퇴치, 농가 부채 근절을 목표로 내세웠다. 2021년 국가직 9급   O | X

23 1910년대 일제는 토지 조사 사업으로 역둔토, 궁장토를 총독부 소유로 만들었다. 2021년 국가직 9급   O | X

24 토지 조사 사업으로 명의상의 주인을 내세우기 어려운 동중·문중 토지의 상당 부분이 조선 총독부의 소유가 되었다. 2016년 서울시 9급   O | X

25 토지 조사령에서 일제는 토지와 임야를 함께 조사하도록 하였다. 2016년 국가직 9급   O | X

26 토지 조사 사업은 소유권 분쟁을 인정하지 않아 분쟁은 발생하지 않았다. 2016년 서울시 9급   O | X

27 토지 조사 사업은 경작 농민들이 가지고 있던 도지권(賭地權)을 인정하지 않았다. 2013년 서울시 9급   O | X

28 토지 조사 사업으로 조선 총독부의 재정 수입이 크게 증가하였다. 2016년 서울시 9급   O | X

29 1910년대에 조선 총독부는 회사령을 폐지하여 회사 설립을 신고제로 바꾸었다. 2016년 기상직 9급   O | X

30 회사령 시행 시기에 원료 확보를 위한 남면북양 정책이 추진되었다. 2023년 국가직 9급   O | X

31 1910년대에 일본은 광산·어장·산림 등 자원에 대해서도 수탈을 강화하였다. 2018년 경찰직(1차)   O | X

20 일본은 근대적인 _____ 제도 확립을 명분으로 토지 조사 사업을 실시하였다.

21 토지 조사 사업을 실시한 실질적인 목적은 안정적인 _____ 확보와 _____ 약탈, 지주층 회유 등이다.

22 일제는 1910년에 임시 토지 조사국을 설치하고 1912년에 _____을 공포하였다.

23 토지 조사 사업은 토지 소유권을 주장하는 사람이 지정된 _____ 안에 _____해야만 소유권을 인정해 주었다.

24 토지 조사 사업의 결과 대부분의 농민은 _____ 소작농으로 전락하였다.

25 토지 조사 사업에서는 농민의 관습적 _____·입회권·도지권을 인정하지 않았다.

26 토지 조사 사업에서는 지주의 _____만을 인정하여 지주들을 식민 통치의 동반자로 포섭하였다.

27 토지 조사 사업으로 수탈한 토지는 _____가 위탁 및 관리하였으며 일본 이주민에게 싼값에 불하하였다.

28 일제는 1910년에 _____을 제정하여 민족 자본의 성장을 억제하였다.

29 1910년대에 일제는 회사 설립 시 총독의 _____를 받도록 하였다.

30 일제는 1911년에 _____과 1918년에 임야 조사령을 공포하여 대부분의 임야를 국유지로 강제 편입하였다.

31 일제는 1915년에 _____을 공포하여 한국인의 광산 경영의 허가제를 실시하였다.

5. 1920년대 일제의 경제 수탈

32 문화 통치 시기에 일본 자본가들의 과잉 자본을 조선에 투자하고, 전쟁에 필요한 필수품 조달을 위해 군수 공업을 위주로 하는 공업화 정책이 추진되었다. 2022년 서울시 9급(6월) O | X

33 문화 통치 시기에 식량 생산을 대폭 늘려 일본으로 더 많은 쌀을 가져가기 위해 이른바 산미 증식 계획을 세워 추진하였다. 2022년 서울시 9급(6월) O | X

34 산미 증식 계획은 공업화로 인한 일본의 식량 부족 문제를 해결하고자 실시하였다. 2015년 지방직 9급 O | X

35 산미 증식 계획의 결과 조선인의 1인당 쌀 소비량이 감소하였다. 2022년 간호직 8급 O | X

36 산미 증식 계획의 결과 만주로부터 조, 수수, 콩 등의 잡곡 수입이 증가하였다. 2015년 서울시 9급 O | X

37 산미 증식 계획의 결과 많은 수의 소작농이 이를 통해 자작농으로 바뀌었다. 2015년 서울시 9급 O | X

38 1920년대에 회사령이 폐지되어 일본 자본의 침투가 증가했다. 2013년 서울시 9급 O | X

39 1920년대에 공출제를 실시하여 미곡을 강제로 거두었다. 2022년 소방직 O | X

32 산미 증식 계획의 목적은 일본의 _____ 문제를 해결하기 위함이었다.

33 산미 증식 계획은 증산 목표량을 달성하지 못하더라도 _____ 목표량은 달성하였다.

34 산미 증식 계획으로 조선의 식량이 부족해지자 만주로부터 _____ 수입이 증가하였다.

35 산미 증식 계획의 일환으로 수리 시설을 개선하기 위한 _____ 이 설립되었다.

36 산미 증식 계획의 결과 쌀 농사 중심의 _____ 구조가 형성되었다.

37 일제는 1920년에 회사령을 철폐하여 허가제에서 _____ 로 전환하였다.

38 일제는 1923년에 물산 장려 운동의 원인이 되는 일본 상품에 대한 _____ 를 철폐하였다.

39 일제는 1928년에 한국인 소유의 중소 규모 은행을 일본 은행에 강제 합병하는 _____ 을 공포하였다.

6. 1930년대 이후 일제의 경제 수탈

40 일제는 중·일 전쟁 이후 공업 자원의 확보를 위하여 남면북양 정책을 시행하였다. 2021년 국가직 9급 O | X

41 1930년대에 국가 총동원법이 시행되었다. 2016년 법원직 9급 O | X

42 식량 배급제가 시행된 시기에 일제는 조선식산은행령을 공포하였다. 2021년 국회직 9급 O | X

40 일본은 1930년대부터 공업 원료 증산을 위해 _____ 정책을 실시하였다.

41 남면북양 정책은 남부 지방 농민은 _____ 재배를, 북부 지방 농민은 _____ 사육을 강제하여 면직물·모직물 공업을 육성하고자 한 정책이다.

42 일본은 1940년에 군량미를 확보하기 위해 _____ 을 재개하였다.

43 국가 총동원법 적용 이후 일제는 국민 징용령을 공포하였다. 2022년 서울시 9급(2월) ○ | ×

44 국가 총동원법 적용 이후 일제는 학도 지원병제와 징병제를 시행하였다. 2022년 서울시 9급(2월) ○ | ×

45 민족 말살 통치 시기에 일제는 조선 식량 관리령을 시행하여 곡물을 강제로 공출하였다. 2023년 서울시 9급 ○ | ×

46 1930~1940년대에 쌀·잡곡에 대한 배급 제도와 공출 제도가 실시되었다. 2015년 지방직 9급 ○ | ×

47 1940년대에 물자 통제령을 공포하여 배급제를 확대하였다. 2018년 국가직 9급 ○ | ×

48 1940년대 일제는 공출 제도를 강화하여 놋그릇, 농기구까지 수탈하였다. 2013년 지방직 9급 ○ | ×

49 1930~1940년대에 일제는 여성에게 작업복인 '몸뻬'라는 바지의 착용을 강요하였다. 2015년 지방직 9급 ○ | ×

43 일제는 1938년 국가 총동원법 제정 이후에 각종 물자에 대해 _____을 강행하였다.

44 일제는 군량 마련을 위해 쌀을 공출하고 식량 _____제를 실시하였다.

45 일제는 1938년에 _____, 1943년에 학도 지원병령을 실시하였다.

46 일제는 1944년에 _____을 실시하여 한국의 청년들을 강제로 징집하였다.

47 일제는 1939년에 국민 _____을 실시하여 노동력을 강제로 동원하였다.

48 일제는 1944년에 _____을 공포하여 젊은 여성들을 정신대라는 이름으로 강제 동원하였다.

49 일제는 국민 정신 _____을 조직하여 산하에 10호 단위로 애국반을 결성하였다.

테마 48. 1910년대 민족 독립운동

V 일제 강점기

* 올인원 블랭크노트 p.247

기출 OX — OX를 체크하며 합격 실력 점검하고!

1. 1910년대 국내 민족 운동

01 1910년대에 임병찬이 주도한 독립 의군부는 항일 운동을 전개하였다. 2023년 지방직 9급 O | X

02 독립 의군부는 의병 운동을 계승한 비밀 결사였다. 2014년 법원직 9급 O | X

03 독립 의군부는 민족 자본의 육성을 강조하였다. 2014년 법원직 9급 O | X

04 독립 의군부는 나라를 되찾은 후 고종을 복위시키려는 목표를 세우고 전국적인 의병 봉기를 준비하였다. 2019년 서울시 9급 O | X

05 대한 광복회는 조선 국권 회복단의 박상진이 풍기 광복단과 제휴하여 조직하였다. 2022년 서울시 9급(2월) O | X

06 강령에 행형부를 설치해 민족반역자를 처단한 비밀 결사는 박상진을 총사령관으로 공화정체를 지향하였다. 2025년 국가직 9급 O | X

07 대한 광복회는 공화주의 이념에 따라 공화 정치를 실현하는 것을 목표로 하였다. 2022년 서울시 9급(2월) O | X

2. 1910년대 국외 민족 운동

08 이회영은 서간도에 독립운동 단체인 경학사를 조직하였다. 2020년 지방직 9급 O | X

09 1911년 북간도로 거점을 옮긴 대종교는 중광단이라는 무장 독립 단체를 만들었다. 이 단체는 3·1 운동 이후 북로 군정서로 발전하였다. 2018년 지방직 7급 O | X

블랭크 — 빈칸을 채우며 합격 실력 완성하자!

01 1912년에 독립 의군부는 고종의 밀명을 받은 _____이 유림 세력을 규합하여 조직하였다.

02 독립 의군부는 _____를 채택하여 고종의 복위를 주장하였다.

03 독립 의군부는 _____를 총독부에 보내고자 하였다.

04 대한 광복회는 총사령관에 _____, 부사령관에 김좌진이 부임하였다.

05 대한 광복회는 _____를 지향하였다.

06 대한 광복회는 국외 독립 운동 기지 건설을 위해 의연금을 모금하고 _____를 습격하여 군자금을 모았다.

07 1915년에 미주 지역의 대조선 국민 군단의 국내 지부로 _____가 조직되었다.

08 이회영, 이시영, 이동녕 등 신민회 인사가 중심이 되어 서간도 _____에 독립운동 기지를 건설하였다.

09 1911년에 서간도에서 최초의 민정 자치 기구인 _____가 창설되었고, 이후 부민단, 한족회 등으로 개편되었다.

10 블라디보스토크에서 이상설이 대한 국민 의회를 조직하였다. 2018년 법원직 9급 O | X

11 연해주 지역에서는 1905년 이후 민족 운동가들이 독립운동을 위한 정치적 망명을 시작해 여러 곳에 한인 집단촌이 형성되고 많은 민족 단체와 학교가 설립되었으며, 항일 의병 및 독립운동이 활발히 전개되었다. 2022년 서울시 9급(6월) O | X

12 연해주에 독립군 양성을 위한 신흥 강습소가 설치되었다. 2017년 국가직 7급 O | X

13 연해주에서 신규식, 박은식 등의 주도로 동제사가 조직되었다. 2017년 국가직 7급 O | X

14 국외에 권업회가 설립된 지역에서 신한촌이 형성되었다. 2025년 국가직 9급 O | X

15 토지 조사 사업이 실시된 시기에는 러시아에 대한 광복군 정부가 조직되는 모습을 볼 수 있다. 2023년 법원직 9급 O | X

16 1910년대에 중국 화북 지방에서 조선 독립 동맹이 결성되었다. 2023년 지방직 9급 O | X

17 상하이는 신한 혁명당의 대동 단결 선언이 공식 발표된 지역이기도 하다. 2018년 경찰간부후보생 O | X

18 미주 지역에 안창호가 흥사단을 조직하였다. 2018년 지방직 7급 O | X

19 미주 지역에 군사 양성 기관인 대조선 국민 군단이 창설되었다. 2017년 국가직 9급 O | X

20 미주 지역에 독립운동 기지인 한흥동이 건설되었다. 2017년 국가직 9급 O | X

21 미주 지역에서는 동포 사회를 중심으로 대한인 국민회가 조직되었다. 2013년 경찰간부후보생 O | X

---

10 1919년에 서간도에서 군정부의 기능을 갖춘 _____가 창설되었다.

11 1911년 서간도에 지어진 신흥 강습소가 1919년에 _____로 발전하며 독립군을 양성하였다.

12 1906년에 북간도에서 이상설이 만주 최초의 한인 학교인 _____을 설립하였다.

13 1911년에 서일을 중심으로 대종교 신자들이 _____을 조직하였다.

14 중광단은 1919년에 김좌진을 사령관으로 맞이하여 _____로 개편되었다.

15 1915년에 상하이에서 조직된 신한 혁명당은 최초의 독립 선언서라고 알려진 _____(1917)을 발표하였다.

16 상하이의 신한 청년단은 _____을 파리 강화 회의에 외교 특사로 파견하였다.

17 1918년에 이동휘는 하바롭스크에 최초의 한인 사회주의 단체인 _____을 만들었다.

18 블라디보스토크에서는 정통령을 _____, 부통령을 이동휘로 하는 대한 광복군 정부가 수립되었다.

19 미주에서는 박용만과 이승만 등이 국민회를 개편하여 _____(1910)를 설립하였다.

20 1913년에 미주 샌프란시스코에서 안창호가 _____을 조직하였다.

21 1914년에 하와이에서 박용만이 _____을 조직하였다.

테마 49. 3·1 운동과 대한민국 임시 정부

V 일제 강점기

기출 OX — OX를 체크하며 합격 실력 점검하고!

1. 3·1 운동

01 1918년 미국 대통령 윌슨은 제1차 세계 대전 후 지구상의 모든 식민지 처리에 민족 자결주의를 적용하자고 주창하였다. 2012년 경찰직(1차) O | X

02 일본 유학생들은 조선 청년 독립단의 이름으로 독립 선언서를 발표하였다. 2018년 경찰직(2차) O | X

03 3·1 운동은 고종의 인산일을 계기로 일어났다. 2022년 법원직 9급 O | X

04 1919년 신한 청년당에서는 독립 청원서를 작성하여 김규식을 파리 강화 회의에 대표로 파견하였다. 2012년 경찰직(1차) O | X

05 3·1 운동은 신간회의 지원을 받아 전국으로 확산되었다. 2020년 소방직 O | X

06 3·1 운동은 대한민국 임시 정부 수립에 영향을 주었다. 2022년 법원직 9급 O | X

07 3·1 운동을 계기로 일제는 무단 통치를 이른바 문화 통치로 바꾸었다. 2014년 국가직 9급 O | X

08 3·1 운동은 중국의 5·4 운동, 인도의 비폭력·불복종 운동 등에 영향을 주었다. 2014년 서울시 9급 O | X

09 3·1 운동의 준비 과정에서 천도교와 조선 공산당 등이 연대하였다. 2022년 법원직 9급 O | X

10 3·1 운동은 국내외에서 민족 유일당 운동이 촉발되는 계기가 되었다. 2013년 법원직 9급 O | X

블랭크 — 빈칸을 채우며 합격 실력 완성하자!

01 1917년에 러시아 혁명이 일어난 후 ____ 은 약소 식민지 국가를 지원하겠다고 선언하였다.

02 1918년에 미국 대통령 윌슨이 파리 강화 회의에서  를 주창하였다.

03 도쿄에서 조선 청년 독립단이 발표한 ____ 은 3·1 운동의 도화선으로 작용하였다.

04 1919년에 고종 인산일을 기점으로 ____ 이 발발하였다.

05 3·1 운동 당시 민족 대표 33인 중 29명은 ____ 에서 독립 선언서를 낭독하였다.

06 일제는 경기도 화성에서 ____ 사건을 자행하는 등 많은 군중들에게 무차별 총격을 가하며 3·1 운동을 탄압하였다.

07 3·1 운동은 일제의 통치 방식이 무단 통치에서 ____ 로 전환되는 계기가 되었다.

08 3·1 운동은 ____ 수립의 계기가 되었다.

09 3·1 운동을 통해 무장 투쟁의 필요성이 대두하였고 1920년대 ____, 청산리 대첩 등의 독립 전쟁으로 발전하였다.

10 3·1 운동은 중국의 ____, 인도의 비폭력·불복종 운동 등에 영향을 주었다.

2. 대한민국 임시 정부의 수립

11 대한민국 임시 정부는 3·1 운동 이전에 설립되어 국내외의 3·1 운동을 주도하였다. 2013년 경찰직(2차) O | X

12 광주 학생 항일 운동은 대한민국 임시 정부의 수립에 영향을 주었다. 2017년 법원직 9급 O | X

13 대한민국 임시 정부의 초대 대통령은 이승만, 국무총리에 이동휘가 임명되었다. 2013년 경찰직(2차) O | X

14 대한민국 임시 정부 수립 직후 임시 의정원을 구성하였다. 2017년 서울시 9급 O | X

11 1919년 4월에 구성된 _____ 은 대한민국 임시 정부의 입법 기관의 역할을 하였다.

12 연해주의 _____, 한성의 한성 정부, 상하이의 임시 정부가 통합하여 상하이에서 대한민국 임시 정부가 수립되었다.

13 대한민국 임시 정부는 대통령에 _____, 국무총리에 이동휘를 선임하였다.

14 대한민국 임시 정부는 입법·사법·행정의 _____ 체제를 기반으로 하였다.

3. 대한민국 임시 정부의 활동

15 대한민국 임시 정부는 국내 항일 세력들과 연락하기 위해 연통제를 운영하였다. 2017년 서울시 9급 O | X

16 대한민국 임시 정부의 교통국과 연통제 조직이 일제에 발각되었다. 2021년 법원직 9급 O | X

17 대한민국 임시 정부는 외교 운동을 위해 미국에 구미 위원부를 설치하였다. 2022년 국가직 9급 O | X

18 대한민국 임시 정부는 재정 확보를 위하여 전환국을 설립하였다. 2023년 국가직 9급 O | X

19 대한민국 임시 정부는 독립 공채를 발행하였다. 2023년 국가직 9급 O | X

20 대한민국 임시 정부는 사료 편찬소에서 『한·일 관계 사료집』을 간행하였다. 2016년 경찰간부후보생 O | X

21 대한민국 임시 정부는 기관지로 독립신문을 발간하였다. 2023년 국가직 9급 O | X

15 대한민국 임시 정부는 비밀리에 정부 명령서와 군자금 전달 목적을 위해 _____, 교통국을 설치하였다.

16 대한민국 임시 정부는 군자금 마련을 위해 _____ 를 발행하였다.

17 대한민국 임시 정부는 군자금을 부산의 _____ 와 만주의 이륭 양행을 통해 운반하였다.

18 대한민국 임시 정부는 직할 부대로 광복군 사령부를 창설하였고, 후에 _____ 으로 개편하였다.

19 대한민국 임시 정부는 외교 활동을 위해 파리 위원부와 _____ 를 두었다.

20 대한민국 임시 정부는 기관지로 _____ 을 간행하였다.

21 대한민국 임시 정부는 _____ 를 설치하여 『한·일 관계 사료집』, 『한국독립운동지혈사』 등을 간행하였다.

4. 대한민국 임시 정부의 체제 변화

22 1923년에 국내외의 독립운동 상황을 점검하고 새로운 활로를 모색하기 위하여 상하이에서 국민 대표 회의가 열렸다. 2018년 경찰직(3차) O | X

23 국민 대표 회의에서 임시 정부를 대체할 새로운 조직을 만들자는 주장이 나왔다. 2021년 국가직 9급 O | X

24 국민 대표 회의에서 창조파와 개조파 등의 주장이 대립되었다. 2017년 국가직 9급 O | X

25 국민 대표 회의에서 창조파는 주로 외교론을 비판하는 무장 투쟁론자들로 구성되었다. 2021년 법원직 9급 O | X

26 대한민국 임시 정부는 국무위원제 채택 이전에 이승만을 탄핵하고 박은식을 임시 대통령으로 추대했다. 2023년 서울시 9급 O | X

27 대한민국 임시 정부는 국무위원제 채택 이전에 한국 국민당을 조직하여 정당 정치를 운영하였다. 2023년 서울시 9급 O | X

28 대한민국 임시 정부는 국무위원제 채택 이전에 조소앙의 삼균주의에 기초한 건국 강령을 반포하였다. 2023년 서울시 9급 O | X

29 대한민국 임시 정부는 2차 개헌에서 국무령 중심의 내각 책임제를 채택하였다. 2014년 서울시 9급 O | X

30 대한민국 임시 정부는 한국광복군을 조직하고 대일 선전 포고를 하였다. 2011년 법원직 9급 O | X

31 대한민국 임시 정부는 제4차 개헌 때 주석·부주석제를 채택하여 강력한 지도 체제를 갖추었다. 2017년 경찰간부후보생 O | X

22 1919년에 이승만은 미국 정부에 국제 연맹이 대한민국을 위임 통치해 줄 것을 요청하는 '_____'를 제출하였다.

23 1923년에 임시 정부는 무장 투쟁론자들의 제안으로 _____를 개최했지만 서로의 의견 차이를 좁히지 못하고 결렬되었다.

24 국민 대표 회의의 창조파 _____, 박용만은 임시 정부의 해체와 무력 항쟁을 강조하였다.

25 국민 대표 회의의 개조파 _____는 임시 정부를 개혁하자고 하였다.

26 1940년에 임시 정부의 여당인 한국 독립당이 설립되었고 _____이 창설되었다.

27 1919년 8월에 임시 정부는 1차 개헌으로 _____를 채택하였다.

28 1925년에 임시 정부는 2차 개헌으로 _____ 중심의 내각 책임제로 개헌하였다.

29 1927년에 임시 정부는 3차 개헌으로 _____ 중심의 집단 지도 체제로 개헌하였다.

30 1940년에 임시 정부는 4차 개헌으로 _____ 중심의 단일 지도 체제로 개헌하였다.

31 1944년에 임시 정부는 5차 개헌으로 _____·_____ 지도 체제로 개헌하였다.

테마 50. 1920~30년대 국외 민족 독립운동

V 일제 강점기

* 올인원 블랭크노트 p.254

기출 OX — OX를 체크하며 합격 실력 점검하고!

1. 의열 투쟁 – 의열단

01 의열단은 만주 길림에서 김원봉이 중심이 되어 조직하였다. 2013년 서울시 9급 O | X

02 「조선혁명선언」은 김원봉의 부탁을 받고 신채호가 작성한 것이며, 김원봉은 황포 군관 학교에서 훈련받았고, 신채호는 민족주의 역사 서술의 기본 틀을 제시하였다. 2022년 지방직 9급 O | X

03 의열단은 공화주의를 주창하는 내용의 대동 단결 선언을 작성해 발표하였다. 2018년 지방직 9급 O | X

04 의열단은 개인 폭력 투쟁을 통해 민중 직접 혁명을 달성하려 하였다. 2013년 법원직 9급 O | X

05 의열단은 일제 요인 암살과 식민 통치 기관 파괴에 주력하였다. 2022년 간호직 8급 O | X

06 의열단은 경성역에서 사이토 총독에게 폭탄을 던졌다. 2022년 간호직 8급 O | X

07 의열단의 박재혁은 밀양 경찰서에 폭탄을 투척하는 의거를 결행하였다. 2017년 사회복지직 9급 O | X

08 의열단의 김익상이 조선 총독부에 폭탄을 투척하였다. 2017년 지방직 9급 O | X

09 의열단의 나석주가 동양 척식 주식회사에 폭탄을 투척하였다. 2014년 지방직 9급 O | X

10 의열단은 김원봉이 이끈 조직으로, 상하이 훙커우 공원에서 열린 일본군의 상하이 점령 축하 기념식장에 폭탄을 던져 일본군을 살상하였다. 2022년 서울시 9급(2월) O | X

블랭크 — 빈칸을 채우며 합격 실력 완성하자!

01 의열단은 만주 길림(지린)에서 약산 _____ 과 석정 윤세주에 의해 조직되었다.

02 의열단은 _____ (기관 파괴), _____ (요인 암살)을 목표로 하였다.

03 의열단의 강령인 「조선혁명선언」은 _____ 가 작성하였다.

04 「조선혁명선언」은 _____ · 자치론 · 문화 운동론 · 실력 양성론 등을 비판하였다.

05 1920년에 _____ 은 부산 경찰서에 투탄하였다.

06 1920년에 최수봉은 _____ 에 투탄하였다.

07 1921년에 김익상은 _____ 에 투탄하였다.

08 1923년에 _____ 은 종로 경찰서에 투탄하였다.

09 1924년에 _____ 은 일본 도쿄 궁성에 투탄하였다.

10 1926년에 _____ 는 동양 척식 주식회사 · 조선식산은행에 투탄하였다.

11 의열단의 많은 단원들이 황포 군관 학교에 입학하여 군사 교육 및 간부 훈련을 받았다. 2017년 국회직 9급   O | X

12 의열단은 1920년대 후반 무장 투쟁 노선으로 전환하였다. 2013년 법원직 9급   O | X

13 의열단은 민족 혁명당 결성에 참여하였다. 2019년 소방직   O | X

11 1920년대 후반에 의열단은 의열 활동을 통한 개별 투쟁의 한계를 인식하고 _____에 입교하여 군사·정치 교육을 받았다.

12 1932년에 의열단은 중국 국민당 정부의 지원 아래 _____를 설립하였다.

13 의열단을 중심으로 1935년에 민족주의 계열과 사회주의 계열이 통합된 _____이 결성되었다.

2. 의열 투쟁 – 한인 애국단

14 1931년 의열 활동 전개를 위하여 한인 애국단이 조직되었다. 2015년 법원직 9급   O | X

15 박은식은 적극적인 의열 활동을 위해 한인 애국단을 만들었다. 2020년 지방직 9급   O | X

16 대한민국 임시 정부를 활성화시키기 위한 방안으로 김구는 한인 애국단을 조직하였다. 2011년 기상직 9급   O | X

17 한인 애국단에서 활동한 사람으로는 이봉창과 윤봉길이 있다. 2017년 경찰직(1차)   O | X

18 한인 애국단 단원인 이봉창이 도쿄에서 일본 국왕을 향해 폭탄을 투척하였다. 2014년 경찰간부후보생   O | X

19 윤봉길이 상하이에서 폭탄을 던져 일본군 장성과 다수의 고관을 살상하였다. 2020년 경찰직(1차)   O | X

20 윤봉길의 상하이 훙커우 공원 의거를 계기로 중국 정부가 중국 영토 내에서 우리 민족의 무장 독립 활동을 승인함으로써 한국광복군이 탄생할 수 있었다. 2011년 국가직 9급   O | X

21 한인 애국단은 중국 국민당의 북벌에 참가하여 장제스의 지원을 이끌어냈다. 2014년 경찰간부후보생   O | X

14 한인 애국단은 1931년 상하이에서 _____에 의해 조직되었다.

15 한인 애국단은 _____ 결렬 이후 임시 정부의 위상을 높이고 독립운동을 활성화시키기 위해 조직되었다.

16 1932년에 이봉창은 일본 _____에서 일왕 히로히토의 마차에 폭탄을 투척하였다.

17 1932년에 _____ 의거 실패에 대해 중국 언론은 안타깝다고 보도하였다.

18 일본은 이봉창 의거에 대한 중국의 신문 보도를 문제 삼아 _____을 일으켰다.

19 1932년에 윤봉길은 _____ 공원에서 일본군 장성과 고관들을 살상하였다.

20 윤봉길 의거는 _____ 이후 나빠졌던 중국인과 한국인의 감정을 완화시키는 계기가 되었다.

21 윤봉길 의거 이후 임시 정부에 대한 일본군의 공격이 강화되어 임시 정부는 여러 차례 이동 후 _____에 정착하였다.

3. 만주 지역 독립군의 활약과 재정비

22 홍범도의 대한 독립군은 봉오동 전투에서, 김좌진의 북로 군정서군은 청산리 전투에서 크게 승리하였다.
2011년 지방직 9급   O | X

23 홍범도가 이끄는 대한 독립군을 비롯한 연합 부대는 봉오동 전투에서 대승을 거두었다. 2014년 지방직 9급   O | X

24 이인영은 1920년 청산리 전투에서 일본군을 격파하였다.
2018년 서울시 9급   O | X

25 일본군이 간도 참변을 일으켜 우리 동포를 학살하였다.
2015년 경찰직(1차)   O | X

26 대한 독립 군단은 전력을 보전하기 위하여 자유시로 이동하였다. 2014년 법원직 9급   O | X

27 연해주의 자유시로 이동한 독립군은 적색군에 의해 무장 해제를 당하였다. 2011년 지방직 9급   O | X

28 독립군의 통합 운동으로 참의부, 정의부, 신민부가 조직되어 각각 입법부, 사법부, 행정부의 역할을 담당하였다.
2011년 지방직 9급   O | X

29 일제와 만주 군벌 사이에 독립군의 탄압, 체포, 구속, 인도에 관한 이른바 미쓰야 협정이 맺어짐으로써 독립군의 활동은 큰 위협을 받게 되었다. 2015년 경찰직(1차)   O | X

30 민족 유일당 운동의 일환으로 국민부를 결성하였다.
2016년 국가직 9급   O | X

4. 한·중 연합 작전의 전개

31 한국 독립군은 만주 지역에서 활동했던 한국 독립당의 산하 조직이었다. 2018년 지방직 9급   O | X

32 한국 독립군은 중국 의용군과 연합하여 영릉가 전투에서 일본군을 물리쳤다. 2018년 지방직 9급   O | X

---

22 1920년의 봉오동 전투는 홍범도의 _____을 중심으로 안무의 국민회군, 최진동의 군무 도독부군이 연합하여 전개되었다.

23 _____은 만주 지역의 독립군 소탕을 위해 일본이 중국 마적단을 매수해 일본 영사관을 공격하게 한 사건이다.

24 김좌진의 북로 군정서와 홍범도의 대한 독립군 등의 독립군은 _____에서 일본군을 상대로 대승을 거두었다.

25 1920년에 독립군에게 패배한 일본군이 독립군에 대한 보복 목적으로 _____을 일으켰다.

26 일제가 독립군 토벌 작전을 단행하자 독립군은 밀산부로 이동하여 서일을 총재로 _____을 결성하였다.

27 연해주에서 러시아 적색군이 한인 독립군의 무장 해제를 요구하였고, 이를 거부한 독립군이 공격을 받은 _____이 발생하였다.

28 연해주에서 만주로 돌아온 독립군이 결성한 3부는 군사 기관과 _____ 자치 기관의 성격을 지니고 있었다.

29 1925년에 일제는 만주 군벌 장쭤린과 _____을 맺어 3부의 활동이 위축되었다.

30 1928년에 3부의 통합 운동으로 북만주에 _____가 창설되었다.

31 1929년에 조선 혁명당은 _____을 중심으로 창설되었고 산하에 조선 혁명군을 두었다.

32 조선 혁명군은 _____과 연합하여 일본군에 대항하였다.

33 만주 사변 발생과 태평양 전쟁 발발 사이에는 쌍성보에서 항전하는 한국 독립당 군인의 모습을 볼 수 있다. 2023년 국가직 9급 O | X

34 한국 독립군의 대전자령 전투는 한·중 연합 작전으로 전개되었다. 2022년 소방직 O | X

35 조선 혁명군은 중국 의용군과 함께 영릉가와 흥경성 등지에서 일본군을 물리쳤다. 2015년 기상직 9급 O | X

36 조선 혁명군은 북만주 지역에서 주로 활동하였다. 2018년 법원직 9급 O | X

33 조선 혁명군은 _____·_____ 전투 등에서 크게 승리하였으나 1934년에 양세봉 피살 이후 해체되었다.

34 1930년에 한국 독립당은 _____을 중심으로 창설되었고 산하에 한국 독립군을 두었다.

35 한국 독립군은 _____과 연합하여 일본군에 대항하였다.

36 한국 독립군은 _____·사도하자·_____·동경성 전투 등에서 대승을 거두었다.

5. 민족 연합 전선의 형성 – 좌익 계열 주도

37 조선 민족 혁명당은 한국 독립당, 한국 국민당, 조선 혁명당 3당의 통합으로 만들어졌다. 2018년 국가직 7급 O | X

38 김구는 민족 혁명당 창당을 주도하였다. 2022년 간호직 8급 O | X

39 조선 민족 전선 연맹 산하에 조선 의용대를 창설하였다. 2020년 소방직 O | X

40 조선 의용대는 중국 관내에서 조직된 최초 한국인 군사 조직이었다. 2013년 지방직 9급 O | X

41 조선 의용대는 3부 통합으로 성립된 국민부 산하의 군대였다. 2012년 법원직 9급 O | X

42 조선 민족 혁명당이 이끄는 조선 의용대의 일부가 한국광복군에 합류하였다. 2013년 경찰직(2차) O | X

43 조선 독립 동맹은 조선 의용대 화북 지대를 기반으로 조선 의용군을 조직하였다. 2020년 국가직 9급 O | X

44 조선 의용군은 중국 공산당의 팔로군과 함께 활동하였다. 2015년 기상직 9급 O | X

37 1935년에 난징에서 의열단을 중심으로 _____이 창당되었다.

38 1938년에 조선 민족 전선 연맹은 산하 군대로 _____를 창설하였다.

39 조선 의용대는 중국 관내에서 결성된 최초의 _____이며 중·일 전쟁 발발 후 심리전, 포로 심문, 첩보 활동 등 중추적인 역할을 하였다.

40 김원봉의 조선 의용대는 충칭으로 이동하여 1942년에 _____에 합류하였다.

41 화북 지방으로 이동한 윤세주의 조선 의용대는 1941년에 _____를 결성하였다.

42 1942년에 화북 조선 청년 연합회를 확대·개편하여 _____을 결성하였다.

43 조선 독립 동맹은 산하에 직할 부대로 _____을 창설하였다.

44 조선 의용군은 _____과 연합하여 태항산 전투에서 큰 활약을 펼쳤다.

6. 민족 연합 전선의 형성 – 우익 계열 주도

45 충칭에서 민족주의 3개 정당이 연합해서 창설된 한국 독립당은 조소앙의 삼균주의를 건국 강령으로 채택하였다. 2020년 지방직 9급   O | X

46 대한민국 임시 정부가 충칭에서 한국광복군을 창설하였다. 2010년 법원직 9급   O | X

47 한국광복군은 중국 국민당 정부의 지원을 받아 창설되었다. 2015년 기상직 9급   O | X

48 한국광복군은 김원봉이 이끄는 조선 의용대의 일부를 통합하여 군사력을 증강하였다. 2015년 서울시 9급   O | X

49 한국광복군은 중국 공산군과 함께 화북에서 항일전을 벌였다. 2013년 지방직 9급   O | X

50 대한민국 임시 정부는 대일 선전 포고 이후에 김구를 주석으로 하는 단일 지도 체제를 만들고 대한민국 건국 강령을 제정하였다. 2020년 국가직 9급   O | X

51 한국광복군은 인도, 미얀마 전선에서 영국군과 공동 작전을 펼쳤다. 2013년 지방직 9급   O | X

52 충칭 시기에 중국 군사 위원회는 '한국광복군 행동 9개 준승'을 통해 광복군의 활동을 통제하고자 했다. 2021년 국회직 9급   O | X

53 충칭 시기에 광복군은 미국 전략 정보국(OSS)과 합작하여 국내 진입을 준비하였다. 2021년 국회직 9급   O | X

45 김구는 민족 혁명당에 참여하지 않고 　　　　　을 창당하였다.

46 1940년에 임시 정부는 여당인 　　　　　을 창당하였다.

47 한국 독립당은 민족주의 계열의 한국 국민당(김구), 한국 독립당(　　　), 조선 혁명당(지청천)이 통합하여 창당되었다.

48 1940년 임시 정부 산하에 군사 조직인 　　　　　이 창설되었다.

49 한국광복군은 총사령관에 　　　　　, 참모장에 이범석을 선임하였다.

50 한국광복군은 　　　　　 정부의 지원을 받았고, 초기에는 중국 군사 위원회의 지휘와 간섭을 받았다.

51 1941년에 임시 정부는 조소앙의 　　　　　를 토대로 건국 강령을 발표하였다.

52 1943년에 한국광복군은 영국군과 연합하여 　　　·　　　 전선에 참전하였다.

53 1945년에 한국광복군은 미 OSS의 지원으로 　　　　　을 계획하였으나 일본의 무조건 항복으로 실행하지 못하였다.

테마 51 1920~30년대 국내 민족 독립운동

V 일제 강점기

* 올인원 블랭크노트 p.260

기출OX OX를 체크하며 합격 실력 점검하고!

1. 사회·경제적 민족 독립운동

01 1920년대에 백정의 사회적 차별을 철폐하고자 하는 형평사가 창립되었다. 2016년 지방직 9급 O | X

02 진주성에서 형평사라는 단체가 조직되어 계급 타파를 목적으로 하는 형평 운동을 개시하였고, 이들은 백정에 대한 차별 철폐를 요구하였다. 2022년 법원직 9급 O | X

03 조선 형평사의 형평 운동은 신분 제도가 법적으로 폐지되는 계기가 되었다. 2013년 서울시 7급 O | X

04 1927년에 조선 여성들의 공고한 단결과 지위 향상을 도모하는 근우회가 조직되었다. 2015년 경찰간부후보생 O | X

05 초기 소작 쟁의의 요구 사항은 주로 소작권 이동 반대, 소작료 인하 등이었다. 2010년 지방직 9급 O | X

06 소작 쟁의의 대표적인 사례는 암태도 소작 쟁의로 1년여에 걸친 투쟁에도 효과가 없었다. 2014년 서울시 9급 O | X

07 1929년에 원산에서 일본인이 한국인 노동자를 구타한 사건을 계기로 총파업을 일으켰다. 2019년 지방직 9급 O | X

2. 민족주의 계열의 실력 양성 운동

08 1920년대에 물산 장려 운동이 시작되었다. 2020년 국가직 9급 O | X

09 물산 장려 운동은 평양에서 조만식 중심으로 시작되어 전국적으로 확산되었다. 2015년 기상직 9급 O | X

블랭크 빈칸을 채우며 합격 실력 완성하자!

01 방정환 중심의 천도교 소년회는 1923년에 잡지 「_____」를 발간하였다.

02 1920년대에 전개된 형평 운동은 _____ 에 대한 사회적 차별로 인해 발생하였다.

03 1923년에 진주에서 이학찬이 조직한 _____ 는 신분 해방 운동을 전개하였다.

04 1927년에 결성된 _____ 는 신간회의 자매 단체로서 강연회·토론회를 개최하고 여성 의식 계몽 운동을 전개하였다.

05 1923년에 지주 문재철이 고율의 소작료를 받자 농민들이 반발하여 일어난 _____ 의 결과 소작료 인하에 성공하였다.

06 1929년에 한 석유 회사의 일본인 감독이 조선인 노동자를 폭행한 사건을 계기로 _____ 이 발생하였다.

07 1930년대의 노동·농민 운동은 _____ 투쟁 형태로 변화하였다.

08 1920년에 일제가 _____ 을 폐지하자 일부 민족 기업인 경성 방직 주식회사, 평양 메리야쓰 공장, 고무신 공장이 설립되었다.

09 물산 장려 운동은 1923년에 일본이 한국 경제를 일본에 예속시키기 위해 한·일 간의 _____ 철폐를 추진하자 이에 대항하여 일어났다.

10 물산 장려 운동은 회사령 제정과 일본 상품에 대한 관세 철폐 움직임에 대항하였다. 2015년 기상직 9급 ○│×

11 물산 장려 운동은 사회주의 성향의 운동 세력이 주도하였다. 2013년 지방직 9급 ○│×

12 물산 장려 운동에 대해 사회주의 계열은 자본가와 일부 상인의 이윤 추구를 비판하였다. 2015년 기상직 9급 ○│×

13 물산 장려 운동은 조만식, 민립 대학 설립 운동은 이상재를 지도자로 전개되었다. 2014년 법원직 9급 ○│×

14 1920년대에 대학의 설립을 목적으로 민립 대학 설립 운동이 전개되었다. 2022년 소방직 ○│×

15 조선 민립 대학 기성회는 민족 연합 전선 단체인 신간회의 후원을 받았다. 2013년 지방직 9급 ○│×

16 민립 대학 설립 운동은 전국적인 모금 운동의 형태로 전개되었다. 2014년 법원직 9급 ○│×

17 민립 대학 설립 운동이 전개된 시기에 조선인이 발행한 신문을 검열하였다. 2022년 소방직 ○│×

18 동아일보는 한글 보급 운동에 앞장서 『한글원본』을 만들었다. 2020년 국가직 9급 ○│×

19 동아일보는 브나로드 운동이라는 농촌 계몽 운동을 전개하였다. 2020년 국가직 9급 ○│×

20 언론 기관과 조선어 학회가 한글 보급을 통한 문맹 퇴치 운동을 펼쳤다. 2011년 법원직 9급 ○│×

---

10 물산 장려 운동 당시 1923년에 서울에서 　　　　가 조직되었다.

11 물산 장려 운동은 평양에서 　　　　을 중심으로 시작되어 전국적으로 확산되었다.

12 물산 장려 운동은 '　 살림 　 것으로', '우리가 만든 것, 우리가 쓰자' 등의 구호를 내걸었다.

13 물산 장려 운동은 자본가 계급만을 위한 운동이라는 　　　　계열의 비판을 받았다.

14 3·1 운동 이후 한국인 본위의 교육이 강조되면서 조선 교육회를 중심으로 　　　　　　　가 조직되었다.

15 　　　　　　　운동은 '한민족 1천만 한 사람이 1원씩'의 구호를 내걸었다.

16 민립 대학 설립 운동은 전국적인 　　　　운동의 형태로 전개되었으나 일제의 방해와 가뭄, 전국적인 수해 등으로 어려워져 실패하였다.

17 1924년에 일제에 의해 최초의 근대식 대학교인 　　　　　　　이 건립되었다.

18 1929~1934년까지 　　　　　는 문자 보급 운동을 통해 농촌 계몽 운동에 이바지하였다.

19 문자 보급 운동 당시 귀향 학생들을 동원하여 『　　　　』 등의 교재를 배포하였다.

20 1931~1934년까지 　　　　　의 주도하에 브나로드 운동이 전개되었다.

테마 52 민족 유일당 운동

V 일제 강점기

* 올인원 블랭크노트 p.264

기출 OX — OX를 체크하며 합격 실력 점검하고!

1. 민족 유일당 운동의 배경

01 타협적 민족주의자들은 일제의 식민 지배를 인정하고 그 밑에서 정치적 실력 양성을 해야 한다고 강조하였다. 2012년 국가직 9급 O | X

02 자치론은 '무장 투쟁을 통해 독립을 이루어야 한다.'는 주장이다. 2012년 국가직 9급 O | X

03 자치론은 '농민, 노동자를 단결시켜 일제를 타도해야 한다.'는 주장이다. 2012년 국가직 9급 O | X

04 1926년에 '정우회 선언'이 발표되었다. 2019년 국가직 9급 O | X

2. 신간회

05 사회주의 진영과 비타협적 민족주의 진영은 1926년 정우회 선언을 계기로, 1927년 1월 신간회를 발기하였다. 2017년 사회복지직 9급 O | X

06 신간회는 비타협적 민족주의 인사들과 사회주의자들이 이념과 노선의 차이를 뛰어넘어 결성한 민족 협동 전선이다. 2017년 소방직(복원) O | X

07 신간회는 정치적, 경제적 각성의 촉진, 단결을 공고히 함, 기회주의의 일체 부인이라는 강령을 발표하였다. 2023년 지방직 9급 O | X

08 신간회는 동양 척식 주식회사 폐지를 주장하였다. 2019년 국회직 9급 O | X

블랭크 — 빈칸을 채우며 합격 실력 완성하자!

01 일부 타협적 민족주의자들은 _____ 을 전개하였다.

02 이광수는 1924년에 「_____」을 발표하여 일본이 허용하는 범위 내에서 정치 운동을 하자고 주장하였다.

03 민족 유일당 운동의 움직임은 중국의 _____ 과 한국 독립 유일당 북경 촉성회의 영향을 받았다.

04 일제의 치안 유지법에 의해 _____ 세력이 약화되었고, 민족주의는 타협적 민족주의와 비타협적 민족주의로 분화되었다.

05 신간회는 1926년에 발표된 _____ 을 계기로 결성되었다.

06 신간회는 _____ 운동의 일환으로 비타협적 민족주의 계열과 사회주의 계열이 연대하여 설립되었다.

07 신간회의 자매 단체로 국내의 여성 단체들을 규합한 _____ 가 조직되었다.

08 신간회는 강령으로 민족 대단결, _____ 배격, 정치·경제적으로 각성할 것을 요구하였다.

09 신간회의 자매단체인 근우회는 봉건적 인습 타파, 여성 노동자의 임금 차별 철폐 등을 주장하였다. 2024년 국가직 9급 O | X

10 신간회는 농민·노동 운동 지원, 수재민 구호 등의 활동을 전개하였다. 2018년 기상직 9급 O | X

11 신간회는 암태도 소작 쟁의를 주도적으로 이끌었다. 2017년 지방직 9급 O | X

12 신간회는 6·10 만세 운동을 전개하였다. 2016년 법원직 9급 O | X

13 신간회는 조선인 본위의 교육 제도를 실시할 것을 주장하였다. 2013년 경찰직(1차) O | X

14 신간회는 고등 교육 기관으로서 대학을 설립하려는 운동을 펼쳤다. 2013년 경찰직(1차) O | X

15 신간회는 광주 학생 항일 운동이 일어나자 조사단을 파견하였다. 2023년 지방직 9급 O | X

16 사회주의자들이 신간회 해소론을 주장하였다. 2018년 기상직 9급 O | X

17 신간회는 보안법에 의해 강제로 해산되었다. 2016년 법원직 9급 O | X

09 신간회는 _____·_____를 개최하고 여성 차별 철폐를 주장하였다.

10 신간회는 일제가 토지와 자원 수탈 목적으로 설치한 _____의 폐지를 주장하였다.

11 신간회는 타협적 민족주의자들의 _____을 비판하고 치안 유지법 철폐를 주장하였다.

12 신간회는 조선인 본위의 _____ 제도를 실시할 것을 주장하였다.

13 신간회는 1929년에 일어난 _____ 등 농민·노동 운동을 적극 지원하였다.

14 신간회는 1929년에 전개된 _____에 진상 조사단을 파견하였다.

15 신간회는 광주 학생 항일 운동의 진상 보고를 위한 전국 _____를 개최하려 했으나 실패하였다.

16 일제의 탄압, 새로운 집행부의 우경화, 코민테른의 노선 변화로 1931년에 신간회는 _____되었다.

17 신간회는 일제 강점기 최대 규모의 _____적인 단체였다.

3. 6·10 만세 운동(1926)

18 6·10 만세 운동은 사회주의자들과 민족주의자들이 함께 준비하였다. 2023년 계리직 9급 O | X

19 조선 민립 대학 기성회는 조선 학생 과학 연구회와 연계한 6·10 만세 운동을 전개하고 격문을 작성하였다. 2013년 지방직 9급 O | X

20 6·10 만세 운동은 순종의 장례일에 일어난 민족 운동으로, '언론·출판·집회의 자유를!', '교육 용어는 조선어로!' 등을 주장하였다. 2023년 계리직 9급 O | X

18 6·10 만세 운동은 학생 단체, 그리고 천도교 구파(민족주의 계열)와 연합한 사회주의 계열이 계획하여 _____에 전개하였다.

19 6·10 만세 운동을 계획한 대표 학생 단체는 _____이다.

20 6·10 만세 운동을 통해 _____ 계열과 _____ 계열이 연대하는 계기가 마련되었다.

21 6·10 만세 운동은 일제 강점기 최대 규모의 항일 학생 운동이었다. 2017년 경찰간부후보생 O | X

21 6·10 만세 운동을 통해 ㅤㅤㅤ 층이 독립운동의 주체로 성장하였다.

4. 광주 학생 항일 운동(1929)

22 한·일 학생 간의 충돌 사건을 계기로 광주 학생 항일 운동이 일어났다. 2015년 경찰직(1차) O | X

23 광주의 학생 단체들은 순종의 장례일에 3·1 운동과 같은 거족적 만세 시위 운동을 계획하였다. 2016년 경찰간부후보생 O | X

24 광주 학생 항일 운동은 민족 차별 중지, 식민지 교육 제도 철폐 등을 요구하며 대규모 가두 시위를 벌였다. 2014년 서울시 9급 O | X

25 광주 학생 항일 운동은 민족 산업의 보호와 육성을 위해 국산품 애용 등을 주장하였다. 2021년 국가직 9급 O | X

26 광주 학생 항일 운동은 학도 지원병제의 폐지를 요구하였다. 2017년 법원직 9급 O | X

27 광주 학생 항일 운동은 일제가 허용하는 범위 내에서 자치권을 획득하자는 운동을 벌였다. 2017년 법원직 9급 O | X

28 광주 학생 항일 운동은 민족 연합 전선 단체인 신간회의 후원을 받았다. 2013년 지방직 9급 O | X

29 신간회에서 광주 학생 항일 운동에 진상 조사단을 파견하였다. 2017년 법원직 9급 O | X

30 광주 학생 항일 운동을 계기로 신간회는 민중 대회를 열어 항일 열기를 확산시키려 하였으나, 일제가 신간회 간부를 대거 검거함으로써 좌절되었다. 2016년 경찰간부후보생 O | X

31 광주 학생 항일 운동은 전국으로 확대되어 이듬해까지 동맹 휴학 투쟁이 계속되었다. 2021년 국가직 9급 O | X

32 광주 학생 항일 운동은 대한민국 임시 정부의 수립에 영향을 주었다. 2017년 법원직 9급 O | X

22 6·10 만세 운동 이후 성진회, ㅤㅤㅤ 등의 학생 단체를 통해 항일 운동이 전개되었다.

23 6·10 만세 운동 이후 식민지 차별 교육에 항거하는 ㅤㅤㅤ 이 빈발하였다.

24 광주 학생 항일 운동은 통학 열차 안에서 ㅤㅤㅤ 간의 충돌 사건을 계기로 일어났다.

25 광주 학생 항일 운동은 ㅤㅤㅤ 교육 철폐를 요구하였다.

26 광주 학생 항일 운동은 ㅤㅤㅤ 의 교육 제도 확립을 요구하였다.

27 광주 학생 항일 운동은 ㅤㅤㅤ · ㅤㅤㅤ · 집회 · 결사의 자유 등을 요구하였다.

28 신간회는 광주 학생 항일 운동을 지원하기 위해 광주에 ㅤㅤㅤ 을 파견하였다.

29 신간회는 광주 학생 항일 운동을 계기로 ㅤㅤㅤ 를 개최하여 전국적인 항일 운동으로 확산시키려 했으나 실패하였다.

30 광주 학생 항일 운동은 3·1 운동 이후 ㅤㅤㅤ 의 민족 운동이다.

31 광주 학생 항일 운동은 ㅤㅤㅤ 에 대한 항의 차원으로 시작되었다.

32 광주 학생 항일 운동은 점차 식민 통치에 반대하는 ㅤㅤㅤ 운동으로 발전하였다.

테마 S3 국내외 동포의 생활 모습

V 일제 강점기

*올인원 블랭크노트 p.266

기출 OX — OX를 체크하며 합격 실력 점검하고!

01 일제 강점기 번화가에서는 최신 유행의 모던 걸과 모던 보이가 활동하였다. 2018년 국가직 9급 O | X

02 토지 조사 사업이 실시된 1910년대에는 『신여성』, 『삼천리』 등의 잡지가 발행되는 모습을 볼 수 있다. 2023년 법원직 9급 O | X

03 일제 말 여성들이 일본식 노동복인 몸뻬의 착용을 강요당하였다. 2022년 서울시 9급(6월) O | X

04 경성의 경우, 북촌에는 조선인이, 남촌에는 일본인이 주로 거주하였다. 2022년 서울시 9급(6월) O | X

05 일제 강점기 상류층은 한식 주택을 2층으로 개량한 영단 주택에 모여 살았다. 2018년 국가직 9급 O | X

06 일제 강점기 도시 외곽의 토막촌에는 빈민이 살았다. 2018년 국가직 9급 O | X

07 연해주 지역에서는 1923년 대지진이 발생했는데, 조선인들이 우물에 독을 탔다는 유언비어가 퍼져 적어도 6,000여 명의 조선인들이 학살당하였다. 2022년 서울시 9급(6월) O | X

08 연해주 지역에 살던 한인들은 소련의 스탈린에 의해 중앙아시아의 우즈베키스탄 등으로 강제 이주당하였다. 2022년 서울시 9급(6월) O | X

블랭크 — 빈칸을 채우며 합격 실력 완성하자!

01 1920년대에 국내 번화가에는 최신 유행의 _____ 이 등장하였다.

02 1920년대에는 신여성의 상징으로 단발머리가 유행하였으며, 『_____』, 『별건곤』 등의 잡지가 창간되어 새로운 패션을 소개하였다.

03 1940년대 전시 체제하에서 일제는 남성에게 국민복을, 여성에게 _____ 착용을 강요하였다.

04 1940년대에 _____ 은 서민의 주택난 해결을 위한 국민 연립 주택으로, 일본식 다다미와 한국식 온돌을 혼용하였다.

05 만주로 이주한 조선인들은 1920년의 _____, 1931년의 만보산 사건으로 탄압을 받았다.

06 연해주에서는 블라디보스토크의 _____ 을 중심으로 독립운동을 전개하였다.

07 1923년에 일본에서 _____ 이 발생했을 때 일본 당국의 유언비어로 6천명의 재일 동포가 학살당하였다.

08 연해주로 이주한 조선인들은 1937년에 스탈린의 강제 이주 정책으로 _____ 로 강제 이주당하였다.

OX·블랭크 정답집 p.61

테마 54 일제의 교육 정책과 민족 문화 수호 운동

V 일제 강점기

* 올인원 블랭크노트 p.267

기출 OX — OX를 체크하며 합격 실력 점검하고!

1. 일제의 식민지 교육 정책

01 회사령 시행 시기에 보통학교 수업 연한을 4년으로 정한 조선 교육령이 공포되었다. 2023년 국가직 9급 O | X

02 무단 통치 시기에 서당 규칙을 발표하여 개량 서당을 탄압하였다. 2016년 기상직 9급 O | X

03 무단 통치 시기에 학교에서 조선어 사용이 금지되었다. 2019년 국가직 7급 O | X

04 문화 통치 시기에 일제는 제2차 조선 교육령을 공포하여 3·1 운동 이후 격화된 한국인의 반일 감정을 무마하고자 하였다. 2010년 지방직 9급 O | X

05 1차 조선 교육령과 2차 조선 교육령이 발표된 시기 사이에 경성 제국 대학이 설립되었다. 2024년 국가직 9급 O | X

06 제2차 조선 교육령 시행 시기에 일제는 태평양 전쟁을 일으키고 황국 신민화 교육을 더욱 강화하고자 하였다. 2010년 지방직 9급 O | X

07 산미 증식 계획이 시행된 시기에 일제는 조선어 교육을 폐지하였다. 2013년 서울시 9급 O | X

08 민족 말살 통치 시기에 일제는 황국 신민 의식을 강화하고자 소학교를 국민학교로 개칭하였다. 2021년 국가직 9급 O | X

09 총독부가 설치한 조선사 편수회는 식민주의 사관을 토대로 『조선사』를 편찬하여 한국사의 왜곡에 앞장섰다. 2014년 경찰직(2차) O | X

블랭크 — 빈칸을 채우며 합격 실력 완성하자!

01 제1차 조선 교육령 때 일제는 _____ · 전문 교육만 실시하였다.

02 1911년에 일제는 _____ 을 제정하여 사립 학교의 설립을 총독부가 인가하도록 하였다.

03 제2차 조선 교육령 때 보통학교의 수업 연한을 4년에서 _____ 으로 연장하였다.

04 일제는 한국에 거주하는 일본인의 고등 교육을 위해 1924년에 _____ 을 설립하였다.

05 제3차 조선 교육령에서 조선어·조선사는 _____ 과목화 되었지만 사실상 폐지에 가까웠다.

06 1941년에 _____ 으로 (심상)소학교가 국민학교로 변경되었다.

07 제4차 조선 교육령으로 _____ · _____ 과목은 완전히 폐지되었다.

08 식민 사관의 _____ 은 한국사가 봉건 사회를 거치지 못하고 전근대 사회 단계에 머물러 있다는 주장이다.

09 총독부 산하 단체인 _____ 는 식민 사관을 토대로 1938년에 『조선사』를 편찬하였다.

2. 국사 연구 - 민족주의 사학

10 신채호는 낭가 사상을 강조하여 민족 독립의 정신적 기반을 만들려고 하였다. 2012년 지방직 9급 O | X

11 신채호는 역사를 '아(我)'와 '비아(非我)'의 투쟁의 기록이라고 하였다. 2015년 경찰간부후보생 O | X

12 신채호는 『여유당전서』를 발간하여 조선 후기 실학자들을 재평가하였다. 2017년 지방직 9급 O | X

13 신채호는 『조선사연구초』를 지어 묘청의 서경 천도 운동을 '조선 역사 1천년래 제1대 사건'으로 평가하였다.
2015년 소방직(복원) O | X

14 신채호는 「독사신론」을 연재하여 민족주의 사학의 발판을 마련하였다. 2012년 지방직 9급 O | X

15 박은식은 민족 문화의 고유성과 세계성을 찾으려는 조선학 운동에 참여하였다. 2020년 소방직 O | X

16 박은식은 나라는 형체이고 역사는 정신이라고 주장하였다.
2022년 서울시 9급(2월) O | X

17 박은식은 「유교구신론」을 써서 유교의 개혁을 주장하였다.
2022년 서울시 9급(2월) O | X

18 박은식은 민족의 혼을 강조하며 『한국통사』를 저술하였다.
2022년 간호직 8급 O | X

19 정인보는 '민족의 얼'을 강조하였으며, 『조선사연구』 등을 저술하였다. 2018년 경찰직(2차) O | X

20 정인보는 「5천년간 조선의 얼」이라는 글을 써서 민족 정신을 고취하였다. 2014년 지방직 9급 O | X

21 정인보는 광개토 왕릉 비문을 연구하여 일본 학자의 고대사 왜곡을 바로잡는 데 기여하였다. 2011년 국가직 9급 O | X

22 문일평, 안재홍 등은 조선 문화의 독자성과 우수성을 강조하는 조선학 운동을 전개하였다. 2018년 경찰직(2차) O | X

10 신채호는 민족 정신으로 '_____'을 강조하였다.

11 1908년에 신채호는 「_____」에서 민족주의 사학의 연구 방향을 제시하였다.

12 1929년에 신채호는 『조선사연구초』에서 _____을 '조선 역사 일천 년래 제일대사건'으로 평가하였다.

13 1931년에 신채호는 「_____」에서 역사는 '아(我)'와 '비아(非我)'의 투쟁이라고 하였다.

14 박은식은 민족 정신으로 '___'을 강조하였다.

15 1915년에 박은식은 「_____」에서 "나라는 형(形)이요, 역사는 신(神)이다."라고 주장하였다.

16 1920년에 박은식은 「_____」에서 개항 이후부터 3·1 운동까지의 역사를 서술하였다.

17 정인보는 민족 정신으로 '___'을 강조하였다.

18 정인보는 「_____」에서 우리 민족의 시조를 단군으로 설정하였다.

19 정인보는 한국 고대사의 특정 주제를 통사 형식으로 서술한 「_____」를 저술하였다.

20 정인보는 _____를 연구하여 비문의 새로운 해석 방법을 제시하였다.

21 정인보는 실학 연구를 중요시하여 「_____」을 저술하였다.

22 문일평과 안재홍은 다산 정약용 서거 99주기를 맞아 「_____」를 발간하여 조선 후기 실학자들을 재평가하였다.

23 문일평은 '조선심'을 강조하며 역사 대중화를 위해 노력하였다. 2020년 소방직 O | X	23 문일평은 민족 정신으로 '_____'을 강조하였다.
24 문일평은 우리 민족정신을 '혼'으로 파악하고, '혼'이 담겨 있는 민족사의 중요성을 강조하였다. 2015년 서울시 9급 O | X	24 문일평은 국제 관계에서 실리적 감각이 필요함을 절감하고 『_____』를 저술하였다.
25 안재홍은 우리나라 역사를 통사 형식으로 쓴 『조선사연구』를 편찬하였다. 2011년 국가직 9급 O | X	25 안재홍은 신채호의 『조선상고사』를 재정리하여 『_____』을 편찬하였다.

3. 국사 연구 - 사회·경제 사학

26 백남운은 『조선사회경제사』를 저술하여 조선에서 봉건 제도의 존재를 전면적으로 부정한 식민 사학의 정체성론을 비판하였다. 2023년 법원직 9급 O | X	26 사회·경제 사학은 마르크스의 _____에 입각하여 역사를 연구하였다.
27 백남운은 조선이 세계사적인 일원론적 역사 법칙에 의해 다른 민족과 거의 같은 궤도로 발전 과정을 거쳐왔다고 주장하였다. 2023년 지방직 9급 O | X	27 백남운은 세계사의 _____ 발전 법칙에 입각하여 한국사를 체계화하였다.
28 백남운은 진단 학회를 조직하여 문헌 고증을 중시하는 실증주의 사학을 정립하였다. 2023년 지방직 9급 O | X	28 백남운은 1933년에 『_____』, 1937년에 『조선봉건사회경제사』를 저술하였다.
29 백남운 등의 사회 경제 사학자들은 민족주의 사학자들의 정신 사관을 비판하기도 하였다. 2011년 국가직 9급 O | X	29 백남운은 식민 사학의 _____을 비판하였다.

4. 국사 연구 - 실증 사학과 신민족주의 사학

30 이병도, 손진태에 의해 진단 학회가 창립되었다. 2010년 법원직 9급 O | X	30 1934년에 이병도와 _____를 중심으로 진단 학회가 결성되었다.
31 이병도는 진단 학회를 창립하여 한국사의 실증적 연구에 힘썼다. 2015년 서울시 9급 O | X	31 진단 학회는 _____의 왜곡된 한국사 연구에 대항하기 위해 조직되었다.
32 한국 학자들에 의해 순수 학술 연구 단체인 청구 학회가 조직되어 일제 식민 사학에 대항하며 한국사의 실증적 연구에 힘썼다. 2015년 경찰직(1차) O | X	32 진단 학회를 창립한 이병도는 랑케 사관에 입각해 한국사의 _____ 연구에 힘썼다.
33 손진태는 대동 사상을 수용한 유교구신론을 주장하였다. 2017년 국가직 9급 O | X	33 진단 학회는 기관지로 『_____』를 발간하였다.

34 손진태는 『진단학보』를 발간한 진단 학회의 발기인으로 활동하였다. 2017년 국가직 9급 O | X

35 손진태는 『조선상고사』와 『조선사연구초』를 저술하였다. 2017년 국가직 9급 O | X

36 안재홍은 신민족주의를 제창하여 민족주의의 한계를 극복하려 하였다. 2013년 서울시 9급 O | X

5. 국어 연구

37 조선어 연구회는 '한글 맞춤법 통일안'을 제정하였다. 2017년 지방직 9급 O | X

38 조선어 연구회는 '가갸날'을 제정하고 기관지인 『한글』을 창간하였다. 2024년 국가직 9급 O | X

39 조선어 학회는 한글 맞춤법 통일안을 만들었다. 2023년 법원직 9급 O | X

40 조선어 학회는 『우리말 큰 사전』 편찬을 준비하였다. 2023년 법원직 9급 O | X

41 일제는 조선어 학회를 독립운동 단체로 간주하여 회원들을 대거 검거하였고, 이때 이윤재, 한징 등이 옥사하였다. 2023년 법원직 9급 O | X

42 제2차 조선 교육령이 시행된 시기에 조선어 학회 사건이 발생하였다. 2012년 법원직 9급 O | X

43 민족 말살 통치기에 일제에 의해 조선어 학회가 해산되었다. 2015년 소방직(복원) O | X

6. 문학·예술·종교 활동

44 1920년대에 민중 생활에 관심을 기울인 신경향파 문학이 대두하여 식민 통치에 대한 저항 문학으로 발전했다. 2018년 서울시 9급 O | X

34 실증 사학은 _____에 치중하면서 식민 사학에 소극적으로 대항하였다.

35 신민족주의 사학은 _____ 사학을 계승하였다.

36 신민족주의 사학자 안재홍은 「_____」, 『조선상고사감』 등을 저술하였다.

37 조선어 연구회는 1926년 9월 29일을 _____로 제정하였다.

38 조선어 연구회는 1927년에 잡지 『_____』을 창간하였다.

39 조선어 연구회는 1931년에 _____로 계승되었다.

40 조선어 학회는 1933년에 _____을 제정하였다.

41 조선어 학회는 「_____」 편찬을 시도하였으나 실패하였다.

42 1942년에 조선어 학회를 독립운동 단체로 간주하고, 치안 유지법을 적용하여 회원들을 체포·투옥시켜 강제 해산시킨 _____이 발생하였다.

43 조선어 학회는 해방 이후 _____로 계승되었다.

44 1917년에 이광수는 최초의 장편 현대 소설인 「_____」을 저술하였다.

45 1920년대에 사회주의 운동의 영향으로 식민지 현실의 계급 모순을 비판하는 프로 문학이 등장하였다.
2017년 서울직 7급 ○ | ×

46 1920년대에는 일본 주류 대중 음악의 영향을 받은 트로트 양식이 정립되었다. 2018년 서울시 9급 ○ | ×

47 일제 강점기에 미술에서는 안중식이 서양화를 대표하였다.
2010년 국가직 9급 ○ | ×

48 1926년에 나운규가 민족의 비애를 담은 영화 '아리랑'을 발표하였다. 2015년 경찰간부후보생 ○ | ×

49 1940년대에 일제는 조선 영화령을 공포하여 영화를 전시 체제의 옹호와 선전의 수단으로 사용하였다.
2018년 서울시 9급 ○ | ×

50 1930년대에 손기정 선수가 올림픽에서 마라톤 금메달을 획득하였다. 2015년 경찰간부후보생 ○ | ×

51 민족주의 성격이 강한 천도교는 중광단과 북로 군정서군을 결성하여 항일 무장 투쟁을 벌였다. 2015년 경찰직(1차) ○ | ×

52 천도교는 『개벽』, 『신여성』, 『어린이』 등의 잡지를 발행하였다. 2020년 국가직 9급 ○ | ×

53 박은식은 3·1 운동 때 민족 대표 33인의 한 사람이며, 일제의 사찰령에 반대하였다. 2014년 지방직 9급 ○ | ×

54 박은식은 『조선불교유신론』을 지어 불교의 쇄신과 근대 개혁 운동을 추진하였다. 2022년 간호직 8급 ○ | ×

---

45 1920년대 중반에 사회주의의 영향으로 문학의 사회적 기능을 강조한 _____ 문학이 대두되었다.

46 1925년에 신경향파 문인들은 _____ (조선 프롤레타리아 예술가 동맹)를 결성하였다.

47 1920년대 중반에는 _____ 의 「진달래꽃」, 이상화의 「빼앗긴 들에도 봄은 오는가」, _____ 의 「님의 침묵」 등 민족 정서를 강조하는 작품들이 등장하였다.

48 1930년대에는 _____ 의 「서시」, 이육사의 「청포도」, _____ 의 「상록수」 등 저항 문학이 등장하였다.

49 1923년에 조직된 _____ 는 본격적인 근대 연극을 공연하며 민중 계몽과 독립 의식 고취에 기여하였다.

50 1926년에 민족 정서를 토대로 민족의 비애를 표현한 나운규의 '_____'이 발표되었다.

51 개신교는 1930년대에 _____ 운동을 전개하였다.

52 천주교는 만주에서 항일 무장 단체인 _____ 을 조직하여 청산리 전투에 참여하였다.

53 _____ 는 나철·오기호가 창시한 대표적인 항일 종교이며, 항일 무장 단체인 중광단을 조직하였다.

54 한용운은 1921년에 _____ 를 조직하여 불교 교단의 친일화에 대항하였다.

테마 55 해방 전후사

VI 현대

* 올인원 블랭크노트 p.272

기출 OX — OX를 체크하며 합격 실력 점검하고!

1. 건국 준비 활동

01 광복 직후 대한민국 임시 정부는 건국 강령을 발표하였다. 2015년 지방직 9급 O | X

02 광복 직후 여운형은 조선 건국 동맹을 조직하였다. 2015년 지방직 9급 O | X

03 광복 직후 이승만은 미국에서 귀국한 후 독립 촉성 중앙 협의회를 구성하였다. 2014년 지방직 9급 O | X

04 광복 직후 여운형, 안재홍 등을 중심으로 조선 건국 준비 위원회가 조직되었다. 2015년 국가직 9급 O | X

05 조선 건국 준비 위원회는 조선 민주주의 인민 공화국을 선포하였다. 2019년 국회직 9급 O | X

06 광복 이후 김구는 한국 민주당을 결성하여 미 군정에 적극적으로 참여하였다. 2014년 지방직 9급 O | X

07 국민당은 안재홍 등이 중심이 되어 결성하였으며, 신민족주의를 내세워 평등 사회를 건설하려 하였다. 2014년 국가직 9급 O | X

2. 해방 전후 국제 회담

08 1943년 카이로에서 미국, 영국, 중국의 정상이 모여 회담을 하였다. 2018년 서울시 9급 O | X

09 카이로 회담에서 한국의 독립을 약속하였다. 2012년 법원직 9급 O | X

블랭크 — 빈칸을 채우며 합격 실력 완성하자!

01 1944년에 여운형은 좌·우 합작 단체로 _____ 을 설립하였다.

02 1945년 8월 15일 광복 후 조선 건국 동맹을 기반으로 _____ 가 조직되었다.

03 조선 건국 준비 위원회는 _____ 를 설치하여 전국에 145개의 지부를 조직하였다.

04 조선 건국 준비 위원회는 미군 진주에 앞서 미군과의 협상에서 유리한 입장을 차지하기 위해 _____ 을 선포하였다.

05 미군은 모든 단체를 인정하지 않았고 1945년 9월 9일 _____ 을 실시하였다.

06 조선 건국 준비 위원회에 불참한 송진우, 김성수 등 민족주의 세력을 중심으로 _____ 이 조직되었다.

07 이승만은 미국에서 귀국한 후 _____ 를 구성하였다.

08 1943년 11월에 미국, 영국, 중국 등 3개국의 주체로 _____ 이 개최되었다.

09 카이로 회담에서는 한국을 _____ (in due course)에 독립시킬 것을 결의하였다.

10 얄타 회담 이후 모스크바 3국 외상 회의가 개최되었다.
2023년 서울시 9급 O | X

11 모스크바 3국 외상 회의에는 미국, 영국, 소련이 참여하였다. 2017년 서울시 9급 O | X

12 모스크바 3국 외상 회의에서 한반도 문제가 논의되었다.
2015년 지방직 9급 O | X

13 모스크바 3국 외상 회의에서 소련이 4개국에 의한 신탁 통치안을 먼저 제시하여 미국이 이에 동의하였다.
2019년 경찰간부후보생 O | X

10 카이로 회담에서는 최초로 _____ 을 약속하였다.

11 1945년 2월에 미국, 영국, 소련 등 3개국의 주체로 _____ 이 개최되었다.

12 1945년 7월에 미국, 영국, 중국, 소련 등 4개국은 _____ 을 발표하였다.

13 1945년 12월 미국, 영국, 소련 등 3개국의 주체로 _____ 가 개최되었다.

3. 모스크바 3국 외상 회의 이후의 한반도 정세

14 이승만과 김구는 모스크바 3국 외상 회의의 결정 지지 여부를 놓고 대립하였다. 2015년 법원직 9급 O | X

15 김구는 모스크바 3국 외상 회의의 결정 사항이 알려지자 신탁 통치 반대 운동을 펼쳤다. 2022년 국가직 9급 O | X

16 김구, 이승만 등은 격렬한 신탁 통치 반대 운동을 펼쳤다.
2010년 지방직 9급 O | X

17 모스크바 3국 외상 회의 결정에 따라 좌·우 합작 위원회가 만들어졌다. 2017년 서울시 9급 O | X

18 모스크바 3국 외상 회의의 결정문에 근거하여 한반도에서 미군과 소련군의 군정이 시작되었다. 2016년 국가직 9급 O | X

19 모스크바 3국 외상 회의의 결정문에 근거하여 미·소 공동 위원회가 개최되었다. 2016년 국가직 9급 O | X

20 미·소 공동 위원회에서 소련은 표현의 자유를 내세워 모든 단체의 회담 참여를 주장하였다. 2011년 국가직 9급 O | X

14 _____ 는 모스크바 3국 외상 회의에 대해 소련이 신탁 통치를 주장하고 미국은 즉시 독립을 주장한다는 내용의 오보를 냈다.

15 모스크바 3국 외상 회의 이후 임시 정부의 수립 지원을 위해 _____ 를 설치하였다.

16 모스크바 3국 외상 회의 이후 우익 세력은 _____ 을 주장하였다.

17 모스크바 3국 외상 회의 이후 좌익 세력은 처음에는 반탁을 주장하였지만 후에 _____ 으로 선회하였다.

18 1946년 3~5월 _____ 가 개최되었지만 정부 구성원에 대한 입장 차이로 결렬되었다.

19 미국은 제1차 미·소 공동 위원회에서 협의 대상에 신탁 통치 반탁 세력까지 포함한 _____ 세력을 포함해야 한다고 하였다.

20 소련은 제1차 미·소 공동 위원회에서 협의 대상에 _____ 세력만 포함해야 한다고 주장하였다.

테마 56 대한민국 수립

VI 현대

기출 OX

1. 좌·우 합작 운동과 단독 정부 수립 반대

01 여운형과 김규식은 좌·우 합작 위원회를 조직하였다. 2020년 지방직 9급 O | X

02 1946년 10월 좌·우 합작 위원회의 좌·우 합작 7원칙이 선포되었다. 2015년 국가직 9급 O | X

03 김구는 좌·우 합작 위원회를 구성해 좌·우 합작 7원칙을 발표하였다. 2022년 국가직 9급 O | X

04 좌·우 합작 7원칙 합의 이후 이승만이 '정읍 발언'을 발표하였다. 2017년 법원직 9급 O | X

05 좌·우 합작 위원회는 유엔(UN) 감시 하의 남북한 총선거 실시를 주장하였다. 2015년 서울시 9급 O | X

06 좌·우 합작 위원회는 토지의 무상 몰수, 무상 분배를 주장하였다. 2015년 서울시 9급 O | X

07 좌·우 합작 7원칙 발표 이후 임시 민주 정부 수립을 논의하기 위해 제1차 미·소 공동 위원회가 개최되었다. 2023년 지방직 9급 O | X

08 여운형은 좌·우 합작을 주도하다가 암살당하였다. 2023년 계리직 9급 O | X

09 김구는 삼천만 동포에게 읍고함을 발표하여 남한만의 단독 정부 수립을 강력하게 반대하였다. 2022년 간호직 8급 O | X

10 김구와 김규식이 남북 협상을 제안하여 평양에서 회의가 개최되었다. 2020년 소방직 O | X

블랭크

01 1946년 7월에 중도 좌파 여운형과 중도 우파 김규식이 주도하여 _____를 조직하였다.

02 좌·우 합작 운동에는 실질적인 힘을 가지고 있던 _____ 세력(김구, 이승만)과 _____ 세력(박헌영)이 모두 불참하였다.

03 좌·우 합작 7원칙의 주요 내용으로는 좌·우 합작을 통한 통일 정부 수립, _____의 속개, 친일파 청산, 토지 개혁 등이 있다.

04 제2차 미·소 공동 위원회 결렬 이후 미국은 한반도 문제를 _____에 이관할 것을 주장하였다.

05 1947년 11월에 유엔 총회는 _____에 의한 총선거 실시를 결의하였다.

06 유엔의 결정에 따라 총선거 실시를 돕기 위해 _____이 파견되었다.

07 1948년 1월에 유엔 한국 임시 위원단의 북한 방문을 _____이 거부하였다.

08 1948년 2월에 유엔 한국 임시 위원단은 _____ 실시를 결정하였다.

09 1948년 2월에 김구는 남북 분단과 단독 정부 수립에 반대하며 '_____'을 발표하였다.

10 김구·김규식의 남북 협상 제안을 통해 1948년 4월 남북 지도자 회의(_____)가 개최되었다.

11 김구는 남한 단독 선거가 결정되자 김규식과 더불어 남북 협상을 위해 평양을 방문하였다. 2022년 국가직 9급 O | X

2. 5·10 총선거 실시와 대한민국 정부 수립

12 1947년 11월 유엔 총회에서 유엔 한국 임시 위원단의 감시 아래 인구 비례에 의한 남북한 총선거 결의를 시행하였다. 2015년 소방직(복원) O | X

13 유엔 소총회의 남한만의 단독 총선거 결의문에 근거하여 5·10 총선거가 실시되었다. 2023년 국가직 9급 O | X

14 5·10 총선거는 21세 이상 모든 국민에게 투표권이 부여된 우리나라 최초의 보통 선거로, 직접, 평등, 비밀, 자유 원칙에 따라 실시된 민주 선거였다. 2015년 기상직 9급 O | X

15 제주도에서는 4·3 사건의 여파로 5·10 총선거에 차질이 빚어졌다. 2014년 경찰간부후보생 O | X

16 김구는 5·10 총선거에 불참하였다. 2018년 법원직 9급 O | X

17 제헌 헌법이 반포된 이후 5·10 총선거를 실시하였다. 2025년 국가직 9급 O | X

18 5·10 총선거에서 당선된 국회 의원의 임기는 2년으로 한정되었다. 2014년 경찰간부후보생 O | X

19 5·10 총선거 실시 이후 제헌 국회가 구성되어 헌법을 제정하였다. 2020년 지방직 9급 O | X

11 남한에서는 _____·_____, 북한에서는 김두봉·김일성이 남북 협상에 참여하였다.

12 1948년 5월 10일에 남한 단독 총선이 실시되어 _____가 구성되었다.

13 1948년 8월 15일에 대한민국 정부가 출범하였고 대통령에 _____, 부통령에 이시영이 당선되었다.

14 1948년 12월에 유엔은 _____을 한반도 내 유일한 합법 정부로 승인하였다.

15 1948년에 일어난 제주 4·3 사건은 경찰과 극우 반공 단체인 _____의 횡포에 대한 제주도민의 반감을 계기로 발생하였다.

16 제주 4·3 사건으로 인해 제주도 3개 선거구 중 2개 지역에서 _____가 미실시되었다.

17 1948년에 일어난 여수·순천 10·19 사건은 정부 수립 이후 _____에 대한 진압 명령을 계기로 발생하였다.

18 여수·순천 10·19 사건의 결과 반란군 일부가 지리산 방면으로 탈출하여 _____ 활동을 전개하였다.

19 여수·순천 10·19 사건은 1948년 12월에 _____이 제정되는 직접적인 계기가 되었다.

테마 57 제헌 국회의 활동

기출 OX

1. 친일파 청산

01 제헌 국회는 친일파 청산을 위해 반민족 행위 처벌법을 제정하였다. 2017년 기상직 9급 O | X

02 반민족 행위 처벌법은 농지 개혁법이 제정된 후 제정되었다. 2022년 지방직 9급 O | X

03 반민족 행위 처벌법 제정은 제헌 헌법에 명시된 사항이었다. 2017년 지방직 9급 O | X

04 제헌 국회는 반민족 행위 특별 조사 위원회를 구성하였다. 2022년 국가직 9급 O | X

05 반민족 행위 처벌법에 따라 특별 재판부가 설치되었다. 2017년 지방직 9급 O | X

06 반민특위는 부산 정치 파동으로 인해 해산되었다. 2018년 지방직 7급 O | X

07 1948년 9월 반민족 행위 처벌법이 제정되었지만 이승만 정부의 소극적 태도로 친일파 처벌이 좌절되었다. 2010년 서울시 7급 O | X

08 제헌 국회는 통일 주체 국민회의에서 대통령을 뽑는다는 내용의 개헌안을 통과시켰다. 2022년 국가직 9급 O | X

2. 농지 개혁

09 농지 개혁법은 6·25 전쟁 이후에 공포되었다. 2018년 국회직 9급 O | X

블랭크

01 1948년 9월에 제헌 국회는 친일 행위자 처벌, 공민권 제한을 위해 _____을 제정하였다.

02 제헌 국회는 친일파 청산을 위해 ____족 행위 ____별 조사 원회를 조직하여 박흥식, 노덕술, 이광수, 최남선, 최린 등을 구속하였다.

03 반민족 행위 처벌법을 제정한 후 이에 따라 반민특위와 _____가 구성되었다.

04 1949년 6월 6일에 일본 경찰 출신 간부들에 의해 _____이 일어났다.

05 이승만 정부는 ____을 중시하여 반민특위 활동에 비협조적인 태도를 보였다.

06 이승만 정부는 반민법의 _____ 기간을 2년에서 1년으로 단축하였다.

07 이승만 정부에 의해 반민특위 소속 국회의원들이 남조선 노동당과 내통했다고 조작된 사건인 _____ 사건이 발생하였다.

08 반민법에 따라 반민족 행위자들은 실형을 선고 받았으나 _____가 해체되자 대부분 무혐의나 집행 유예로 석방되었다.

09 _____은 1949년 6월에 제정되었고, 1950년 3월에 실시되었다.

10 남한에서 무상 몰수, 유상 분배 방식의 농지 개혁법이 실시되었다. 2015년 법원직 9급 O | X

11 농지 개혁법에서는 가구당 농지 소유를 3정보 이내로 제한하였다. 2015년 사회복지직 9급 O | X

12 농지 개혁법에서는 농가 아닌 자의 농지는 매수하고, 자경하지 않는 자의 농지는 매수를 보류하도록 하였다. 2018년 경찰직(2차) O | X

13 농지 개혁법에서 정부는 농지를 매입하는 대가로 지가 증권을 발급하였다. 2018년 경찰직(2차) O | X

14 농지 개혁법에서 소작료는 1/3제로 제한하였다. 2015년 사회복지직 9급 O | X

15 농지 개혁법의 결과 소작지가 크게 줄어들고 자작지가 늘어났다. 2016년 지방직 9급 O | X

16 농지 개혁 법령이 실시되어 자작농이 크게 증가하였다. 2018년 법원직 9급 O | X

17 농지 개혁법의 결과 협동 조합이 모든 농지를 소유하게 되었다. 2016년 지방직 9급 O | X

18 농지 개혁법의 영향을 받아 북한에서도 토지 개혁 법령이 제정되었다. 2018년 법원직 9급 O | X

10 남한의 토지 개혁은 _____에 한정되었고, 임야·비경지는 제외되었다.

11 북한의 토지 개혁은 _____ 이상의 토지를 기준으로 하였다.

12 _____의 토지 개혁은 무상 몰수·무상 분배를 원칙으로 하였다.

13 농지 개혁법의 유상 매입은 3정보 이상의 토지를 모두 매입하고 _____을 지급해 주었다.

14 농지 개혁법의 유상 분배는 토지를 1년 생산량의 150%를 지가로 책정하여 _____간 분할 상환하는 것이다.

15 농지 개혁의 결과 농민 중심의 토지 제도가 확립되어 _____이 육성되었다.

16 농지 개혁의 결과 중소 지주의 몰락을 초래하여 _____가 점차 소멸하였다.

17 농지 개혁은 6·25 전쟁 당시 _____를 막는 데 큰 역할을 하였다.

18 이승만 정부는 농지 개혁을 통해 지주층의 토지 자본을 _____으로 전환하려 하였다.

테마 58 6·25 전쟁

VI 현대

* 올인원 블랭크노트 p.279

기출 OX — OX를 체크하며 합격 실력 점검하고!

01 6·25 전쟁 중 미국이 한반도를 미국의 태평양 지역 방위선에서 제외한다는 애치슨 선언을 발표하였다. 2023년 지방직 9급 O | X

02 북한은 38도선 전 지역에 걸쳐 남침을 감행하였다. 2011년 지방직 9급 O | X

03 6·25 전쟁이 일어나자 유엔 안전 보장 이사회는 미국을 중심으로 한 유엔군 파견을 결정하였다. 2017년 소방직(복원) O | X

04 6·25 전쟁 도중 인천 상륙 작전이 실시되었다. 2015년 국가직 9급 O | X

05 6·25 전쟁 도중 중국군의 참전으로 인해 한국군은 서울에서 후퇴하게 되었다. 2015년 국가직 9급 O | X

06 6·25 전쟁 도중 소련이 정전을 제안하였고 유엔군과 공산군이 이를 받아들이면서 정전 회담이 시작되었다. 2018년 경찰직(2차) O | X

07 6·25 전쟁 정전 회담에서 유엔군 측은 제네바 협정에 따른 포로의 자동 송환을 주장하였다. 2015년 국가직 7급 O | X

08 판문점 부근에서 휴전 회담이 열리기 시작한 후, 이승만 정부가 반공 포로 석방 조치를 실행하였다. 2022년 서울시 9급(6월) O | X

09 6·25 전쟁 발발과 제2차 개정 헌법 공포 사이에 한·미 상호 방위 조약이 조인되었다. 2023년 법원직 9급 O | X

블랭크 — 빈칸을 채우며 합격 실력 완성하자!

01 1950년 1월에 미국 국무 장관 애치슨이 발표한 _____ (미 극동 방위선)에는 대만과 한국이 제외되었다.

02 1950년 1월에 이승만 정부는 유사시 미국의 도움을 받기 위해 _____ 을 체결하였다.

03 1950년 6월 25일에 _____ 으로 전쟁이 시작되었고 3일 만에 서울이 함락되었다.

04 1950년 9월 15일에 맥아더는 _____ 을 감행하여 서울을 수복하였다.

05 1950년 10월 19일에 국군·UN군은 _____ 을 탈환하였고 10월 25일 중공군이 참전하였다.

06 1951년 6월에 _____ 이 휴전을 제안하였고 _____ 이 이를 수용하였지만 이승만은 반대의 입장을 내세웠다.

07 1951년 7월에 휴전 회담이 시작되었지만 _____ 설정 문제, 전쟁 포로 송환 문제 등으로 지체되었다.

08 휴전 협정 체결 당시 스위스, 스웨덴, 폴란드, 체코슬로바키아 등 4개국이 _____ 을 구성하였다.

09 1953년 10월에 이승만 정부는 미국과 _____ 을 체결하고, 한·미 연합 사령관에게 군사 작전 지휘권을 부여하였다.

테마 59 민주주의의 시련과 발전

VI 현대

* 올인원 블랭크노트 p.281

기출 OX — OX를 체크하며 합격 실력 점검하고!

1. 이승만 정부와 4·19 혁명

01 발췌 개헌으로 대통령 직선제와 국회의 국무위원 불신임제가 실시되었다. 2011년 사회복지직 9급 O | X

02 이승만 정권은 1954년 의회에서 부결된 대통령 직선제 개헌안을 사사오입의 논리로 통과시켰다. 2016년 서울시 9급 O | X

03 사사오입 개헌안에는 국무총리제 폐지, 개별 국무위원에 대한 불신임 인정 등이 포함되었다. 2021년 국회직 9급 O | X

04 사사오입 개헌안에는 당시 재임 중인 대통령에 대해서는 중임 제한 규정을 적용하지 않는다는 내용이 있었다. 2019년 지방직 7급 O | X

05 사사오입 개헌 이후 조봉암이 진보당을 창당하였다. 2020년 경찰직(1차) O | X

06 이승만 정권은 신국가 보안법을 제정하였고 반공 청년단을 조직하였으며 진보당의 조봉암을 간첩 혐의로 사형에 처하였다. 2016년 서울시 9급 O | X

07 이승만 정부 시기에 진보당 사건, 경향신문 폐간이 이어졌다. 2013년 국가직 7급 O | X

08 3·15 부정 선거는 4·19 혁명 발발의 중요한 계기가 되었다. 2015년 서울시 9급 O | X

09 3·15 부정 선거 이후 평화 통일론을 주장한 진보당의 정당 등록이 취소되었다. 2017년 지방직 9급 O | X

블랭크 — 빈칸을 채우며 합격 실력 완성하자!

01 _____은 대통령 직선제를 골자로 하는 여당 측의 개헌안과 내각 책임제를 골자로 하는 야당 측의 개헌안을 절충한 것이다.

02 1952년에 이승만 정부는 개헌 추진 논의에 대해 야당 국회의원들이 반발하자 _____을 일으켰고 기립 표결로 발췌 개헌을 통과시켰다.

03 이승만 정권은 초대 대통령에 한하여 _____을 철폐한다는 내용의 사사오입 개헌안을 통과시켰다.

04 제3대 대선에서 무소속 출신이었던 조봉암은 선거 이후 _____을 창당하였다.

05 이승만은 독재 체제 강화를 위해 1958년 1월에 _____을 날조하여 조봉암이 북한의 간첩과 내통한다고 하였고 결국 1959년에 처형당하였다.

06 1958년 12월에 이승만 정부는 간첩의 범위를 확대하고 국가 보안법을 강화하는 _____을 제정하였다.

07 1959년에 _____은 이승만 정부에 대해 비판했다는 이유로 폐간되었다.

08 1960년의 제4대 대선에서 자유당은 부통령에 이기붕을 당선시키기 위해 _____를 실시하였다.

09 3·15 부정 선거 이후 마산에서 선거에 대해 규탄하는 _____가 일어났다.

10 4·19 혁명은 4·13 호헌 조치를 발표한 것이 발단이 되었다. 2016년 기상직 9급 O | X

11 4·19 혁명은 마산에서 시위 도중 숨진 김주열 군의 시신이 바다에 떠오르면서 촉발되었다. 2015년 소방직(복원) O | X

12 4·19 혁명 때 각 대학 교수 대표들이 3·15 부정 선거와 폭력적인 시위 진압을 규탄하며 대학 교수단 4·25 선언문을 발표하였다. 2022년 지방직 9급 O | X

13 4·19 혁명 때 신군부가 비상 계엄을 확대하였다. 2022년 국회직 9급 O | X

14 4·19 혁명을 계기로 이승만 대통령이 하야하였다. 2021년 소방직 O | X

2. 장면 내각과 5·16 군사 정변

15 허정 과도 정부가 출범하고 내각 책임제와 양원제를 골자로 하는 헌법으로 개정되었다. 2014년 국가직 9급 O | X

16 허정 과도 정부가 단행한 제3차 개헌안에는 민의원과 참의원으로 구성된 국회 조항이 있다. 2020년 지방직 9급 O | X

17 4·19 혁명 이후 치러진 총선거 결과 민주당의 윤보선과 장면이 각각 대통령과 국무총리에 선임되었다. 2011년 사회복지직 9급 O | X

18 4·19 혁명과 새로운 총선거 이후 장면이 국무총리가 되었다. 2015년 지방직 9급 O | X

19 장면 내각은 3·15 부정 선거 결과를 무효로 하고 재선거를 실시하였다. 2015년 서울시 9급 O | X

20 장면 내각은 국가 재건 최고 회의를 만들었다. 2021년 소방직 O | X

10 마산 1차 시위 때 실종되었던 _____ 학생의 시신이 발견되면서 2차 시위가 전개되었다.

11 1960년에 4·19 혁명이 발생하여 학생과 시민들이 중앙청까지 진입하자 이승만 정부는 무차별 총격을 가했고 시위를 해산하기 위해 _____ 을 선포하였다.

12 4·19 혁명 당시 서울 시내 대학 교수들이 이승만 대통령의 퇴진을 요구하는 _____ 을 발표하였다.

13 4·19 혁명의 결과 이승만은 하야하였고 _____ 가 수립되었다.

14 허정 과도 정부는 3·15 부정 선거를 무효로 하고 _____ 실시를 결정하였다.

15 1960년에 허정 과도 정부 시기 제3차 개헌을 추진하여 _____, 양원제 국회, 대통령 간선제를 골자로 한 헌법으로 개정하였다.

16 제3차 개헌의 양원제 국회는 _____ 과 _____ 으로 구성되었다.

17 제4대 대선에서 대통령에 윤보선, 국무총리에 _____ 이 당선되었다.

18 장면 내각 당시 사회 각계의 _____ 요구가 분출되어 학원 민주화 운동, 노동 운동, 청년 운동 등이 전개되었다.

19 장면 내각은 국토 개발 사업에 착수하고, _____ 을 수립하였으나 5·16 군사 정변으로 실행하지 못하였다.

20 1960년 11월에 장면 내각은 제4차 개헌에서 3·15 부정 선거 관련자 및 부정 축재자들을 소급하여 처벌하기 위해 _____ 을 제정하였다.

21	장면 내각은 반공을 국시의 제일로 삼아 반공 태세를 재정비·강화하였다. 2016년 서울시 7급 O | X	21	장면 내각 당시 민주당은 분열하여 장면 중심의 ___와 윤보선 중심의 ___로 나뉘었다.
22	장면 내각은 경제 개발 5개년 계획을 실행했으나 군사 정변으로 중단되고 말았다. 2011년 사회복지직 9급 O | X	22	장면 내각 당시 진보적 인사들은 통일 문제에 대해 ___론과 ___론을 제기하였다.
23	5·16 군사 정변으로 국가 재건 최고 회의가 구성되어 군정이 실시되었다. 2013년 국가직 7급 O | X	23	5·16 군사 정변 이후 박정희 군부 세력은 반공을 국시로 삼고 ___를 조직하여 경제 재건, 사회 안정 등 6개 항의 혁명 공약을 발표하였다.
24	5·16 군사 정권에 의해 제2공화국이 막을 내리고 제3공화국이 출범되었다. 2015년 경찰간부후보생 O | X	24	군정 시기 군사 혁명 위원회는 ___로 개편되었고 김종필의 주도하에 중앙 정보부가 창설되었다.

3. 박정희 정부

25	박정희 정부는 제1차 경제 개발 5개년 계획을 추진하였다. 2021년 국가직 9급 O | X	25	박정희 정부는 ___ 산업을 육성하기 위해 저임금·저곡가 정책을 시행하였다.
26	한·일 회담에 반대하여 6·3 시위가 일어났다. 2013년 국가직 7급 O | X	26	박정희 정부는 경제 성장에 필요한 외자 도입을 위해 ___ 정상화와 베트남 파병을 실시하였다.
27	한·일 기본 조약에서는 위안부 문제가 주요한 의제로 논의되었다. 2018년 서울시 9급 O | X	27	김종필·오히라 회담은 경제적인 지원은 약속하였지만 식민 지배, 위안부 문제 사과, 독도 문제 등에 대한 언급이 없었고 이에 반발한 국민들은 ___을 일으켰다.
28	1965년에 한국 정부와 일본 정부가 한·일 기본 조약을 체결하여 국교를 정상화하였다. 2015년 경찰간부후보생 O | X	28	1965년에 박정희 정부는 일본과 ___을 체결하였다.
29	박정희는 베트남 파병에 필요한 조건을 명시한 브라운 각서를 체결하였다. 2023년 국가직 9급 O | X	29	박정희 정부는 1964~1973년까지 미국과의 유대 강화와 경제 개발 자금을 위해 ___을 실시하였다.
30	베트남 파병은 1960년대 경제 개발 계획의 추진에 기여하였다. 2019년 지방직 9급 O | X	30	1966년에 박정희 정부는 미국과 ___를 체결하여 미국으로부터 AID 차관, 한국 기업의 베트남 진출, 한국군 장비의 현대화를 약속받았다.
31	베트남 파병은 한·미 상호 방위 원조 협정을 체결하는 계기가 되었다. 2019년 지방직 9급 O | X	31	1968년 1월에 북한 민족보위성 정찰국 소속의 무장 공비 31명이 서울에 침투한 ___가 발생하였다.
32	박정희 정부는 국민 교육 헌장을 선포하였다. 2021년 국가직 9급 O | X	32	1968년에 미국의 첩보함인 ___가 북한에 의해 납치되었고 이 사건을 계기로 향토 예비군이 창설되었다.

33 박정희 정부 당시 대통령의 3선을 가능하게 하는 개헌안이 국민 투표를 통해 확정되었다. 2014년 경찰간부후보생 O | X

33 1969년의 제6차 개헌에서는 대통령의 _____을 허용하였다.

4. 유신 체제

34 1972년에 유신 헌법이 공포됨으로써 이른바 유신 체제가 출범하였다. 2015년 경찰간부후보생 O | X

35 유신 헌법에는 통일 주체 국민회의에서 재적 대의원 과반수의 찬성을 얻은 자를 대통령 당선자로 한다는 내용이 포함되어 있다. 2022년 지방직 9급 O | X

36 유신 헌법에는 대통령의 임기는 7년으로 하며, 중임할 수 없다는 내용이 포함되어 있다. 2022년 지방직 9급 O | X

37 유신 체제 시기에 긴급 조치가 잇달아 공포되었다. 2022년 소방간부후보생 O | X

38 유신 체제 시기에 방직 회사인 YH 무역의 여성 노동자들이 신민당사에서 농성을 벌였다. 2019년 경찰직(1차) O | X

39 유신 체제 시기에 '3·1 민주 구국 선언'이 발표되었다. 2022년 소방간부후보생 O | X

40 유신 체제 시기에 부·마 민주 항쟁이 일어났다. 2021년 국가직 9급 O | X

41 유신 체제 시기에 정부는 민생 안정을 위해 농가 부채 탕감, 화폐 개혁 등을 실시하였다. 2019년 서울시 9급 O | X

42 유신 체제 시기에 정부는 친일파 청산을 위해 반민족 행위 특별 조사 위원회를 설치하였다. 2019년 서울시 9급 O | X

34 1972년에 박정희 정부는 제7차 개헌으로 _____을 선포하였다.

35 제7차 개헌에서는 대통령을 _____에서 선출하였다.

36 제7차 개헌에서 대통령이 법관 임명권과 _____을 보유하게 되면서 3권 분립이 유명무실화되었다.

37 유신 헌법에는 대통령이 국정 전반에 걸쳐 필요한 _____를 할 수 있다는 내용이 포함되어 있다.

38 1976년에 명동 성당에서 _____을 발표하였다.

39 1978년에 _____으로 경제난이 가중되었다.

40 1979년에 _____으로 해당 회사가 도산, 농성 과정에서 여성 노동자가 사망하고 김영삼 총재가 국회에서 제명되었다.

41 김영삼 총재가 제명되자 유신 체제에 반대하며 _____이 일어났다.

42 1979년 10월 26일에 중앙 정보부장 _____가 대통령 박정희와 경호실장 차지철을 살해하였다.

5. 전두환 정부와 민주화 운동

43 12·12 사태로 인해 신군부가 권력을 장악하게 되었다. 2017년 법원직 9급 O | X

43 1980년 5월 15일에 학생과 시민들이 서울역에서 _____ 폐지와 신군부 퇴진을 요구하였다.

44 5·18 민주화 운동 당시 학생들은 비상 계엄령 해제와 신군부 퇴진을 요구하였다. 2014년 법원직 9급   O | X

45 유신 헌법 시행 시기에 국가 보위 비상 대책 위원회가 조직되었다. 2023년 법원직 9급   O | X

46 5·18 민주화 운동 이후 신군부 세력은 종신 집권이 가능한 대통령제로 개헌했다. 2019년 법원직 9급   O | X

47 5·18 민주화 운동 결과 직선제 개헌이 이루어졌다. 2019년 소방직   O | X

48 전두환 정부 시기에 부천 경찰서에서 성고문 사건이 발생하였다. 2019년 기상직 9급   O | X

49 6월 민주 항쟁 때 4·13 폭거를 철회시키기 위한 민주 장정을 시작한다는 내용의 6·10 국민 대회 선언문이 발표되었다. 2022년 서울시 9급(6월)   O | X

50 6월 민주 항쟁 당시 학생과 시민들이 민주 헌법 쟁취를 구호로 내세웠다. 2014년 법원직 9급   O | X

51 6월 민주 항쟁 당시 정부는 전국에 계엄령을 선포하고, 모든 정치 활동을 정지시켰다. 2013년 국가직 9급   O | X

52 6월 민주 항쟁의 결과 폭력배와 사회 문란 사범의 순화를 명목으로 삼청 교육대가 만들어졌다. 2018년 경찰간부후보생   O | X

53 6월 민주 항쟁은 대통령이 하야하는 계기가 되었다. 2017년 법원직 9급   O | X

54 6·10 국민 대회 선언문 발표 이후 내각 책임제와 양원제 국회를 특징으로 하는 개헌이 이루어졌다. 2022년 서울시 9급(6월)   O | X

55 6·10 국민 대회 선언문 발표 이후 연임이 안 되는 임기 5년의 대통령을 직선제로 선출하게 되었다. 2022년 서울시 9급(6월)   O | X

44 신군부는 1980년 5월 17일에 _____을 전국으로 확대하였다.

45 1980년에 일어난 _____은 광주 지역 학생과 시민들이 계엄령 철폐와 김대중 석방 요구를 외치며 전개되었지만 신군부의 무력 진압으로 학살당하였다.

46 5·18 민주화 운동 이후 신군부 세력은 1980년 5월 31일에 _____를 설치하고 삼청 교육대를 운영하였다.

47 전두환 정부는 _____으로 교복·두발 자유화, 3S 정책, 국풍 81 등을 실시하였다.

48 전두환 정부는 1986년에 _____을 개최하고, 1988년에 _____을 유치하였다.

49 1986년에 야당 정치인들은 직선제 개헌을 요구하며 _____을 전개하였다.

50 1986년에 부천 경찰서 성 고문 사건이 폭로되고, 수사를 받던 대학생이 사망하는 _____이 발생하였다.

51 1987년 4월에 전두환 정부는 대통령 간선제의 현행 헌법을 유지하는 _____를 발표하였다.

52 1987년 6월 9일에 시위 도중 _____ 열사가 최루탄에 맞아 사망하는 사건이 발생하였다.

53 1987년 6월 10일에 전국 각지에서 "_____·_____·민주 헌법 쟁취"를 요구하는 국민 대회가 전개되었다.

54 6월 민주 항쟁의 결과 노태우는 대통령 직선제 개헌, 김대중 사면 복권, 지방 자치 등을 약속하는 '시국 수습을 위한 8개항'의 _____을 발표하였다.

55 6월 민주 항쟁의 결과 제9차 개헌으로 _____와 5년 단임제를 이룩하였다.

6. 노태우 정부 ~ 김대중 정부

56 노태우 정부 시기에 6·29 선언이 발표되었다. 2022년 서울시 9급(2월) O | X

57 노태우 정부 시기에 88 서울 올림픽 대회를 개최했다. 2017년 경찰직(2차) O | X

58 노태우 정부 시기에 북방 외교를 통해 공산권 국가들과 외교 관계를 맺었다. 2016년 기상직 9급 O | X

59 노태우 정부 시기에 금 모으기 운동이 전개되었다. 2017년 경찰직(2차) O | X

60 김영삼 정부 시기에 금융 실명 거래 및 비밀 보장에 관한 긴급 명령 발표와 역사 바로 세우기 운동을 시행하였다. 2016년 법원직 9급 O | X

61 김영삼 정부 시기에 새마을 운동이 전개되었다. 2019년 소방직 O | X

62 김영삼 정부 시기에 지방 자치제를 전면 실시하였다. 2016년 법원직 9급 O | X

63 김영삼 정부 시기에 한·일 국교를 정상화하였다. 2016년 법원직 9급 O | X

64 김영삼 정부 시기에 국민 기초 생활 보장법을 제정하여 저소득층·장애인·노인 복지를 향상시켰다. 2021년 국회직 9급 O | X

65 1990년대에 대통령 직선제 개헌을 통해 마침내 군사 정권을 종식시키고 국민의 정부를 출범시켰다. 2019년 국회직 9급 O | X

66 1990년대에 대선 결과에 따라 평화적 정권 교체가 실현되었다. 2018년 서울시 9급 O | X

67 김대중 정부 시기에 국제 통화기금(IMF)의 지원금을 앞당겨 상환하여 위기를 극복하였다. 2016년 기상직 9급 O | X

56 노태우 정부 시기인 1988년 _____ 을 개최하여 국제적 지위가 상승하고 국민의 일체감이 증대되었다.

57 노태우 정부는 제5공화국 정부 하의 비리와 5·18 민주화 운동의 진실을 규명하기 위해 _____ 를 개최하였다.

58 1988년에 치러진 제13대 총선으로 _____ 정국이 형성되었다.

59 노태우 정부는 제13대 총선으로 형성된 정국을 타개하기 위해 1990년에 _____ 으로 거대 여당인 민주 자유당을 창당하였다.

60 노태우 정부는 _____ 를 추진하여 1990년에 소련, 1992년에 중국 등 공산권 국가와 수교하였다.

61 김영삼 정부는 1993년에 _____ 를 실시하여 금융 거래의 투명성을 확보하였다.

62 김영삼 정부는 1994년에 시장 개방 정책의 일환으로 _____ 협정을 체결하였다.

63 김영삼 정부는 1995년에 북·미 제네바 합의문 이행을 위한 _____ 를 설치하였다.

64 김영삼 정부는 조선 총독부 건물 철거, 국민학교의 명칭 변경 등 _____ 운동을 실시하였다.

65 김영삼 정부는 1997년에 외환 위기가 발생하자 _____ 에 지원을 요청하였다.

66 김대중 정부는 1998년에 금융 위기 극복을 위해 사회적 협의 기구로 _____ 를 설치하였다.

67 김대중 정부는 사회 차별 완화를 위해 _____ 를 신설하고 국민 기초 생활법을 제정하였다.

테마 60 통일로! 통일로!

VI 현대

* 올인원 블랭크노트 p.289

기출 OX — OX를 체크하며 합격 실력 점검하고!

1. 박정희 정부의 통일 정책

01 박정희 정부 시기에 최초로 이산가족 상봉을 위한 남북 적십자 회담이 열렸다. 2020년 소방직 O | X

02 7·4 남북 공동 성명은 분단 후 최초로 열린 남북 정상 회담의 결과로 발표된 성명서이다. 2018년 지방직 9급 O | X

03 7·4 남북 공동 성명에는 남북 조절 위원회를 구성하기로 합의한 내용이 담겨 있다. 2018년 지방직 9급 O | X

04 7·4 남북 공동 성명 합의문 중에는 한반도 비핵화 문제가 포함되었다. 2013년 지방직 9급 O | X

05 7·4 남북 공동 성명은 남과 북에서 정치 권력의 강화에 이용되었다. 2014년 법원직 9급 O | X

2. 전두환 정부의 통일 정책

06 전두환 정부 시기에 최초로 남북한 이산가족의 상봉이 이루어졌다. 2012년 지방직 9급 O | X

07 전두환 정부 시기에 민족 화합 민주 통일 방안을 제시하고 남북한의 이산가족이 각각 서울과 평양을 처음으로 방문하였다. 2015년 경찰직(2차) O | X

3. 노태우 정부의 통일 정책

08 노태우 정부 시기에 남북한이 동시에 유엔(UN)에 가입하였다. 2022년 서울시 9급(2월) O | X

블랭크 — 빈칸을 채우며 합격 실력 완성하자!

01 1969년에 _____ 으로 냉전 체제가 완화되자 박정희 정권의 반공 이데올로기는 위기를 맞았다.

02 박정희 정부는 1972년에 _____ 을 발표하였다.

03 1972년의 7·4 남북 공동 성명 당시 통일 3대 원칙으로 _____ · _____ · _____ 에 합의하였다.

04 1972년의 7·4 남북 공동 성명 당시 _____ 가 설치되고 서울·평양 간 상설 전화가 개설되었다.

05 1972년의 7·4 남북 공동 성명은 남북 독재 체제 강화에 이용되어 남한은 10월 _____ 헌법을, 북한은 _____ 헌법을 제정하였다.

06 전두환 정부가 1982년에 주장한 _____ 은 민족 통일 협의회 구성을 제안한 것이다.

07 1985년에 남북한 정부는 최초로 _____ 과 남·북 예술단 교환 공연을 실시하였다.

08 노태우 정부는 1988년에 민족 자존과 통일 번영을 위한 _____ 을 발표하였다.

09 남북 기본 합의서는 남북이 동시에 유엔에 가입하는 계기가 되었다. 2014년 국가직 7급 O | X

10 노태우 정부 시기에 남과 북이 나라 간의 관계가 아닌 통일을 지향하는 과정에서 잠정적으로 형성되는 특수 관계임을 인정하는 남북 기본 합의서가 발표되었다. 2022년 서울시 9급(2월) O | X

11 남북 기본 합의서는 분단 이후 남북한 정부 당사자 간에 합의된 최초의 공식 문서이다. 2017년 소방직(복원) O | X

12 노태우 정부 시기에 한반도 비핵화를 선언하였다. 2014년 서울시 9급 O | X

09 노태우 정부는 1989년에 한민족 공동체 통일 방안에서 통일 3대 원칙인 _____ · _____ · _____ 를 제시하였다.

10 1991년 9월에 남북한은 _____ 에 동시 가입하였다.

11 남북한은 1991년 12월 13일에 _____ 를 채택하여 7·4 남북 공동 성명을 재확인하였고, 남과 북의 관계를 잠정적 특수 관계로 규정하였다.

12 남북한은 1991년 12월 31일에 _____ 을 채택하였다.

4. 김대중 정부의 통일 정책

13 김대중 정부 시기에 해로를 통한 금강산 관광이 처음으로 시작되었다. 2015년 법원직 9급 O | X

14 김대중 정부 시기에 고위급 회담을 통해 남북 기본 합의서가 채택되었다. 2019년 국회직 9급 O | X

15 김대중 정부 시기에 한민족 공동체 통일 방안이 발표되었다. 2019년 국회직 9급 O | X

16 김대중 정부 시기에 해방 이후 최초로 남북 정상 회담이 열렸다. 2017년 경찰직(2차) O | X

17 김대중 정부 시기에 남북 경제 협력 사업으로 개성 공단이 착공되었다. 2019년 국회직 9급 O | X

18 6·15 남북 공동 선언은 남북 정상 회담의 성과였다. 2014년 서울시 9급 O | X

19 6·15 남북 공동 선언 직후 경의선과 동해선 연결을 위한 복원 공사에 착수하였다. 2018년 국회직 9급 O | X

13 1998년에 정주영 현대그룹 회장의 소떼 방북을 계기로 11월 금강산 _____ 관광이 시작되었다.

14 2000년 6월에 최초로 _____ 이 개최되었다.

15 _____ 은 남측의 연합제 안과 북측의 낮은 단계 연방제 안의 공통성을 인정하였다.

16 2000년 8월 15일에는 _____ 이 이루어졌다.

17 2000년 9월에는 _____ 복구 기공식이 열렸다.

18 남북 정상 회담 이후 _____ 건설에 합의하였고, 2003년부터 착공을 시작하였다.

19 남북 정상 회담에서 약속한 금강산 _____ 관광은 노무현 정부 때 시작되었다.

테마 61 시기별 경제 정책

VI 현대

* 올인원 블랭크노트 p.292

기출 OX — OX를 체크하며 합격 실력 점검하고!

1. 미 군정~이승만 정부

01 광복 직후 해외로부터 귀환인이 급증하여 식량이 부족했다. 2020년 국가직 9급 O | X

02 미 군정은 신한 공사로 하여금 동양 척식 주식회사에서 넘겨받은 토지를 관리하게 하였다. 2014년 경찰간부후보생 O | X

03 농지 개혁법에는 농지 이외 임야도 포함되었다. 2019년 지방직 9급 O | X

04 농지 개혁법에 따라 농지를 분배 받은 농민은 평년 생산량의 30%를 5년간 상환하였다. 2019년 지방직 9급 O | X

05 농지 개혁법 시행 이전에 미국의 공법 480호(PL480)에 따른 잉여 농산물이 도입되었다. 2017년 국가직 9급 O | X

06 이승만 정부는 제분, 제당, 면방직 등 삼백 산업을 적극 지원하였다. 2021년 국가직 9급 O | X

2. 박정희 정부

07 1960년대에 제1차 경제 개발 5개년 계획이 추진되었다. 2012년 국가직 9급 O | X

08 1960년대에 국가 기간 산업인 울산 정유 공장이 가동되었다. 2018년 국가직 9급 O | X

09 제1·2차 경제 개발 계획이 시행되던 시기에 연간 수출 총액이 늘어나 100억 달러를 돌파하였다. 2017년 지방직 9급 O | X

블랭크 — 빈칸을 채우며 합격 실력 완성하자!

01 미 군정은 동양 척식 주식회사의 재산 및 일본인 소유 농지를 관리하기 위해 _____ 를 설립하였다.

02 1950년대 대한민국은 미국의 원조 경제 체제하에  이 발달하였다.

03 삼백 산업은 _____, _____, _____ 공업을 말한다.

04 농지 개혁은 유상 매수, _____ 의 원칙에 입각해 시행하였다.

05 농지 개혁은 _____ 의 원칙에 입각하여 농지를 농민에게 분배하려 하였다.

06 1950년대 후반 미국은 _____ 에서 _____ 으로 원조 방식을 전환하였다.

07 제1·2차 경제 개발 계획 당시 노동 집약적 _____ 위주의 산업 발전이 이루어졌다.

08 박정희 정부는 경제 건설에 필요한 재원 조달을 위해 일본과 _____ 을 체결하였다.

09 박정희 정부 당시 한국은 _____ 파병에 따른 _____ 특수에 힘입어 고도 성장을 하였다.

10 1960년대에 미국의 무상 원조가 경제 개발의 주요 재원으로 활용되었다. 2012년 국가직 9급 O | X

11 1960년대에 베트남 파병을 계기로 베트남 특수를 누리게 되었다. 2012년 국가직 9급 O | X

12 1960년대에 경제 건설에 필요한 재원 조달을 위해 한·일 협정이 체결되었다. 2012년 국가직 9급 O | X

13 박정희 정부 시기인 1970년에 경부 고속 국도가 건설되었다. 2017년 지방직 9급 O | X

14 1970년대에 중화학 공업화 정책을 추진했으며 수출액이 100억 달러를 넘어섰다. 2015년 법원직 9급 O | X

15 1970년대 마산에 수출 자유 지역이 건설되었다. 2018년 국가직 9급 O | X

3. 1980년대 이후의 경제

16 전두환 정부 시기에 저금리·저유가·저환율의 3저 호황을 맞이하였다. 2018년 경찰간부후보생 O | X

17 1980년대에 우루과이 라운드 협정을 타결하고 한·칠레 자유 무역 협정(FTA) 체결을 이루었다. 2018년 경찰간부후보생 O | X

18 김영삼 정부 시기에는 「금융 실명 거래 및 비밀 보장에 관한 대통령 긴급 명령」을 반포하였다. 2023년 법원직 9급 O | X

19 김영삼 정부 시기에 한국이 경제 협력 개발 기구(OECD)에 가입하였다. 2023년 법원직 9급 O | X

20 김영삼 정부 시기에 자유 무역이 확대되는 가운데 외환 보유고 부족으로 위기를 맞았다. 2015년 법원직 9급 O | X

10 1970년에 _____ 가 개통되었다.

11 제3·4차 경제 개발 계획 당시 수출 _____ 을 달성하였다.

12 제3·4차 경제 개발 계획 당시 철강·조선·전자 등 _____ 위주의 산업 발전이 이루어졌다.

13 박정희 정부는 1차 석유 파동 위기를 _____ 사업 진출로 오일 달러를 벌어들여 극복하였다.

14 1970년대 경제 개발은 _____ 중심의 경제 정책, 정경 유착 등이 문제점으로 지적된다.

15 박정희 정부는 농촌의 생활 환경을 개선하기 위하여 1970년부터 _____ 을 전개하였다.

16 전두환 정부 당시 저금리, 저유가, 저달러의 _____ 으로 물가가 안정되고, 경제가 성장하였다.

17 김영삼 정부는 1994년에 _____ 타결로 공산품 수출 시장이 확대된 반면, 쌀과 서비스 시장을 개방해야 했다.

18 대한민국은 1996년에 경제 협력 개발 기구(_____)에 가입하였다.

19 김영삼 정부 시기에 무역 적자의 지속, 대비 없는 외환 시장 개방 등으로 _____ 가 발생하였다.

20 김대중 정부는 외환 위기 극복을 위해 _____ 운동을 전개하였다.

4. 현대 사회의 변화

21 1960년대에는 '덮어 놓고 낳다 보면 거지꼴을 못 면한다.'라는 표어가 사용되었다. 2017년 국가직 9급 O | X

22 1970년대에는 '딸 아들 구별 말고 둘만 낳아 잘 기르자.'라는 표어가 사용되었다. 2017년 국가직 9급 O | X

23 1980년대에는 '잘 키운 딸 하나 열 아들 안 부럽다.'라는 표어가 사용되었다. 2017년 국가직 9급 O | X

24 유신 헌법 시행 시기에 전태일이 근로 기준법 준수를 요구하며 분신하였다. 2023년 법원직 9급 O | X

25 1979년에 YH 여성 노동자들이 야당 당사에서 농성을 시작하였다. 2018년 서울시 7급 O | X

26 1950년대에 정부 주도 하에 건설 노동자들이 중동에 파견되었다. 2018년 교육행정직 9급 O | X

27 1970년대에 새마을 운동이 추진되었다. 2015년 지방직 9급 O | X

28 1970년대에 통일벼의 전국적 보급 정책이 시행되었다. 2015년 지방직 9급 O | X

---

21 1970년에 일어난 _____ 분신 사건을 계기로 노동 운동이 본격화되었다.

22 대한민국은 1991년에 _____(ILO)에 가입하였다.

23 1995년에 전국 민주 노동 조합 총연맹(_____)이 결성되었다.

24 김대중 정부 시기 외환 위기 극복 과정에서 노동자의 고용 안정과 근로 조건 등을 협약하기 위해 _____가 설립되었다.

25 1950~60년대 정부의 _____ 정책 등으로 농업 인구가 감소하였다.

26 새마을 운동 관련 기록물은 2013년 _____으로 등록되었다.

27 1970년대에 _____벼와 _____벼 종자를 도입하였다.

28 1980년대에 대외 경제 개방 정책으로 대부분의 _____ 수입이 개방되었다.

테마 62 시기별 교육 정책과 언론의 발전

VI 현대

기출 OX

01 미 군정기에는 미국식 민주주의 교육과 6-3-3학제가 도입되었다. 2017년 지방직 9급 O | X

02 1950년대에는 경제적 어려움 속에서도 초등학교 의무 교육제가 시행되었다. 2017년 지방직 9급 O | X

03 1960년대에는 입시 과열을 막기 위해 중학교 무시험 추첨제가 도입되었다. 2017년 지방직 9급 O | X

04 1970년대에는 국가주의 이념을 강조한 국민 교육 헌장이 제정되었다. 2017년 지방직 9급 O | X

05 1980년대에는 학교 교육과 별개로 사교육인 과외가 활성화되었다. 2017년 지방직 7급 O | X

06 1990년대에는 대학 수학 능력 시험이 실시되었다. 2017년 지방직 7급 O | X

07 1970년대에 동아일보 기자들이 언론 자유 수호 투쟁을 전개하였다. 2018년 서울시 7급 O | X

08 1987년 6월 민주 항쟁을 거치면서 언론에 대한 정부의 통제와 간섭은 줄어들고 언론의 자유는 확대되었다. 2010년 국가직 9급 O | X

블랭크

01 미 군정은 _____ 를 마련하여 일제 군국주의 교육을 청산하고 민주주의 교육 원리를 채택하였다.

02 이승만 정부 시기에 국민학교(초등학교) _____ 가 시행되었다.

03 박정희 정부는 1968년에 우리 교육이 지향해야 할 이념과 목표를 제시한 _____ 을 선포하였다.

04 박정희 정부는 1974년에 _____ 정책 실시로 연합고사를 도입하였다.

05 신군부 집권 시기에 7·30 교육 개혁의 실시로 _____ 가 금지되고, 대입 본고사가 폐지되었다.

06 이승만 정부는 1959년에 _____ 을 폐간하는 등 언론 기관을 탄압하였다.

07 1974년 동아일보에서 _____ 사태가 발생하였고, 자유 언론 수호 대회를 개최하였다.

08 전두환 정부는 _____ 을 통해 신문과 방송 기사에 대한 검열을 강화하였다.

2026 대비 최신개정판

해커스공무원 이중석 맵핑 한국사 기출 OX + 블랭크노트

개정 4판 1쇄 발행 2026년 1월 5일

지은이	이중석
펴낸곳	해커스패스
펴낸이	해커스공무원 출판팀
주소	서울특별시 강남구 강남대로 428 해커스공무원
고객센터	1588-4055
교재 관련 문의	gosi@hackerspass.com
	해커스공무원 사이트(gosi.Hackers.com) 교재 Q&A 게시판
	카카오톡 채널 [해커스공무원 노량진캠퍼스]
학원 강의 및 동영상강의	gosi.Hackers.com
ISBN	979-11-7404-591-1 (13910)
Serial Number	04-01-01

저작권자 ⓒ 2026, 이중석

이 책의 모든 내용, 이미지, 디자인, 편집 형태는 저작권법에 의해 보호받고 있습니다.
서면에 의한 저자와 출판사의 허락 없이 내용의 일부 혹은 전부를 인용, 발췌하거나 복제, 배포할 수 없습니다.

공무원 교육 1위,
해커스공무원 gosi.Hackers.com
해커스공무원

- 해커스공무원 학원 및 인강(교재 내 인강 할인쿠폰 수록)
- 공무원 한국사의 핵심을 짚어주는 **이중석 선생님의 한국사 무료 강좌**
- 쉽고 빠르게 정답을 확인하는 폰 안에 쏙! 기출 OX+블랭크노트 정답

한국사능력검정시험 1위* 해커스!

해커스 한국사능력검정시험 교재 시리즈

* 주간동아 선정 2022 올해의 교육 브랜드 파워 온·오프라인 한국사능력검정시험 부문 1위

빈출 개념과 **기출 분석**으로
기초부터 **문제 해결력**까지
꽉 잡는 기본서

해커스 한국사능력검정시험
한권합격 심화 [1·2·3급]

스토리와 **마인드맵**으로 **개념잡고!**
기출문제로 **점수잡고!**

해커스 한국사능력검정시험
2주 합격 심화 [1·2·3급] 기본 [4·5·6급]

시대별/회차별 기출문제로
한 번에 합격 달성!

해커스 한국사능력검정시험
시대별/회차별 기출문제집 심화 [1·2·3급]

개념 정리부터 **실전**까지!
한권완성 기출문제집

해커스 한국사능력검정시험
한권완성 기출 500제 기본 [4·5·6급]

빈출 개념과 **기출 선택지**로
빠르게 합격 달성!

해커스 한국사능력검정시험
초단기 5일 합격 심화 [1·2·3급]
기선제압 막판 3일 합격 심화 [1·2·3급]

5천 개가 넘는
해커스토익 무료 자료!

대한민국에서 공짜로 토익 공부하고 싶으면 　해커스토익　Hackers.co.kr　　검색

RC 정수진　　RC 이상길

토익 강의 　무료
베스트셀러 1위 토익 강의 150강 무료 서비스,
누적 시청 1,900만 돌파!

토익 실전 문제 　무료
토익 RC/LC 풀기, 모의토익 등
실전토익 대비 문제 제공!

LC 한승태　　RC 김동영

최신 특강 　무료
2,400만뷰 스타강사의
압도적 적중예상특강 매달 업데이트!

고득점 달성 비법 　무료
토익 고득점 달성팁, 파트별 비법,
점수대별 공부법 무료 확인

*미션 달성 시

가장 빠른 정답까지!
615만이 선택한 해커스 토익 정답!
시험 직후 가장 빠른 정답 확인

[5천여 개] 해커스토익(Hackers.co.kr) 제공 총 무료 콘텐츠 수 (~2017.08.30)
[베스트셀러 1위] 교보문고 종합 베스트셀러 토익/토플 분야 토익 RC 기준 1위(2005~2023년 연간 베스트셀러)
[1,900만] 해커스토익 리딩 무료강의 및 해커스토익 스타트 리딩 무료강의 누적 조회수(중복 포함, 2008.01.01~2018.03.09 기준)
[2,400만] 해커스토익 최신경향 토익적중예상특강 누적 조회수(2013-2021, 중복 포함)
[615만] 해커스영어 해커스토익 정답 실시간 확인서비스 PC/MO 방문자 수 총합/누적, 중복 포함(2016.05.01~2023.02.22)

더 많은
토익무료자료 보기 ▶

해커스공무원
이중석
맵핑 한국사
기출 OX
+
블랭크노트

OX + 블랭크 정답집

해커스

I 선사 시대

테마 01 역사의 의미

기출 OX

| 01 O | 02 O | 03 O | 04 × | 05 O |
| 06 × | 07 O | 08 O | | |

04 기록으로서의 역사는 과거의 사실이 역사가의 가치관 등에 따라 재구성된 주관적 의미의 역사로, 역사가의 주관이 개입된다.

06 사료는 과거에 있었던 사실을 토대로 당대 사람들의 주관에 의해 재구성된 것이기 때문에, 있는 그대로 받아들여서는 안되며 사료 비판의 과정을 거쳐야 한다.

블랭크

01	객관	02	주관
03	사실, 역사가	04	진위성
05	신뢰성	06	외적
07	보편성	08	특수성

테마 02 선사 시대 - 기록 이전의 시대

기출 OX

01 O	02 O	03 ×	04 O	05 ×
06 O	07 O	08 O	09 O	10 ×
11 O	12 O	13 ×	14 O	15 O
16 O	17 ×	18 O	19 O	20 ×
21 O	22 ×	23 O	24 ×	25 O
26 O	27 O	28 ×	29 ×	30 O
31 ×	32 O	33 ×	34 ×	35 O
36 ×	37 O	38 O	39 O	40 O
41 ×	42 O	43 O	44 O	45 O
46 ×	47 O	48 O	49 O	50 O
51 ×	52 O	53 ×	54 O	55 O
56 ×	57 ×	58 O	59 ×	60 O
61 O	62 O	63 O	64 ×	65 O
66 ×	67 O			

03 영혼 숭배 사상을 비롯한 애니미즘, 샤머니즘, 토테미즘 등의 원시적 형태의 신앙은 신석기 시대에 발생하였다.

05 주먹 도끼, 가로날 도끼는 구석기 시대의 도구가 맞지만 민무늬 토기는 청동기 시대의 대표적인 토기이다.

10 단양 수양개, 연천 전곡리, 공주 석장리는 구석기 시대 유적지가 맞으나 밭농사가 시작된 시기는 신석기 시대이다.

13 평남 상원 검은모루 동굴, 경기도 연천 전곡리, 충남 공주 석장리는 구석기 시대의 대표적인 유적지가 맞지만 서울 암사동 유적은 우리나라 신석기 시대의 대표적인 집터·주거 유적지이다.

17 부산 동삼동 유적은 신석기 시대의 조개더미(패총) 유적지이다. 부산 동삼동 유적에서 출토된 조개껍데기 가면은 제사 의식을 행할 때 주술 관련 의기로 사용되었을 것이라고 추측된다.

20 군장은 청동기 시대부터 등장하며 고인돌도 청동기 시대의 권력이 발생했음을 보여주는 무덤이다.

22 계급이 발생한 것은 청동기 시대의 사실이다. 청동기 시대에는 잉여 생산물의 분배 과정에서 사유 재산이 발생하고 빈부의 격차가 나타나면서 계급이 분화되었다.

24 구릉에 마을을 형성하고, 그 주변에 도랑을 파고 목책을 둘렀던 시대는 청동기 시대이다.

28 청동기 시대부터 제작된 민무늬 토기가 다양화되어 입술 단면에 원형, 방형, 삼각형의 덧띠를 붙인 덧띠 토기와 검은 간 토기 등을 사용하였던 시기는 철기 시대이다. 신석기 시대에는 덧무늬 토기, 눌러찍기무늬 토기, 빗살무늬 토기 등이 사용되었다.

29 반달 돌칼, 바퀴날 도끼, 홈자귀 등은 대표적인 청동기 시대의 석제 농기구이다.

31 명도전, 반량전 등의 화폐를 사용한 것은 철기 시대의 사실이다. 철기와 함께 출토되는 명도전, 반량전 등의 중국 화폐를 통해 철기 시대에 중국과 활발하게 교류하였음을 알 수 있다.

33 고령 지산동 유적은 후기 가야 연맹의 중심이었던 대가야와 관련된 대표적인 고분 유적지이다.

34 제주 고산리 유적과 양양 오산리 유적은 신석기 시대의 유적지가 맞으나 목책, 환호 등의 방어 시설이 등장한 것은 청동기 시대의 사실이다.

36 청동기 시대에는 밭농사가 주로 이루어졌으나 일부 저습지에서는 벼농사를 짓기도 하였다.

37 청동기 시대에 농경이 발달하고, 한반도 남부 지역에서는 벼농사가 보급된 것은 맞지만, 슴베찌르개는 주로 구석기 시대 후기에 사용된 도구이다.

41 청동기 시대에는 계급이 발생하여 지배자와 피지배자 간의 관계가 형성되었다.

46 초기 철기 시대에 철제 농기구가 사용된 것은 맞으나 보편화된 것은 삼국 시대부터이다. 초기 철기 시대에는 나무나 돌로 만든 농기구를 사용하면서 낫, 호미 등의 철제 농기구를 함께 사용하였다.

51 주먹 도끼, 찍개 등 돌로 된 사냥 도구를 만들어 사용한 것은 구석기 시대의 사실이다.

53 가락바퀴나 뼈바늘을 이용하여 옷이나 그물을 만드는 원시적 수공업이 등장한 것은 신석기 시대의 사실이다.

56 미송리식 토기는 청동기 시대의 토기가 맞으나 이른 민무늬 토기와 덧무늬 토기는 신석기 시대의 토기이다.

57 한반도 안에서 독자적인 발전을 이룬 대표적인 청동기 유물은 세형동검이다.

59 청동기 시대 후기에 이르러 한반도에서 청동기 문화가 독자적 발전을 이루면서 거친무늬 거울은 잔무늬 거울로, 비파형동검은 세형동검으로 그 형태가 변하여 갔다.

64 여주 흔암리 유적은 청동기 시대의 유적으로 탄화미가 발견되어 청동기 시대에 벼농사가 시작되었음을 알 수 있다. 중국 화폐인 오수전은 창원 다호리 유적 등 철기 시대의 유적에서 출토되었는데, 이를 통해 철기 시대에 중국과의 교류가 활발했었음을 알 수 있다.

66 청동기 시대의 유적은 중국의 요령성, 길림성 지방을 포함하는 만주 지역과 한반도에 걸쳐 널리 분포되어 있다.

블랭크

01	이동	02	동굴
03	뗀석기	04	계급
05	여러	06	하나
07	슴베	08	중석기
09	경기 연천 전곡리	10	모비우스
11	충남 공주 석장리	12	덕천 승리산
13	승리산	14	단양 상시리 바위 그늘
15	후기, 흥수 아이	16	함북 종성 동관진
17	평양 만달리	18	목축
19	정착 생활	20	사냥
21	씨족 사회	22	평등
23	움집	24	원형
25	중앙, 화덕	26	애니미즘
27	치레걸이	28	간석기, 토기
29	빗살무늬	30	가락바퀴
31	뼈바늘	32	제주 한경 고산리
33	서울 암사동	34	부산 동삼동
35	흑요석	36	벼농사

37	밭농사	38	잉여 생산물
39	사유 재산, 계급	40	선민사상
41	고인돌	42	구릉
43	환호	44	배산임수
45	직사각형, 지상	46	화덕
47	중국	48	철제 농기구
49	저수지	50	온돌
51	농기구	52	반달 돌칼
53	붉은 간	54	미송리식
55	돌무지	56	검은 간
57	비파형동검	58	잔무늬
59	세형동검	60	청동기
61	명도전	62	다호리 붓
63	널무덤	64	부뚜막
65	울산 검단리	66	여주 흔암리, 부여 송국리
67	창원 다호리		

테마 03 고조선

본책 p.15

기출 O X

01	O	02	X	03	O	04	O	05	X
06	O	07	O	08	O	09	X	10	X
11	X	12	O	13	O	14	X	15	X
16	O	17	O	18	O	19	X	20	O

02 고조선의 8조의 법 중 3개조의 내용만 후한 때 반고가 지은 『한서』「지리지」에 기록되어 전해지고 있다.

05 8조법은 고조선의 법이고, 동맹은 고구려의 제천 행사이다.

09 『삼국사기』에는 고조선 건국 이야기가 기록되어 있지 않다. 단군왕검의 고조선 건국 이야기가 기록된 사서로는 『삼국유사』, 『제왕운기』 등이 있다.

10 계루부 출신의 왕이 5부의 대가들과 함께 통치한 나라는 고구려이다.

11 전연의 공격을 받아 심한 타격을 받은 것은 부여와 고구려이다. 고조선은 기원전 3세기 초 중국 전국 시대 전국 7웅 중 하나인 연나라의 장수 진개의 공격을 받았다.

14 위만은 우거왕이 아니라 준왕을 몰아내고 스스로 왕이 되었다.

15 창해군은 위만 집권(기원전 194년) 이후인 기원전 128년에 설치되었다. 기원전 128년 고조선에 복속해 있던 예(濊)의 군장 남려가 우거왕에 반기를 들고 한에 투항하자, 한은 예맥 지역에 창해군을 설치하여 위만 조선 진출의 발판으로 삼고자 하였다.

19 고조선 멸망 이후 한 군현 시기에 8조에 불과하던 법 조항이 60여 조로 늘어났다.

블랭크

01	제정일치	02	홍익인간
03	환웅	04	8조법
05	생명	06	농경
07	노비	08	가부장적
09	산해경	10	청동기
11	연나라	12	진개
13	부왕	14	대부
15	위만	16	준왕
17	위만 조선	18	철기
19	한, 중계 무역	20	한 군현(한4군)

테마 04 초기 국가 - 철기 시대 여러 나라 본책 p.17

기출 OX

01 O	02 X	03 O	04 O	05 O
06 O	07 O	08 X	09 X	10 X
11 O	12 O	13 X	14 X	15 O
16 O	17 X	18 X	19 X	20 O
21 O	22 X	23 X	24 O	25 O
26 O	27 O	28 X	29 O	30 O
31 O	32 X	33 O	34 O	

02 신지, 읍차라고 불리는 지배자들이 다스린 나라는 삼한이다.

08 다른 읍락의 영역을 침범하면 노비나 소, 말 등으로 배상금을 내는 책화 제도가 있었던 국가는 동예이다.

09 서옥제라는 혼인 풍습이 있었던 국가는 고구려이다. 부여의 혼인 풍습으로는 형사취수혼이 있었다.

10 부여는 3세기 말에 선비족의 침략을 받아 크게 쇠퇴하였으며, 결국 문자왕 때인 494년에 고구려에 편입되었다.

13 매년 12월에 영고라는 제천 행사를 개최하였던 국가는 부여이다.

14 철이 많이 생산되어 낙랑과 왜에 수출한 나라는 삼한 중 변한이다.

17 가족이 죽으면 시체를 가매장하였다가 나중에 그 뼈를 추려서 가족 공동 무덤인 커다란 목곽에 안치하는 골장제의 풍습이 있었던 국가는 옥저이다.

18 10월에 제천 행사를 성대하게 치르고, 국동대혈에 모여 제사를 지낸 나라는 고구려이다.

19 옥저가 토지가 비옥하고 해산물이 풍부한 것은 맞으나, 10월에 무천이라는 제천 행사를 거행한 나라는 동예이다.

22 남녀가 간음하거나 부인이 투기가 심하면 사형에 처하였던 국가는 부여이다.

23 대가들이 제가 회의를 통해 국가 중대사를 논의하였던 나라는 고구려이다.

28 정치적 지배자 외에 제사를 주관하는 천군이 있었던 나라는 삼한이다.

32 삼한의 천군과 소도는 제정 일치 사회가 아닌 제정 분리 사회의 모습이다.

블랭크

01	송화강(쑹화강)	02	5부족, 마가
03	사출도	04	왕
05	주옥	06	영고
07	순장	08	형사취수혼
09	1책 12법	10	문자왕
11	고추가, 선인	12	제가
13	부경	14	부여
15	서옥제	16	동맹, 국동대혈
17	중앙 집권	18	연맹왕국(연맹국가)
19	고구려	20	민며느리제
21	여자, 남자, 남자	22	가족 공동 무덤
23	군장 국가	24	읍군
25	과하마, 반어피	26	무천
27	책화	28	족외혼
29	철	30	진왕
31	읍차	32	변한, 화폐
33	천군, 소도	34	수릿날, 계절제

II 정치사

테마 05 삼국 시대 - 중앙 집권 국가의 탄생 본책 p.20

기출 OX

01 X	02 O	03 X	04 O	05 O
06 O	07 O	08 O	09 O	10 O
11 O	12 O	13 O	14 O	15 O
16 X	17 X	18 O	19 O	20 O
21 X	22 O	23 O	24 X	25 X
26 X	27 O	28 X	29 O	30 O
31 X	32 O	33 O	34 X	35 X
36 X	37 O	38 O	39 O	40 X
41 O	42 X	43 O	44 X	45 X
46 O	47 X	48 O	49 O	50 O
51 O	52 X	53 O	54 O	55 O
56 O	57 O	58 O	59 O	60 O
61 O	62 X	63 X	64 O	65 X
66 O	67 O	68 O	69 X	70 O
71 X	72 O	73 O	74 O	75 O
76 X	77 O	78 X	79 O	80 X
81 X	82 O	83 O	84 X	85 O
86 O	87 O	88 O	89 O	90 O
91 X	92 O	93 X	94 X	95 O
96 O	97 O	98 O	99 O	100 O
101 O	102 X	103 O	104 X	105 O
106 O	107 X	108 O	109 O	110 O

01 도읍을 졸본에서 국내성으로 옮긴 것은 유리왕이다.

03 전연의 모용황이 고구려를 침략한 것은 고국천왕이 아니라 고국원왕 때이다. 고국원왕 때인 342년에 전연 모용황의 침략으로 고구려의 수도가 함락되었고, 고국원왕은 평양 동쪽의 동황성으로 임시 천도하였다.

16 고구려가 낙랑군을 완전히 몰아낸 것은 미천왕 때이다. 미천왕은 중국이 혼란스러운 틈을 타 서안평을 점령하고, 낙랑군을 축출하였으며, 대방군을 차지함으로써 대동강 유역을 확보하였다.

17 부여를 복속하여 고구려 최대 영토를 확보한 왕은 문자왕이다.

21 후연을 격파하여 요동 지역을 확보한 왕은 광개토 대왕이다. 광개토 대왕은 숙신(여진족)과 비려(거란족)를 정벌하여 만주 일대를 차지하고, 후연(선비족)을 공격하여 랴오둥(요동) 지역을 확보하였다. 또한 동부여를 정복하고, 동예를 통합하는 등 광대한 영토를 획득하였다.

24 신라에 침입한 왜군을 낙동강 유역에서 물리친 왕은 광개토 대왕이다.

25 천리장성은 영류왕 때인 631년부터 축조가 시작되어 보장왕 때인 647년에 완성되었다.

26 『신집』이 편찬된 것은 영양왕 때이다. 영양왕은 이문진으로 하여금 『유기』를 간추려 새로운 역사서인 『신집』 5권을 편찬하도록 하였다.

28 동진과 국교를 맺고 요서 지방에 진출한 왕은 근초고왕이다.

31 근초고왕의 공격으로 전사한 왕은 고국천왕이 아니라 고국원왕이다. 고구려 고국원왕은 황해도 지역을 놓고 백제 근초고왕과 대결하다가 평양성 전투에서 전사하였다.

34 중국 남조와 활발하게 교류하고, 노리사치계를 일본에 파견하여 불교를 전한 왕은 성왕이다.

35 고구려의 남하 정책에 대항하여 신라의 눌지왕(눌지 마립간)과 동맹을 맺은 백제의 왕은 비유왕이다.

36 동진에서 온 인도 승려 마라난타를 통해 불교를 받아들여 공인한 왕은 침류왕이다.

40 고구려로부터 한강 유역을 일시적으로 되찾았던 왕은 성왕이다. 백제 성왕은 신라 진흥왕과 연합하여 한강 하류 지역을 일시적으로 회복하였으나, 진흥왕의 배신으로 신라에게 한강 유역을 빼앗겼다.

41 백제가 5세기 고구려의 공격으로 한강 유역을 상실하면서 옮긴 수도는 웅진(공주)이고, 미륵사지 석탑은 익산에 있는 백제의 문화유산이다.

44 활발한 대외 정복 전쟁으로 한강 유역을 차지하고 가야를 완전히 정복한 왕은 신라 진흥왕이다.

45 중앙에 22부 관청을 두고 지방에 5방을 설치한 왕은 성왕이다. 무령왕은 22담로를 설치하고 왕족을 파견하여 지방 통제를 강화하였다.

47 신라와 처음 동맹을 맺은 왕은 비유왕이고, 일본에 불교를 전해 준 왕은 성왕이다.

49 성왕이 국호를 남부여로 고친 것은 맞으나, 웅진(공주)이 아닌 사비(부여)로 천도하였다. 웅진으로 천도한 백제의 왕은 문주왕이다.

52 나·제 동맹은 고구려 장수왕의 남진 정책에 위협을 느낀 백제 비유왕과 신라 눌지 마립간이 체결하였다. 이후 백제 동성왕과 신라 소지 마립간이 결혼 동맹을 체결함으로써 나·제 동맹을 강화하였으나 백제 성왕 때 신라 진흥왕의 배신으로 동맹이 결렬되었다.

59 개국, 대창, 홍제라는 연호를 사용한 왕은 진흥왕이다.

62 관료전을 지급하고 녹읍을 폐지한 왕은 통일 신라 신문왕이다.

63 인재 양성을 위해 화랑도를 국가적인 조직으로 개편한 왕은 진흥왕이다.

65 신라에 병부가 설치된 것은 법흥왕(514~540) 때로, 한성 함락(475) 이후의 사실이다.

69 순장을 금지한 왕은 지증왕이다. 지증왕은 농업 노동력을 확보하기 위해 순장을 금지하고 우경을 장려하였다.

71 건원이라는 독자적인 연호를 만들어 사용한 왕은 법흥왕이다. 진흥왕은 개국, 대창, 홍제 등의 연호를 사용하였다.

76 자장의 건의를 받아들여 호국의 의지를 담은 황룡사 9층 목탑을 건립한 왕은 선덕 여왕이다.

78 고구려의 부흥 운동을 지원한 왕은 문무왕이다. 문무왕은 고구려 유민들을 옛 백제 땅 금마저에 자리잡게 하고 안승을 보덕국의 왕으로 책봉하여 고구려 유민을 모아 당의 세력을 축출하는 데 이용하였다.

80 『삼대목』은 진성 여왕 때 각간 위홍과 대구 화상이 왕명을 받아 편찬한 향가집이다.

81 당에 오언태평송을 지어 보낸 왕은 신라 진덕 여왕이다.

82 신라가 백제군의 공격으로 대야성을 상실하여 위기를 맞이한 것은 선덕 여왕 때의 사실이다.

84 정사암 회의는 백제의 귀족 회의이다. 백제에서는 재상 선출 등의 국가 중대사를 귀족 회의인 정사암 회의에서 결정하였다.

89 낙동강 동쪽의 진한 지역에서 성장한 나라는 신라이다. 금관가야는 낙동강 하류의 변한 지역에서 발전하였다.

91 신라를 도와 낙동강 유역에 진출한 왜를 격파한 것은 고구려의 광개토 대왕이다. 고구려는 광개토 대왕 때 신라를 지원하여, 신라에 침입한 왜를 격퇴하고 금관가야를 공격함으로써 한반도 남부까지 영향력을 확대하였다.

93 5세기에 한강 유역을 차지하여 전성기를 이룩한 나라는 고구려이다. 고구려의 장수왕은 남진 정책을 전개하여 한강 유역을 차지하고 있던 백제를 몰아내고, 죽령 일대에서 남양만에 이르는 영토를 확보하였다.

94 가야의 고분 양식은 대체로 널무덤, 덧널무덤, 돌덧널무덤 순서로 변화하였다. 돌무지덧널무덤은 신라 특유의 고분 양식이다.

97 광개토 대왕의 공격으로 큰 타격을 입은 나라는 금관가야이다. 광개토 대왕이 신라에 침입한 왜를 격퇴하는 과정에서 금관가야까지 공격하여 금관가야 중심의 전기 가야 연맹이 해체되었다.

102 국내에 남아 있는 유일한 고구려 비석은 충주(중원) 고구려비이다. 광개토 대왕릉비는 만주 지안시 일대에 위치해 있다.

104 충주(중원) 고구려비에 신라가 동이(동쪽의 오랑캐)라 표현되어 있는 것은 맞지만 충주(중원) 고구려비를 세운 주체는 고구려이기 때문에 신라가 고구려에게 자신을 낮추었다고 하기보다는 고구려가 신라를 동이라고 낮추어 표현하였다고 이해하는 것이 적절하다.

107 사택지적비를 통해 백제가 영산강 유역까지 영역을 확장하였는지 알 수 없다. 한편, 사택지적비는 의자왕 때 사택지적이라는 인물이 말년에 늙어가는 것을 탄식하여 불교에 귀의하고 불당과 탑을 건립한 것을 기록한 비석이다.

블랭크

번호	내용	번호	내용
01	계루부 고씨	02	(동)옥저
03	부자 상속제	04	행정적
05	진대법	06	서안평
07	관구검	08	미천왕
09	모용황	10	근초고왕
11	전진	12	순도
13	태학	14	율령
15	영락	16	후연
17	신라, 백제	18	아신왕
19	신라	20	평양
21	남하(남진)	22	한성, 개로왕
23	남양만	24	남북조
25	광개토 대왕릉비	26	충주(중원) 고구려비
27	형제 상속제	28	율령, 6좌평
29	자색, 비색, 청색	30	부자 상속제
31	마한	32	산둥
33	고구려	34	고국원왕
35	아직기	36	서기
37	불교	38	마라난타
39	나·제 동맹	40	북위
41	개로왕	42	웅진(공주)
43	결혼 동맹	44	동성왕
45	22담로	46	양나라
47	단양이, 고안무	48	성왕
49	남부여	50	22부, 5방
51	노리사치계	52	진흥왕
53	관산성 전투	54	내물 마립간
55	부자 상속제	56	비유왕
57	우역	58	신라
59	마립간, 왕	60	순장, 우경
61	동시전	62	우산국(울릉도)
63	아시촌	64	군주
65	병부	66	상대등
67	율령	68	이차돈, 공인
69	금관가야	70	건원
71	대창	72	품주
73	화랑도	74	국사
75	황룡사	76	대가야
77	황룡사 9층 목탑	78	첨성대
79	의자왕	80	비담
81	나·당 동맹	82	영휘
83	태평송	84	변한
85	김해	86	철, 낙랑
87	덩이쇠	88	금관가야, 대가야
89	광개토 대왕	90	고령
91	백제	92	결혼 동맹
93	연맹 왕국	94	법흥왕
95	구해왕	96	관산성 전투
97	진흥왕	98	대성동
99	지산동	100	우륵
101	건국 신화	102	정복 활동
103	장수왕	104	충주(중원) 고구려비
105	신라토내당주	106	동이
107	천하관	108	울진 봉평리 신라비
109	북한산비	110	남산 신성비

테마 06 삼국 시대 - 삼국의 통치 체제 　본책 p.29

기출 OX

01 O	02 O	03 O	04 O	05 O
06 X	07 X	08 O	09 X	10 X
11 X	12 O	13 O	14 O	15 O
16 O				

06 백제는 관품에 따라 자·비·청색의 공복을 입었다. 자·단·비·녹색은 고려 광종 때 마련된 공복 기준이다.

07 정사암 회의는 백제의 귀족 회의 기구이고 골품 제도는 신라의 제도이다.

09 솔계와 덕계 관등으로 나뉜 것은 백제의 관등제이다. 신라의 관등은 크게 찬 계열과 나마 계열로 나뉜다.

10 고구려는 대성에 욕살을, 그 다음 규모의 성에는 처려근지를 파견했다.

11 지방 행정 조직을 9주 5소경으로 정비한 국가는 통일 신라이다. 고구려는 지방 행정을 5부로 정비하였다.

블랭크

01	형, 사자	02	제가 회의
03	상좌평	04	솔
05	16	06	정사암 회의
07	고이왕, 성왕	08	17
09	화백 회의	10	일원화
11	5부	12	욕살
13	5방	14	22담로
15	방령	16	군주

테마 07 삼국 시대 - 대외 항쟁과 신라의 삼국 통일 　본책 p.31

기출 OX

01 X	02 O	03 O	04 X	05 X
06 O	07 O	08 O	09 X	10 O
11 O	12 O	13 O	14 X	15 O
16 O	17 O	18 X	19 O	20 X
21 O	22 X	23 X	24 O	

01 온달 장군이 신라에 빼앗긴 한강 유역의 영토를 수복하기 위해 아차산성을 공략한 것은 영양왕 때인 590년으로, 대야성 함락(642) 이전의 사실이다.

04 스스로 최고 관직인 대막리지에 올라 권력을 장악한 인물은 연개소문이다.

05 천리장성은 당의 침입에 대비하기 위해 부여성부터 비사성까지 축조되었다. 연개소문은 천리장성 축조를 감독하면서 요동 지방의 군사력을 바탕으로 정권을 장악하였다.

09 고구려는 수·당과의 전쟁에서는 승리하였으나, 잦은 전쟁으로 국력이 쇠퇴하였다.

14 태자로서 참전하여 백제를 멸망(660)시킨 왕은 문무왕이다.

18 663년에 일어난 백강 전투는 왜의 수군이 백제 부흥군을 지원하기 위해 나·당 연합군과 벌인 전투이다.

20 당나라 군대와 함께 고구려를 멸망(668)시킨 왕은 무열왕이 아닌 문무왕이다.

22 웅진 도독부가 설치된 것은 660년으로, 매소성 전투(675) 이전의 사실이다. 신라와 연합하여 백제를 멸망시킨 당은 백제의 옛 땅을 통치하기 위해 공주(웅진)에 웅진 도독부를 설치하였다.

23 복신과 도침이 부여풍과 함께 백제 부흥 운동을 일으킨 것은 백제 멸망(660) 이후로, 매소성 전투(675) 이전의 사실이다. 백제가 멸망하자 복신과 도침은 주류성을 근거지로 백제 부흥 운동을 일으키고, 일본에 체류하고 있던 왕자 부여풍을 왕으로 옹립하였다.

블랭크

01	요서	02	문제
03	을지문덕	04	4
05	천리장성	06	연개소문
07	보장왕	08	대당 강경책
09	태종	10	김춘추
11	계백	12	웅진 도독부
13	주류성	14	임존성
15	백강	16	계림 도독부
17	평양성	18	안동 도호부
19	검모잠, 안승	20	고연무
21	보덕국	22	신라
23	매소성	24	기벌포, 원산만

테마 08 남북국 시대 - 통일 신라의 발전 본책 p.33

기출 OX

01	O	02	X	03	O	04	X	05	O
06	O	07	X	08	O	09	X	10	O
11	O	12	X	13	X	14	O	15	O
16	O	17	O	18	O	19	X	20	O
21	O	22	O	23	X	24	O	25	O
26	O	27	O	28	O	29	O	30	O
31	X	32	X	33	X				

02 비담과 염종이 반란을 일으킨 것은 선덕 여왕 시기의 사실이다.

04 김헌창의 난이 발생한 시기는 신라 하대 헌덕왕 시기이다. 김헌창은 아버지 김주원이 왕위를 계승하지 못한 데에 불만을 품고 국호를 장안, 연호를 경운이라 하며 반란을 일으켰으나 실패하였다.

07 완도에 청해진이 설치된 것은 신라 하대 흥덕왕 때의 사실이다. 흥덕왕 때인 828년에 장보고의 요청에 따라 청해진이 설치되었다.

09 정전을 지급한 왕은 성덕왕이다. 신문왕은 관료전을 지급하고 녹읍을 폐지하였다.

12 수도에 서시와 남시를 설치한 왕은 효소왕이다.

13 사방에 우역을 설치한 왕은 소지 마립간이다.

19 신라 하대의 왕위 쟁탈전은 진골 귀족 사이에서 벌어졌다. 신라 하대에 6두품 세력은 지방에서 성장한 호족 세력과 연합하였다.

23 지방 향리의 자제 출신으로 과거를 통해 중앙 관리로 진출한 것은 고려 말에 등장한 신진 사대부이다.

31 청해진은 흥덕왕 때인 828년에 장보고의 건의로 완도에 설치되었다. 장보고는 청해진을 거점으로 해적을 소탕하고 해상 교역을 장악하였다.

32 봄에 곡식을 빌려주었다가 가을에 추수한 것으로 갚게 하는 진대법은 2세기 고구려 고국천왕 때 실시되었다.

33 귀족과 관리에게 주던 녹읍을 폐지한 왕은 신문왕이다. 신문왕은 관료전을 지급(687)하고 녹읍을 폐지(689)하여 국가의 경제력을 강화하였다.

블랭크

01	진골	02	상대등
03	외사정	04	김흠돌 모역 사건
05	14부	06	9주 5소경
07	9서당	08	10정
09	관료전	10	국학
11	달구벌(대구)	12	만파식적
13	정전	14	백관잠
15	상원사 동종	16	한화 정책
17	녹읍	18	김양상
19	왕위 쟁탈전	20	호족
21	6두품	22	내물왕계

23	독서삼품과	24	김헌창
25	장안	26	김범문
27	청해진	28	집사성
29	최치원	30	원종과 애노
31	삼대목	32	견훤
33	왕건		

테마 09 남북국 시대 - 발해의 발전 본책 p.36

기출 OX

01 O	02 X	03 O	04 O	05 X
06 O	07 X	08 X	09 X	10 O
11 O	12 O	13 O	14 O	15 O
16 X	17 X	18 O	19 X	20 O

02 당으로부터 '발해 국왕'으로 봉해진 왕은 발해 문왕이다. 발해를 건국한 대조영은 '발해 군왕'에 책봉되었다.

05 당은 신라 성덕왕에게 도움을 요청하여 신라가 발해(무왕)를 공격하도록 하였다. 이에 맞서 발해는 일본에 사신을 보내어 통교하고 돌궐 등과 연결하면서 당과 신라를 견제하였다.

07 왕을 황상이라 칭하며 황제국을 표방한 왕은 발해 문왕이다.

08 3성 6부를 비롯한 중앙 관서를 정비한 왕은 발해 문왕이다.

09 당에서 안녹산의 난이 일어나자 수도를 중경에서 방어에 유리한 상경으로 옮긴 왕은 발해 문왕이다.

16 일본에 보낸 외교 문서에서 고구려 계승 의식을 천명한 왕은 발해 무왕이다. 발해 무왕은 일본에 보낸 외교 문서에서 "우리는 고구려의 옛 땅을 회복하고, 부여의 전통을 이어받았다."라고 하며 발해가 고구려를 계승하였음을 강조하였다.

17 중경 현덕부에서 상경 용천부로 도읍을 옮긴 것은 발해 문왕이다.

19 발해는 거란 야율아보기의 침략으로 926년에 멸망하였다.

블랭크

01	동모산	02	인안
03	장문휴, 산둥 반도	04	돌궐
05	고구려	06	대흥
07	상경	08	신라도
09	대흠무	10	황상
11	당	12	3성 6부
13	성왕	14	건흥
15	요동	16	신라
17	해동성국	18	5경 15부 62주
19	야율아보기	20	정안국

테마 10 남북국의 통치 체제 본책 p.38

기출 OX

01 O	02 O	03 O	04 X	05 X
06 O	07 O	08 X	09 O	10 O
11 X	12 O	13 O	14 O	15 O
16 X	17 O	18 O	19 O	20 X

04 신라는 5소경에 도독이 아니라 사신을 파견하였다. 한편, 도독은 9주에 파견된 지방 장관이다.

05 통일 신라 시기 지방 세력을 제도적으로 통제·감시할 목적으로 일정 기간 경주에 머물게 한 제도는 사심관제가 아니라 상수리 제도이다. 한편, 사심관 제도는 고려 태조 왕건이 시행한 정책으로, 중앙 고관을 자기 출신지의 사심관으로 삼아 연대 책임을 지게 한 호족 견제책이다.

08 통일 신라의 중앙군인 9서당은 신라인, 고구려인, 백제인, 말갈인, 보덕국인 등으로 편성되었다.

11 집사부 장관인 시중이 왕명을 받들어 행정을 총괄하였던 나라는 신라이다. 한편, 발해는 정당성의 장관인 대내상이 국가 행정을 총괄하였다.

16 관리의 비리를 감찰하는 사정부를 설치한 국가는 신라이다. 한편, 발해는 관리 감찰 기관으로 중정대를 두었다.

20 발해의 중앙군은 10위이다. 한편, 10정은 통일 신라 지방군의 명칭이다.

블랭크

01	집사부	02	9주 5소경
03	총관, 도독	04	5소경
05	부곡	06	외사정
07	상수리 제도	08	민족 융합 정책
09	10정, 한주	10	3성 6부
11	대내상	12	6부
13	유교	14	이원적
15	중정대	16	주자감
17	5경 15부 62주	18	5경, 15부
19	도독, 자사	20	10위

블랭크

01	완산주(전주)	02	호족
03	금산사	04	송악(개성)
05	부석사	06	철원
07	태봉	08	광평성
09	고려	10	공산 전투
11	고창 전투	12	대광현
13	고려	14	경순왕
15	일리천 전투		

테마 12 고려의 통치 조직 본책 p.42

기출 O X

01 O	02 O	03 O	04 O	05 O
06 ×	07 O	08 ×	09 ×	10 ×
11 ×	12 O	13 ×	14 O	15 O
16 ×	17 O	18 ×	19 O	20 ×
21 ×	22 O	23 O	24 O	25 O
26 O	27 ×	28 O	29 O	30 ×
31 O				

06 승선은 중추원 소속 관원이었으며, 고려 시대의 대간은 중서문하성의 낭사와 어사대의 관원을 합쳐 부르는 말이었다. 고려의 중앙 정치 기구인 중서문하성은 재신과 낭사로 구성되었으며 중추원은 추밀과 승선으로 구성되었다.

08 도병마사는 중서문하성의 재신과 중추원의 추밀이 참여하여 국가의 중요한 일을 결정하였다. 승선은 중추원에 소속된 관원으로 왕명 출납을 담당하였다.

09 추부라고 불리며 군사 기밀과 왕명 출납을 관장한 고려의 정치 기구는 중추원이다. 도병마사는 중서문하성의 재신과 중추원의 추밀이 모여 군사와 국방 업무를 논의하던 합좌 기구이다.

테마 11 고려의 건국과 후삼국 통일 본책 p.40

기출 O X

01 ×	02 O	03 O	04 ×	05 O
06 O	07 O	08 ×	09 O	10 O
11 O	12 O	13 ×	14 O	15 O

01 견훤은 전라도 지방의 군사력과 호족 세력을 토대로 무진주(광주)에서 자립한 후 완산주(전주)를 도읍으로 하여 후백제를 건국하였다.

04 견훤이 넷째 아들인 금강을 후계자로 삼으려 하자, 장남인 신검이 정변을 일으켜 견훤을 금산사에 유폐시켰다.

08 '천수'라는 연호를 사용한 것은 고려 태조 왕건이다.

13 고려에 귀순한 것은 후백제의 견훤이다.

10 도병마사와 식목도감은 고려의 독자적인 정치 기구이다. 고려는 당의 관제를 기반으로 하여 2성 6부를 정비하였고, 송의 관제를 모방하여 중추원과 삼사를 설치하였다.

11 국가의 재정과 회계를 관장한 기구는 삼사이다. 식목도감은 중서문하성의 재신과 중추원(추밀원)의 추밀이 대내적인 법제와 각종 시행 규정을 의논한 합좌 기구이다.

13 고관은 물론 왕이라도 함부로 막을 수 없었던 언론 기관의 역할을 했던 삼사는 조선의 삼사이다. 조선 시대에는 사간원, 사헌부, 홍문관 등 세 기관을 합쳐 삼사라 불렀으며 권력의 독점과 부정을 방지하였다. 한편, 고려의 삼사는 화폐와 곡식의 출납에 대한 회계를 담당하였다.

16 12목은 성종 시기에 처음 설치되었다. 이후 5도 양계의 지방 행정 구역은 현종 시기에 완비되었다.

18 지방관인 감무를 파견한 것은 고려 예종 때이다. 고려 예종 때는 지방관이 파견되지 못한 속군·속현과 향·소·부곡·장·처 등의 말단 지방 행정 단위에 감무라는 지방관을 처음 파견하였다.

19 고려의 양계 지역은 병마사가 관할하였다. 계수관은 지방의 행정 구역 혹은 그 행정 구역을 담당하는 수령을 가리키는 말로, 고려 시대에는 양계 지역을 제외한 3경의 유수·8목의 목사·4도호부의 도호부사가 계수관으로 칭해졌다. 한편 병마사는 양계 지역에 파견되었으며, 주진군의 지휘권을 가지고 있었다.

20 고려는 북방의 국경 지대에 동계·북계의 양계를 설치하고, 도독이 아닌 병마사를 파견하였다. 도독은 통일 신라 9주 장관의 명칭이다.

21 지방관을 감찰하기 위해 외사정을 파견한 것은 통일 신라이다. 고려 시대에 지방 수령의 감찰 업무는 5도는 안찰사, 양계는 병마사가 담당하였다.

27 고려 시대에 북방의 군사 특수 행정 구역인 양계(북계·동계) 지역에 설치된 지방군은 주진군이다. 주현군은 일반 행정 구역인 5도에 편성된 지방군이다.

30 양계 지방에서 국경 지역 방어를 맡았던 상비적인 전투 부대는 주진군이다.

블랭크

01	2성 6부	02	3성 6부
03	재추	04	재신, 낭사
05	문하시중	06	상서성
07	중추원	08	어사대
09	대간	10	도병마사
11	식목도감	12	서경권
13	삼사	14	한림원
15	도평의사사	16	12목
17	현종	18	안찰사
19	병마사, 진	20	3경, 남경
21	통일 신라	22	고려
23	양민	24	국자감
25	면리제	26	사심관
27	2군, 6위	28	중방
29	주현군, 주진군	30	광군
31	항마군, 신의군		

테마 13 고려의 관리 선발 제도
본책 p.45

기출 O X

01 ○	02 ○	03 ○	04 ○	05 ×
06 ×	07 ×	08 ○	09 ×	

05 고려 시대에 무과는 예종 때 잠깐 실시되었으나 문관의 반대로 폐지되었고, 조선 시대에 이르러 정식으로 실시되었다.

06 고려 시대에는 음서를 통해 등용된 사람들도 승진에 차별을 받지 않아 고위 관직에 오를 수 있었다. 반면 조선 시대에는 음서로 관리에 등용되어도 문과에 합격하지 않으면 고관으로 승진할 수 없었다.

07 고려 시대에는 음서제를 통해 고관에 오르는 사람이 많았으며, 승진에 한계(한품)가 없고, 고위 관료의 지위 세습이 가능하여 고려 문벌 귀족 사회를 형성하는 데 기여하였다.

09 고려 시대에 음서는 왕의 즉위, 세자 책봉 등의 국가적 경사가 있을 때 시행되었던 것은 물론, 정기적으로도 시행되었다.

블랭크

01	양인	02	제술과, 명경과
03	좌주, 문생	04	승과
05	진사시	06	예부시
07	5품	08	문벌 귀족
09	천거제		

테마 14 고려 초기 왕의 업적
본책 p.46

기출 O×

01	O	02	×	03	O	04	×	05	×
06	O	07	×	08	×	09	O	10	O
11	O	12	×	13	×	14	O	15	O
16	×	17	O	18	O	19	O	20	O
21	O	22	O	23	×	24	O	25	×
26	O	27	O	28	O	29	×	30	O

02 수덕만세라는 연호가 등장한 것은 후고구려 궁예 때의 사실이다. 한편, 고려 태조 때는 천수라는 독자적인 연호를 사용하였다.

04 향리 제도를 마련한 왕은 고려 성종이다. 성종은 지방 중소 호족을 향리로 편입시키고, 중앙에서 직접 통제함으로써 지방 세력을 견제하였다. 한편, 태조는 호족 통합책으로 정략 결혼, 사성 정책 등을 시행하였고 호족 견제책으로 사심관 제도, 기인 제도 등을 시행하였다.

05 개경을 황도, 서경을 서도라고 불렀던 국왕은 광종이다. 한편, 사심관 제도를 처음 도입한 국왕은 태조 왕건이다.

07 흥법사지 염거화상탑을 건립한 것은 통일 신라 문성왕 때이다.

08 국왕의 권위를 높이기 위해 칭제건원을 시행한 왕은 고려 광종이다. 혜종 대에는 태조의 정략 결혼으로 태어난 많은 왕자들과 다수의 외척들에 의해 왕위 쟁탈전이 시작되어 왕권이 약화되었다.

12 왕권을 위협하던 왕규를 제거한 것은 고려 정종(3대) 때이다. 혜종 때 왕규가 자신의 외손자인 광주원군을 왕위에 올리기 위해 난을 일으키자, 혜종의 이복동생인 왕요(정종)가 난을 진압하고, 왕위에 올라 왕규를 제거하였다.

13 광종 대에 승과 제도는 승려들을 대상으로 하여 교종선과 선종선으로 나뉘어 시행되었다.

16 관리들을 대상으로 시와 부를 지어 바치게 하는 문신월과법이 시행된 것은 고려 성종 때이다.

23 5도 양계의 지방 제도를 확립한 왕은 고려 현종이다. 성종은 지방 주요 지역에 12목을 설치하고 지방관으로 목사를 파견하였다.

25 고려가 거란과 여진의 침입에 대비해 천리장성을 쌓은 시기는 덕종~정종 대인 1033년~1044년이다.

29 속군에 감무를 파견한 왕은 고려 예종이다. 현종은 12목을 군사 중심지인 4도호부와 행정 중심지인 8목 체제로 개편하고, 전국을 5도 양계로 이원화하였다.

블랭크

01	계백료서	02	훈요 10조
03	사성	04	토성(본관)
05	사심관, 충숙왕	06	서경(평양)
07	청천강, 영흥만	08	팔관회
09	서경	10	광군
11	광덕	12	황제, 황도
13	주현공부법	14	노비안검법
15	쌍기, 공복	16	제위보
17	승과, 혜거	18	시무 28조
19	5조 정적평	20	국자감
21	문신 월과법	22	현종

23	2성 6부	24	목사, 향리
25	의창, 상평창	26	노비환천법
27	서경(평양)	28	향리
29	주현공거법	30	주창수렴법

테마 15 고려 중기 문벌 귀족 사회 본책 p.49

기출 OX

01	O	02	O	03	X	04	O	05	O
06	X	07	O	08	O	09	X	10	X
11	O	12	X	13	X	14	O	15	O
16	O

03 금 정벌론을 주장한 것은 묘청, 정지상 등의 서경파 세력이다. 이자겸은 자신의 권력 유지를 위해 금의 군신 관계 요구를 수용하였다.

06 경계의 난은 1170년에 정중부, 이의방 등이 일으킨 무신 정변(경인의 난)과 1173년에 일어난 최초의 반(反) 무신의 난인 김보당의 난(계사의 난)을 합쳐서 부르는 말이다.

09 공민왕 시기의 승려 신돈에 대한 설명이다. 신돈은 권문세족들이 불법으로 점탈한 토지와 노비 문제를 해결하기 위하여 전민변정도감을 설치할 것을 공민왕에게 제안하였다.

10 묘청이 서경으로 천도하고 칭제건원을 주장한 것은 맞으나 요나라가 아닌 금나라 정벌을 주장하였다.

12 웅천주에서 반란을 일으킨 인물은 통일 신라 시대의 김헌창이다. 묘청은 서경(평양)을 기반으로 국호를 대위, 연호를 천개, 군대를 천견충의군이라 칭하며 반란을 일으켰으나 김부식에 의해 진압되었다.

13 서경 유수 조위총이 난을 일으킨 것은 무신 정권 시기의 사실로, 묘청의 난 이후이다. 고려 인종 때 묘청 등의 서경파 세력은 김부식 등의 개경파 문벌 귀족 세력과 대립하였다.

블랭크

01	공음전, 혼인	02	음서
03	이자겸	04	사대(군신) 관계
05	인종	06	척준경
07	15개조 유신령	08	묘청
09	대화궁	10	금
11	신라, 고구려	12	인종, 묘청
13	천개, 천견충의군	14	김부식
15	분사	16	숭문천무

테마 16 무신 정권의 성립과 동요 본책 p.51

기출 OX

01	O	02	O	03	O	04	O	05	O
06	X	07	O	08	O	09	X	10	X
11	O	12	X	13	X	14	X	15	O
16	X	17	X

06 정방과 삼별초가 설치된 것은 최우 집권기 때이다. 최우는 자신의 집에 정방을 설치하여 인사권을 장악하였고, 도성의 치안 유지를 위해 야별초를 조직하였다. 이후 야별초가 개편된 좌·우별초에 몽골의 포로 출신으로 구성한 신의군을 합하여 삼별초가 조직되었다.

09 몽골 침략으로 소실된 초조대장경을 대신해 재조대장경(팔만대장경)을 조판한 인물은 최우이다.

10 서방과 정방 모두 최우가 설치한 것은 맞으나 인사 행정을 담당한 기구는 정방, 능력 있는 문신을 등용하기 위한 기구는 서방이다.

12 김보당의 난과 조위총의 난은 최충헌 집권기(1196~1219) 이전에 발생하였다.

13 백제 부흥을 위해 봉기한 것은 이연년 형제의 난이다. 서경 유수 조위총은 정중부의 무신 정권에 반발하여 난을 일으켰다.

14 망이·망소이의 난이 일어난 지역은 공주이다. 정중부 집권기에 공주 명학소에서 망이와 망소이가 신분 차별에 반대하여 난을 일으켰다.

16 동북 9성이 축조된 것은 1107년으로, 만적의 난(1198) 이전의 사실이다.

17 무신 집권기에 신라 부흥을 주장하며 일어난 봉기는 김사미·효심의 난이다. 만적은 신분 해방을 주장하면서 개경에서 난을 일으켰다.

블랭크

01	보현원, 명종	02	중방
03	정중부, 도방	04	봉사 10조
05	이규보	06	교정도감
07	도방	08	흥녕부
09	정방	10	서방
11	강화도, 팔만대장경(재조대장경)	12	김보당
13	조위총	14	망이, 망소이
15	김사미, 효심	16	만적
17	이연년		

테마 17 고려의 대외 관계 본책 p.53

기출 O X

01 O	02 O	03 O	04 O	05 O
06 O	07 X	08 O	09 O	10 O
11 O	12 X	13 O	14 O	15 O
16 X	17 O	18 O		

07 별무반을 이끌고 여진을 몰아낸 후, 동북 9성을 쌓은 인물은 윤관이다. 윤관은 여진 정벌을 위해 숙종에게 별무반의 편성을 건의하였고, 예종 때 별무반을 이끌고 여진을 몰아낸 후 동북 지역에 9성을 쌓았다.

12 고려 정부가 몽골과 화의를 맺고 개경으로 환도한 것은 1270년의 일로 최씨 무신 정권이 몰락한 이후의 사실이다. 최씨 무신 정권은 1258년에 최의가 부하인 김준에게 피살되면서 종결되었다.

16 최무선이 화약 무기를 사용해 진포 해전에서 승리한 것은 우왕 때의 사실이다.

블랭크

01	서희, 강동 6주	02	강조의 정변, 양규
03	현종, 귀주	04	나성, 초조대장경
05	숙종, 별무반	06	예종, 동북 9성
07	금	08	저고여
09	박서	10	강화도
11	처인성, 김윤후	12	초조대장경, 9층 목탑
13	충주	14	배중손, 김통정
15	서경(평양), 복주(안동)	16	화통도감
17	황산	18	신흥 무인 세력

테마 18 고려 말 원의 내정 간섭과 개혁 정치 본책 p.55

기출 O X

01 O	02 X	03 X	04 O	05 O
06 O	07 X	08 X	09 X	10 X
11 X	12 X	13 O	14 O	15 X
16 O	17 O	18 O	19 O	20 X
21 O	22 X	23 O	24 O	

02 첨의부는 중서문하성과 상서성을 합쳐서 만든 기구이다.

03 동녕부가 설치된 지역은 평양이다. 고려 시대에 몽골이 자비령 이북 지역을 통치하기 위해 1270년에 평양에 동녕부를 설치하였으며, 동녕부 지역은 충렬왕 때인 1290년에 고려에 반환되었다.

07 입성책동은 친원파들이 원의 지방 행정 기관인 행성을 고려에 설치하자고 주장한 사건으로 충선왕, 충숙왕, 충혜왕 대에 걸쳐 여러 차례 발생하였으나 실현되지는 못하였다.

08 정치도감을 설치한 왕은 충목왕이다. 충렬왕은 원이 고려의 물자와 인력을 징발하기 위해 설치한 둔전경략사를 폐지하고, 원으로부터 동녕부와 탐라총관부 지역을 반환받았다.

09 철령 이북의 영토 귀속 문제를 계기로 요동 정벌을 단행한 왕은 우왕이다. 최영과 우왕은 명의 철령위 설치에 반발하여 요동 정벌을 단행하였으나 이성계가 압록강 위화도에서 회군하여 최영과 권문세족을 제거하고 군사적 실권을 장악하였다.

10 기철을 비롯한 부원 세력을 숙청하고 자주적 반원 개혁을 추진한 왕은 공민왕이다. 공민왕은 원나라가 쇠약해진 원·명 교체기에 반원 자주 정책을 실시하여 친원 세력을 축출하고 원의 연호 및 풍습을 폐지하였다.

11 원나라 연호와 관제를 폐지한 왕은 공민왕이다.

12 도병마사를 도평의사사로 개편하여 국정을 총괄하게 한 왕은 충렬왕이다.

15 쌍성총관부가 수복된 것은 공민왕 즉위 이후이다. 공민왕은 유인우를 동북면 병마사에 임명하여 쌍성총관부를 무력으로 수복하게 하였다.

20 공민왕은 정방을 폐지하여 인사권을 회수하였다. 또한 전민변정도감을 설치하여 강제로 빼앗긴 토지를 원래 주인에게 돌려주고 억울하게 노비가 된 자들을 풀어주어 권문세족의 세력을 약화시키고자 하였다.

22 위화도 회군은 1388년의 사실로 황산 대첩(1380) 이후의 사실이다.

블랭크

01	쌍성총관부, 동녕부	02	첨의부, 밀직사
03	정동행성	04	다루가치
05	몽골풍, 조혼	06	탐라총관부
07	편민 18사	08	섬학전
09	경사교수도감	10	도평의사사
11	사림원	12	정방
13	각염법	14	전농사
15	정치도감	16	기철
17	이문소, 쌍성총관부	18	요동
19	정방, 병부	20	전민변정도감
21	위화도 회군	22	과전법
23	경기도	24	한양

테마 19 조선의 통치 체제
본책 p.57

기출 O X

01 ×	02 ○	03 ○	04 ○	05 ○
06 ○	07 ○	08 ×	09 ○	10 ×
11 ○	12 ×	13 ×	14 ○	15 ○
16 ○	17 ×	18 ○	19 ○	20 ○
21 ×	22 ×	23 ○	24 ×	25 ×
26 ×	27 ○	28 ○	29 ○	30 ○
31 ○	32 ×	33 ○	34 ×	

01 의정부는 행정 집행 기관이 아니고 정책 결정 기관이다. 조선의 행정 집행 기관은 6조이다. 의정부는 조선 후기로 가면서 비변사의 기능이 강화되면서 기능이 약화되었다.

08 유학을 가르친 곳은 성균관이고, 역사서 편찬을 담당한 곳은 춘추관이다. 사헌부는 관리의 비리 감찰을 담당하였다.

10 조선 시대에 왕의 정책을 간쟁·논박하는 사간원의 일을 고려 시대에 담당한 기관은 대간으로, 어사대의 관원과 중서문하성의 낭사로 구성되었다. 고려 시대의 삼사는 화폐와 곡식의 출납에 대한 회계를 담당하였으나 조선 시대의 삼사는 사헌부, 사간원, 홍문관을 일컫는 말로 권력의 독점과 부정 방지 및 잘못된 정책에 대해 비판하는 언론 기관이었다.

12 서적 출판 및 간행의 업무를 담당한 기관은 교서관이다. 홍문관은 경적과 문한 관리 및 학술 연구, 정책 자문 등의 역할을 담당하였다.

13 관리의 잘못을 규찰하고 풍기·습속을 교정하는 일을 담당한 관청은 사헌부이다.

17 『시정기』를 편찬한 관청은 춘추관이다. 한편, 한성부는 서울의 행정과 치안 및 관련 재판을 담당한 관청이다.

21 조선 시대에는 지방관에게 왕의 대리인으로 지방의 행정·사법·군사권을 위임하였다. 또한, 관료제를 최대한 공정하고 투명하게 운영하기 위해 수령이 자기 출신 지역에 부임하지 못하게 하는 상피제를 실시하였다.

22 조선 시대의 관찰사 이하 지방관들은 사법, 행정, 군사권을 행사할 수 있었지만 입법권은 행사할 수 없었다.

24 조선 시대에는 중앙(한양)에 경재소를 설치하여 현직 중앙 관료로 하여금 자기 출신 지역의 유향소를 통제하도록 하였다.

25 조선 시대에 수령은 경재소와 유향소를 연결하지 않았다.

26 각 군현에 지방민의 자치를 허용하기 위해 설치한 것은 유향소이다. 경재소는 각 군현이 아닌 한양에 설치하여 중앙 고관이 자기 출신 지역의 유향소를 통제하도록 하였다.

32 제승방략 체제는 임진왜란 이전에 수립되었다. 제승방략 체제의 문제점은 군대가 한 곳에 모이기 때문에 후방 지역에 군사가 없어 전방의 군대가 무너지면 이후의 방어가 불가해진다는 점이다. 임진왜란 초기에 제승방략 체제의 한계가 드러났고, 이에 지방군을 속오법에 따라 속오군 체제로 정비하여 진관 체제를 복구하였다.

34 금위영은 조선 후기 숙종 때인 1682년에 설치되었다. 금위영은 국왕 호위와 수도 방어를 위해 설치된 군영으로, 기병과 훈련별대를 주축으로 하였다.

블랭크

01	의정부	02	약화
03	약화	04	의정부
05	집행, 속아문	06	비서, 은대
07	도승지	08	의금부
09	왕권 강화	10	대사간
11	사헌부	12	양사(대간), 서경권
13	홍문관	14	옥당
15	삼사, 언론	16	판윤, 치안
17	교서관	18	8도
19	부윤	20	수령
21	상피제	22	8도
23	모든 군현	24	군사, 수령 7사
25	아전	26	영저리
27	경재소, 유향소	28	향촌 자치, 향리
29	양인 개병제	30	면제
31	5위	32	진관 체제
33	제승방략 체제	34	잡색군

테마 20 조선의 관리 선발 제도
본책 p.61

기출 O X

01	X	02	O	03	O	04	O	05	X
06	X	07	O	08	O	09	O	10	O
11	X	12	O	13	X	14	X	15	X
16	O								

01 과거는 천인을 제외하고 법제상 양인 이상이면 누구나 응시가 가능하였으나, 문과의 경우 탐관오리의 아들, 재가녀의 자손, 서얼 등은 응시가 제한되었다.

05 생원시를 합격하면 하급 관리가 되거나 성균관에 입학할 수 있었다. 다만 고급 관리가 되기 위해서는 문과(대과)에 응시하여야 했다.

06 문과는 초시에서 인구 비율에 따라 선발하였다. 문과 중 소과의 초시에서는 인구 비율에 따라 생원과 진사를 각각 약 700명씩 선발하였고, 대과의 초시에서는 인구 비율에 따라 약 240명을 선발하였다. 이후 대과의 복시에서 성적 순으로 33명을 선발하였다.

11 무과에 주로 서얼과 중간 계층이 응시한 것은 맞으나, 최종 선발 인원은 문과(대과)와 달리 28명이었다.

13 잡과는 3년마다 치러졌고, 전시가 없이 초시와 복시만 시행되었다. 초시는 해당 관청에서, 복시는 예조에서 주관하였다.

14 조선 시대에도 과거를 보지 않고 관직으로 진출할 수 있는 음서 제도가 존재하였다. 하지만 조선 시대에는 고려 시대에 비해 음서의 대상이 축소되었다.

15 음서를 통해 관직에 나가더라도 문과에 합격하지 않으면 고위 관직으로의 승진이 어려웠다.

블랭크

01	문과	02	식년시, 증광시
03	진사시, 생원시	04	인구 비례, 성적
05	성균관	06	백패, 홍패
07	전시	08	복시
09	대과	10	서얼
11	선달	12	잡과
13	음서, 문과	14	취재
15	3품	16	한품서용제, 서리

테마 21 조선 전기 왕의 업적   본책 p.62

기출 OX

01	O	02	O	03	X	04	X	05	O
06	X	07	O	08	O	09	O	10	O
11	O	12	X	13	O	14	O	15	O
16	O	17	X	18	X	19	O	20	O
21	O	22	X	23	O	24	O	25	O
26	X	27	O	28	O	29	O	30	O
31	O	32	O	33	X	34	X	35	X
36	O	37	O	38	O	39	O	40	O
41	X	42	X	43	O	44	O	45	O
46	O	47	O						

03 이방원은 태조의 요동 정벌 운동을 적극 지지하지 않았다. 태조 때 정도전이 요동 정벌 운동을 준비하면서 이방원을 비롯한 왕족들이 소유하고 있었던 사병을 혁파하려 하자 이방원이 제1차 왕자의 난(1398)을 일으켜 정도전을 제거하였으며, 이로 인해 요동 정벌 계획은 중지되었다.

04 박포가 논공행상에 불만을 품고 난을 일으킨 것은 정종 때의 사실이다. 박포는 제1차 왕자의 난 때(태조, 1398) 이방원의 조전절제사로 공을 세웠지만 그에 대한 논공행상에 불만을 표하여 유배되었다. 이에 앙심을 품고 있다가 이방원의 형인 방간과 함께 제2차 왕자의 난을 일으켰다(정종, 1400).

06 6조 직계제를 실시한 왕은 태종과 세조이다. 정도전은 민본적 통치 규범을 마련하였고 왕도 정치를 바탕으로 재상 중심의 정치 체제를 주장하였다.

12 이조 전랑의 권한을 축소하기 위해 삼사 관리 추천권을 폐지한 왕은 영조이다.

17 집현전을 계승한 홍문관을 설치한 왕은 성종이다.

18 육전상정소를 설치하고 『경국대전』을 편찬하기 시작한 왕은 세조이다. 세조는 육전상정소를 설치하고 『호전』과 『형전』을 간행하는 등 『경국대전』의 편찬을 시작하였고, 성종 때 이르러 완성·반포하였다.

22 이시애가 난을 일으킨 것은 1467년 세조 때의 사실이다. 세조가 중앙 집권을 강화하기 위해 각지에 수령을 파견하자 이시애가 지역 차별과 호패법의 강화 등 중앙 집권화 정책에 반발하며 난을 일으켰다. 세조는 유향소가 이를 후원했다는 명목으로 유향소를 폐지하였다.

26 경기 지역의 농사 경험을 토대로 『금양잡록』을 편찬한 것은 성종 때의 사실이다. 『금양잡록』은 성종 때 강희맹이 금양에서 직접 농사지은 경험을 토대로 저술한 농서이다.

27 고조선부터 고려 말까지의 우리나라 전쟁사를 체계적으로 정리한 『동국병감』을 간행한 왕은 문종이다.

33 6조 직계제를 채택하고 사간원을 독립시켜 대신을 견제한 왕은 태종이다. 태종은 왕권 강화를 위해 6조 직계제를 시행하고, 사간원을 독립시켜 대신들을 견제하는 동시에 왕실의 외척과 종친의 정치 영향력을 약화시켰다.

34 『조선경국전』, 『경제육전』 등이 편찬된 것은 태조 때이다. 『조선경국전』은 정도전이 편찬한 사찬 법전이며, 『경제육전』은 조준 등이 육전의 형식을 갖추어서 편찬한 법전이다. 세조 때는 『경국대전』의 편찬이 시작되었다.

35 『경국대전』의 편찬을 마무리하여 반포한 왕은 성종이다. 세조는 육전상정소를 설치하고 「호전」과 「형전」을 완성하는 등 『경국대전』의 편찬을 시작하였다.

41 성종 때 유향소가 다시 설치된 것은 맞으나, 사창제는 폐지되었다. 유향소는 태종 때 폐지, 세종 때 복설되었다가 세조 때 폐지된 향촌 자치 기구로, 성종 때 이를 다시 설치하였다.

42 국방력 강화를 위해 진관 체제를 실시한 왕은 세조이다.

| 45 | 해동제국기 | 46 | 국조오례의 |
| 47 | 악학궤범 | | |

블랭크

01	경복궁	02	의흥삼군부
03	정도전, 재상	04	불씨잡변
05	진도	06	정도전
07	개경	08	방원
09	6조 직계제	10	사병
11	사간원	12	사섬서
13	호패법	14	신문고
15	계미자	16	의정부 서사제
17	집현전	18	사가 독서제
19	대마도(쓰시마 섬)	20	제포
21	계해약조	22	최윤덕, 김종서
23	훈민정음	24	앙부일구, 자격루
25	향약집성방	26	칠정산
27	삼강행실도	28	갑인자
29	아악	30	정간보
31	6조 직계제	32	집현전
33	경국대전	34	보법
35	직전법	36	유향소
37	간경도감, 원각사지 10층	38	인지의
39	홍문관	40	사림
41	도첩제	42	존경각
43	경국대전	44	관수 관급제

테마 22 훈구·사림의 등장과 사화 본책 p.66

기출 O×

01 O	02 ×	03 ×	04 O	05 O
06 O	07 O	08 O	09 ×	10 O
11 O	12 O	13 ×	14 O	15 O
16 O	17 ×	18 ×	19 O	20 ×
21 ×	22 O	23 O	24 O	25 O
26 O	27 O	28 O	29 O	30 ×

02 훈구파는 사장을 중시하였으며, 자주적 역사관을 가지고 단군을 중시하였다.

03 중소 지주적인 배경을 가지고, 지방 사족이 영남과 기호 지방을 중심으로 성장한 것은 사림파이다. 훈구파는 주로 중앙의 대지주 출신으로 구성되었다.

09 자주적 사관을 갖고 단군 조선을 중시한 것은 훈구파이다. 사림파는 중국 중심의 세계관을 가지고 있었으며 기자 조선을 중시하였다.

13 부국강병 정책을 실시하여 일본의 침략에 대비하려고 한 것은 훈구파이다.

17 폐비 윤씨 사건과 연관 있는 사화는 갑자사화이다. 갑자사화는 연산군 측근의 척신 세력이 연산군 생모인 폐비 윤씨 사사 사건을 연산군에게 고발하면서, 이 사건을 주도한 훈구 세력은 물론 연루된 사림 세력도 피해를 입은 사건이다.

18 위훈 삭제에 반발하여 일어난 사화는 기묘사화이다. 조광조 등이 중종반정 정국 공신들의 위훈 삭제를 주장하자 훈구 세력은 조광조가 반역을 모의하였다는 '주초위왕' 사건을 꾸며 기묘사화를 일으켰다.

20 현량과는 중종 대에 실시되었다. 현량과는 천거제의 일종으로 주로 신진 사림을 등용하는 데 사용되었다. 신진 사림은 삼사의

언관직을 차지하면서 급진적인 개혁을 추진하였다.

21 무오사화와 갑자사화는 중종 즉위 전 연산군 대에 일어났다. 중종 대에 일어난 사화는 기묘사화로, 조광조를 중심으로 한 사림들의 급진적 개혁으로 훈구파와의 대립이 고조되면서 발생하였다.

30 위훈 삭제를 감행한 사림 세력들이 제거된 사건은 중종 때 발생한 기묘사화이다. 명종 때는 인종·명종의 외척 세력인 대윤과 소윤 간의 대립에서 발생한 을사사화가 일어났다.

블랭크

01	정도전, 훈구	02	정몽주, 사림
03	훈구	04	대지주
05	사장	06	중앙 집권
07	성종	08	서원
09	영남	10	왕도 정치
11	성리학	12	경학
13	존화주의	14	훈구
15	조의제문	16	김종직
17	폐비 윤씨 사사	18	연산군
19	중종반정	20	현량과
21	향약	22	경연
23	소격서	24	수미법
25	위훈, 훈구	26	기묘사화
27	을사사화	28	윤임, 윤원형
29	문정 왕후, 척신	30	대윤

테마 23 조선의 대외 관계

본책 p.69

기출 O X

01 O	02 O	03 O	04 O	05 X
06 O	07 X	08 X	09 X	10 X
11 O	12 O	13 X	14 O	15 X
16 O	17 O	18 O	19 O	20 X
21 O	22 O	23 X	24 X	25 X
26 O	27 O	28 O	29 O	30 O
31 X	32 O	33 O	34 X	35 X
36 X	37 O	38 X	39 O	40 X
41 O	42 X	43 O	44 O	

05 태조 때 조공 문제로 조선과 명이 갈등하게 된 원인은 명이 보낸 회사품의 양과 가치의 문제가 아닌, 조공의 횟수와 관련이 있다. 태조는 명과의 조공 무역을 통해 조선 건국의 정당성을 확보하고 경제적·문화적 이익을 최대한 얻기 위해 1년에 3회 이상 사신을 보냈다. 그러나 명은 몽골·여진과의 갈등으로 인한 정치적 불안과 회사품(답례품)에 따른 부담 때문에 3년에 1회만 사신을 보낼 것을 요구하였다.

07 조선은 여진족에 대해 토벌 위주의 정책뿐만 아니라 포섭 정책도 함께 시행하였다.

08 조선은 여진족에 대해 포섭 정책뿐만 아니라 강경 정책도 함께 시행하였다.

09 조선은 초기에 일본과 여진에 대해 강경책과 회유책의 양면 정책을 취하였다. 일본에 대해서는 세종 때 이종무가 대마도를 정벌하는 등 강경책을 시행하는 한편, 부산포, 제포, 염포의 3포를 개항하여 일본이 조선과 교역할 수 있도록 하는 등 회유책도 시행하였다. 여진에 대해서는 세종 때 최윤덕과 김종서로 하여금 각각 4군과 6진을 개척하는 등 강경책을 시행하는 한편, 여진족들에게 귀순을 장려하고 경성과 경원에 무역소를 두고 국경 무역을 할 수 있도록 하는 등 회유책도 함께 시행하였다.

10 3포 왜란이 일어난 것은 중종 재위 시기의 사실이다. 중종 때 부산포, 제포(내이포), 염포의 3포에 거주하던 왜인들이 조선 정부의 무역 통제에 반발하여 3포 왜란을 일으켰다.

13 삼포에서 일본인이 난을 일으킨 것(1510)은 중종 때의 사실이다. 삼포 왜란을 계기로 여진족과 왜구의 침입에 대비하기 위한 임시 회의 기구로 비변사가 설치되었다. 이후 명종 때인 1555년에는 을묘왜변이 발생하여 비변사가 상설 기구화되었다.

15 도순변사 신립이 일본군에 맞서 싸우다가 패배한 지역은 충주 탄금대이다.

20 행주산성에서 일본군을 크게 무찔렀던 인물은 권율이다. 권율은 한양(서울)을 되찾기 위해 북상하다가 행주산성에서 일본군에 포위되었으나, 관군과 백성들을 지휘하여 일본군을 크게 무찔렀다.

23 대마도주와 기유약조를 체결하여 제한된 범위의 교섭을 허용한 것은 광해군 때의 사실이다.

24 지역 방어 체제가 진관 체제에서 제승방략 체제로 변경된 것은 16세기 후반의 일로, 광해군 재위 기간 이전의 일이다. 제승방략 체제는 1차 방어선이 붕괴되면 이후의 대처가 어려웠기 때문에 임진왜란 초기의 패전 원인으로 작용하였다.

25 국방력 강화를 위해 5군영 체제를 완비한 것은 숙종 때의 사실이다.

31 서인은 대의명분을 중요시하여 친명 배금의 외교 정책을 실시하였다. 대의명분보다 실리를 중요시하여 명과 후금 사이에서 중립 외교 정책을 실시한 것은 광해군과 북인이다.

34 청나라의 군신 관계 요구에 무력 항쟁을 주장한 인물은 김상헌, 윤집 등이다. 최명길은 실리를 앞세워 외교 교섭을 통하여 문제를 해결하자는 주화론을 주장하였다.

35 청에 인질로 끌려갔던 봉림 대군(이후 효종)이 귀국한 것은 1645년으로, 병자호란(1636) 이후의 사실이다.

36 인조가 강화도로 피난 간 것은 정묘호란 때이다. 병자호란 때에는 남한산성으로 피난하여 항전하였으나 결국 항복하였다.

38 청(후금)과 형제 관계를 맺은 것은 정묘호란 때이다. 조선과 청은 병자호란 이후 군신 관계를 체결하였다.

40 북벌을 적극적으로 추진한 것은 효종이다. 효종은 남한산성을 복구하고 어영청을 확대하는 등 북벌 정책을 추진하였다.

42 훈련별대와 정초군을 통합하여 금위영을 발족시킨 것은 숙종대(1682)의 사실이다.

블랭크

01	정도전	02	이인임
03	여진	04	태종
05	존화주의	06	무역소
07	북평관	08	태조, 세종
09	이종무	10	염포
11	50, 200	12	비변사
13	임신약조	14	을묘왜변, 상설
15	정발, 송상현	16	탄금대
17	사천포 해전	18	한산도 대첩
19	의병	20	김시민
21	행주산성	22	훈련도감, 속오군
23	노량 대첩	24	북인
25	호적	26	동의보감
27	후금	28	중립 외교
29	강홍립	30	폐모살제
31	서인, 인조반정	32	친명 배금
33	강화도	34	정봉수, 이립
35	군신	36	최명길, 윤집
37	남한산성	38	삼배구고두례
39	봉림 대군	40	송시열
41	서인	42	벨테브레
43	나선 정벌	44	변급, 신유

테마 24 붕당 정치의 전개

본책 p.73

기출 O X

| 01 | O | 02 | O | 03 | X | 04 | X | 05 | O |
| 06 | X | 07 | O | 08 | O | 09 | X | 10 | O |

11 ○	12 ○	13 ×	14 ×	15 ○
16 ○	17 ○	18 ○	19 ○	20 ×
21 ○	22 ×	23 ○	24 ×	25 ○
26 ○	27 ×	28 ×	29 ×	30 ○
31 ○	32 ×	33 ○	34 ○	

03 척신 정치의 잔재 청산에 소극적이었던 기성 사림은 서인을 형성하였고, 적극적이었던 신진 사림은 동인을 형성하였다.

04 조식 학파를 중심으로 형성된 붕당은 북인이다. 조식의 학풍을 따르는 문인들로는 곽재우, 정인홍 등이 있었는데, 이들은 주로 북인이 되었다.

06 성혼의 학파를 중심으로 형성된 붕당은 서인에서 갈라진 소론이다. 소론은 윤증을 중심으로 성리학에 대한 탄력적 이해를 시도하였다.

09 인조 대에는 인조반정을 통해 정권을 잡은 서인이 남인 일부와 함께 국정을 운영하였다.

13 1차 예송(기해예송)에서는 서인의 주장(1년복)이 채택되었고, 2차 예송(갑인예송)에서는 남인의 주장(1년복)이 채택되었다.

14 사화는 예송 논쟁(기해예송, 갑인예송) 이전인 연산군(무오사화, 갑자사화), 중종(기묘사화), 명종(을사사화) 대에 발생했다.

20 갑인예송에서 조대비가 9개월 동안 상복을 입어야 한다고 주장한 것은 서인이다. 남인은 1년 동안 상복을 입어야 한다고 주장하였다.

22 청과 러시아 사이에 충돌이 일어나자 청의 요구에 따라 조총 부대를 영고탑에 파견한 것은 효종 때이다. 효종은 청의 원병 요청에 따라 두 차례에 걸쳐 조총 부대를 파견하였다(1654년 변급, 1658년 신유).

24 사화는 조선 전기 연산군(무오사화, 갑자사화), 중종(기묘사화), 명종(을사사화) 시기에 훈구와 사림의 갈등으로 발생한 사건이다. 이후 숙종 시기에 정국이 급격하게 변화하는 환국 정치가 전개되면서 특정 붕당의 일당 전제화 추세가 나타났다.

27 경신환국으로 서인이 남인을 몰아내고 정국을 주도하였으며, 이후 서인은 남인에 대한 처벌을 둘러싸고 소론과 노론으로 분열되었다.

28 왕위 계승 문제를 둘러싸고 소론이 노론을 공격한 것은 신임사화이다. 경종이 즉위하자 노론은 그가 병약하다는 이유를 들어 이복동생 연잉군(영조)을 세제로 책봉할 것과 세제의 대리 청정을 요구하였다. 소론은 이를 빌미로 김창집, 이이명 등 노론 세력이 역모를 꾸미고 있다고 몰아 제거하였다.

29 장희빈의 소생이 세자가 되면서 남인이 재집권한 것은 기사환국 때의 사실이다. 경신환국 때는 서인이 남인을 몰아내고 정국을 주도하였다.

32 서인이 노론과 소론으로 분화된 것은 경신환국 이후이다. 남인에 대한 처벌 문제를 놓고 서인들 간에 강경한 입장을 취하는 노론과 온건한 입장을 취한 소론으로 나뉘었다.

블랭크

01	붕당	02	산림
03	기성, 신진	04	이조 전랑
05	이황, 이이	06	동인
07	정여립, 대동계	08	정철
09	건저(의)	10	북인, 남인
11	이황, 조식	12	효종
13	효종비	14	남인
15	주자가례	16	1년설, 3년설
17	서인	18	9개월설, 1년설
19	남인	20	경신
21	윤휴	22	금위영
23	대동법	24	환국
25	일당 전제화	26	경신, 기사, 갑술
27	유악, 허견	28	서인
29	기사환국	30	남인
31	송시열	32	인현 왕후
33	갑술환국	34	남인, 서인

테마 25 조선 후기 탕평 정치
본책 p.76

기출 OX

01	×	02	○	03	○	04	○	05	○
06	○	07	○	08	○	09	×	10	×
11	×	12	×	13	○	14	○	15	×
16	×	17	○	18	×	19	×	20	○
21	○	22	○	23	○	24	○	25	○
26	×	27	×	28	○	29	○		

01 영조는 이인좌의 난을 진압하고 나서 준론 탕평이 아닌 온건하고 타협적인 인물을 고루 등용하는 완론 탕평을 시행하였다.

09 『대전회통』은 고종 때 흥선 대원군에 의해 편찬되었다. 한편, 영조 때에는 『속대전』이 편찬되었다.

10 삼정이정청을 설치한 왕은 철종이다. 임술 농민 봉기 이후 삼정의 문란을 시정하기 위해 삼정이정청을 설치하였으나 효과를 거두지 못했다.

11 수원 백성들의 일자리를 창출하고, 화성의 관리 비용을 충당하기 위하여 대유둔전이라는 국영 농장을 설치한 왕은 정조이다.

12 청의 요청으로 두 차례에 걸쳐 나선 정벌이 단행된 것은 효종 때의 사실이다.

15 『탁지지』는 호조의 주요 업무 사례집으로, 정조 때 편찬되었다. 영조 때 우리나라의 문물 제도를 분류하고 정리하여 편찬한 책은 『동국문헌비고』이다.

16 임진왜란 때 조선을 도와준 명나라 황제를 제사 지내기 위하여 창덕궁 안에 대보단을 설치한 것은 숙종 때의 사실이다.

18 탕평의 의지를 반영하여 성균관 입구에 탕평비를 세운 왕은 영조이다.

19 3사의 관리 추천권을 없앤 왕은 영조이다. 영조는 이조 전랑의 권한을 축소하기 위해 이조 전랑의 후임자 추천권(자대권), 3사 선발권(통청권) 등을 폐지하였다.

26 민간인에게 광산 채굴을 허용하고 세금을 받는 설점수세제는 효종 때 처음 실시되었다.

27 정조는 기존의 문체에 얽매이지 않는 신문체의 사용을 금지하였다. 정조는 신문체를 정통 고문(古文)으로 바로잡고자 하는 문체반정을 전개하였다.

블랭크

01	이인좌	02	기유처분
03	완론	04	탕평비
05	서원, 산림	06	노론
07	균역법	08	신문고
09	노비종모법	10	준천사
11	수성윤음	12	속대전
13	통청윤음	14	속오례의
15	무원록	16	여지도서
17	적극적	18	준론
19	남인	20	규장각
21	서얼	22	장용영
23	초계문신제	24	화성
25	신해통공	26	문체반정
27	대전통편	28	동문휘고
29	일성록		

테마 26 세도 정치와 사회 변혁의 움직임
본책 p.79

기출 OX

01	○	02	○	03	×	04	○	05	○
06	○	07	×	08	○	09	○	10	○
11	○	12	○	13	○	14	×	15	○
16	×	17	○	18	×	19	○	20	○
21	○	22	×	23	×	24	×	25	○
26	○	27	×	28	×	29	×	30	○

31	○	32	×	33	○	34	○	35	×
36	○	37	○	38	×	39	○	40	○
41	○	42	○	43	×	44	×		

03 병인박해는 흥선 대원군 집권기에 발생했다. 세도 정치 시기에는 신유박해(순조), 기해박해(헌종), 병오박해(헌종)가 일어났다.

07 세도 정치 시기 향촌에서는 지방 사족을 배제한 채 수령이 절대권을 가지고 조세를 거두었기 때문에 수령과 향리의 부정을 막기 어려웠다.

14 봉기에 대한 호응이 전국적으로 일어난 것은 임술 농민 봉기이다. 홍경래의 난은 평안도 지역에 대한 차별 대우가 원인이 되어 발생한 것으로 평안도 지역에 한정되어 일어났다.

16 홍경래의 난(1811)이 일어나 평안도 청천강 이북 지역을 장악하였던 것은 순조 때이다. 철종 때는 임술 농민 봉기(1862)가 일어났다.

18 노비 문서의 소각과 탐관오리의 엄징을 요구한 것은 동학 농민 운동(1894)을 주도한 동학 농민군이다. 임술 농민 봉기 때 농민들은 삼정의 문란을 시정할 것을 요구하였다.

22 군정의 문란을 해결하기 위하여 호포제를 실시한 것은 고종 때 흥선 대원군이다.

23 농민들이 집강소를 설치하고 폐정 개혁을 추진한 것은 고종 때 일어난 동학 농민 운동과 관련된 내용이다.

24 임술 농민 봉기의 결과 삼정이정청이 설치되었으나, 근본적인 개혁이 이뤄지지 않아 별 효과를 거두지 못하고 삼정의 문란이 계속되었다.

27 마테오 리치가 지은 『천주실의』가 조선에 들어온 시기는 17세기이다. 『천주실의』는 천주교 교리서로 이수광의 『지봉유설』을 통해 처음 소개되었다.

28 안동 김씨의 세도 정치 시기에는 천주교에 대한 탄압이 완화되어 조선 교구가 설치되기도 하였다.

29 홍경래의 난은 평안도 지역에 대한 차별과 관리들의 탐학에 반발하며 일어난 것으로 천주교와 관련이 없다.

32 천주교 신자를 박해(신유박해)하는 과정에서 '황사영 백서 사건'이 일어난 것은 순조 때이다. '황사영 백서 사건'은 황사영이 베이징 주재 주교에게 신유박해의 전말과 그 대책을 전달하려다 적발된 사건이다.

35 정약전은 1801년(순조 1) 신유박해 때 흑산도로 유배되었고, 1814년(순조 14) 유배지에서 『자산어보』를 저술하였다.

38 조선 후기 사회 불안이 계속되는 상황에서 동학을 창시한 인물은 최제우이다. 최시형은 최제우가 처형된 이후 동학의 2대 교주가 되어 교단 체제를 정비하였다.

43 순조 즉위 이후 대탄압(신유박해)이 가해진 종교는 천주교이다. 순조 때 정권을 장악한 노론 벽파는 남인 시파를 탄압하기 위해 천주교를 박해하였다.

44 임술 농민 봉기는 철종 때 삼정의 문란 등에 반발하여 일어난 농민 봉기로, 동학과 관련이 없다. 동학 교도들은 1894년(고종 31)에 일어난 동학 농민 운동을 주도하였다.

블랭크

01	가문	02	벽파
03	안동 김씨	04	풍양 조씨
05	철종	06	비변사, 의정부
07	홍경래	08	탐관오리, 도참
09	정감록	10	괘서, 농민 봉기
11	순조	12	평안도
13	중앙 관직, 상공업	14	몰락 양반
15	상인, 농민	16	청천강
17	철종	18	단성
19	진주 민란	20	백낙신
21	유계춘	22	안핵사
23	삼정이정청	24	삼정이정절목
25	서학	26	남인
27	천학문답	28	이승훈
29	신해박해	30	윤지충
31	권상연	32	신유박해
33	주문모	34	황사영 백서
35	기해박해	36	김대건
37	병인양요	38	최제우

39	서학	40	민간 신앙, 천주교
41	인내천	42	최시형
43	용담유사, 동경대전	44	포접

테마 27 조선 후기 대외 관계
본책 p.83

기출 O X

01	×	02	×	03	×	04	O	05	O
06	×	07	×	08	×	09	O		

01 17세기 정묘호란(1627)과 병자호란(1636) 패배 이후 조선에서는 청에 대한 적개심과 문화적 우월감을 토대로 청을 정벌하자는 북벌론이 대두되었다.

02 병자호란 이후 전개된 북벌 운동은 점차 쇠퇴하였고, 청의 문화를 보고 온 지식인들에 의해 북학 운동이 전개되었다.

03 호위청, 총융청, 수어청 등의 부대를 창설하여 국방력을 강화한 왕은 인조이다.

06 국교 재개를 요청한 것은 일본이다. 임진왜란이 끝난 이후 성립된 일본 에도 막부의 요청으로 조선은 일본에 통신사를 파견하였다.

07 임진왜란 이후 조선 정부는 1607년(선조 40)부터 1811년(순조 11)까지 총 12회 통신사를 파견하였다.

08 광해군 때 체결한 기유약조를 통해 임진왜란 이후 단절되었던 조선과 일본 간의 교류가 재개되었다.

블랭크

01	북학론	02	만주(간도)
03	박권	04	압록강
05	간도 귀속	06	조선 통신사
07	사명 대사	08	기유약조
09	안용복		

Ⅲ 경제 · 사회 · 문화사

테마 28 고대의 경제 본책 p.84

기출 OX

01 ○	02 ×	03 ○	04 ○	05 ×
06 ×	07 ×	08 ×	09 ○	10 ○
11 ×	12 ×	13 ○	14 ×	15 ○
16 ○	17 ○	18 ○	19 ×	20 ○
21 ○	22 ○	23 ○	24 ×	25 ○
26 ○	27 ○	28 ○	29 ○	30 ○
31 ○	32 ○	33 ×		

02 삼국 시대에는 수도를 중심으로 한 일부 지역에 시장이 설치되었다.

05 중앙과 지방 관리들의 녹읍을 폐지하고 해마다 조를 차등 있게 주었으며 이를 일정한 법으로 삼은 왕은 통일 신라 신문왕이다.

06 녹읍은 수조권뿐만 아니라 노동력도 징발할 수 있었다.

07 녹읍은 삼국 시대부터 고려 초까지 존속되었다.

08 동시전을 신설한 왕은 6세기 초 지증왕으로 통일 신라 이전의 사실이다.

11 녹비법, 퇴비법 등의 시비법이 발달하고, 윤작법이 보급된 시기는 통일 신라 시대가 아니라 고려 시대이다.

12 시비법과 이앙법 등의 발달로 넓은 토지를 경영하는 광작이 성행한 것은 조선 후기의 사실이다. 통일 신라는 시비법이 발달하지 못하여 적게는 1년, 많게는 수년간 땅을 경작하지 않고 묵혀 두었다.

14 녹읍 폐지와 관련 없이 삼국 시대부터 이미 관념적으로 '모든 국토는 왕의 것'이라는 왕토 사상이 존재하였다.

19 신라 촌락 문서는 촌주가 매년 변동 사항을 조사하여 3년 단위로 작성하였다.

24 나라를 세우고 국호를 '장안'이라 한 인물은 김헌창이다.

33 체제 정비를 목적으로 발해의 수도를 중경 현덕부에서 상경 용천부로 옮기고, 신라와의 상설 교통로인 신라도를 개설하여 대립 관계를 해소하고자 한 것은 발해 문왕 대의 사실이다.

블랭크

01	군역	02	철제 농기구
03	관청 수공업	04	공무역
05	백제	06	당항성
07	녹읍, 노동력	08	10분의 1
09	시비법	10	부곡
11	수조권, 녹읍	12	성덕왕
13	서시, 남시	14	효소왕
15	조세, 노동력	16	촌주
17	서원경(청주)	18	9
19	6	20	연수유전답
21	울산항	22	신라방
23	법화원	24	견당매물사
25	밭농사	26	벼농사
27	상경 용천부	28	솔빈부
29	문왕	30	발해관
31	조공도	32	영주도
33	신라도		

테마 29 고려의 경제 본책 p.87

기출 OX

01 ○	02 ○	03 ×	04 ×	05 ○
06 ×	07 ○	08 ○	09 ○	10 ○

11	×	12	○	13	×	14	×	15	○
16	×	17	○	18	×	19	○	20	×
21	○	22	×	23	○	24	○	25	○
26	○	27	×	28	○	29	○	30	×
31	○	32	○	33	○	34	×	35	×
36	×	37	○	38	○	39	○	40	○
41	○	42	○	43	○	44	○	45	×
46	×								

03 전시과 제도에서는 관원들과 향리 등에게 전지의 소유권이 아닌 수조권(조세를 거둘 수 있는 권리)을 지급하였다.

04 한외과는 18과 이내에 들지 못한 계층에게 전지만 17결 지급하는 제도로, 개정 전시과 때 시행되었다가 경정 전시과 때 소멸되었다.

06 관등의 고하(高下)와 함께 인품을 반영하여 관리에게 토지를 지급한 것은 고려 경종 때의 시정 전시과이다. 개정 전시과에서는 인품을 배제하고 관직(18등급)만을 고려하여 토지를 지급했다.

11 4색 공복을 기준으로 등급을 나눈 것은 시정 전시과이다. 시정 전시과는 고려 광종 때 마련된 4색 공복(자·단·비·녹색)에 따라 등급을 나누고, 다시 문반·무반·잡업 등으로 나누어 지급하였다. 한편 경정 전시과는 현직 관리에게 관직에 따라 토지를 지급하였다.

13 고려 시대에 왕실 경비를 마련하기 위해 지급한 토지는 내장전이다. 공해전은 중앙과 지방의 각 관청에 지급하여 경비를 충당하게 한 토지이다.

14 고려 시대에 6품 이하의 하급 관료의 자제로서 관직에 오르지 못한 사람에게 지급한 토지는 한인전이다. 구분전은 하급 관리나 군인의 유가족에게 지급한 토지이다.

16 고려 시대에 중앙과 지방의 각 관청에 지급하여 경비를 충당하게 한 토지는 공해전이다. 내장전은 왕실의 경비를 충당하게 한 토지이다.

18 공물 부과 기준이 가호에서 토지로 바뀐 것은 대동법 실시의 결과로, 조선 후기의 경제 상황에 대한 설명이다.

20 이앙법은 고려 말 일부 남부 지방에서 실시되기도 하였으나 전국적으로 보급된 것은 조선 후기이다.

22 『농상집요』는 중국 화북 지역의 농법을 수록한 농서로, 이암이 고려에 처음 소개한 것은 맞지만 직접 저술한 책은 아니다.

27 고려 시대의 소(所)는 특정 공납품을 만들어 국가에 세금으로 납부하였기 때문에 만든 제품을 민간에 팔 수 없었다.

30 고려 시대에 민전은 상속·매매·기증·임대 등이 가능한 사유지로, 귀족이나 일반 농민들이 소유할 수 있었던 토지이다.

34 시장을 감독하는 관청인 동시전이 설치된 것은 신라 지증왕 대의 사실이다. 고려는 문종 때 개경에 경시서를 설치하여 시전의 상행위를 감독하고 물가를 조절하였다.

35 개성의 송상은 조선 후기에 활동하였다. 송상은 조선 후기의 대표 상인 중 하나로 전국에 송방이라는 지점을 개설하여 인삼을 재배하고 판매하였다.

36 지방 장시 중에서도 포구를 중심으로 활동하는 객주와 여각이 상품의 매매와 숙박·창고·운송업에 종사한 것은 조선 후기의 사실이다.

45 고려는 북방의 거란과 여진에게서 은, 모피, 말 등을 수입하고, 농기구, 식량 등을 수출하였다.

46 대식국인이라 불리던 아라비아 상인들은 수은, 향료, 산호 등을 가지고 고려와 무역하였다. 고려와 비단, 약재 등을 가지고 무역한 나라는 송나라이다.

블랭크

01	역분전	02	18, 전지
03	수조권, 반납	04	4색 공복
05	개정 전시과	06	한외과
07	현직, 공음전	08	15과
09	무관	10	전시과, 경기
11	공양왕	12	공음전, 공신전
13	공해전, 내장전	14	군인전, 외역전
15	한인전	16	구분전
17	1/10	18	3등급
19	9등호	20	심경법
21	시비법	22	윤작법
23	이앙법	24	공민왕, 정천익

25	농상집요	26	양안, 향리
27	관청	28	사원
29	신공	30	민전
31	개간	32	소작농
33	경시서	34	관영 상점
35	관아, 행상	36	시전
37	화폐	38	건원중보
39	주전도감, 은병(활구)	40	충렬왕, 소은병
41	공무역	42	벽란도
43	송	44	수입, 수출
45	수출, 수입	46	아라비아

테마 30 조선의 경제

본책 p.91

기출 OX

01	×	02	×	03	○	04	○	05	×
06	○	07	○	08	○	09	×	10	×
11	○	12	○	13	○	14	×	15	×
16	×	17	○	18	×	19	×	20	○
21	○	22	×	23	×	24	×	25	○
26	○	27	○	28	○	29	○	30	×
31	×	32	×	33	○	34	○	35	○
36	○	37	○	38	○	39	○	40	○
41	○	42	○	43	×	44	○	45	○
46	×	47	○	48	×	49	○	50	○
51	○	52	○	53	○	54	×	55	×
56	○	57	○	58	○	59	×	60	×
61	×	62	○	63	○	64	○	65	×
66	○	67	○	68	○	69	○	70	○
71	×	72	×	73	○	74	○	75	○
76	○	77	○	78	○	79	○	80	×
81	○	82	○	83	○	84	×	85	○
86	○	87	○	88	×	89	○	90	○
91	×	92	×	93	○	94	○	95	×
96	○	97	○	98	○	99	○	100	○
101	×	102	○	103	○	104	○	105	○
106	×	107	○	108	○	109	○	110	×
111	×	112	×	113	○	114	○		

01 과전법 체제하에서는 전국 토지가 아닌 경기 지방으로 한정하여 수조권을 관리에게 지급하였다. 전국 토지를 대상으로 하여 수조권을 관리에게 지급한 것은 고려의 전시과 제도이다.

02 과전법 체제하에서는 전·현직 관리를 18등급으로 나누어 경기 지방의 전지만 차등 지급하였고, 시지는 지급하지 않았다.

05 공음전은 고려 시대의 토지 제도이다. 고려 시대에는 5품 이상의 고위 관료에게 세습 가능한 토지인 공음전을 지급하였다.

09 세조 때 직전법 시행으로 수신전과 휼양전은 폐지되었지만 공신전의 세습은 인정되었다. 또한 직전법 체제하에서는 신진 관료가 아닌 퇴직 관료에 대한 수조권 지급이 중단되었다.

10 국가에서 직접 세금을 거두어 관리에게 지급한 것은 성종 때 시행한 관수 관급제에 대한 설명이다. 직전법은 세조 때 시행된 토지 제도로, 현직 관리에게만 수조권을 지급한 제도이다.

14 관수 관급제가 실시되면서 양반 관료들이 수조권을 빌미로 토지와 농민을 지배하는 방식이 사라지고, 수조권을 국가가 행사하여 국가의 토지 지배력이 강화되었다.

15 명종 때 직전법이 폐지됨에 따라 급속히 늘어난 것은 자영농이 아닌 소작농이다. 직전법이 폐지되면서 수조권 지급 제도가 소멸되자 양반들이 사유지를 확대하여 자영농이 감소한 반면, 소작농이 증가하면서 지주 전호제가 일반화되었다.

16 명종 때에 직전법이 폐지되어 수조권 지급 제도가 없어지자 양반들이 사유지를 확대하였고, 이 영향으로 소유권에 바탕을 둔 지주 전호제가 일반화되었다.

18 과전법은 토지 1결의 수확량을 300두로 정하고, 수확량의 1/10인 30두를 조세로 수취하였다.

19 국경 지역인 평안도와 함경도는 조세를 중앙으로 운송하지 않고 군사비와 사신 접대비로 자체 소비하도록 하였다.

22 풍흉에 상관없이 전세(조세)를 징수한 것은 영정법이다. 인조 때 농민의 부담을 낮추기 위해 토지 1결당 4~6두를 걷는 영정법을 실시하였다. 공법은 풍흉의 정도에 따라 조세 액수를 1결당 최고 20두에서 최하 4두까지 징수하였다.

23 수확량의 10분의 1을 조세로 수취한 것은 공법 이전에 실시된 조선의 조세 제도이다. 공법 하에서는 1결당 최고 20두에서 최하 4두를 징수하였다.

24 연분 9등법과 전분 6등법의 공법을 실시한 왕은 세종이다. 세종은 풍흉의 정도에 따라 9등급으로, 토지의 비옥도에 따라 6등급으로 나누어 조세를 부과하였다.

29 조선 시대 양인은 보법에 의해 역에 복무하는 정군이나 정군의 복무 비용을 부담하는 보인이 되었으나 양반, 서리, 향리 등 현직 관리나 학생들은 군역이 면제되었다.

30 조선 초기에 요역은 가호를 기준으로 정남의 수를 고려하여 선발하였고, 성종 때부터 토지 8결당 한 사람을 선발하여 요역에 동원하였다.

31 군인전을 지급한 시기는 고려 시대이다. 군인전은 고려 시대에 직업 군인인 중앙군(2군 6위)에게 지급한 토지이며 자손이 역을 세습할 경우 세습이 가능하였다.

32 광해군 때 경기도에서 처음 실시된 것은 대동법이다. 영정법은 인조 때 처음 실시되었으며, 전세를 풍흉에 관계없이 토지 1결당 미곡 4두로 고정하여 징수한 제도이다.

36 풍년이나 흉년에 따라 전세를 조절한 것은 답험 손실법과 연분 9등법이다. 영정법에서는 풍흉에 관계없이 전세를 고정시켰다.

37 결작은 영조 때 균역법의 실시로 부족해진 재정을 보충하기 위해 지주들에게 징수한 것으로, 영정법과는 관련이 없다.

40 대동법은 광해군 때 경기도에서 처음으로 시행되었다. 인조 때는 풍흉에 상관없이 전세를 고정시킨 영정법이 시행되었다.

43 대동법을 관할하는 관청으로 선혜청이 설치되었다.

46 토지 1결당 2두의 결작미를 부과한 것은 균역법 시행에 따른 재정 보충책에 해당한다.

48 대동법이 시행되면서 공납을 현물 대신 쌀, 면포, 동전 등으로 납부하게 되었다.

54 선무군관포 징수는 균역법 실시로 인한 재정 보충책이다.

55 대동법 운영 과정에서 중앙 정부에 올리는 상납미의 비율이 높아지고, 지방 경비로 사용되는 유치미의 비율이 낮아져 지방의 재정이 악화되었고, 수령과 아전은 이를 보충하기 위해 농민을 수탈하였다.

59 토지 개간과 양전 사업은 균역법과 관련이 없다. 조선 시대에 양전 사업은 20년마다 실시하는 것이 원칙이었으며, 대표적으로 태종, 광해군 시기에 실시되었다.

60 군포를 호 단위로 부과하여 양반에게도 군역의 부담을 준 것은 흥선 대원군이 실시한 호포법이다. 고종 때 흥선 대원군은 군정의 폐단을 시정하기 위해 양반에게도 군포를 징수하는 호포법을 실시하였다.

61 균역법 시행 이후에도 양반과 노비는 군포를 납부하지 않았다.

65 소를 이용한 깊이갈이가 일반화되고 2년 3작의 윤작법이 보급된 시기는 고려 시대이다. 조선 전기에는 윤작법이 널리 확대되어 일반화되었다.

71 선대제 수공업이 성행한 것은 조선 후기의 일이다. 조선 전기에는 국가의 통제를 받는 관영 수공업이 발달하였다.

72 조선통보는 세종·인조 때 주조된 화폐로, 널리 유통되지 못하였다. 동전 화폐 유통이 활발해진 것은 조선 후기 숙종 때 상평통보가 주조된 이후이다.

80 토지 개간을 장려하기 위해 정부에서 사패전을 분급한 것은 고려 후기의 사실이다. 사패전은 정부가 개간한 토지의 사적 소유를 허락한다는 증표인 사패를 지급한 토지로, 고려 후기에 권문세족 등의 집권층에게 분급되었다.

84 조선 후기에는 모내기법이 확산되면서 농촌 내 빈부 격차가 심화되었다. 노동력 대비 경작할 수 있는 경작지가 넓어지면서 일부 농민은 경영형 부농으로 성장하였으나 대다수의 농민들은 지주들의 토지 확대, 부세의 부담 등으로 토지를 잃고 소작농이나 임노동자로 전락하는 등 농촌 내 빈부 격차가 심화되었다.

88 소라 불리는 특수 지역에서 수공업이 이루어진 시기는 고려 시대이다. 고려 시대에 수공업 제품 생산을 담당한 특수 행정 구역인 소는 조선 전기에 들어와 완전히 소멸되었다.

91 조선 후기에는 광산의 개발이 활발해졌다. 특히 청과의 무역에 필요한 은의 수요가 급증함에 따라 은광의 개발이 활발해졌으며, 상업 자본이 사금 채굴에 몰리면서 금광 또한 활발하게 개발되었다.

92 정부가 광산 개발을 위해 농민을 역에 동원한 것은 조선 전기의 사실이다. 조선 후기에는 정부가 민간인의 광물 채굴을 허용하고 세금을 징수하였다.

95 조선 후기에는 광산의 개발로 얻을 수 있는 이익이 많았기 때문에 국가의 허가 없이 몰래 채굴하는 잠채가 성행하였다.

101 장시는 조선 전기인 15세기 말에 처음으로 등장하여 16세기 이후에 전국으로 확산되었다.

106 중강 개시와 책문 후시는 조선 후기에 청과의 교류에서 전개되었다. 조선 후기에는 청과 중강, 경원, 회령 등에서 공무역인 개시가 열렸고 중강, 책문 등에서 사무역인 후시가 열렸다.

110 삼한통보는 고려 숙종 대에 발행된 화폐이다. 조선 후기에는 상평통보를 발행하여 전국적으로 유통하였다.

111 건원중보는 고려 성종 시기의 화폐이다. 조선 후기에는 상평통보가 널리 유통되었다.

112 조선 후기에는 상평통보가 널리 유통되면서 상품 화폐 경제가 발달하였다. 그러나 무게로 인해 대규모로 거래하기에는 불편하다는 한계가 나타나 환, 어음 등 신용 화폐가 등장하였다.

블랭크

01	급전도감	02	18, 전·현직
03	150	04	세습
05	수신전, 휼양전	06	관 답험
07	세습	08	현직
09	수신전, 휼양전	10	수조권
11	성종	12	관청
13	국가	14	농장, 소작농
15	명종	16	녹봉
17	지주 전호제	18	300, 30
19	답험 손실법	20	풍흉, 비옥도
21	공법	22	전제상정소
23	전분 6등법	24	비옥도
25	1결	26	풍흉
27	16, 60	28	보법
29	정군, 보인(봉족)	30	양반
31	성종	32	연분 9등법
33	지주 전호제	34	인조
35	풍흉	36	소작농
37	농민	38	증가
39	효종	40	방납
41	광해군	42	선혜청
43	경기도	44	가호, 토지
45	12	46	인조
47	유치미	48	공인
49	전세, 금납	50	지주, 농민
51	상품 화폐	52	상공
53	상납미	54	군적 수포제
55	군포	56	인징, 백골징포
57	양역 변통론	58	영조
59	선무군관	60	2두
61	균역청	62	결작
63	신공	64	농업
65	윤작법	66	이모작
67	휴경지	68	구황촬요
69	공장안	70	판매
71	관영	72	민영
73	화폐	74	독점 판매권
75	육의전	76	경시서
77	세조	78	이앙법
79	견종법	80	노동력
81	광작	82	경영형 부농
83	밭, 논	84	장시, 상품 작물
85	경제	86	타조법, 도조법
87	임노동자	88	선대제

89	생산, 판매	90	은광
91	설점수세제	92	영조
93	잠채	94	덕대
95	혈주	96	신해통공
97	도고	98	송방, 인삼
99	만상, 유상	100	경강 상인
101	보부상	102	포구
103	한강	104	객주, 여각
105	금융	106	개시, 후시
107	왜관	108	내상
109	인조	110	숙종
111	금납	112	전황
113	이익	114	신용 화폐

테마 31 고대의 사회

본책 p.100

기출 O X

01	O	02	O	03	X	04	O	05	O
06	O	07	O	08	X	09	X	10	X
11	X	12	O	13	X	14	X	15	O
16	X	17	O	18	O	19	O	20	O
21	X	22	O						

03 백제는 간음한 여자를 남편 집의 노비로 삼았으나 남자는 처벌하지 않았다. 이를 통해 당시 백제 사회에서 가부장적 가족 제도가 발달하였음을 알 수 있다.

08 신라의 복색은 관등에 따라 자색 – 비색 – 청색 – 황색 순으로 정하였다. 관리의 복색을 자색 – 단색 – 비색 – 녹색으로 구분하도록 정한 것은 고려 광종 때이며, 복색 기준은 신분이 아닌 관등에 따라 정한 것이다.

09 진골은 대아찬 이상의 고위 관등뿐만 아니라 전체 관등에 제수될 수 있었다.

10 관등 승진의 상한이 아찬까지인 계층은 6두품이다. 진골 귀족은 관등 승진의 제한이 없었으므로 1관등 이벌찬까지 승진이 가능하였다.

11 신라의 관복은 신분이 아닌 관등에 따라 결정되었으며, 이에 따라 진골도 관등에 맞는 관복을 입었다.

13 귀향형은 고려 시대의 귀족에게 적용되었던 형벌 제도로, 신라 진골 귀족과는 관련이 없다.

14 통일 신라 시대에 도당 유학생의 대부분을 차지한 계층은 6두품이다.

16 통일 신라 시대에 중앙 관부의 최고 책임자 또는 지방의 장관직을 독점한 계층은 진골 귀족이다. 6두품은 신분의 제약으로 차관급에 임명되었다.

21 발해의 주민 중 다수는 고구려계 사람들이 아닌 말갈인이었다. 발해의 지배층은 대부분 고구려계 사람들이었으며, 말갈인은 대체로 피지배층을 이루었다.

블랭크

01	고씨	02	연좌제
03	부여씨	04	상무적
05	화백 회의, 상대등	06	원시
07	진골	08	진흥왕
09	진평왕	10	제한
11	상한선	12	골품
13	관등	14	중위제
15	9서당	16	6두품
17	평민화	18	하대
19	호족	20	고구려
21	활쏘기	22	빈공과, 신라

테마 32 고려의 사회

본책 p.102

기출 O X

01	O	02	X	03	O	04	O	05	O
06	O	07	O	08	O	09	X	10	O
11	O	12	X	13	X	14	X	15	O
16	X	17	X	18	O	19	X	20	O
21	O	22	X	23	X	24	O	25	O
26	O	27	O	28	X	29	O	30	X
31	O	32	O	33	X	34	O	35	O
36	X	37	X	38	O	39	O	40	O
41	O	42	O	43	X	44	X		

02 성리학을 수용하고 불교의 폐단을 지적한 계층은 고려 말에 등장한 신진 사대부이다. 권문세족은 원 간섭기에 부원 세력으로 성장한 지배층이다.

09 고려 시대에 향리의 자제는 과거를 통하여 벼슬을 얻어 귀족의 대열에 들어갈 수 있었다. 고려 현종 때 주현공거법을 시행하여 향리층의 자제들에 대한 과거 응시 기회가 부여되자, 과거를 통해 중앙으로 진출하여 관직에 오를 수 있게 되었다.

12 향·부곡·소의 백성은 양민이었으나 일반 군현민보다 과중한 세금을 부담했다. 또한, 거주지 이전의 자유가 없었으며 과거 응시가 금지되었고 국자감(국학) 입학이나 승려가 될 수도 없었다.

13 부곡민의 신분은 양민에 속했지만 일반 군현민보다 과중한 세금을 부담했다.

14 소의 주민은 주로 수공업에 종사하였고, 향·부곡민들은 주로 농업에 종사하며 국공유지를 경작하였다.

16 재산으로 간주되어 매매·상속·증여의 대상이 된 것은 천민의 대다수인 노비에 해당한다. 노비는 매매·상속·증여의 대상으로 국역의 의무와 권리가 없었다.

17 노비 중에서도 외거 노비만이 토지 소유와 재산 증식이 가능하여 독립된 경제 생활을 영위할 수 있었다.

19 국가에 일정량의 신공을 바친 노비는 공노비 중 외거 노비에 해당한다. 사노비 중 외거 노비는 신공을 국가가 아닌 주인에게 납부하였다.

22 향도는 각종 불교 행사에 참여하거나, 내세의 복을 빌기 위하여 지역민들이 자발적으로 만든 조직이다.

23 향도는 불교 신앙 조직이었으나, 점차 지역 내의 이익을 위한 공동체 조직으로 변모되었다.

26 고려 시대에 매점매석 등 시전의 상행위와 물가를 감독·조절하는 임무를 담당한 기구는 경시서이다.

28 혜민서는 조선 세조 때 설치된 관서로, 서민 환자의 약 처방과 질병 치료를 담당하였다.

30 광학보는 고려 정종 때 승려의 장학금 마련을 위해 만든 장학 재단이다. 고려 시대에는 일정한 기금을 모아 그 이자를 공적 사업의 경비로 충당하는 보(寶)가 성행하였다.

33 우리나라에서 행정과 사법이 명확하게 분리·독립된 시기는 갑오개혁 때이다. 고려 시대에는 행정과 사법이 분리되지 않아 지방관이 사법권을 행사하였다.

34 고려는 태형, 장형, 도형, 유형, 사형의 5형 체계를 가지고 있었다.

36 정월 보름에 개최된 것은 팔관회가 아닌 연등회이다. 팔관회는 개경에서 11월 15일, 서경에서 10월 15일에 개최되었다.

37 고려 시대에는 여성도 호주가 될 수 있었으며, 호적에서도 남녀 간의 차별을 두지 않고 연령순으로 기록하였다.

43 고려 시대에 여성의 재가는 비교적 자유롭게 이루어졌고 그 소생 자식의 사회적 진출에도 차별을 두지 않았다. 이에 비해 조선 시대에는 여성의 재가 및 재가녀 자손의 관리 등용을 제한하는 것을 법제화하는 등 유교 질서를 강화하였다.

44 고려 시대에는 여성도 개인 재산을 소유하고 있었으며, 혼인할 때 여성이 데려온 노비에 대한 소유권은 여성에게 귀속되었다.

블랭크

01	중류층	02	5품 이상
03	음서, 공음전	04	호족, 관료적
05	직역, 토지	06	잡류, 남반
07	향리	08	부호장

09	과거	10	군반
11	잡과	12	농업
13	백정	14	향, 부곡, 소
15	세금	16	국자감, 과거
17	노비	18	입역, 신공
19	솔거, 외거	20	매향
21	불교 신앙	22	농민 공동
23	상두꾼	24	제위보
25	의창, 흉년	26	재면법
27	상평창	28	동·서 대비원
29	혜민국	30	예종
31	임시	32	71개조, 사법권
33	5형 체제, 불효죄	34	귀양형
35	연등회	36	팔관회
37	일부일처제	38	조혼
39	국제 무역	40	균분 상속
41	호주, 연령(나이)	42	제사, 윤회봉사
43	남귀여가혼, 음서	44	재가

테마 33 조선의 사회

본책 p.106

기출 OX

01	×	02	O	03	O	04	O	05	O
06	×	07	×	08	O	09	O	10	O
11	O	12	O	13	×	14	×	15	O
16	O	17	O	18	O	19	O	20	O
21	O	22	O	23	O	24	O	25	×
26	×	27	O	28	×	29	O	30	O
31	O	32	O	33	O	34	×	35	×
36	O	37	×	38	O	39	O	40	O
41	×	42	O	43	×	44	×	45	O
46	×	47	O	48	O	49	O	50	×
51	O	52	O	53	×	54	×	55	O
56	×	57	O	58	O	59	O	60	O
61	×	62	O	63	O				

01 조선 시대 서얼들은 문과는 응시하지 못하나 무과나 잡과를 통해 관직에 진출할 수 있었다.

06 신량역천은 신분적으로 양인이었기 때문에 노비와 같이 매매·상속·증여의 대상이 되지는 않았다.

07 조선 시대에는 일천즉천의 원칙에 따라 부모 중 한쪽만 노비더라도 그 자식은 노비가 되었다.

13 조선 후기에 서얼이 신분 상승 운동을 전개한 결과 정조 때 유득공, 박제가, 이덕무 등이 규장각 검서관으로 기용되었으며, 철종 때에는 신해허통으로 청요직 진출이 가능해졌다.

14 정조 때 규장각 검서관으로 등용된 유득공, 박제가, 이덕무 등은 기술직 중인이 아닌 서얼 출신의 인물들이다.

25 재지 사족 중심의 향촌 자치 활성화를 위해 시행된 제도는 향약과 유향소 등이며, 오가작통법의 시행 목적과는 관련이 없다.

26 조선 후기 향권을 둘러싼 구향과 신향 간의 향전을 억제하기 위해 정부는 관권 위주의 향촌 통제책을 실시하며 사족을 견제하였으나, 이는 오가작통법의 시행 목적과는 관련이 없다.

28 현존하는 가장 오래된 족보는 『안동 권씨 성화보』이다. 『문화 류씨 가정보』는 『안동 권씨 성화보』가 발견되기 전까지 현존 최고(最古)의 족보로 알려져 있었다.

34 불교 신앙 조직으로 어려울 때 서로 돕는 역할을 한 것은 향도이다. 향약은 향촌 자치 규약으로 향촌 사회의 질서 유지, 치안 등을 담당하였다. 향약은 지방 사림의 지위를 강화하였지만 한편으로는 지방 유력자에 의한 농민 수탈의 기반을 제공하는 등 부작용을 낳았다.

35 향약은 군현 단위의 규약으로 오가작통제와는 관련이 없다. 오가작통제는 이웃하는 다섯 가구를 하나의 통으로 묶고 통수가 통을 관장하도록 하여 부세와 군역을 안정적으로 확보하기 위하여 시행된 제도이다.

37 상여를 메는 사람인 상두꾼은 향도에서 유래되었다. 삼국 시대부터 존재한 향도는 조선 시대까지 계속 이어졌는데 어려운 일이 생겼을 때 서로 돕는 활동을 주로 하였다.

41 조선 후기에 정부는 부족한 재정 충당을 위해 납속과 향임직 매매를 통한 신분 상승의 합법적 길을 열어 주기도 하였다. 이는 조선 후기에 신분제 동요가 심화되는 계기가 되었다.

43 조선 후기에 구향은 납속책 확대 시행에 반대하며, 자신들의 결속을 다지기 위해 동약을 실시하고 사우를 건립하였다.

44 조선 후기에 향회는 수령이 세금을 부과할 때 의견을 물어보는 부세 자문 기구로 전락하였다.

46 조선 후기 향촌 사회에서는 수령을 중심으로 한 관권이 강화되었으며, 관권을 맡아보고 있던 향리의 역할도 커졌다.

50 선현 봉사와 교육을 위한 서원이 설립되기 시작한 시기는 조선 전기이다.

53 균등하게 상속하되 대를 잇는 자식에게는 5분의 1을 더 상속한 것은 조선 전기의 사실이다. 조선 후기에는 점차 제사를 담당하는 장남 위주로 상속 문화가 재편되었다.

54 아들이 없으면 양자를 들이는 대신 딸과 외손자가 제사를 지낸 것은 조선 전기의 일이다. 조선 후기에는 아들이 없을 경우 양자를 들여 제사를 지냈다.

56 조선 후기에는 남귀여가혼 대신 혼인 후 곧바로 남자 집에서 생활하는 친영 제도가 정착되었고, 재산 상속에서도 장자가 우대받았다.

61 남녀를 구분하지 않고 태어난 순서대로 족보에 기록한 것은 조선 전기에 대한 설명이다. 조선 후기에는 아들 위주로 족보에 기록하였다.

블랭크

01	양천제	02	서얼
03	기술관	04	향리
05	중서	06	문과
07	신량역천	08	노비
09	솔거, 외거	10	향반
11	공명첩	12	족보
13	상민, 노비	14	상소
15	규장각 검서관	16	청요직
17	중인	18	순조
19	갑오개혁	20	향촌 자치
21	향리	22	좌수
23	경재소	24	세조, 향청
25	오가작통제	26	군역
27	안동 권씨 성화보	28	주세붕
29	이황, 소수	30	선현
31	덕업상권	32	붕당
33	여씨향약	34	이황, 이이
35	약정	36	치안
37	사림	38	부농층
39	청금록	40	족보
41	동약	42	사우
43	향임직	44	공명첩, 족보
45	수령, 향리	46	향안
47	향회	48	구향, 신향
49	향전	50	부세 자문 기구
51	수탈	52	부계
53	신행	54	장자
55	양자	56	이성불양
57	정절	58	재가, 열녀
59	일부일처	60	남성
61	문중	62	부계
63	동성(동족)		

테마 34 고대의 문화

기출 OX

01	×	02	○	03	×	04	○	05	×
06	○	07	○	08	×	09	×	10	×
11	○	12	×	13	×	14	○	15	○
16	×	17	○	18	○	19	×	20	×
21	○	22	○	23	○	24	×	25	○
26	×	27	×	28	○	29	○	30	○
31	○	32	○	33	○	34	○	35	○
36	○	37	○	38	○	39	○	40	○
41	○	42	×	43	○	44	○	45	×
46	○	47	○	48	×	49	○	50	×
51	×	52	○	53	○	54	×	55	○
56	×	57	○	58	×	59	×	60	×
61	×	62	○	63	○	64	×	65	○
66	○	67	×	68	○	69	○	70	○
71	×	72	○	73	×	74	○	75	○
76	○	77	×	78	○	79	×	80	×
81	○	82	×	83	○	84	○	85	○
86	○	87	×	88	○	89	○	90	○
91	○	92	×	93	○	94	○	95	○
96	×	97	○	98	○	99	○	100	○
101	×	102	×						

01 사신도와 산수무늬 벽돌은 도교의 영향을 받았다.

03 겸익은 백제의 승려이다. 겸익은 6세기 초 성왕 때 인도에 가서 율장을 가지고 왔고, 이후 일본 계율종의 성립에 영향을 주었다.

05 당나라에 가서 유식론을 발전시킨 원측은 신라의 승려이다. 원측은 당에 유학하여 유식학을 배우고, 중국 서명사에서 서명 학파를 형성하였다.

08 신라에서는 불교의 힘으로 국가의 안녕과 평안을 기원하는 호국 불교가 성행하였으며, 신라 말 민간 사회에서는 현실 구복적 성격의 밀교가 유행하여 질병 치료나 자식 출산 등을 기원하였다.

09 진흥왕 때 황룡사가 세워진 것은 맞으나 황룡사 9층 목탑은 선덕 여왕 때 자장의 건의로 세워졌다.

10 이론의 연마와 실천을 같이 강조하는 교관겸수를 제시한 승려는 고려의 의천이다.

12 대승 불교의 두 흐름인 중관과 유식의 대립을 극복하며 화쟁을 주장한 승려는 원효이다. 원효는 일심 사상을 바탕으로 불교 종파 간의 조화를 추구하였으며, 『십문화쟁론』과 『대승기신론소』 등을 저술하여 불교의 사상적 이해 기준을 확립하였다.

13 통일 이후의 사회 갈등을 통합으로 이끄는 화엄 사상을 강조한 승려는 의상이다.

16 미륵 신앙을 전파하여 불교 대중화에 기여한 승려는 진표이다. 원효는 '나무아미타불'만 외우면 누구나 극락에 갈 수 있다는 아미타 신앙을 전도하며 불교 대중화의 길을 열었다.

19 부석사를 창건하여 해동 화엄종의 시조가 된 승려는 의상이다.

20 당에 들어가서 유식론을 독자적으로 발전시킨 인물은 원측이다. 원측은 당나라에 건너가 유식학을 배웠고, 당의 수도에 있는 서명사에서 유식론을 기반으로 한 서명 학파를 형성하였다.

24 통일 신라 말기에 도선과 같은 선종 승려들이 중국에서 유행한 풍수지리설을 들여왔다.

26 진표는 법상종 계통의 승려이다. 법성종은 원효가 교종의 여러 종파를 통합하여 만든 것이며, 현세에서 고난을 구원받고자 하는 관음 신앙을 이끈 것은 의상이다.

27 전제 왕권을 강화해 주는 이념적 도구로 작용한 것은 교종이다. 선종은 지방 호족의 성장에 사상적 기반을 제공하여 전제 왕권을 약화시켰다.

42 국학을 태학(감)으로 고치고 박사와 조교를 두어 유교 경전을 교육한 왕은 경덕왕이다. 신문왕은 유학 교육 기관으로 국학을 설치하였다.

43 독서삼품과는 원성왕 때 유교 경전의 이해 수준을 시험하여 관리로 채용하기 위해 시행되었으나 골품제의 한계로 기능을 제대로 발휘하지 못하였다.

45 김대문이 『화랑세기』, 『고승전』을 저술한 것은 맞으나 『제왕연대력』은 신라 하대에 활동한 최치원의 저서이다.

46 이두를 정리하고, 신문왕에게 「화왕계」라는 글을 지어 바친 설총은 진골이 아닌 6두품 출신의 인물이다.

48 최치원은 성덕왕이 아니라 진성 여왕에게 개혁안 10여 조를 건의하였으나 받아들여지지 않았다.

50 「화랑세기」를 저술한 인물은 진골 출신의 유학자 김대문이다.

51 사신도가 그려진 강서대묘(강서 고분)는 굴식 돌방무덤으로 축조되었다. 돌무지무덤은 돌을 정밀하게 쌓아 올린 고구려 초기의 고분 양식으로, 대표 고분으로는 장군총이 있다.

54 백제 초기의 무덤 양식으로 고구려의 영향을 받은 것은 계단식 돌무지무덤으로, 대표적으로 석촌동 고분군이 있다.

56 무덤 안의 네 벽면을 장식한 사신도 벽화를 볼 수 있는 것은 고구려 후기의 고분인 강서대묘(강서 고분)와 백제의 송산리 6호분, 능산리 1호분이다. 백제 무령왕릉에는 벽화가 발견되지 않았다.

58 무령왕릉은 중국 남조의 영향을 받은 벽돌무덤이다. 돌무지덧널무덤 양식은 신라의 대표적인 무덤 양식으로 무령왕릉과는 관련이 없다.

59 무덤의 천장이 모줄임 구조로 되어 있는 것은 고구려의 굴식 돌방무덤이다.

60 능산리 고분군에는 계단식 돌무지무덤이 아닌 굴식 돌방무덤이 있다. 한편, 대표적인 백제의 계단식 돌무지무덤으로는 서울의 석촌동 고분이 있다.

61 무덤 속에 벽화가 그려진 경우가 많은 것은 굴식 돌방무덤이다. 한편, 돌무지덧널무덤은 벽이 없는 구조이기 때문에 벽화를 그릴 수 없었다.

64 신라의 돌무지덧널무덤은 지상이나 지하에 시신과 껴묻거리를 넣은 상자형 나무 덧널을 넣은 뒤 그 위와 주변을 돌로 쌓은 다음 흙으로 둥글게 쌓아 올려 만든 것이다.

67 발해 문왕의 넷째 딸인 정효 공주의 묘는 당의 영향을 받은 벽돌무덤 양식과 고구려의 영향을 받은 평행고임 천장 양식이 결합되어 축조되었다. 한편, 모줄임 천장은 말갈 문화의 영향이 아닌 고구려의 영향을 받은 것으로, 발해 무왕의 둘째 딸인 정혜 공주의 묘가 모줄임 천장 구조로 축조되었다.

71 연못, 인공섬을 갖춘 월지를 동궁으로 사용한 나라는 신라이다.

73 백제 무왕의 부인인 사택 왕후가 사리를 봉안하였다는 내용이 적혀 있는 금제 사리기가 발견된 것은 익산 미륵사지 석탑이다.

77 「무구정광대다라니경」이 발견된 곳은 불국사 3층 석탑(석가탑)이다. 한편, 미륵사지 석탑은 현존하는 우리나라에서 가장 오래된 석탑으로, 내부에서 사리장엄구 등이 발견되었다.

79 승려의 사리를 봉안하기 위해 세워진 것은 승탑이다. 신라 하대에는 선종 불교가 확산되면서 승려의 사리를 봉안하는 승탑과 탑비(승려의 생애를 적은 비)가 유행하였다. 황룡사 9층 목탑은 자장 율사의 건의로 선덕 여왕 때 세워진 탑으로 호국 불교와 관련이 있다.

80 돌을 벽돌 모양으로 다듬어 쌓은 탑은 분황사 모전 석탑이다. 황룡사 9층탑은 목탑으로 건립되었으나 고려 시대에 몽골의 침략으로 소실되었다.

81 발해의 영광탑은 당의 영향을 받은 전탑(벽돌탑)으로, 8세기에서 10세기 사이에 건립된 것으로 추정된다.

82 배가리개에 하늘을 나는 천마 그림이 그려진 유물인 천마도는 신라의 무덤인 천마총에서 출토되었다. 천마도는 장니(말이 달릴 때 기수의 옷에 흙이 튀지 않도록 말의 안장 양쪽에 늘어뜨리는 장비)에 그린 그림으로, 이를 통해 신라에서 기마 풍습이 있었음을 알 수 있다.

84 천상열차분야지도는 조선 태조 때 권근 등이 고구려의 천문도 탁본을 바탕으로 만들었다. 고구려 시기에는 별자리를 그린 석각 천문도가 만들어졌다.

87 서운관은 고려 말의 천문과 역법을 담당하는 관청이었다. 신라는 선덕 여왕 때 첨성대를 건립하여 천체를 관측하였다.

92 「무구정광대다라니경」은 세계 최고(最古)의 목판 인쇄물로, 불국사 3층 석탑(석가탑)에서 발견되었다.

96 일본에 불교를 전파한 백제의 인물은 노리사치계이다. 백제 성왕 때 노리사치계가 일본에 불경과 불상을 전하였다. 아직기는 백제 근초고왕 때 일본으로 건너가 일본 태자의 스승이 되어 한자를 가르쳐주었다.

101 일본 다카마쓰 무덤에서 발견된 벽화의 인물 복장 등이 고구려 수산리 무덤 벽화와 비슷한 것을 통해 가야 문화가 아닌 고구려 문화가 일본에 영향을 주었음을 알 수 있다.

102 통일 신라의 원효, 강수, 설총이 발전시킨 불교와 유교 문화는 일본 아스카 문화가 아닌 하쿠호 문화에 영향을 끼쳤다. 아스카 문화는 통일 신라 이전 삼국 시대 문화의 영향을 받았다.

블랭크

01	경전	02	참선
03	왕권 강화	04	호국
05	순도	06	혜관
07	보덕	08	침류왕
09	겸익	10	눌지 마립간
11	법흥왕	12	전륜성왕
13	원광	14	자장
15	6두품, 진골	16	대승기신론소
17	십문화쟁론	18	아미타 신앙
19	무애가	20	문무왕
21	부석사	22	화엄 사상
23	화엄일승법계도	24	관음 신앙
25	서명학파	26	왕오천축국전
27	실천적	28	승탑
29	고려 왕조	30	문왕
31	상경	32	도선
33	연개소문	34	금동 대향로
35	화랑도	36	태학
37	박사	38	임신서기석
39	신집	40	서기
41	거칠부	42	국학
43	경덕왕, 조교	44	독서삼품과
45	김대문, 계림잡전	46	청방인문표, 불교
47	화왕계	48	토황소격문
49	진성 여왕	50	계원필경
51	돌무지무덤	52	굴식 돌방무덤
53	고분 벽화	54	서울 석촌동
55	5호분	56	벽돌무덤
57	송산리 7호분(무령왕릉)	58	지석
59	무령왕릉	60	부여 능산리
61	돌무지덧널무덤	62	벽화
63	부장품	64	천마총
65	둘레돌, 12지 신상	66	벽화
67	모줄임	68	벽돌무덤
69	진흥왕, 선덕 여왕	70	불국사
71	석굴암	72	월지(안압지)
73	주작대로	74	온돌
75	황룡사 9층 목탑	76	감은사지 3층
77	무구정광대다라니경	78	진전사지 3층
79	선종	80	흥법사 염거화상탑
81	영광탑	82	석굴암
83	거문고, 백결	84	농경
85	첨성대	86	삼국사기
87	석굴암	88	칠지도
89	금동 대향로	90	신라
91	성덕 대왕 신종	92	목판
93	아스카	94	왕인
95	단양이	96	노리사치계
97	혜자	98	담징
99	다카마쓰	100	한인의 연못
101	스에키	102	하쿠호

테마 35 고려의 문화

본책 p.120

기출 OX

01 O	02 O	03 O	04 O	05 O
06 X	07 O	08 X	09 X	10 O
11 O	12 X	13 X	14 O	15 O
16 O	17 O	18 X	19 O	20 X
21 X	22 O	23 X	24 O	25 O
26 O	27 X	28 O	29 X	30 O
31 O	32 O	33 X	34 O	35 O
36 O	37 O	38 O	39 X	40 X
41 X	42 O	43 X	44 O	45 O
46 O	47 O	48 O	49 O	50 O
51 O	52 X	53 X	54 X	55 O
56 O	57 O	58 X	59 X	60 O
61 O	62 O	63 O	64 O	65 O
66 X	67 X	68 O	69 O	70 O
71 O	72 O	73 O	74 O	75 O
76 X	77 X	78 O	79 X	80 O
81 X	82 X	83 O	84 X	85 O
86 O	87 O	88 X	89 O	90 X
91 O	92 O	93 X	94 X	95 X
96 O				

06 법안종을 중심으로 선종을 정리한 인물은 고려 광종이다. 광종은 승려 혜거 등을 통해 중국의 법안종을 도입하고, 이를 중심으로 선종을 통합하고자 하였다.

08 참선과 독경은 물론 노동에도 힘을 쓰자고 하면서 결사를 제창한 인물은 지눌이다. 지눌은 당시 타락한 불교계의 각성을 촉구하고 승려 본연의 자세로 돌아가 참선과 독경, 노동에 힘쓸 것을 강조하면서 수선사 결사 운동을 전개하였다.

09 속장경의 제작에 주도적으로 참여한 승려는 의천이다. 고려 중기 승려 의천은 고려·송·요(거란)·일본의 주석서를 수집하여 엮은 목록인 『신편제종교장총록』을 제작한 후 목록에 따라 속장경을 간행하였다.

12 부석사를 창건하고 화엄 사상을 선양한 것은 신라의 승려 의상이다. 지눌은 순천 송광사(수선사)를 중심으로 승려 본연의 자세로 돌아가자는 결사 운동을 전개하였다.

13 교단을 통합, 정리하는 것이 불교계의 폐단을 바로잡는 우선 과제라고 생각한 인물은 보우이다.

18 원의 불교인 임제종을 들여와서 전파시킨 승려는 보우이다. 보우는 원으로부터 임제종을 들여와 전파시켰고, 이후 임제종은 조선 시대 선종 불교의 주류가 되었다.

20 공민왕이 중영(정비)한 성균관의 대사성이 된 인물은 이색이다. 이색은 원의 과거에 급제하고 돌아와 공민왕 때 성균관의 대사성이 되었으며, 정몽주·정도전 등을 가르치며 성리학을 확산시켰다.

21 충렬왕 때 고려에 성리학을 본격적으로 소개한 인물은 안향이다. 안향은 충렬왕 때 원에서 『주자전서』와 함께 공자와 주자의 초상화를 베껴 고려에 돌아와 국내에 처음으로 성리학을 소개하였다.

23 김부식의 『삼국사기』가 현존하는 가장 오래된 역사서인 것은 맞으나 편년체가 아닌 기전체로 기술되어 있다.

27 『삼국사기』는 몽골 침략 이전인 인종 때 편찬되었다. 몽골 침략의 위기를 겪으며 우리의 전통 문화를 올바르게 이해하려는 움직임에서 편찬된 서적으로는 일연의 『삼국유사』, 이승휴의 『제왕운기』 등이 있다.

29 고구려 계승 의식을 반영하고 고구려의 전통을 노래한 역사서는 이규보의 『동명왕편』이다. 『삼국유사』는 일연이 저술한 역사서로 불교사를 중심으로 고대의 민간 설화나 전래 기록을 수록하였다.

33 『편년통록』에는 성리학적인 역사 인식이 반영되지 않았다. 『편년통록』은 고려 의종 때 편찬된 것으로, 안향에 의해 성리학을 수용하기 전에 편찬되었다.

39 독자적인 정통론에 입각하여 마한, 신라를 정통 국가로 서술한 것은 『동사강목』이다. 『동사강목』은 조선 시대에 안정복이 서술한 역사서로, 단군 조선 → 기자 조선 → 마한 → 통일 신라 → 고려로 이어지는 독자적인 정통론을 세워 우리 역사를 체계화하였다.

40 역사서 『사략』을 저술한 인물은 이제현이다. 이제현은 공민왕 때 정통 의식과 대의명분을 강조한 역사서인 『사략』을 저술하였다.

41 국자감에는 국자학, 태학, 사문학의 유학부와 율학, 산학, 서학의 기술학부가 있었으며 이를 합쳐 경사 6학이라고 칭하였다.

43 최충이 9재 학당을 설치한 것은 고려 문종 재위 시기의 사실이다. 고려 문종 때 최충은 관직에서 물러난 후 사립 교육 기관인 9재 학당(문헌공도)을 설치하였다.

47 『주자가례』와 『소학』이 널리 보급된 것은 조선 시대 사림에 의해서이다. 고려 정부의 관학 진흥 정책으로는 숙종 때의 서적포 설치, 예종 때의 관학 7재 및 양현고(장학 재단) 설치, 인종 때의 경사 6학 정비, 7재 중 강예재 폐지 등이 있다.

52 9재 학당(문헌공도)은 고려 문종 때 최충이 세운 사립 교육 기관이며, 7재는 예종 때 국자감 내에 설치한 전문 강좌이다. 인종 때에는 7재 중 무예 교육을 담당하던 강예재(무학재)가 폐지되었다.

53 충렬왕 때 양현고의 부실을 보충하기 위하여 교육 기금인 섬학전을 설치하였다.

54 고려의 국립 대학인 국자감이 국학으로 개칭된 것은 충선왕 대가 아닌 충렬왕 대이다.

58 고려 시대에 국가와 왕실의 안녕과 번영을 기원하며 하늘에 제사를 지내는 초제는 풍수지리 사상이 아닌 도교식 제사이다.

59 금속 활자 인쇄술은 고려 후기에 발명된 것으로 추정된다. 대표적인 금속 활자본으로 고려 말 우왕 때 청주 흥덕사에서 간행된 『직지심체요절』이 있다.

66 충선왕 때는 당의 선명력이 아닌 원의 수시력을 채용하였다. 고려 초기에는 당의 역법인 선명력을 사용하였으나, 충선왕 때에는 원의 수시력을 채용하여 수시력의 이론과 계산법을 사용하였다.

67 인지의와 규형은 조선 세조 때 제작된 토지 측량 기구이다.

76 예산 수덕사 대웅전은 대표적인 주심포 양식 건물이다. 고려 시대의 대표적인 다포 양식 건물에는 황해도 사리원의 성불사 응진전, 함경도 안변의 석왕사 응진전 등이 있다.

77 안동 봉정사 극락전은 다포 양식이 아닌 주심포 양식의 건물이다. 고려 시대 주심포 양식 건물로는 안동 봉정사 극락전, 영주 부석사 무량수전, 예산 수덕사 대웅전 등이 있고, 다포 양식 건물로는 황해도 사리원 성불사 응진전, 함경도 안변 석왕사 응진전 등이 있다.

79 월정사 8각 9층 석탑은 원이 아닌 송의 석탑을 모방하여 제작된 다각 다층 탑이다. 한편, 원의 석탑을 모방하여 제작된 탑은 경천사지 10층 석탑이다.

81 고려 시대에는 신라 하대 승탑의 전형인 팔각 원당형을 계승한 승탑이 많았는데, 여주 고달사지 승탑이 대표적인 팔각 원당형 승탑이다. 법천사 지광 국사 현묘탑은 전형적인 팔각 원당형을 벗어난 평면 방형으로 제작되었다.

82 신라 불상의 양식을 계승하여 균형미가 뛰어난 고려 시대의 대표적인 불상은 영주 부석사 소조 아미타여래 좌상이다. 논산 관촉사 석조 미륵보살 입상은 지역 특색이 반영된 고려 시대 특유의 대형 석불로, 비율이 불균형한 것이 특징이다.

84 고려의 귀족 문화를 대표하며, 상감 기법이 이용된 자기는 백자가 아닌 청자(상감 청자)이다. 고려의 청자는 11세기부터 무늬가 없는 순수 청자를 중심으로 발전하였으며, 12세기 중엽부터는 나전 칠기와 은입사 기술을 응용한 상감 기법을 자기 제작에 접목시켜 고려만의 독특한 상감 청자를 생산하였다.

88 원 간섭기에는 구양순체가 아닌 송설체(조맹부체)가 유행하여 조선 시대까지 계승되었다. 구양순체는 고려 전기에 유행하였다.

90 고려 시대 궁중 제례 때 연주된 것은 아악이다. 향악(속악)은 우리 고유의 음악이 당나라 음악의 영향을 받아 발전한 것으로 주로 궁중 연회에서 많이 연주되었다.

93 『보한집』을 저술한 인물은 최자이다. 고려 후기에는 민간 구전을 한문으로 기록한 패관 문학이 유행하였다. 대표작으로는 이인로의 『파한집』, 최자의 『보한집』, 이규보의 『백운소설』, 이제현의 『역옹패설』이 있다.

94 이제현은 『백운소설』이 아닌 『역옹패설』을 저술하였다. 『백운소설』은 이규보가 민간 구전, 유명한 시화 등을 모아 정리한 시화집이다.

95 『역옹패설』은 이제현이 저술한 시화·잡록집이다. 박인량은 역사서인 『고금록』을 저술하였으나, 현존하지는 않는다.

블랭크

01	훈요 10조	02	승과, 승계
03	성종, 현종	04	원효
05	흥왕사	06	교관겸수, 선종
07	교장도감, 신편제종교장총록	08	교장(속장경)
09	무신	10	수선사
11	독경	12	정혜쌍수
13	돈오점수	14	권수정혜결사문
15	지눌, 심성	16	유·불 일치설, 성리학
17	백련사	18	법화 신앙
19	시무 28조	20	안향, 성리학
21	이제현	22	이색
23	인종	24	김부식
25	기전체	26	본기
27	구삼국사	28	유교적 합리주의
29	불교	30	일연
31	왕력	32	단군, 향가
33	전통	34	7대실록
35	고금록	36	동명왕편
37	해동고승전	38	제왕운기
39	본조편년강목	40	이제현, 사략
41	국자감, 향교(향학)	42	경사 6학
43	유학부	44	수서원
45	사학 12도	46	9재 학당(문헌공도)
47	서적포	48	7재
49	양현고	50	청연각
51	강예재(무학재)	52	섬학전
53	문묘, 경사교수도감	54	성균관
55	초제	56	팔관회
57	도선, 도참 사상(도참 신앙)	58	서경 천도 운동
59	서적원	60	상정고금예문
61	직지심체요절	62	거란, 몽골
63	대장도감	64	재조대장경 (팔만대장경)
65	사천대	66	수시력
67	대통력	68	태의감
69	향약구급방	70	화통도감
71	진포	72	만월대, 계단식
73	부석사 무량수전	74	안동 봉정사 극락전
75	팔작	76	맞배, 배흘림
77	성불사 응진전	78	다각 다층
79	경천사지 10층	80	고달사지
81	광주 춘궁리 철불	82	관촉사 석조 미륵보살 입상
83	부석사 소조 아미타여래 좌상	84	상감 청자
85	분청사기	86	은입사
87	나전 칠기	88	송설체(조맹부체)
89	천산대렵도	90	아악
91	산대극	92	보현십원가
93	경기체가	94	고려 가요(장가, 속요)
95	백운소설, 역옹패설	96	의인화, 이규보

테마 36 조선의 문화

본책 p.128

기출 OX

01	×	02	×	03	○	04	×	05	○
06	○	07	×	08	×	09	○	10	○
11	×	12	○	13	×	14	○	15	×
16	○	17	×	18	○	19	○	20	○
21	○	22	×	23	○	24	○	25	○

26	○	27	×	28	×	29	○	30	○
31	×	32	×	33	×	34	×	35	○
36	○	37	○	38	○	39	×	40	○
41	○	42	×	43	○	44	○	45	○
46	○	47	×	48	○	49	○	50	○
51	×	52	○	53	○	54	○	55	○
56	○	57	○	58	×	59	○	60	○
61	×	62	×	63	○	64	×	65	×
66	○	67	×	68	○	69	×	70	○
71	×	72	○	73	×	74	○	75	×
76	○	77	○	78	○	79	○	80	○
81	○	82	○	83	×	84	○	85	○
86	×	87	×	88	×	89	○	90	○
91	○	92	×	93	○	94	○	95	○
96	○	97	○	98	○	99	×	100	×
101	○	102	○	103	×	104	○	105	○
106	○	107	×	108	×	109	○	110	○
111	×	112	×	113	×	114	○	115	×
116	○	117	○	118	○	119	○	120	×
121	○	122	○	123	○	124	○	125	×
126	○	127	×	128	○	129	○	130	○
131	○	132	○	133	○	134	×	135	○
136	○	137	×	138	○	139	×	140	○
141	×	142	○	143	○	144	○	145	○
146	○	147	×	148	×	149	○	150	×
151	×	152	○	153	○	154	×	155	○
156	○	157	○	158	○	159	○	160	○
161	○	162	○	163	○	164	×	165	○
166	○	167	○						

01 양반 관료층은 한글 창제를 지지하지 않았으며, 최만리를 중심으로 한 일부 관료들은 반대 상소를 올리기도 하였다.

02 세종 때 한글이 창제된 이후 「용비어천가」, 「월인천강지곡」, 「석보상절」 등이 한글로 간행되었으나 모든 서적을 한글로 간행하도록 하지는 않았다.

04 부처님의 덕을 기리는 노래인 「월인천강지곡」과 석가모니의 일대기를 풀이한 「석보상절」은 세종 때 한글로 간행되었다.

07 훌륭한 유학자들을 제사 지내고, 성리학을 연구하는 사립 교육 기관은 향교가 아닌 서원이다. 한편, 향교는 각 지방에 세워진 국립 교육 기관이다.

08 성균관 입학 자격은 원칙적으로 소과(생원, 진사시) 합격자에게 주어졌지만 성균관 입학 정원이 미달일 경우 4부 학당에서 승보시를 거쳐 성균관 기재생으로 입학하기도 하였다.

11 지방의 군현에 있던 유일한 관학(국립 교육 기관)은 향교이다. 향교는 전국의 부·목·군·현에 각각 설립되었으며, 중앙에서는 향교에 교수와 훈도를 파견하였다.

13 국자학, 태학, 사문학의 유학부가 있었던 것은 고려의 국자감이다. 서원은 학문 연구와 선현의 제사를 지내기 위해 설립된 사설 교육 기관으로, 봄·가을에 향음주례를 지내고, 향사례 등을 주관하였다.

15 성균관에는 원칙적으로 소과에 합격한 15세 이상의 생원과 진사가 입학할 수 있었던 것은 맞지만, 정원이 미달일 경우 4부 학당의 성적 우수자(승보시 합격자) 등이 입학하기도 하였다.

17 이언적은 이 중심의 주리론을 전개하였다. 이언적의 사상은 이황을 비롯한 후대 성리학자들에게 계승되었다.

22 이와 기를 통일적으로 이해하면서 기를 중시한 인물은 이이이다. 이황은 불완전한 기보다 완전한 이를 중시하였다.

27 이황은 「전습록논변」에서 양명학을 사문난적(유교의 질서와 학문을 어지럽히는 사람)으로 비판하였다.

28 서리망국론을 통하여 방납에서 나타나는 서리들의 폐단을 지적하고 이를 시정할 것을 요구한 인물은 조식이다.

31 강화 학파를 형성한 사람은 정제두이다. 정제두는 강화도에서 후학을 양성하면서 양명학 연구에 몰두하여 강화 학파를 형성하였다.

32 경과 의를 근본으로 하는 실천적 성리학풍을 강조한 인물은 조식이다. 조식은 마음이 밝은 것을 경(敬)이라 하고 밖으로 과단성이 있는 것을 의(義)라 정의하며 학문의 실천성을 강조하였다.

33 「성학십도」에서 군주 스스로 성학을 따를 것을 주장한 인물은 이황이다. 이이는 「성학집요」에서 현명한 신하가 성학을 군주

에게 가르쳐 그 기질을 변화시켜야 한다고 주장하였다.

34 경북 안동의 예안 지방에서 예안 향약을 만들어 보급한 인물은 이황이다.

39 조선 사회가 안고 있는 모순을 해결하기 위해 명분론을 강화하고 성리학을 절대화한 인물은 송시열 등의 성리학자들이다. 윤휴는 성리학의 절대화를 비판하였다.

42 호락 논쟁은 노론 내부에서 '인간과 사물의 본성을 어떻게 볼 것인가?' 하는 문제를 둘러싸고 벌인 논쟁으로, 학문적·지역적 분파 사이에서 일어났다.

47 정제두는 소론 출신으로 양명학을 연구·발전시켜 사상적으로 체계화시키고, 강화도에서 강화 학파를 형성하였다.

51 유형원이 저술한 『반계수록』은 통치 제도에 관한 개혁안을 중심으로 서술한 책으로, 백과사전적 성격을 지녔다고 볼 수 없다.

58 『농가집성』을 편찬하여 이앙법 보급에 공헌한 인물은 신속이다.

61 『우서』에서 사농공상의 평등과 전문화를 주장한 인물은 유수원이다.

62 무역선을 파견하여 청에서 행해지는 국제 무역에 참여해야 한다고 주장한 인물은 박제가이다.

64 『곽우록』에서 토지 매매를 제한하는 한전제를 제시한 인물은 이익이다.

65 『북학의』에서 소비를 권장하여 생산을 촉진하자고 주장한 인물은 박제가이다.

67 사농공상이 직업적으로 평등해야 함을 주장한 인물은 유수원이다. 박지원은 영농 방법의 혁신, 상업적 농업의 장려, 농기구의 개량 등 경영과 기술 개선을 통해 농업 생산력의 향상을 주장하였다.

69 강화도에서 양명학을 연구하여 강화학파를 형성한 인물은 18세기 전반의 정제두이다.

71 『양반전』, 『허생전』, 『호질』, 『민옹전』 등의 한문 소설을 써서 양반 사회의 허구성을 지적한 인물은 박지원이다.

73 중국 중심의 역사 인식에서 탈피하여 한국사의 독자적인 정통론을 체계화한 인물은 안정복이다.

75 단군-부여-고구려의 흐름에 중점을 두고 만주 수복을 바라는 역사서는 이종휘의 『동사』이다. 이종휘는 『동사』에서 고구려의 전통을 강조하였고, 고대사의 연구 범위를 만주까지 확대하였다.

83 백리척을 사용하여 과학화에 기여한 지도는 정상기가 제작한 동국지도이다. 조선 후기의 지리학자인 정상기는 영조 때 우리나라 최초로 백리척을 사용한 동국지도를 제작하였다.

84 혼일강리역대국도지도는 중국에서 들어온 곤여만국전도를 참고하지 않았다. 혼일강리역대국도지도는 태종 때 제작한 세계 지도이다. 한편 곤여만국전도는 마테오 리치가 제작한 세계 지도로, 선조 때 우리나라에 전래되었다.

86 양성지가 세조 때 완성한 지도는 동국지도이며, 북방 영토를 실측하여 만든 지도는 세종 때 정척이 제작한 팔도도이다.

87 곤여만국전도는 선조 때 중국 베이징에 파견되어 있던 이광정과 권희가 귀국할 때 가지고 온 것으로 알려져 있다.

88 100리 척을 사용한 동국지도는 영조 때 제작되었다. 동국지도는 정상기에 의해 제작되었으며 우리나라에서 처음으로 100리 척을 사용한 지도이다.

92 최초로 100리 척을 사용하여 제작한 지도는 정상기의 동국지도이다. 김정호의 대동여지도는 산맥·하천·포구 도로망의 표시가 정밀하며, 거리를 알 수 있도록 10리마다 눈금으로 표시하였다.

99 『실록』의 편찬 근거가 된 「사초」에는 사관의 개인적인 의견이 포함되기도 했다.

100 실록 편찬에 사용된 「사초」나 초고들은 기밀 누설의 방지를 위해 파기(세초)되었다.

103 후대 왕에게 본보기로 남겨주기 위해 역대 왕의 훌륭한 언행을 『실록』에서 선별하여 만든 사서는 『국조보감』이다. 『승정원일기』는 왕의 비서실인 승정원에서 왕의 일상과 업무 내용 등에 대해 일지 형식으로 쓴 기록이다.

107 비변사에서 업무 일지로 『비변사등록』을 편찬한 시기는 16세기 이후이다. 비변사는 삼포왜란(1510, 중종)을 계기로 설치되었고, 비변사의 활동에 대한 일기체 기록인 『비변사등록』도 16세기 이후에 만들어졌다.

108 『고려사』는 『고려국사』를 계승하여 고려 시대의 역사를 재정리한 기전체 역사서이다.

111 성종 때 고조선부터 고려 말까지의 역사를 정리한 편년체 통사는 『동국통감』이다. 『동국사략』은 태종 때 권근 등이 편찬한 것과 16세기에 박상이 편찬한 것, 1906년 현채가 편찬한 것이 있다.

112 서거정 등이 중심이 되어 편년체 통사인 『동국통감』을 편찬한 것은 성종 때의 사실이다.

113 단군 조선에서 고려 말까지의 역사를 노래 형식으로 정리한 역사서는 세종 때 편찬된 『동국세년가』이다.

115 『동사강목』을 지어 고조선부터 고려 말까지의 우리 역사를 체계적으로 정리한 인물은 유득공이 아닌 안정복이다. 한편, 유득공은 발해사를 우리나라의 역사로 체계화할 목적으로 『발해고』를 편찬하였다.

120 『고금도서집성』은 청나라 때 편찬된 백과사전으로 정조 때 이 책을 수입하여 학문 정치의 기초를 다졌다.

125 『이륜행실도』가 간행된 시기는 중종 때이다. 『이륜행실도』는 연장자와 연소자(장유유서), 친구 사이(붕우유신)에서 지켜야 할 윤리를 강조하였다.

127 『속육전』은 태종 때 하륜이 『경제육전』의 속편으로 저술하였다. 정도전은 『조선경국전』, 『경제문감』 등을 저술하였다.

128 『경국대전』의 편찬을 시작한 왕은 세조이다. 『경국대전』은 세조 때부터 편찬되기 시작하여 성종 때 완성되었다.

132 자격루는 물시계가 맞으나, 혼의는 해시계가 아닌 천체를 관측하는 기구였다. 세종 때 제작된 해시계는 앙부일구이다.

134 현존하는 우리나라 최고(最古)의 의약서는 고려 시기에 편찬된 『향약구급방』이다. 『향약집성방』은 우리 풍토에 맞는 약재와 치료법을 정리한 의학서로, 세종 때 편찬되었다.

137 식자판을 조립하는 방법은 세종 때 창안되었다.

139 이암이 중국 원나라의 농서인 『농상집요』를 들여와 중국의 농법을 소개한 시기는 고려 후기 충정왕 때이다.

141 화통도감을 설치한 것은 세종 때가 아닌 고려 우왕 때이다. 화통도감은 화약 및 화기 제조를 담당하는 관청으로, 최무선의 건의로 설치되었다.

147 박세당이 편찬하여 과수, 축산 등을 소개한 농서는 『색경』이다. 『산림경제』는 조선 숙종 때 홍만선이 저술한 농서이다.

148 홍만선이 화초 재배법에 대해 저술한 농서는 『산림경제』이다. 『과농소초』는 박지원이 영농 기술에 관해 저술한 농서이다.

150 좌묘우사(左廟右社)의 원칙에 따라 경복궁의 동쪽에 종묘가, 서쪽에 사직이 각각 배치되었다.

151 무위사 극락전은 조선 전기인 15세기의 건축물이 맞으나, 화엄사 각황전과 법주사 팔상전은 조선 후기에 건립된 건축물이다.

154 조선 시대 음악의 원리와 역사를 체계화한 서적은 성종 때 편찬된 성현의 『악학궤범』이다. 세종 때 창안된 정간보는 소리의 장단과 높낮이를 표현할 수 있는 악보이다.

157 조선 후기에 서얼이나 노비 출신의 문인들이 등장한 것은 맞지만, 여류 작가 황진이는 조선 전기인 중종 때 활동한 것으로 전해지는 여류 시조 작가이다.

164 수원 화성은 벽돌로만 성벽을 쌓은 것이 아니라 벽돌과 돌을 적절하게 교차시켜 성벽을 쌓았다.

블랭크

01	최만리	02	정음청
03	용비어천가	04	서리
05	서당	06	중등, 중학
07	훈도	08	승보시, 소과
09	향교	10	하나
11	초시, 군역	12	향음주례, 선현
13	동재, 서재	14	성균관
15	생원, 진사	16	향교
17	일강십목소	18	이황
19	주기론	20	노장, 이이
21	실천성	22	이기이원론
23	이언적, 동방의 주자	24	심성
25	성학십도	26	주자서절요
27	기대승	28	영남 학파
29	일본	30	기
31	이기이원론	32	서경덕
33	사회경장론	34	성학집요
35	수미법	36	격몽요결
37	기호 학파	38	절대화(교조화)
39	송시열, 사문난적	40	상대화
41	윤휴	42	인간, 사물
43	인물성이론, 인물성동론	44	오랑캐

번호	답	번호	답
45	낙하	46	북벌, 위정척사
47	지행합일	48	강화 학파
49	균전론	50	반계수록
51	과거, 노비	52	경무법
53	성호사설	54	곽우록
55	영업전	56	6종
57	여전론, 공동	58	목민심서, 경세유표
59	기기도설, 화성	60	마과회통
61	우서	62	직업적 평등화
63	성리학	64	의산문답
65	지전설	66	무한 우주론, 혼천의
67	주해수용	68	열하일기
69	수레, 화폐	70	상한선
71	북학의	72	우물, 소비
73	시세, 도덕	74	삼한(마한) 정통론
75	연려실기술	76	발해고
77	동사	78	금석과안록
79	허목	80	동국역대총목
81	태종	82	세계
83	중국	84	동국지도
85	조선방역지도	86	세종실록, 지리지
87	성종	88	신증동국여지승람
89	아방강역고	90	택리지
91	영조, 동국지도	92	대동여지도
93	훈민정음운해	94	언문지
95	고금석림	96	실록청
97	편년체	98	시정기
99	고종실록	100	왕
101	국조보감	102	실록
103	승정원일기	104	춘추관
105	전주	106	마니산
107	세계 기록유산	108	의궤
109	임진왜란	110	문종
111	기전체	112	고려사절요
113	단군 조선	114	편년체
115	동사강목	116	기사본말체
117	고려	118	동국문헌비고
119	고금도서집성	120	지봉유설
121	임원경제지	122	세종, 삼강행실도
123	국조오례의	124	이륜행실도
125	조선경국전	126	경제육전
127	속육전	128	세조, 성종
129	6전	130	유교
131	천상열차분야지도	132	세종, 간의
133	자격루	134	앙부일구
135	인지의	136	내편, 외편
137	향약집성방	138	의방유취
139	계미자	140	갑인자, 식자판
141	농사직설	142	강희맹
143	총통등록	144	시헌력
145	침구경험방	146	동의수세보원
147	산림경제	148	해동농서
149	경복궁, 창덕궁	150	해인사 장경판전
151	몽유도원도	152	고사관수도
153	송하보월도, 초충도	154	윤선도
155	동문선	156	순수 백자
157	신재효	158	산대놀이
159	홍길동전	160	박지원, 한문
161	시사	162	팔상전
163	진경산수화	164	정선
165	풍속화	166	김홍도, 신윤복
167	추사체		

IV 근대

테마 37 근대史의 시작   본책 p.144

기출 OX

01	×	02	×	03	○	04	×	05	×
06	○	07	×	08	×	09	○	10	×
11	○	12	×	13	○	14	×	15	○
16	×	17	×	18	○	19	○	20	○
21	×	22	○						

01 흥선 대원군은 세도 정치 시기의 핵심 기구였던 비변사의 기능을 축소·폐지하였다.

02 소격서는 중종 때 조광조의 주장으로 혁파되었으나 기묘사화로 사림파가 축출된 뒤 복설되었고, 임진왜란 이후 완전히 폐지되었다.

04 통리기무아문을 설치한 것은 고종이다. 조선 정부는 개화 정책을 추진하는 기구로 통리기무아문(1880)을 설치하고, 군국 기밀과 일반 정치를 총괄하게 하였다.

05 금난전권을 제한하려는 통공 정책이 시작된 것은 영조 때이며, 육의전을 제외한 시전 상인의 금난전권을 폐지하는 통공 정책인 신해통공이 반포된 것은 정조 때이다.

07 『만기요람』이 편찬된 것은 순조 때이다. 『만기요람』은 1808년(순조 8) 왕명에 의해 국가 재정과 군정에 관련된 사항을 정리하여 편찬한 책이다.

08 『대전통편』은 정조 때 편찬되었다. 고종 때는 흥선 대원군에 의해 『대전회통』과 『육전조례』가 편찬되었다.

10 삼정의 문란을 개혁하기 위해 삼정이정청을 설치한 왕은 철종이다.

12 흥선 대원군은 임진왜란 때 도움을 준 명나라의 신종을 제사 지내기 위해 세운 사당인 만동묘를 철폐시켰다.

14 흥선 대원군이 47개소만 남기고 철폐한 것은 서원이다. 흥선 대원군은 양반의 근거지인 전국 600여 개의 서원을 47개소만 남기고 모두 철폐하였다.

16 미국에 보빙사라는 사절단을 파견한 것은 고종이다. 고종은 조·미 수호 통상 조약 체결 이후 미국 공사의 파견에 대한 답례로 민영익, 홍영식, 서광범 등을 보빙사로 파견하였다.

17 어재연은 신미양요 때 광성보 전투에서 전사하였다.

21 양헌수의 부대가 정족산성에서 프랑스군을 격퇴(병인양요, 1866)한 것은 오페르트 도굴 사건(1868) 이전의 사실이다.

블랭크

01	안동 김씨	02	비변사
03	대전회통	04	경복궁
05	원납전	06	묘지림
07	당백전	08	청전
09	토지 겸병	10	은결
11	호포법	12	사창제
13	서원	14	만동묘
15	박규수	16	병인양요
17	한성근, 양헌수	18	외규장각
19	오페르트	20	신미양요
21	어재연	22	척화비

테마 38 개항과 위정척사 운동   본책 p.146

기출 OX

01	×	02	×	03	○	04	○	05	○
06	○	07	×	08	○	09	○	10	○
11	×	12	×	13	○	14	○	15	×
16	○	17	○	18	○	19	×	20	○

01 왜양 일체론을 주장한 것은 최익현 등의 위정척사파이다. 온건 개화파는 동도 서기론에 기반을 두고 점진적으로 개혁을 추진하려 하였다.

02 우등한 사회가 열등한 사회를 지배하는 것이 당연하다고 여기는 논리는 사회 진화론이며, 이는 제국주의 열강들의 식민지 침략을 정당화하는 데 이용되었다. 사회 진화론과 온건 개화파는 관련이 없다.

07 김홍집, 어윤중은 온건 개화파로 동도 서기론을 주장하였다. 급진 개화파에는 김옥균, 박영효, 홍영식 등이 있으며, 문명 개화론을 주장하였다.

11 김홍집은 2차 수신사로 일본에 파견되었고, 귀국하면서 『조선책략』을 들여왔다. 조사 시찰단은 일본의 정부 기구와 산업 시설 시찰을 위해 비공식적으로 파견된 사절단으로, 박정양, 홍영식, 어윤중 등이 파견되었다.

12 일본과 제물포 조약을 체결한 것은 임오군란(1882)의 결과로, 『조선책략』과 관련이 없다.

15 동도 서기론은 온건 개화파가, 문명개화론은 급진 개화파가 주장하였다. 위정척사파는 1860년대 척화 주전론, 1870년대 왜양 일체론, 1880년대 개화 반대론을 주장하였고, 1890년대에는 일본의 침략에 저항하며 항일 의병 운동을 전개하였다.

19 최익현이 일본과 통상을 반대하는 오불가소를 올린 것은 1876년으로, 『조선책략』이 유포(1880)되기 이전의 사실이다.

블랭크

01	오경석, 유홍기	02	양무운동
03	동도 서기론	04	김홍집
05	메이지 유신	06	문명 개화론
07	김옥균, 박영효	08	통리기무아문
09	별기군	10	조선책략
11	조사 시찰단 (신사 유람단)	12	기기창
13	농무 목축 시험장	14	이항로
15	통상 수교 거부	16	왜양 일체론
17	5불가소	18	영남 만인소
19	홍재학	20	항일 의병 운동

테마 39 임오군란과 갑신정변

본책 p.148

기출 OX

01 O	02 X	03 O	04 X	05 X
06 O	07 X	08 O	09 O	10 X
11 X	12 X	13 O	14 O	15 X
16 O	17 O	18 X	19 X	20 O
21 X	22 X	23 O	24 X	25 O
26 X	27 X	28 O	29 O	30 O
31 X	32 X	33 O	34 O	

02 충의를 위해 역적을 토벌한다는 명분을 내걸고 유생들이 주동한 것은 을미의병, 을사의병, 정미의병 등의 의병 운동이다. 임오군란을 주도한 계층은 하층민과 구식 군인들이었다.

04 군대 해산에 반발한 군인들이 의병 부대에 합류한 것은 정미의병 때의 일이다. 1907년에 고종의 강제 퇴위와 한·일 신협약에 의한 군대 해산에 반발하여 정미의병이 일어났다.

05 보국안민과 제폭구민의 대의를 위해 봉기할 것을 호소한 것은 1894년에 일어난 1차 동학 농민 운동이다.

10 군국기무처가 설치(1894)된 것은 갑신정변(1884) 이후의 사실이다. 군국기무처는 제1차 갑오개혁 때의 초정부적 입법·정책 결정 기구이다.

11 5군영이 2영으로 통합(1881)되고 통리기무아문이 신설(1880)된 것은 임오군란(1882)이 일어나기 이전의 사실이다.

12 개항장에서 일본 화폐의 유통을 허용한 것은 강화도 조약의 부속 조약인 조·일 수호 조규 부록에 규정된 내용이다.

15 천주교 포교권은 1886년에 체결된 조·불(프) 수호 통상 조약을 통해 인정되었다.

18 차관 도입과 수신사 파견은 관련이 없으며, 조선 정부가 수신사를 파견한 것은 갑신정변 이전의 사실이다. 김옥균 등 급진 개화파는 개화 정책 자금을 마련하기 위해 차관을 도입하려 했으나 실패하였고, 이는 갑신정변의 배경이 되었다.

19 갑신정변 당시 급진 개화파는 경복궁이 아닌 창덕궁에 침범하여 왕과 왕비의 거처를 경우궁으로 이동시켰다.

21 흥선 대원군이 통리기무아문을 폐지한 것은 임오군란 때이다. 임오군란 수습을 위해 일시적으로 재집권한 흥선 대원군은 개화 정책을 중단하고, 통리기무아문과 별기군 등을 폐지하였다.

22 급진 개화파는 갑신정변을 통해 서구식 민주 공화국이 아닌 근대적 입헌 군주제의 수립을 목표로 하였다.

24 국내외 공사 문서에서의 개국 기원 사용은 1차 갑오개혁의 내용이다.

26 공·사 노비법의 혁파는 1차 갑오개혁의 내용이다.

31 조·청 상민 수륙 무역 장정은 갑신정변이 아닌 임오군란의 결과로 체결되었다.

32 한성 조약으로 조선은 일본에 일본 공사관 신축비와 배상금을 지불하였다.

블랭크

01	2영	02	별기군
03	도봉소	04	일본 공사관
05	농민, 하층민	06	통리기무아문
07	흥선 대원군	08	제물포 조약
09	배상금	10	경비병 주둔
11	3차 수신사	12	친청
13	묄렌도르프	14	조·청 상민 수륙 무역 장정
15	속방	16	내지 통상권
17	김옥균	18	청·프 전쟁
19	일본	20	우정(총)국
21	경우궁	22	14개조 혁신 정강
23	사대 관계	24	문벌
25	능력	26	입헌 군주제
27	지조법	28	혜상공국
29	호조	30	청군
31	일본	32	한성 조약
33	배상금	34	톈진 조약

테마 40 근대적 조약

기출 O×

01	O	02	O	03	×	04	×	05	O
06	×	07	×	08	×	09	O	10	O
11	O	12	O	13	O	14	O	15	O
16	×	17	O	18	O				

03 거중조정이 규정된 것은 조·미 수호 통상 조약이다.

04 강화도 조약을 통해 일본에 대한 치외 법권을 인정한 것은 맞으나, 일본에 대한 최혜국 대우 규정은 1883년 개정된 조·일 통상 장정에서 명시되었다.

06 강화도 조약에 최혜국 대우 규정은 포함되어 있지 않다. 일본에 대한 최혜국 대우 규정은 1883년 개정된 조·일 통상 장정에서 명시되었다.

07 강화도 조약에는 부산 외에 2개 항구를 개항한다는 내용이 포함되어 있다. 강화도 조약 체결 결과 부산(1876), 원산(1880), 인천(1883)이 차례로 개항되었다.

08 방곡령 규정은 1883년 개정된 조·일 통상 장정에서 합의되었다.

16 양곡의 무제한 유출, 무관세, 무항세 조항은 1876년에 체결된 조·일 무역 규칙(조·일 통상 장정)의 내용이다.

블랭크

01	불평등	02	부산
03	해안 측량권	04	10
05	일본 화폐	06	무항세
07	양화진	08	최혜국 대우
09	관세	10	방곡령
11	조선책략	12	청
13	최혜국 대우	14	관세
15	거중조정	16	보빙사
17	러시아	18	천주교

테마 41 동학史 본책 p.153

기출 O X

01 O	02 O	03 X	04 O	05 O
06 X	07 X	08 O	09 O	10 O
11 X	12 O	13 O	14 X	15 X
16 X	17 O	18 X	19 O	20 X

03 동학 교단의 남접과 북접이 합세한 것은 2차 농민 봉기 시기의 사실이다. 1차 동학 농민 운동 때에는 전봉준의 남접만 참여하였으나 2차 동학 농민 운동 때에는 손병희의 북접도 참여하면서 농민군의 규모가 확대되었다.

06 텐진 조약은 임오군란(1882)이 아닌 갑신정변(1884)의 결과로 청과 일본이 맺은 조약이다.

07 동학교도들이 전라도 삼례에서 교조인 최제우의 신원을 요구하는 집회를 벌인 것은 1892년으로, 백산 봉기(1894) 이전이다.

11 우금치 전투는 청·일 전쟁 이후에 벌어졌다. 청·일 전쟁은 1894년 6월에 발발하였고, 우금치 전투는 2차 동학 농민 운동 때인 1894년 11월에 일어났다.

14 외규장각에 보관되어 있던 『의궤』와 여러 서적은 병인양요 때 프랑스군에 의해 약탈당하였다.

15 삼정이정청은 임술 농민 봉기 때 삼정의 문란을 시정하기 위해 조선 정부가 설치한 것이다. 동학 농민 운동 당시에 조선 정부는 전주 화약을 체결한 이후 자주적 개혁 추진 기관으로 교정청을 설치하였다.

16 지조법 개혁은 갑신정변 때 급진 개화파가 발표한 14개조 혁신 정강의 내용이다.

18 외국인에게 의지하지 말고 관민이 협력하여 전제 황권을 공고히 한다는 것은 관민 공동회에서 결의한 헌의 6조 중 제1조의 내용이다.

20 중대 범죄를 공판하되 피고의 인권을 존중한다는 것은 관민 공동회에서 결의한 헌의 6조 중 제4조의 내용이다.

블랭크

01	사발통문	02	이용태
03	창의문	04	4대 강령
05	황룡촌	06	전주성
07	텐진 조약	08	전주 화약
09	집강소	10	삼례
11	남접, 북접	12	우금치 전투
13	전봉준	14	영학당
15	탐관오리	16	평량갓
17	재가	18	지주제
19	무명잡세	20	지벌

테마 42 갑오·을미개혁의 내용 분석 본책 p.155

기출 O X

01 O	02 O	03 O	04 X	05 O
06 X	07 O	08 X	09 O	10 X
11 X	12 O	13 X	14 X	15 O
16 O	17 X	18 X	19 O	20 O
21 O				

04 군현제를 폐지하고 전국을 23부 337군으로 개편한 것은 2차 갑오개혁 때의 사실이다.

06 재판소를 설치하여 사법권을 행정권에서 분리시킨 것은 2차 갑오개혁 때의 사실이다. 2차 갑오개혁 때 재판소를 설치하여 국민의 체포·구금·재판 업무는 경찰관과 사법관만이 담당할 수 있도록 하였다.

08 독립 협회(1896)는 1차 갑오개혁(1894) 이후에 설립된 단체로, 1차 갑오개혁과 관련이 없다.

10 군국기무처를 두고 여러 건의 개혁안을 처리한 것은 1차 갑오개혁 때의 사실이다. 이후 군국기무처를 폐지하고, 김홍집·박영효 연립 내각을 구성하여 2차 갑오개혁을 추진하였다.

11 태양력을 사용하도록 한 것은 을미개혁 때의 사실이다.

13 궁내부가 설치되어 왕실 사무를 전담하게 한 것은 1차 갑오개혁 때의 사실이다.

14 공·사채를 무효로 한다는 주장은 동학 농민군의 폐정 개혁안의 내용이다.

17 지계 발급을 위해 지계아문을 설치한다는 것은 대한 제국 시기에 실시된 양전 사업과 관련된 내용으로, 홍범 14조와는 관련이 없다.

18 대한천일은행은 개항 이후 일본의 금융 기관이 침투하고, 일본 상인의 고리대금업이 성행하자 이에 대응하기 위하여 설립된 은행으로, 홍범 14조와는 관련이 없다.

블랭크

01	개국	02	궁내부
03	80아문	04	과거제
05	경무청	06	탁지아문
07	은본위	08	공·사 노비제
09	연좌제	10	내각, 7부
11	23부 337군	12	시위대
13	사법권	14	재판소
15	교육 입국 조서	16	홍범 14조
17	청	18	탁지아문
19	건양	20	친위대
21	단발령		

테마 43 독립 협회와 대한 제국

본책 p.157

기출 OX

01	×	02	O	03	×	04	×	05	×
06	O	07	O	08	O	09	×	10	O
11	O	12	O	13	×	14	O	15	O
16	×	17	O	18	O	19	O	20	×
21	O	22	O	23	O	24	O	25	×
26	×	27	×	28	×	29	O	30	×
31	×	32	O	33	O	34	O	35	×

01 독립신문(1896. 4.)은 독립 협회가 창립(1896. 7.)되기 이전에 정부의 지원을 받아 서재필이 창간하였다.

03 보부상을 중심으로 황권 강화를 통한 부국강병을 추구한 단체는 황국 협회이다. 독립 협회는 서재필 등 진보적 지식인들의 주도로 창립되었으며, 근대적 자주 독립 국가를 건설하고자 하였다.

04 일본이 황무지 개간을 구실로 토지를 약탈하려 하자 대중적 반대 운동을 벌인 단체는 보안회이다. 독립 협회는 열강의 내정 간섭과 이권 요구를 반대하는 운동을 전개하여 러시아의 절영도 조차 요구를 비롯하여 열강의 이권 침탈 시도를 저지하였다.

05 대한국 국제를 반포한 것은 고종이다. 고종은 대한 제국 수립 후 일종의 헌법과 같은 대한국 국제를 반포하여 대한 제국이 전제 정치 국가임과 황제가 무한한 권한을 행사함을 강조하였다.

09 교육 입국 조서를 작성해 공포한 것은 고종이다. 고종은 제2차 갑오개혁 때 교육 입국 조서를 공포하여 근대적 교육 제도를 마련하였다.

13 헌의 6조에서는 '국가 재정은 탁지부에서 전관하고, 예산과 결산을 국민에게 공포할 것'을 결의하였다.

16 러시아 공사관에 머물던 고종은 1897년 2월 경복궁이 아닌 경운궁(덕수궁)으로 환궁하였다.

20 대한 제국은 의회 설립을 통한 민주주의 체제를 지향하지 않았으며, 입헌 군주제가 아닌 전제 군주제를 지향하였다.

25 광무 개혁 때 국가 재정 확보를 위해 양전 사업을 실시하고 지계를 발급했으나, 지주 전호제를 폐지하지는 않았다. 지주 전호제는 이승만 정부 시기의 농지 개혁으로 폐지되었다.

26 교육 입국 조서를 반포한 것은 제2차 갑오개혁 때이다.

27 지조법을 개혁하고 혜상공국을 폐지할 것을 주장한 것은 갑신정변(1884) 때이다.

28 화폐 제도를 은본위제로 개혁하고자 신식 화폐 발행 장정을 공포한 것은 1차 갑오개혁 때의 사실이다.

30 근대식 교육 기관인 육영 공원이 설립된 것은 1886년으로, 대한 제국이 설립(1897)되기 이전의 사실이다.

31 조·청 상민 수륙 무역 장정은 1882년, 시모노세키 조약은 1895년에 체결하였다. 한·청 통상 조약은 대한제국 시기(청·일 전쟁 이후 청의 세력 약화) 청과의 동등한 무역을 위해서 1899년에 체결하였다.

35 미쓰야 협정은 독도와 관련이 없으며, 시마네 현 고시 제40호는 일본이 독도를 일본의 영토로 불법 편입하기 위해 러·일 전쟁 중 반포한 것이다.

블랭크

01	독립신문	02	서재필
03	자강 개혁	04	독립문
05	강연회, 토론회	06	만민 공동회
07	절영도	08	관민 공동회
09	중추원 관제	10	황국 협회
11	자주 국권	12	전제 황권
13	중추원	14	탁지부
15	인권	16	경운궁(덕수궁)
17	환구단(원구단)	18	광무
19	대한국 국제	20	구본신참
21	교전소(법규 교정소)	22	13도
23	양지아문	24	지계
25	금본위제	26	내장원
27	상무사	28	서북 철도국
29	상공 학교, 광무 학교	30	원수부
31	한·청 통상 조약	32	이범윤
33	간도 협약	34	칙령 제41호
35	시마네 현		

테마 44 국권 피탈 과정 ↔ 의병과 애국 계몽 운동 본책 p.160

기출 ○×

01 ○	02 ○	03 ×	04 ○	05 ○
06 ○	07 ○	08 ○	09 ×	10 ○
11 ○	12 ○	13 ○	14 ○	15 ○
16 ×	17 ×	18 ×	19 ×	20 ×
21 ×	22 ×	23 ○	24 ○	25 ×
26 ×	27 ○	28 ○	29 ○	30 ○
31 ○	32 ×	33 ○	34 ○	35 ○
36 ×	37 ○	38 ○	39 ○	40 ○
41 ○	42 ○	43 ×	44 ○	45 ×
46 ×	47 ○	48 ○	49 ×	50 ○
51 ○	52 ○	53 ○	54 ×	55 ×
56 ○	57 ○			

03 대한 제국의 사법권을 빼앗고 감옥 사무를 일본 정부에 위탁하게 된 조약은 기유각서(1909)이다. 한·일 의정서는 일본이 대한 제국 내의 군사 기지를 자유롭게 사용할 수 있으며 대한 제국이 일본의 동의 없이 제3국과 조약을 체결할 수 없음을 규정하였다.

09 이사청에 관리가 파견된 것은 1906년으로, 을사늑약(1905) 체결 이후의 사실이다. 일본은 개항장 및 필요한 곳에 통감의 지휘 하에 협약과 관련된 사무를 처리하는 이사청을 설치하고 관리를 파견하여 대한 제국에 대한 내정 간섭을 강화하였다.

16 고종이 헤이그 특사를 파견하는 계기가 된 것은 을사늑약(제2차 한·일 협약)이다. 고종은 을사늑약의 부당함을 알리기 위해 1907년에 네덜란드 헤이그에서 열리는 만국 평화 회의에 이준, 이상설, 이위종을 특사로 파견하였으나 일본의 방해 등으로 실패하였다.

17 고종이 강제 퇴위 당한 것은 한·일 신협약이 체결되기 이전의 사실이다.

18 대한 제국의 외교권 박탈과 통감부 설치는 을사늑약(제2차 한·일 협약) 체결의 결과이다.

20 일본인 재정 고문 메가타가 화폐 정리 사업을 실시하는 근거가

된 것은 제1차 한·일 협약이다. 재정 고문 메가타는 대한 제국의 경제를 일본에 예속시키기 위하여 1905년에 화폐 정리 사업을 실시하였다.

21 최익현이 의병 운동을 처음 시작한 원인이 된 것은 을사늑약(제2차 한·일 협약)이다. 최익현은 을사늑약이 체결되자 임병찬 등과 함께 의병을 일으켜 태인, 순창 등에서 활약하였다.

22 일제의 강요로 군대가 해산되자 그에 반발하여 일어난 의병은 정미의병이다. 을미의병은 명성 황후 시해와 단발령에 반발하여 일어났다.

25 민종식 등이 이끄는 의병이 홍주성을 점령한 것은 을사의병 때의 사실이다.

26 이인영을 총대장으로 삼아 서울 진공 작전을 계획한 것은 정미의병 때의 사실이다.

32 고종의 해산 권고 조칙에 의해 스스로 해산한 의병은 을미의병이다. 을미의병은 유인석, 이소응 등 양반 유생 의병장이 주도하여 전국적으로 확대되었다.

36 평민 출신 의병장인 신돌석은 정미의병 시기에도 활동하였지만 처음 등장한 것은 정미의병 이전이며, 호남 지역이 아닌 강원도와 경상도 일대에서 주로 활약하였다.

43 자치 운동은 1920년대에 이광수, 최린 등의 타협적 민족주의자들이 일제의 식민 지배를 인정하고, 자치권을 획득하여 실력을 기르자는 운동으로, 대한 자강회와는 관련이 없다.

45 농광 회사는 일제의 황무지 개간권 요구에 대응하여 개간 사업을 진행하기 위해 설립된 회사로, 대한 자강회와는 관련이 없다.

46 입헌 군주제 수립을 목표로 활동한 단체는 독립 협회와 헌정 연구회 등이다. 신민회는 공화 정치 체제의 근대 국가 수립을 목표로 활동하였다.

49 기회주의를 배격하고 정치, 경제적 각성을 촉구한 단체는 1927년에 조직된 신간회이다. 신간회는 비타협적 민족주의 계열과 사회주의 계열이 결성한 단체로 타협적 민족주의 계열의 자치 운동을 비판하였다.

52 국내의 요인 암살, 식민 통치 기관 파괴 활동을 전개한 단체는 일제 강점기에 활약한 의열단이다.

54 만세보라는 기관지를 발간한 것은 천도교이다. 신민회의 기관지 역할을 한 신문은 대한매일신보이다.

55 광주 학생 항일 운동이 일어나자 진상 조사단을 파견한 단체는 신간회이다.

블랭크

01	러·일 전쟁	02	러·일
03	군사 기지	04	제1차 한·일 협약
05	스티븐스, 메가타	06	가쓰라·태프트 밀약
07	제2차 영·일 동맹	08	포츠머스 조약
09	외교권, 통감부	10	이토 히로부미
11	최익현	12	대한매일신보
13	헐버트	14	이상설
15	장인환, 전명운	16	헤이그 특사
17	통감	18	차관
19	군대	20	정미의병
21	보안법	22	단발령
23	양반 유생	24	이소응
25	위정척사	26	친일
27	해산 권고 조칙 (효유조칙)	28	활빈당
29	대한 사민 논설	30	반봉건
31	을사늑약	32	신돌석
33	군대	34	13도 창의군
35	서울 진공 작전	36	교전 단체
37	이인영	38	남한 대토벌
39	만주, 연해주	40	동양평화론
41	송수만	42	황무지 개간권
43	대한 자강회	44	지회
45	고종 강제 퇴위	46	비밀 결사
47	윤치호, 안창호	48	공화정
49	신한민촌	50	신흥 강습소 (신흥 무관 학교)
51	오산 학교	52	대한매일신보
53	조선 광문회	54	자기 회사
55	태극 서관	56	연초, 방직
57	105인 사건		

테마 45 근대 경제사 - 열강의 경제 침탈과 경제적 구국 운동 본책 p.165

기출 OX

01	O	02	X	03	O	04	O	05	O
06	X	07	O	08	X	09	O	10	X
11	O	12	X	13	O	14	O	15	O
16	O	17	O	18	O	19	X	20	O
21	X								

02 조·청 상민 수륙 무역 장정은 갑신정변(1884) 이전에 일어난 임오군란(1882)의 결과로 체결되었다.

06 운산 금광 채굴권은 러시아가 아닌 미국이 침탈한 이권이다. 러시아는 압록강, 두만강, 울릉도의 삼림 벌채권과 경원, 종성의 광산 채굴권 등 경제적 이권을 차지하였다.

08 용암포를 강제 점령하고 조차를 요구한 나라는 러시아이다. 러시아는 압록강 벌채 사업을 보호한다는 구실로 용암포를 강제 점령하고 이 지역을 러시아의 조차지로 인정해 줄 것을 대한 제국 정부에 요구하였다.

10 화폐 정리 사업은 구화폐에 매긴 등급(갑·을·병)에 따라 차등을 두고 제일은행권으로 교환해 주는 화폐 교환 방식을 따랐다.

12 전환국은 1883년에 설치된 화폐 발행 기관으로, 화폐 정리 사업 이전인 1904년에 메가타의 건의로 폐지되었다.

19 '내 살림 내 것으로', '조선 사람 조선 것' 등의 표어를 내걸었던 경제적 구국 운동은 1920년대에 전개된 물산 장려 운동이다.

21 국채 보상 운동은 총독부가 아닌 통감부의 방해로 실패하였다. 조선 총독부는 1910년에 설치되었으므로, 1907년부터 1여 년간 전개된 국채 보상 운동을 탄압할 수 없었다.

블랭크

01	삼림 벌채권	02	운산
03	경부선	04	경의선
05	객주	06	동양 척식 주식회사
07	토지 가옥 증명 규칙	08	화폐 정리 사업
09	전환국	10	백동화
11	차관	12	한성, 대한천일
13	방곡령	14	조·일 통상 장정 개정
15	황국 중앙 총상회	16	농광 회사
17	차관	18	서상돈
19	국채 보상 기성회	20	대한매일신보
21	양기탁		

테마 46 근대 문화사 본책 p.167

기출 OX

01	O	02	O	03	X	04	O	05	X
06	O	07	O	08	O	09	O	10	X
11	X	12	X	13	O	14	O	15	O
16	O	17	X	18	O	19	O	20	O
21	O	22	O	23	X	24	O	25	O
26	O	27	O	28	O	29	O	30	O
31	O	32	O	33	O	34	X	35	O
36	O	37	O	38	O	39	O	40	O
41	X	42	X	43	O	44	X	45	X
46	O	47	X	48	X	49	O	50	O
51	X	52	O	53	X	54	O		

03 최초로 국한문을 혼용하고, 기사 내용에 따라 한글 또는 한문을 사용하여 독자층을 넓혀나가고자 하였던 신문은 한성주보이다.

05 국한문 혼용체를 사용한 일간지로 주로 유학자층의 계몽에 앞장섰던 신문은 황성신문이다.

10 이종일이 순한글로 간행한 신문은 제국신문이다. 제국신문은 부녀자, 일반 민중을 대상으로 한 사회 계몽 기사를 많이 실었다.

11 언론 검열을 피하기 위해 영국인 베델을 발행인으로 초빙한 신문은 대한매일신보이다.

12 오세창 등 천도교 측에서 발행한 신문은 만세보이다. 만세보는 친일 단체인 일진회를 비판하고 국채 보상 운동을 지원하였다.

17 대한민국 임시 정부의 기관지 역할을 한 신문은 1919년에 발행된 독립신문이다. 대한매일신보는 신민회의 기관지 역할을 하였다.

23 관민이 합심하여 설립한 학교는 원산 학사이다. 육영 공원은 정부가 설립한 근대식 관립 학교이다.

27 근대식 사관 양성을 목적으로 설립된 교육 기관은 연무 공원이다. 육영 공원은 상류층 자제들을 대상으로 외국어와 근대 학문을 가르치기 위해 정부가 설립한 근대식 관립 학교이다.

28 국문 연구소가 설치된 것은 1907년으로, 육영 공원이 폐교(1894)된 이후의 사실이다.

33 고종의 교육 입국 조서에 따라 설립된 관립 학교로는 한성 사범 학교(1895) 등이 있다. 경신 학교는 미국 선교사 언더우드에 의해 1886년에 설립된 사립 학교이다.

34 대성 학교(평양), 오산 학교(정주), 보성 학교(서울)는 국내에 설립되었으나 서전서숙은 1906년에 이상설이 북간도에 설립하였다.

35 일본이 1908년에 사립 학교의 설립과 운영을 통제하기 위해 사립학교령을 반포한 것은 맞지만, 이때 법령을 반포한 주체는 통감부였다. 총독부는 1910년 한·일 합병 이후 설치되었다.

41 덕수궁 석조전은 르네상스식 건축 양식으로 지어진 건물로 영국인 하딩이 설계하였으며, 1910년에 완성되었다.

42 1898년에 고딕식 벽돌 건축물인 명동 성당이 완공된 것은 맞지만, 우리나라 최초의 고딕식 벽돌 건축물은 명동 성당이 아닌 약현 성당(1892)이다.

44 서울과 부산을 잇는 경부선 철도는 1905년에 일본에 의해 개통되었다.

45 우리나라 최초의 철도인 경인선이 개통된 것은 1899년이다.

47 을지문덕, 강감찬, 최영, 이순신 등의 애국 명장에 관한 전기를 편찬해 애국심을 고취시켰던 인물은 신채호이다.

48 대한매일신보에 「독사신론」을 연재하여 민족주의 사학의 발판을 마련한 사람은 신채호이다.

51 나철이 대종교를 창시한 것은 1909년으로, 을미의병(1895) 이후의 사실이다.

53 동학과 대종교는 관련이 없다. 손병희는 동학 내의 친일 세력 (시천교)을 내쫓고 동학을 천도교로 개편하였다. 대종교는 나철, 오기호 등이 단군 신앙을 기반으로 창시한 종교이다.

블랭크

01	한성순보	02	순한문
03	관보적	04	10일
05	갑신정변	06	민간
07	영문판	08	독립 협회
09	남궁억	10	국한문
11	유림층	12	시일야방성대곡
13	이종일	14	부녀자
15	베델	16	국한문
17	국채 보상 운동	18	고종
19	매일신보	20	원산 학사
21	무예반	22	동문학
23	통역관	24	육영 공원
25	상류층(양반)	26	헐버트
27	좌원, 우원	28	연무 공원
29	교육 입국 조서	30	한성 사범 학교
31	배재 학당	32	경신 학당
33	이화 학당	34	순성 여학교
35	사립학교령	36	전환국
37	우정(총)국	38	광혜원
39	한성 전기 회사	40	명동 성당
41	덕수궁 중명전	42	덕수궁 석조전
43	경복궁 건청궁	44	경인선
45	경부선	46	전차
47	독사신론	48	조선 광문회
49	매천야록, 절명시	50	국문 연구소
51	대종교	52	유교구신론
53	한용운	54	경향신문

V 일제 강점기

테마 47 일제 강점기 시기별 통치 방식의 변화 본책 p.172

기출 OX

01 O	02 X	03 O	04 O	05 X
06 O	07 X	08 O	09 X	10 O
11 O	12 O	13 X	14 O	15 O
16 X	17 O	18 O	19 O	20 O
21 O	22 X	23 O	24 O	25 X
26 X	27 O	28 O	29 X	30 X
31 O	32 X	33 O	34 O	35 O
36 O	37 X	38 O	39 X	40 X
41 O	42 X	43 O	44 O	45 O
46 O	47 O	48 O	49 O	

02 중추원은 조선 총독의 통치 자문 기구로 조선 귀족들을 중심으로 하여 구성되었으나, 1919년 3·1 운동 전까지 단 한 번도 소집되지 않았다.

05 치안 유지법을 적용하여 한국인에게 사상적 탄압과 감시를 강화한 것은 문화 통치 시기의 사실이다. 치안 유지법은 일제가 반정부·반체제 운동이나 사회주의 단체를 탄압하기 위하여 1925년에 제정한 것으로, 식민지 조선에도 적용하여 독립운동을 탄압했다.

07 내선일체를 강조하고 조선어 사용을 금지하였던 것은 민족 말살 통치 시기의 사실이다. 무단 통치 시기에는 제1차 조선 교육령을 공포하여 조선인에게 실업·전문 교육만을 실시하였다.

09 조선 태형령은 무단 통치 시기인 1910년대에 실시되었다가 3·1 운동 이후인 1920년에 폐지되었다.

13 학도 지원병 제도가 실시된 것은 민족 말살 통치 시기인 1943년이다.

16 헌병 경찰이 칼을 차고 민간의 치안 및 행정 업무를 처리한 것은 1910년대 무단 통치 시기의 사실이다.

22 춘궁 퇴치, 농가 부채 근절을 목표로 내세운 것은 1932년부터 1940년까지 시행된 농촌 진흥 운동이다. 토지 조사 사업은 일제가 근대적인 토지 제도를 확립하여 세원을 확보하고 토지를 약탈하기 위해 시행하였다.

25 토지 조사령에 임야에 대한 내용은 없다. 일제는 1918년 임야 조사령을 제정하여 대부분의 임야지를 국유지로 강제 편입시켜 총독부가 강점하도록 하였다.

26 토지 조사 사업의 결과 토지 소유권에 대한 다수의 분쟁이 발생하였다. 신고 기간과 절차가 복잡하여 신고하지 못했던 민유지가 총독부 소유가 되는 문제가 발생하는 등 분쟁이 빈번하였다.

29 조선 총독부가 회사령을 폐지하여 회사 설립을 신고제로 바꾼 시기는 1920년이다. 1910년대에는 회사령(허가제)에 따라 민족 자본의 성장이 억압되었다.

30 공업 원료 확보를 위한 남면북양 정책이 추진된 것은 1930년대의 사실이다. 한편, 회사령은 1910~1920년에 시행되었다.

32 일본 자본가들의 과잉 자본을 조선에 투자하고, 전쟁에 필요한 필수품 조달을 위해 군수 공업을 위주로 하는 공업화 정책이 추진되어 한반도가 병참 기지화된 것은 민족 말살 통치 시기이다.

37 산미 증식 계획을 시행하는 과정에서 많은 수의 자작농이 소작농이 되거나, 화전민·토막민으로 전락하였다. 지주들이 쌀 증산에 필요한 수리 조합비, 토지 개량비, 비료 대금 등을 농민들에게 전가하여 농민들의 생활은 더욱 악화되었다.

39 공출제를 실시하여 미곡을 강제로 거둔 것은 1930년대 이후의 사실이다.

40 일제는 중·일 전쟁(1937) 이전부터 공업 자원의 확보를 위하여 남면북양 정책을 시행하였다. 남면북양 정책은 1930년대에 일제가 한반도를 공업 원료 공급지로 활용하기 위해 남부 지방의 농민들에게는 면화 재배를, 북부 지방의 농민에게는 양을 기르도록 강요한 정책이다.

42 조선식산은행령이 공포된 것은 1918년으로, 식량 배급제 실시(1940) 이전의 사실이다.

블랭크

01	조선 총독부	02	조선 총독
03	중추원	04	범죄 즉결례
05	조선 태형령	06	제복, 칼
07	언론, 출판, 집회, 결사	08	고등
09	문관	10	친일파
11	도 평의회	12	치안 유지법
13	조선일보, 동아일보	14	병참 기지화
15	황국 신민화	16	창씨개명
17	보호 관찰령	18	국가 총동원법
19	예방 구금령	20	토지 소유권
21	지세, 토지	22	토지 조사령
23	기간(기한), 신고	24	기한부 계약직
25	경작권	26	소유권
27	동양 척식 주식회사	28	회사령
29	허가	30	삼림령
31	조선 광업령	32	식량 부족
33	수탈	34	잡곡
35	수리 조합	36	단작형 농업
37	신고제	38	관세
39	신은행령	40	남면북양
41	면화, 양	42	산미 증식 계획
43	공출	44	배급
45	지원병령	46	징병령
47	징용령	48	여자 정신대 근무령
49	총동원 조선 연맹		

테마 48 1910년대 민족 독립운동 본책 p.177

기출 O X

01 O	02 O	03 X	04 O	05 O
06 O	07 O	08 O	09 O	10 X
11 O	12 X	13 X	14 O	15 O
16 X	17 O	18 O	19 O	20 X
21 O				

03 민족 자본의 육성을 강조하는 것은 국내 실력 양성 운동 계열에 대한 설명이다.

10 대한 국민 의회는 1919년에 러시아 연해주의 전로 한족 중앙 총회가 개편되어 설립된 임시 정부로, 1917년에 순국한 이상설과는 관련이 없다.

12 독립군 양성을 위해 신흥 강습소가 설치된 지역은 서간도의 삼원보이다.

13 신규식과 박은식 등의 주도로 동제사가 조직된 지역은 중국 상하이이다. 동제사는 박달 학원 설립 등 청년 교육에 주력하였다.

16 중국 화북 지방에서 조선 독립 동맹이 결성(1942)된 것은 1940년대의 사실이다.

20 독립운동 기지인 한흥동이 건설된 지역은 북만주 밀산부이다. 한흥동은 이상설, 이승희 등이 중국과 소련의 국경 지역인 밀산현 봉밀산에 황무지를 매입하고 주민들을 이주시켜 만든 독립운동 기지이다.

블랭크

01	임병찬	02	복벽주의
03	국권 반환 요구서	04	박상진
05	공화정체	06	친일 부호
07	조선 국민회	08	삼원보
09	경학사	10	서로 군정서
11	신흥 무관 학교	12	서전서숙

13	중광단	14	북로 군정서
15	대동 단결 선언	16	김규식
17	한인 사회당	18	이상설
19	대한인 국민회	20	흥사단
21	대조선 국민 군단		

테마 49 3·1 운동과 대한민국 임시 정부 본책 p.179

기출 OX

01	×	02	O	03	O	04	O	05	×
06	O	07	O	08	O	09	×	10	×
11	×	12	×	13	O	14	×	15	O
16	O	17	O	18	×	19	O	20	O
21	O	22	O	23	O	24	O	25	O
26	O	27	×	28	×	29	O	30	O
31	×								

01 제1차 세계 대전 이후 미국 대통령 윌슨이 주장한 민족 자결주의는 패전국의 식민지에만 적용되었다. 따라서 제1차 세계 대전에서 승전국인 일본의 식민지였던 우리나라에는 적용되지 않았다.

05 신간회의 지원을 받은 것은 광주 학생 항일 운동(1929)이다. 3·1 운동은 1919년에 일어난 운동으로 1927년에 결성된 신간회와는 관련이 없다.

09 준비 과정에서 천도교와 조선 공산당 등이 연대한 운동은 6·10 만세 운동이다.

10 민족 유일당 운동이 촉발되는 계기가 된 것은 6·10 만세 운동이다. 6·10 만세 운동은 민족주의 계열과 사회주의 계열이 연대할 수 있는 계기를 마련하여 민족 유일당 운동을 전개하였고 그 결과 신간회가 창설되었다(1927).

11 대한민국 임시 정부는 3·1 운동 이후 설립되었다. 3·1 운동을 계기로 독립운동을 통합적으로 주도할 정부의 필요성이 대두되었고, 이에 따라 대한민국 임시 정부가 수립되었다.

12 대한민국 임시 정부의 수립에 영향을 주었던 것은 1919년의 3·1 운동이다. 광주 학생 항일 운동은 임시 정부 수립 이후인 1929년에 일어난 사건이다.

14 임시 의정원은 대한민국 임시 정부의 입법 기관으로 정부 수립(1919. 9.) 이전인 1919년 4월에 구성되었다.

18 재정 확보를 위하여 화폐 주조 기관인 전환국을 설립한 것은 조선 정부의 초기 개화 정책이다.

27 대한민국 임시 정부가 한국 국민당을 조직하여 정당 정치를 운영한 것은 1935년으로, 국무위원제 채택(1927) 이후의 사실이다.

28 대한민국 임시 정부가 조소앙의 삼균주의에 기초한 건국 강령을 반포한 것은 1941년으로, 국무위원제 채택(1927) 이후의 사실이다.

31 대한민국 임시 정부가 주석·부주석제를 채택하여 강력한 지도 체제를 갖추게 된 시기는 1944년 5차 개헌 때이다. 1940년의 제4차 개헌에서는 주석 중심의 단일 지도 체제가 채택되었다.

블랭크

01	레닌	02	민족 자결주의
03	2·8 독립 선언	04	3·1 운동
05	태화관	06	제암리 학살
07	문화 통치	08	대한민국 임시 정부
09	봉오동 전투	10	5·4 운동
11	임시 의정원	12	대한 국민 의회
13	이승만	14	삼권 분립
15	연통제	16	애국 공채(독립 공채)
17	백산 상회	18	광복군 총영
19	구미 위원부	20	독립신문
21	사료 편찬소	22	위임 통치 청원서
23	국민 대표 회의	24	신채호
25	안창호	26	한국광복군
27	대통령 중심제	28	국무령

29	국무 위원	30	주석
31	주석, 부주석		

테마 50 1920~30년대 국외 민족 독립운동 본책 p.182

기출 OX

01	O	02	O	03	X	04	O	05	O
06	X	07	X	08	O	09	O	10	X
11	O	12	O	13	O	14	O	15	X
16	O	17	O	18	O	19	O	20	O
21	X	22	O	23	O	24	X	25	O
26	O	27	O	28	X	29	O	30	O
31	O	32	X	33	O	34	O	35	O
36	X	37	O	38	X	39	O	40	O
41	X	42	O	43	O	44	O	45	O
46	O	47	O	48	O	49	X	50	X
51	O	52	O	53	O				

03 대동 단결 선언은 의열단이 결성(1919)되기 전인 1917년에 발표되었다. 신규식, 박은식, 신채호, 조소앙, 신석우, 박용만, 한진교 등 14명의 지식인들은 공화주의를 표방하며 임시 정부 수립의 필요성을 제기한 대동 단결 선언문을 발표하였다.

06 경성역에서 사이토 총독에게 폭탄을 던진 단체는 노인 동맹단이다.

07 밀양 경찰서에 폭탄을 투척한 인물은 최수봉이다. 박재혁은 1920년 부산 경찰서에 폭탄을 투척하였다.

10 상하이 훙커우 공원에서 열린 일본군의 상하이 점령 축하 기념식장에 폭탄을 던져 일본군을 살상한 것은 의열단이 아닌 한인 애국단의 단원인 윤봉길이다.

15 적극적인 의열 활동을 위해 한인 애국단을 만든 인물은 김구이다. 박은식은 임시 정부의 제2대 대통령으로 1925년에 서거했다.

21 중국 국민당의 북벌에 참가한 단체는 의열단이다. 한인 애국단은 윤봉길의 상하이 훙커우 공원 의거로 인하여 중국 국민당 장제스의 지원을 이끌어낼 수 있었다.

24 1920년의 청산리 전투에서 일본군을 격파한 인물은 북로 군정서군의 김좌진과 대한 독립군의 홍범도 등이다. 이인영은 정미의병 때 활약한 의병장이다.

28 참의부, 정의부, 신민부는 각각 민정 조직과 군정 조직을 갖추고 민주적인 자치 정부의 성격을 띠었다.

32 중국 의용군과 연합하여 영릉가 전투에서 일본군을 물리친 것은 조선 혁명군이다. 한국 독립군은 지청천의 지휘 아래 중국 호로군과 연합하여 쌍성보 전투 등에서 활약하였다.

36 북만주 지역에서 주로 활동한 군대는 한국 독립군이다. 조선 혁명군은 남만주 일대에서 활동하였다.

37 한국 독립당(조소앙), 한국 국민당(김구), 조선 혁명당(지청천) 3당의 통합으로 결성된 것은 1940년에 재창당된 임시 정부의 한국 독립당이다. 민족 혁명당은 의열단(김원봉)이 중심이 되어 조선 혁명당(최동오), 신한 독립당(지청천), 한국 독립당(조소앙) 등의 여러 단체의 인사들이 창건하였다.

38 민족 혁명당 창당을 주도한 인물은 김원봉이다.

41 3부 통합으로 성립된 국민부 산하의 군대는 양세봉의 조선 혁명군이다. 조선 의용대는 조선 민족 전선 연맹의 산하 부대로 창설되었다.

49 중국 공산군 산하의 팔로군과 함께 화북 지역에서 항일전을 벌인 단체는 조선 의용군이다. 조선 의용대 화북 지대는 조선 독립 동맹 산하의 조선 의용군으로 개편(1942)되었고, 화북 지역에서 중국 공산당 팔로군과 연합하여 항일전을 지속하였다.

50 대한민국 임시 정부는 1940년에 김구를 주석으로 하는 단일지도 체제를 성립하고 대한민국 건국 강령을 제정(1941. 11.)하였다. 대일 선전 포고를 발표(1941. 12.)한 것은 그 이후의 사실이다.

블랭크

01	김원봉	02	5파괴, 7가살
03	신채호	04	외교론
05	박재혁	06	밀양 경찰서
07	조선 총독부	08	김상옥

09	김지섭	10	나석주
11	황푸(황포) 군관 학교	12	조선 혁명 간부 학교
13	민족 혁명당	14	김구
15	국민 대표 회의	16	도쿄
17	이봉창	18	상하이 사변
19	훙커우	20	만보산 사건
21	충칭	22	대한 독립군
23	훈춘 사건	24	청산리 전투
25	간도 참변(경신 참변)	26	대한 독립 군단
27	자유시 참변	28	민정
29	미쓰야 협정	30	혁신 의회
31	양세봉	32	중국 의용군
33	영릉가, 흥경성	34	지청천
35	중국 호로군	36	쌍성보, 대전자령
37	민족 혁명당	38	조선 의용대
39	한인 무장 단체	40	한국광복군
41	조선 의용대 화북 지대	42	조선 독립 동맹
43	조선 의용군	44	중국 팔로군
45	한국 국민당	46	한국 독립당
47	조소앙	48	한국광복군
49	지청천	50	중국 국민당
51	삼균주의	52	인도, 미얀마
53	국내 진공 작전		

테마 51 1920~30년대 국내 민족 독립운동 본책 p.187

기출 OX

01 O	02 O	03 X	04 O	05 O
06 X	07 O	08 O	09 O	10 X
11 X	12 O	13 O	14 O	15 X
16 O	17 O	18 X	19 O	20 O

03 신분 제도는 1894년에 시행된 갑오개혁 때 법적으로 폐지되었다. 그러나 백정들에 대한 사회적 차별은 일제 강점기에도 계속되어 형평 운동이 전개되었다.

06 암태도 소작 쟁의는 1년여에 걸친 투쟁 끝에 농민의 요구대로 소작료를 4할로 낮추는 데 성공하였다.

10 물산 장려 운동은 회사령 제정(1910)이 아닌 회사령의 폐지(1920)와 일본 상품에 대한 관세 폐지(1923) 움직임에 대항하여 일어났다.

11 물산 장려 운동은 민족주의 계열 및 자본가 계층의 주도하에 전개되었다. 사회주의 세력은 물산 장려 운동이 자본가 계급과 부르주아만의 이익을 위한 운동이라고 비판하였다.

15 민족 연합 전선 단체인 신간회의 후원을 받은 것은 광주 학생 항일 운동(1929)이다. 조선 민립 대학 기성회는 신간회 설립(1927) 이전에 조직되었다.

18 한글 보급 운동에 앞장서 한글 교재인 『한글원본』을 만든 언론은 조선일보이다. 동아일보는 브나로드 운동을 전개하였다.

블랭크

01	어린이	02	백정
03	조선 형평사	04	근우회
05	암태도 소작 쟁의	06	원산 노동자 총파업
07	정치적	08	회사령
09	관세	10	조선 물산 장려회
11	조만식	12	내, 내
13	사회주의	14	(조선) 민립 대학 기성회

15	민립 대학 설립	16	모금
17	경성 제국 대학	18	조선일보
19	한글원본	20	동아일보

테마 52 민족 유일당 운동

본책 p.189

기출 OX

01	O	02	X	03	X	04	O	05	O
06	O	07	O	08	O	09	O	10	O
11	X	12	X	13	O	14	X	15	O
16	O	17	X	18	O	19	X	20	O
21	X	22	O	23	X	24	O	25	X
26	X	27	X	28	O	29	O	30	O
31	O	32	X						

02 무장 투쟁을 통한 독립을 이루어야 한다는 것은 신채호, 박용만 등이 주장한 무장 투쟁론이다.

03 농민, 노동자를 단결시켜 일제를 타도하자는 것은 사회주의 운동의 주장이다.

11 암태도 소작 쟁의(1923)는 신간회 결성(1927) 이전에 일어났다. 암태도 소작 쟁의는 지주인 문재철과 그를 비호하는 일제에 대항하여 암태도의 소작 농민들이 1년간 일으킨 농민 운동이다.

12 6·10 만세 운동(1926)은 신간회 결성(1927) 이전에 일어났다. 6·10 만세 운동은 민족주의 계열과 사회주의 계열의 연대 계기를 마련하여 신간회 결성에 영향을 주었다.

14 고등 교육 기관으로서 대학을 설립하려는 운동을 펼친 단체는 조선 민립 대학 기성회이다.

17 신간회 집행부의 우경화와 코민테른의 노선 변화에 따라 사회주의자들이 신간회 해소론을 주장하며 이탈하였고, 결국 신간회는 해소되었다.

19 조선 민립 대학 기성회는 1920년대 초 민립 대학 설립 운동을 주도한 단체로 6·10 만세 운동과 무관하다.

21 일제 강점기 최대 규모의 항일 학생 운동은 광주 학생 항일 운동(1929)이다.

23 순종의 장례일에 거족적 만세 시위 운동을 계획한 것은 6·10 만세 운동이다.

25 민족 산업의 보호와 육성을 위해 국산품 애용 등을 주장한 운동은 물산 장려 운동이다.

26 광주 학생 항일 운동(1929)은 학도 지원병제(1943) 이전에 일어난 운동으로 학도 지원병제의 폐지를 요구할 수 없다.

27 일제가 허용하는 범위 내에서 자치권을 획득하자는 자치 운동은 1920년대에 이광수, 최린 등 타협적 민족주의자들이 전개하였다.

32 대한민국 임시 정부 수립에 영향을 준 것은 3·1 운동(1919)이다.

블랭크

01	자치 운동	02	민족적 경륜
03	제1차 국·공 합작	04	사회주의
05	정우회 선언	06	민족 유일당
07	근우회	08	기회주의자
09	토론회, 강연회	10	동양 척식 주식회사
11	자치 운동	12	교육
13	원산 노동자 총파업	14	광주 학생 항일 운동
15	민중 대회	16	해소
17	합법	18	순종 인산일
19	조선 학생 과학 연구회	20	민족주의, 사회주의
21	학생	22	독서회
23	동맹 휴학	24	한·일 학생
25	식민지 차별	26	한국인 본위
27	언론, 출판	28	진상 조사단
29	민중 대회	30	최대 규모
31	식민지 교육	32	민족 해방

테마 53 국내외 동포의 생활 모습 본책 p.192

기출 OX

| 01 | O | 02 | X | 03 | O | 04 | O | 05 | X |
| 06 | O | 07 | X | 08 | O | | | | |

02 『신여성』, 『삼천리』 등의 잡지가 발행된 것은 1920년대의 사실이다. 1920년대에 『신여성』(1923), 『삼천리』(1929) 등의 잡지들이 발행되어 새로운 패션이나 화장법을 소개하며 유행을 이끌었다.

05 일제 강점기 상류층은 2층 양옥의 문화 주택에서 살았다. 영단 주택은 1940년대에 서민 계층의 주택난을 해결하기 위해 지은 국민 연립 주택이다.

07 1923년에 관동 대지진이 발생했을 때 조선인들이 우물에 독을 탔다는 유언비어가 퍼져 적어도 6,000여 명의 조선인들이 학살당한 지역은 일본이다.

블랭크

01	모던 보이, 모던 걸	02	신여성
03	몸뻬	04	영단 주택
05	간도 참변(경신 참변)	06	신한촌
07	관동 대지진	08	중앙아시아

테마 54 일제의 교육 정책과 민족 문화 수호 운동 본책 p.193

기출 OX

01	O	02	O	03	X	04	O	05	X
06	X	07	X	08	O	09	O	10	O
11	O	12	X	13	O	14	O	15	X
16	O	17	O	18	O	19	O	20	O
21	O	22	O	23	O	24	X	25	X
26	O	27	O	28	X	29	O	30	O
31	O	32	X	33	X	34	O	35	X
36	O	37	X	38	O	39	O	40	O
41	O	42	X	43	O	44	O	45	O
46	X	47	X	48	O	49	O	50	O
51	X	52	O	53	X	54	X		

03 학교에서 조선어 사용이 금지된 것은 민족 말살 통치 시기의 사실이다. 일제는 제3차 조선 교육령(1938)을 발표하여 조선어 과목을 수의(선택) 과목으로 전환하였고, 제4차 조선 교육령(1943)을 발표하여 조선어 과목을 완전히 폐지하였다.

05 1차 조선 교육령은 1911년, 2차 조선 교육령은 1922년에 발표되었다. 경성 제국 대학은 1924년에 일제가 민립 대학 설립 운동을 방해할 목적으로 설립하였다.

06 일제가 태평양 전쟁(1941)을 일으키고 황국 신민화 교육을 강화한 것은 제3차 조선 교육령(1938~1943)이 시행된 시기이다.

07 산미 증식 계획(1920~1934)이 시행된 시기에 일제는 제2차 조선 교육령을 공포(1922)하여 조선어를 필수 과목화하였다.

12 『여유당전서』를 발간하여 조선 후기 실학자들을 재평가한 인물은 안재홍, 정인보, 문일평 등이다. 이들은 다산 정약용 서거 99주기를 맞아 『여유당전서』를 발간하는 등 조선학 운동(1934)을 전개하였다.

15 민족 문화의 고유성과 세계성을 찾으려는 조선학 운동에 참여한 인물은 안재홍, 정인보, 문일평 등이다.

24 우리 민족 정신을 '혼'으로 파악한 인물은 박은식이다. 문일평은 민족 정신으로 '조선심'을 강조하였다.

25 한국 고대사를 통사 형식으로 쓴 『조선사연구』를 편찬한 인물은 정인보이다. 안재홍은 『조선상고사감』을 저술하였다.

28 진단 학회를 조직한 인물은 이병도, 손진태 등이다. 진단 학회는 청구 학회의 한국사 왜곡에 맞서 조직된 단체로, 『진단학보』를 발행하고, 객관적인 연구 활동을 전개하였다.

32 한국 학자들에 의해 조직된 순수 학술 연구 단체는 진단 학회이다. 청구 학회는 식민 사관에 입각하여 설립된 친일 단체이다.

33 대동 사상을 수용한 유교 구신론을 주장한 인물은 박은식이다.

35 『조선상고사』와 『조선사연구초』를 저술한 인물은 신채호이다. 손진태는 『조선민족사개론』을 저술하였다.

37	'한글 맞춤법 통일안'을 제정한 것은 조선어 연구회의 후신인 조선어 학회이다.		
42	조선어 학회 사건은 제3차 조선 교육령(1938~1943)이 시행된 1942년에 발생하였다.		
46	일본의 주류 대중 음악인 엔카가 민요와 결합되어 새로운 음악인 트로트 양식이 정립된 것은 1930년대의 사실이다.		
47	안중식은 서양화가 아닌 한국화를 전승·발전시킨 화가이다. 일제 강점기에 서양화에서는 이중섭, 나혜석, 고희동 등이 활약하였다.		
51	만주 지역에 중광단, 북로 군정서 등을 조직하여 무장 독립운동을 전개한 종교는 대종교이다.		
53	3·1 운동 때 민족 대표 33인 중 한 사람이며, 일제의 사찰령에 반대한 인물은 한용운이다. 한용운은 일제가 사찰령 등으로 불교를 탄압하자 이에 대항하여 우리 불교의 전통을 지키고자 하였다.		
54	『조선불교유신론』을 지어 불교의 쇄신과 근대 개혁 운동을 추진한 인물은 한용운이다.		

29	정체성론	30	손진태
31	청구 학회	32	실증적
33	진단학보	34	문헌 고증
35	민족주의	36	신민족주의와 신민주주의
37	가갸날	38	한글
39	조선어 학회	40	한글 맞춤법 통일안
41	우리말 큰 사전	42	조선어 학회 사건
43	한글 학회	44	무정
45	신경향파	46	KAPF
47	김소월, 한용운	48	윤동주, 심훈
49	토월회	50	아리랑
51	신사 참배 거부	52	의민단
53	대종교	54	조선 불교 유신회

블랭크

01	실업	02	사립 학교 규칙
03	6년	04	경성 제국 대학
05	선택(수의)	06	국민학교령
07	조선어, 조선사	08	정체성론
09	조선사 편수회	10	낭가 사상
11	독사신론	12	묘청의 난
13	조선상고사	14	혼
15	한국통사	16	한국독립운동지혈사
17	얼	18	5천년간 조선의 얼
19	조선사연구	20	광개토 대왕릉비
21	양명학연론	22	여유당전서
23	조선심	24	한미 50년사
25	조선상고사감	26	유물 사관
27	보편적	28	조선사회경제사

VI 현대

테마 55 해방 전후사
본책 p.198

기출 OX

01	×	02	×	03	○	04	○	05	×
06	×	07	○	08	○	09	○	10	○
11	○	12	○	13	×	14	×	15	○
16	○	17	×	18	×	19	○	20	×

01 대한민국 임시 정부가 건국 강령을 발표한 것은 충칭 임시 정부 시기인 1941년의 일로, 광복 이전의 사실이다.

02 여운형이 조선 건국 동맹을 조직한 것은 광복 이전인 1944년이다. 여운형은 좌·우익 인사들을 모아 조선 건국 동맹을 조직하고, 일제 타도와 민주주의 국가 건설을 주요 내용으로 하는 건국 강령을 제정하였다.

05 조선 건국 준비 위원회가 선포한 국가 명칭은 '조선 인민 공화국'이다. 조선 건국 준비 위원회는 '조선 인민 공화국'을 선포했으나 미 군정의 인정을 받지 못하고 해산되었다.

06 한국 민주당을 결성하여 미 군정에 적극적으로 참여한 인물은 김성수, 송진우이다. 김구는 개인 자격으로 귀국하여 임시 정부의 정당이었던 한국 독립당을 이끌었다.

13 모스크바 3국 외상 회의에서 미·영·중·소 4개국의 한국에 대한 신탁 통치안을 제시한 나라는 미국이다.

14 이승만과 김구를 중심으로 한 우익 세력은 모스크바 3국 외상 회의의 신탁 통치 결정을 반대했다.

17 모스크바 3국 외상 회의 결정에 따라 설치된 것은 미·소 공동 위원회이다.

18 한반도에서 미군과 소련군의 군정이 시작된 것은 광복 직후의 사실로, 모스크바 3국 외상 회의 이전의 일이다.

20 미·소 공동 위원회에서 표현의 자유를 명분으로 모든 단체의 회담 참여를 주장한 나라는 미국이다. 소련은 모스크바 3국 외상 회의 결과에 찬성하는 단체만 참여할 것을 주장하였다.

블랭크

01	조선 건국 동맹	02	조선 건국 준비 위원회
03	치안대	04	(조선)인민 공화국
05	미 군정	06	한국 민주당
07	독립 촉성 중앙 협의회	08	카이로 회담
09	적당한 시기	10	한국의 독립
11	얄타 회담	12	포츠담 선언
13	모스크바 3국 외상 회의	14	동아일보
15	미·소 공동 위원회	16	반탁
17	찬탁	18	제1차 미·소 공동 위원회
19	모든	20	찬탁

테마 56 대한민국 수립
본책 p.200

기출 OX

01	○	02	○	03	×	04	×	05	×
06	×	07	×	08	○	09	○	10	○
11	○	12	○	13	○	14	○	15	○
16	○	17	×	18	○	19	○		

03 좌·우 합작 위원회를 구성해 좌·우 합작 7원칙을 발표한 인물은 여운형, 김규식 등이다. 한편, 김구는 좌·우 합작 7원칙을 지지하였으나 좌·우 합작 위원회에 참여하지는 않았다.

04 이승만의 정읍 발언(1946. 6.)은 좌·우 합작 7원칙 합의(1946. 10.) 이전에 발표되었다.

05 유엔 감시 하의 남북한 총선거 실시를 결의한 것은 유엔 총회이다. 제2차 미·소 공동 위원회가 결렬된 후 미국은 한반도 문제를 유엔에 이관하였고, 유엔 총회에서 인구 비례에 의한 남북한 총선거 실시를 결정하였다.

06 토지의 무상 몰수, 무상 분배의 원칙으로 실시된 것은 북한의 토지 개혁이다. 좌·우 합작 위원회는 몰수·유조건 몰수·체감 매상에 의한 무상 분배 원칙에 따른 토지 개혁을 주장하였다.

07 임시 민주 정부 수립을 논의하기 위해 제1차 미·소 공동 위원회가 개최된 것은 좌·우 합작 7원칙 발표(1946. 10.) 이전인 1946년 3월의 사실이다.

17 5·10 총선거(1948. 5.)는 제헌 헌법이 반포(1948. 7.)되기 이전에 실시되었다.

블랭크

01	좌·우 합작 위원회	02	우익, 좌익
03	미·소 공동 위원회	04	유엔
05	인구 비례	06	유엔 한국 임시 위원단
07	소련(북한)	08	남한 단독 총선거
09	삼천만 동포에게 읍고함	10	남북 연석 회의
11	김구, 김규식	12	제헌 국회
13	이승만	14	대한민국
15	서북 청년회	16	5·10 총선거
17	제주 4·3 사건	18	빨치산
19	국가 보안법		

테마 57 제헌 국회의 활동
본책 p.202

기출 O X

01	O	02	X	03	O	04	O	05	O
06	X	07	O	08	X	09	X	10	X
11	O	12	X	13	O	14	X	15	O
16	O	17	X	18	X				

02 반민족 행위 처벌법은 농지 개혁법이 제정(1949. 6.)되기 이전인 1948년 9월에 제정되었다.

06 반민특위는 부산 정치 파동이 아닌 반민족 행위 처벌법 개정안이 통과되면서 공소 시효 만료로 해산되었다. 반민특위는 국회 프락치 사건, 반민특위 습격 사건 등으로 활동에 방해를 받았으며, 특히 이승만 정부의 비협조적 태도로 인해 공소 시효 기간까지 단축되어 초기의 계획보다 빠른 1949년 8월에 해산되었다. 부산 정치 파동은 1952년 발췌 개헌과 관련이 있다.

08 통일 주체 국민회의에서 대통령을 뽑는다는 내용의 개헌안(유신 헌법, 1972)을 통과시킨 것은 박정희 정부 때이다.

09 농지 개혁법은 6·25 전쟁 이전인 1949년 6월에 제정되었으며, 1950년 3월 시행되었다.

10 남한에서 농지 개혁은 유상 매수, 유상 분배를 원칙으로 진행되었다. 북한은 무상 몰수, 무상 분배 방식의 토지 개혁을 시행하였다.

12 경자유전의 원칙에 따라 농가가 아닌 자의 농지뿐만 아니라 자경(농지를 직접 경작하는 일)하지 않는 자의 농지도 정부가 매수하였다.

14 소작료를 1/3제로 제한한 것은 미 군정기에 공포된 '최고 소작료 결정의 건'과 관련된 것으로, 농지 개혁법과 관련이 없다.

17 협동 조합은 남한의 농지 개혁과 관련이 없다. 북한은 1953년에 농업 협동화 운동을 전개하였는데, 이때 농민들을 협동 조합에 강제 편입시키고, 농지를 협동 조합 소유로 귀속시켰다.

18 북한의 토지 개혁(1946)은 남한의 농지 개혁법 제정(1949) 이전에 시행되었다. 북한은 1946년에 무상 몰수, 무상 분배를 원칙으로 토지 개혁을 시행하였으며, 이 영향으로 남한에서 토지 개혁에 대한 요구가 더욱 커졌다.

블랭크

01	반민족 행위 처벌법	02	반민, 특, 위
03	특별 재판부	04	반민특위 습격 사건
05	반공	06	공소 시효
07	국회 프락치	08	반민특위
09	농지 개혁법	10	농지
11	5정보	12	북한
13	지가 증권	14	5년
15	자영농	16	지주제
17	공산화(좌경화)	18	산업 자본

테마 58 6·25 전쟁 본책 p.204

기출 O X

| 01 | × | 02 | ○ | 03 | ○ | 04 | ○ | 05 | ○ |
| 06 | ○ | 07 | × | 08 | ○ | 09 | ○ | | |

01 미국이 한반도를 미국의 태평양 지역 방위선에서 제외한다는 애치슨 선언을 발표한 것은 6·25 전쟁 발발(1950. 6. 25.) 이전인 1950년 1월의 사실이다. 애치슨 선언은 6·25 전쟁이 발발하게 된 중요한 계기가 되었다.

07 제네바 협정에 따른 포로의 자동 송환을 주장한 것은 공산군이다. 유엔군은 포로 본인의 자유 의사에 따라 남한과 북한을 선택할 수 있는 자유 송환을 주장했다.

블랭크

01	애치슨 라인	02	한·미 상호 방위 원조 협정
03	북한의 남침	04	인천 상륙 작전
05	평양	06	소련, 미국
07	군사 분계선	08	중립국 감시 위원단
09	한·미 상호 방위 조약		

테마 59 민주주의의 시련과 발전 본책 p.205

기출 O X

01	○	02	×	03	○	04	○	05	○
06	○	07	○	08	○	09	×	10	×
11	○	12	○	13	×	14	○	15	○
16	○	17	○	18	○	19	×	20	×
21	×	22	×	23	○	24	○	25	○
26	○	27	×	28	○	29	○	30	○
31	×	32	○	33	○	34	○	35	○
36	×	37	○	38	○	39	○	40	○
41	×	42	×	43	○	44	○	45	○
46	×	47	×	48	○	49	○	50	○
51	×	52	×	53	×	54	×	55	○
56	×	57	○	58	○	59	×	60	○
61	×	62	○	63	×	64	×	65	×
66	○	67	○						

02 이승만 정부가 1954년에 사사오입의 논리로 통과시킨 개헌안은 초대 대통령에 한하여 중임 제한을 철폐한다는 내용의 개헌안(사사오입 개헌)이다. 이승만 정부 시기에 대통령 직선제로 개헌한 것은 발췌 개헌(1952)이다.

09 진보당 사건은 1960년에 실시된 3·15 부정 선거가 있기 전인 1958년에 발생하였다. 진보당의 조봉암이 국민들에게 많은 지지를 받자 이승만 정부는 진보당의 정당 등록을 취소하고 간부들을 간첩 혐의로 구속하였다. 이후 조봉암은 국가 보안법 위반으로 사형 선고를 받고 처형되었다.

10 4·13 호헌 조치를 발표한 것이 발단이 되어 일어난 것은 6월 민주 항쟁(1987)이다. 4·19 혁명은 3·15 부정 선거가 직접적인 원인이 되어 발생하였다.

13 4·19 혁명은 신군부가 비상 계엄을 확대한 것과 관련이 없다. 한편, 12·12 사태로 실권을 장악한 신군부가 전국에 비상 계엄을 확대하자, 광주 지역의 학생들과 시민들이 5·18 민주화 운동을 전개하였다.

19 3·15 부정 선거 결과를 무효로 하고 재선거를 실시한 것은 허정 과도 정부 시기의 사실이다. 이승만 대통령의 하야 이후에 수립된 허정 과도 정부는 제3차 개헌을 통해 내각 책임제와 양원제 헌법을 제정하고, 재선거를 실시하였으며 그 결과 장면 내각이 수립되었다.

20 국가 재건 최고 회의를 만든 것은 5·16 군사 정변을 일으킨 군부 세력이다. 1961년에 5·16 군사 정변으로 정권을 장악한 박정희 등의 군부 세력은 국가 재건 최고 회의를 조직하여 군정을 실시하였다.

21 반공을 국시의 제일로 삼아 반공 태세를 재정비·강화한 것은 5·16 군사 정변을 일으킨 군부 세력이다. 5·16 군사 정변 이후 박정희 군사 정부는 군사 혁명 위원회를 조직하여 국가 권력을 장악하고 반공과 사회 안정을 중심으로 한 혁명 공약을 선포하였다.

22 장면 내각은 경제 개발 5개년 계획을 수립하였으나 정치 불안으로 실행에 옮기지는 못했다. 이후 박정희 군사 정부에 의해서 1961년 경제 재건 5개년 계획이 발표되었고 1962년 본격적으로 추진되었다.

27 위안부 문제는 한·일 기본 조약에서 논의되지 않았다. 한·일 기본 조약은 일본의 침략 사실 인정과 사죄가 선행되지 않았으며, 위안부 문제와 독도 문제 등이 논의되지 않아 국민들로부터 굴욕적인 외교라는 비판을 받았다.

31 한·미 상호 방위 원조 협정을 체결한 것은 1950년으로 이승만 정부 시기 사실이다.

36 대통령의 임기는 7년으로 하며, 중임할 수 없다는 것은 전두환 정부 때 개정된 제8차 개헌(1980)의 내용이다. 유신 헌법은 대통령 임기를 6년으로 규정하고, 연임에 제한을 두지 않았다.

41 민생 안정을 위한 농가 부채 탕감과 화폐 개혁 등은 5·16 군사 정변(1961)으로 정권을 장악한 박정희의 군사 정부에 의해 추진되었다.

42 친일파 청산을 위해 반민족 행위 특별 조사 위원회가 설치된 것은 1948년으로 이승만 정부 시기의 사실이다.

46 대통령 중임 제한이 철폐되어 종신 집권이 가능해진 것은 사사오입 개헌(1954)과 유신 헌법(1972)이다. 5·18 민주화 운동 이후 신군부 세력은 선거인단에 의한 대통령 간선제와 7년 단임제를 골자로 하는 8차 개헌을 추진하였다.

47 대통령 직선제로 개헌(제9차 개헌)이 이루어지는 계기는 6월 민주 항쟁(1987)이다. 6월 민주 항쟁의 결과로 대통령 직선제 개헌, 국민의 기본권 보장 등을 주요 내용으로 하는 6·29 민주화 선언이 발표되었다.

51 전국에 계엄령이 선포되고 정치 활동이 금지되었던 것은 5·16 군사 정변(1961), 10월 유신 선포(1972), 신군부의 5·17 계엄 확대 조치(1980) 등을 통해서이다.

52 삼청 교육대는 6월 민주 항쟁(1987)이 일어나기 이전인 1980년에 국가 보위 비상 대책 위원회에서 조직하였다.

53 6월 민주 항쟁으로 전두환 대통령이 하야하지는 않았다. 6월 민주 항쟁의 결과 노태우가 대통령 직선제를 골자로 하는 6·29 선언을 발표하였고, 5년 단임의 대통령 직선제를 주요 내용으로 하는 9차 개헌이 이루어졌다.

54 내각 책임제와 국회 양원제를 특징으로 하는 제3차 개헌(1960)이 이루어진 것은 6·10 국민 대회 선언문 발표 이전의 사실이다.

56 6·29 선언이 발표된 것은 전두환 정부 시기의 사실이다.

59 금 모으기 운동이 전개된 것은 1998년 김대중 정부 시기의 사실이다. 1997년 외환 위기로 국제 통화 기금의 구제 금융을 받게 되자, 국민들은 자신이 소유한 금을 내놓아 국가 부채를 갚고자 하였다.

61 새마을 운동이 전개된 것은 1970년대로, 농어촌의 근대화를 위해 박정희 정부 시기에 이루어졌다.

63 한·일 국교를 정상화한 것은 박정희 정부 시기의 사실이다.

64 국민 기초 생활 보장법을 제정하여 저소득층·장애인·노인 복지를 향상시킨 것은 김영삼 정부가 아닌 김대중 정부 시기이다.

65 '국민의 정부'를 표방한 김대중 정부가 출범(1998)한 것은 1990년대의 사실이 맞지만, 대통령 직선제 개헌(1987, 제9차 개헌)이 이루어진 것은 1980년대의 사실이다. 또한 군사 정권을 종식시키고 선거를 통해 출범한 정부는 '문민 정부'(김영삼 정부)이다.

블랭크

01	발췌 개헌	02	부산 정치 파동
03	중임 제한	04	진보당
05	진보당 사건	06	신국가 보안법
07	경향신문	08	3·15 부정 선거
09	마산 시위	10	김주열
11	비상 계엄령	12	시국 선언문
13	허정 과도 정부	14	재선거
15	내각 책임제 (의원 내각제)	16	민의원, 참의원
17	장면	18	민주화
19	경제 개발 5개년 계획	20	소급 입법 특별법
21	신파, 구파	22	중립화 통일, 남북 협상
23	군사 혁명 위원회	24	국가 재건 최고 회의
25	수출 주도형	26	한·일 국교
27	6·3 항쟁	28	한·일 협정 (한·일 기본 조약)
29	베트남 파병	30	브라운 각서

31	1·21 사태	32	푸에블로호
33	3선 연임	34	10월 유신
35	통일 주체 국민회의	36	국회 해산권
37	긴급 조치	38	3·1 민주 구국 선언
39	제2차 석유 파동	40	YH 무역 사건
41	부·마 항쟁	42	김재규
43	유신 헌법	44	비상 계엄령
45	5·18 민주화 운동	46	국가 보위 비상 대책 위원회
47	유화 정책	48	아시안 게임, 올림픽
49	1천만 서명 운동	50	박종철 고문 치사 사건
51	4·13 호헌 조치	52	이한열
53	호헌 철폐, 독재 타도	54	6·29 선언
55	대통령 직선제	56	서울 올림픽
57	5공 청문회	58	여소야대
59	3당 합당	60	북방 외교
61	금융 실명제	62	우루과이 라운드
63	한반도 에너지 개발 기구(KEDO)	64	역사 바로 세우기
65	국제 통화 기금(IMF)	66	노사정 위원회
67	여성부		

테마 60 통일로! 통일로!
본책 p.211

기출 OX
01 ○ 02 × 03 ○ 04 × 05 ○
06 ○ 07 ○ 08 ○ 09 × 10 ○
11 ○ 12 ○ 13 ○ 14 × 15 ×
16 ○ 17 × 18 ○ 19 ○

02 분단 후 최초로 열린 남북 정상 회담의 결과로 발표된 성명서는 6·15 남북 공동 선언(2000)이다.

04 한반도 비핵화 공동 선언은 노태우 정부 시기인 1991년에 채택되었다.

09 남북이 동시에 유엔에 가입(1991. 9.)한 것은 남북 기본 합의서를 발표(1991. 12.)하기 전의 일이다.

14 남북 고위급 회담을 통해 남북 기본 합의서가 채택된 것은 1991년으로, 노태우 정부 시기의 사실이다.

15 한민족 공동체 통일 방안이 발표된 것은 1989년으로, 노태우 정부 시기의 사실이다. 노태우 정부는 자주·평화·민주의 3대 원칙 아래 남북 연합을 구성하고, 통일 헌법을 제정한 다음 총선거를 실시하여 통일 민주 공화국을 구성한다는 내용의 한민족 공동체 통일 방안을 제시하였다.

17 남북 경제 협력 사업으로 개성 공단이 착공된 것은 노무현 정부 시기의 사실이다. 김대중 정부의 6·15 남북 공동 선언 채택(2000)으로 개성 공단 조성에 대한 합의가 이루어졌으며, 노무현 정부 시기에 개성 공단 착공식이 열렸다(2003).

블랭크

01	닉슨 독트린	02	7·4 남북 공동 성명
03	자주, 평화, 민족 대단결	04	남북 조절 위원회
05	유신, 사회주의	06	민족 화합 민주 통일 방안
07	이산가족 상봉	08	7·7 선언
09	자주, 평화, 민주	10	유엔
11	남북 기본 합의서	12	한반도 비핵화 공동 선언
13	해로	14	남북 정상 회담
15	6·15 남북 공동 선언	16	제2차 이산가족 상봉
17	경의선	18	개성 공단
19	육로		

테마 61 시기별 경제 정책
본책 p.213

기출 OX

01	O	02	O	03	X	04	O	05	X
06	O	07	O	08	O	09	X	10	X
11	O	12	O	13	O	14	O	15	O
16	O	17	X	18	O	19	O	20	O
21	O	22	O	23	O	24	X	25	O
26	X	27	O	28	O				

03 농지 개혁법은 산림·임야를 제외한 농지만을 대상으로 하였다. 임야를 포함한 모든 토지를 대상으로 한 것은 북한에서 시행된 토지 개혁법이다.

05 미국의 공법 480호(PL480)에 따른 잉여 농산물이 도입된 것은 1956년으로, 농지 개혁법 시행(1950) 이후의 사실이다. 미국의 공법 480호(PL480)에 따라 한·미 잉여 농산물 협정이 체결(1955)되고, 1956년부터 미국에서 잉여 농산물이 도입되었다.

09 연간 수출 총액이 100억 달러를 돌파한 시기는 1977년으로, 제4차 경제 개발 5개년 계획(1977~1981) 시행 시기이다.

10 미국은 한국에 대량의 물자를 무상으로 원조하다가 1950년대 후반부터 무상 원조를 유상 차관으로 전환하였다. 1960년대에는 노동 집약적 경공업에 집중해 고도 성장을 이루었다.

17 우루과이 라운드 협정이 타결된 것은 1994년이고, 한·칠레 자유 무역 협정(FTA)이 체결된 것은 2004년이다.

24 전태일이 근로 기준법 준수를 요구하며 분신한 것은 1970년으로, 유신 헌법 시행 시기(1972~1980) 이전의 사실이다.

26 정부 주도 하에 건설 노동자들이 중동에 파견된 것은 1970년대의 사실이다. 1973년에 제1차 석유 파동이 발생하자 중동 건설 사업 진출로 오일 달러를 벌어들여 극복하였다.

블랭크

01	신한 공사	02	삼백 산업
03	제분, 제당, 면방직	04	유상 분배
05	경자유전	06	무상 원조, 유상 차관
07	경공업	08	한·일 협정 (한·일 기본 조약)
09	베트남, 베트남	10	경부 고속도로
11	100억불	12	중공업
13	중동 건설	14	재벌
15	새마을 운동	16	3저 호황
17	우루과이 라운드	18	OECD
19	외환 위기(IMF)	20	금 모으기
21	전태일	22	국제 노동 기구
23	민주 노총	24	노사정 위원회
25	저곡가	26	유네스코 세계 기록 유산
27	유신, 통일	28	농산물

테마 62 시기별 교육 정책과 언론의 발전
본책 p.216

기출 OX

01	O	02	O	03	O	04	X	05	X
06	O	07	O	08	O				

04 국가주의 이념을 강조한 국민 교육 헌장은 1968년 12월에 제정되었다.

05 1980년 7월 30일에 교육 개혁이 실시되어 과외 금지 조치, 대입 본고사 폐지, 졸업 정원제가 실시되었다.

블랭크

01	6·3·3 학제	02	의무 교육제
03	국민 교육 헌장	04	고교 평준화
05	과외	06	경향신문
07	백지 광고	08	보도 지침